Von Achenbach bis Zick

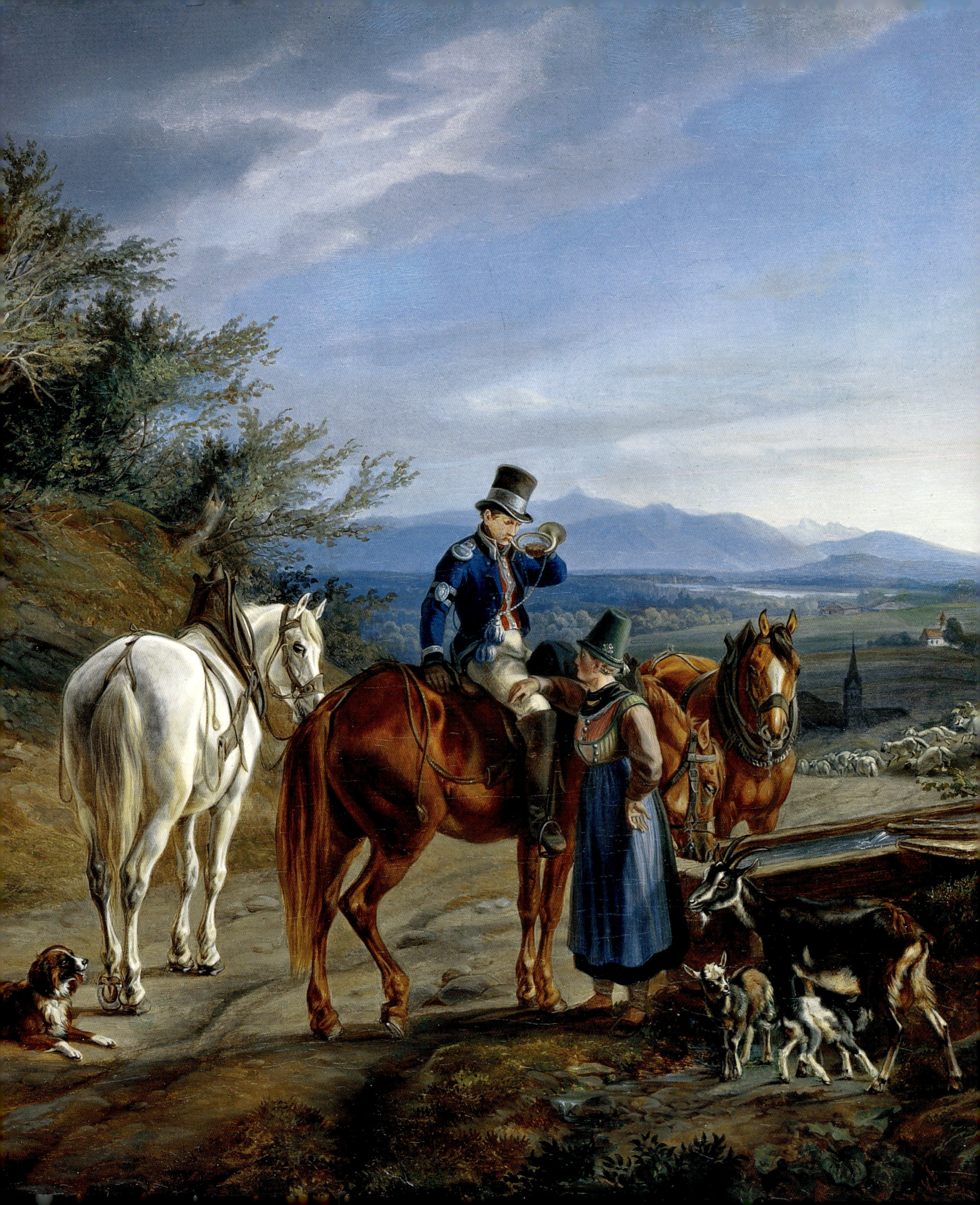

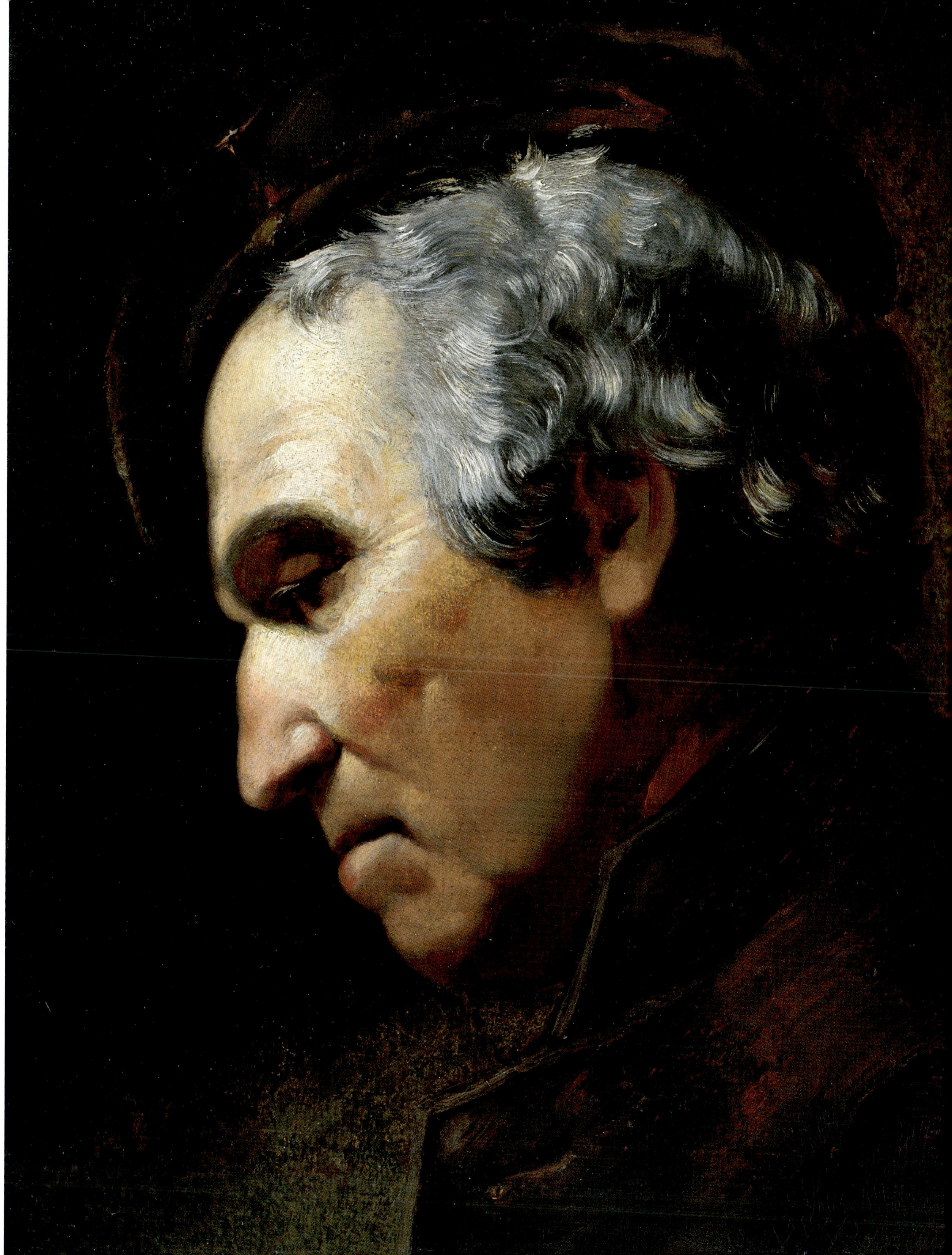

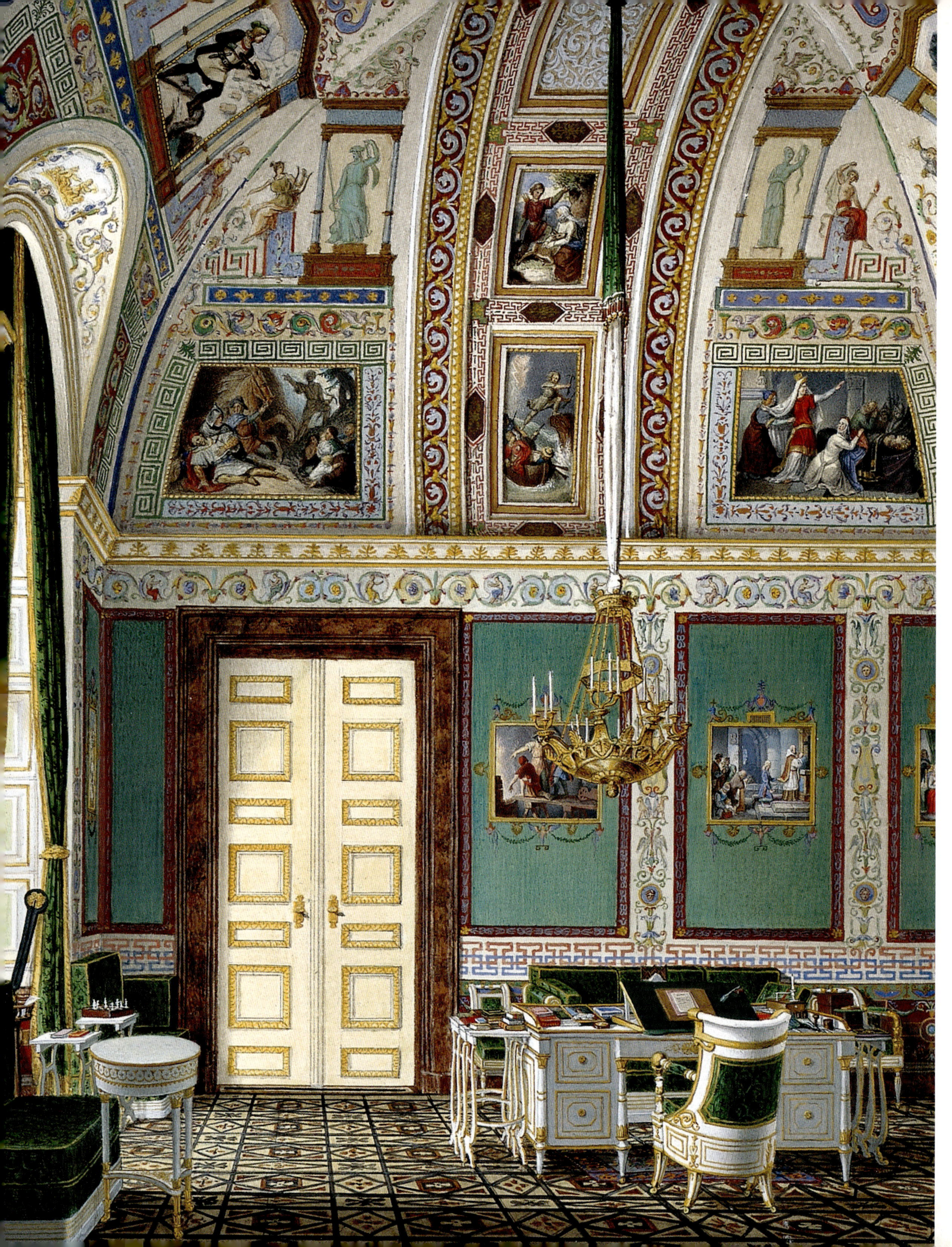

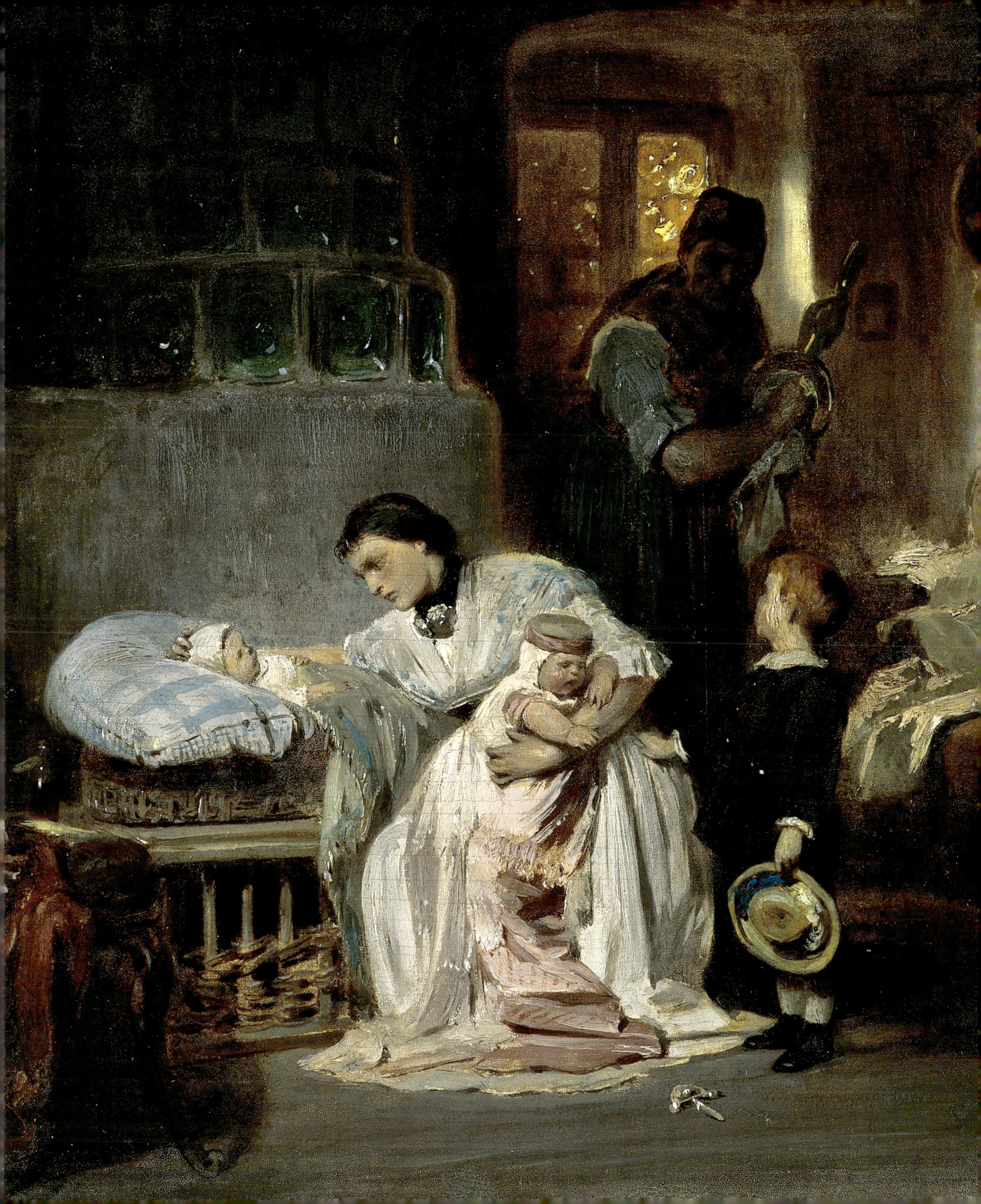

Horst G. Ludwig

Von Achenbach bis Zick

Bilder und Graphiken einer süddeutschen Privatsammlung

Hirmer Verlag München

Abkürzungen
Aukt.-Kat. = Auktionskatalog
Ausst.-Kat. = Ausstellungskatalog
Mus.-Kat. = Museumskatalog

Abgekürzt zitierte Literatur

Horst Ludwig u. a., Bruckmanns Lexikon = Horst Ludwig u. a., Bruckmanns Lexikon der Münchner Kunst. Münchner Maler im 19. Jahrhundert. Bd. 1–4. München 1981–1983.

Thieme-Becker, Künstler-Lexikon = Allgemeines Lexikon der bildenden Künstler von der Antike bis zur Gegenwart. Hrsg. von Ulrich Thieme und Felix Becker. Bd. 1–37. Leipzig 1907–1950.

Vollmer, Künstler = Allgemeines Lexikon der bildenden Künstler des 20. Jahrhunderts. Hrsg. von Hans Vollmer. Bd. 1–6. Leipzig 1953–1962.

Vorwort

Dieser Band II ist die Fortführung des Buches: Von Adam bis Zügel aus dem Jahr 2001. Es zeigt ca. 80 Gemälde aus dem 19. Jahrhundert und dazu Zeichnungen und Aquarelle. Bei den Gemälden handelt es sich keineswegs nur um Maler der Münchner Schule. Es werden auch Künstler aus Wien, aus der Schweiz, aus Russland und aus dem übrigen Deutschland gezeigt.

München selbst wartet mit einigen Höhepunkten auf wie Spitzweg, die Adams, Defregger, Piloty und Karl Raupp. Die bekannten Werke Spitzwegs »Friede im Land« oder der »Verliebte Provisor« sind Highlights des späteren Biedermeier. Sie verbinden das Genre mit der perfekten Freilichtmalerei. Weiterhin ist auf Karl Theodor Piloty hinzuweisen, dem berühmten Lehrer der Münchner Akademie, der Generationen von Malern beeinflusst hat. In der Sammlung selbst findet sich ein seltenes Genrebild Pilotys. Auch Defregger, ein Schüler Pilotys, ist mit dem Hauptwerk »Die Faustschieber« vertreten. Es ist ein typisches narratives Bild mit einem Tiroler Sujet. Es schließen sich weitere Schüler Piloty an. Hinzuweisen ist auf jeden Fall noch auf Johann Sperl, dem Freund Leibls mit einem Blumenstillleben aus den achtziger Jahren und zwei weiteren szenischen Werken.

Innerhalb Deutschlands überwiegen weiterhin die Maler der Düsseldorfer Schule wie die Brüder Achenbach. Hier ist aber auch Winerhalter zu nennen, der bekannte Porträtist der europäischen Königshäuser. In der Sammlung gib es als Neuerwerbung sein Werk »Il dolce farniente« von 1836. Noch ganz nazarenisch gestimmt, zeigt es Italiener vor der Kulisse des Vesuv.

Aus Wien kommen ein paar bemerkenswerte Stilllebenmaler wie Josef Lauer und Franz Xaver Petter. Auf zwei russische Maler wird hier besonders verwiesen, auf Franz von Roubaud und Aivazovski (Ukraine). Speziell von Aivazovski ist in letzter Zeit viel die Rede, weil dessen Marinebilder im Kunsthandel gelegentlich die Millionengrenze überschreiten.

Es lässt sich durchaus feststellen, dass diese Publikation einen guten Überblick über die Entwicklung der deutschen Malerei im 19. Jahrhundert gibt. Hinzutreten einige bedeutende Zeichnungen von E. Kanoldt und von A. Feuerbach.

Dr. Horst G. Ludwig
München, im Juni 2009

Katalog der Sammlung

Oswald Achenbach

Albrecht Adam

Julius Adam

Iwan Aivazovsky

Fritz Bamberger

Robert Beyschlag

Christian Eduard Boettcher

Anton Braith

Daniel Nikolaus Chodowiecki

Wilhelm Claudius

Franz von Defregger

August Wilhelm Dieffenbacher

Michael Zeno Diemer

Martin Disteli

Anton Doll

Anselm Feuerbach

Johann Jakob Frey

Ernst Fries

Jakob Emanuel Gaisser

Max Gaisser

Ludwig Gedlek

August Christian Geist

Markus Grönvold

Jakob Grünenwald

Eduard von Grützner

Sebastian Habenschaden

Jacob Philipp Hackert

Ludwig Hartmann

Eduard Heinel

Philipp Helmer

Peter von Hess

Paul Hey

Heinrich Höfer

Johann Baptist Hofner

Theodor von Hörmann

Carl Jutz d. Ä.

Edmund Kanoldt

Friedrich August Kaulbach

Hermann Kaulbach

Albert von Keller

Julius Sergius von Klever

Ludwig Knaus

Wilhelm von Kobell

Roman Kochanowski

Barend Cornelis Koekkoek

Eduard Kurzbauer

Josef Lauer

Franz von Lenbach

Adolf Lier

Alexander von Liezen-Mayer

Hermann Lindenschmit

Emil Lugo

Franz Marc

Carl von Marr

Gabriel Max

Wilhelm Melchior

Johann Georg Meyer von Bremen

Antonio Montemezzo

Franz Xaver Nachtmann

Michael Neher

Julius Noerr

Anna Peters

Franz Xaver Petter

Karl Theodor Piloty

Felix Possart

Domenico II Quaglio

Karl Raupp

Rudolf Reschreiter

Franz Roubaud

Felix Schlesinger

Gustav Schönleber

Ludwig Sckell

August Seidel

Franz Xaver Simm

Johann Sperl

Carl Spitzweg

Adolf Stademann

Edward Jakob von Steinle

Otto Strützel

Aleksander von Swieszewski

Hans Thoma

Fritz von Uhde

Franz Richard Unterberger

Benjamin Vautier

Hermann Vogel

Adalbert Waagen

Max Joseph Wagenbauer

Ferdinand Georg Waldmüller

Willibald Wex

Ludwig Willroider

Johann Amandus Wink

Franz Xaver Winterhalter

Joseph Wopfner

Alexander Zick

Oswald Achenbach

1827 – Düsseldorf – 1905

Bereits 1835 trat der junge O. Achenbach in die Düsseldorfer Akademie ein, die er bis 1841 besuchte. Eine erste Reise nach Oberbayern erfolgte 1843, und 1844 wurde er Mitglied im Verein der Düsseldorfer Künstler. Zum Mitbegründer des »Malkastens« wurde er 1848, dessen Feste er als Regisseur, Schauspieler und Bühnendekorateur mitveranstaltete. 1897 wurde er sogar zum Ehrenbürger der Stadt Düsseldorf ernannt.

Er unterrichtete bereits seit Beginn der fünfziger Jahre Privatschüler und war von 1863–1872 Professor für Landschaftsmalerei an der Düsseldorfer Kunstakademie. Er unternahm Studienreisen in die Schweiz, nach Österreich, nach Frankreich, nach Holland und Belgien. Doch sein eigentliches Reiseziel wurde Italien, das er mindestens siebenmal aufgesucht hat und dem er die meisten seiner Motive entnehmen sollte. So reiste er bereits 1845 zum erstenmal nach Italien, seine siebte Reise fand 1895 statt.

In seinen Anfängen wurde O. Achenbach noch durch J. W. Schirmer und dessen klassizistischer, spätromantischer und bereits pleinairistischer Landschaftskunst beeinflusst. Ebenso nahm er Impulse seines viel älteren Bruders Andreas auf. Es folgte seit den sechziger Jahren eine Hinwendung zur Stadt- und Architekturvedute, welche die Seherfahrung der Fotografie integrierte, was sich insbesondere im nahbildlichen Verismus, seinen Verschattungen und Leeren dokumentiert. Stets an luminaristischen Effekten interessiert, ist seine Lichtregie auch durch Abend- und Nachtstimmungen geprägt. In seinen späteren Werken betonte er partiell den Eigenwert der Farbe, indem er nass pastos die Farbe ineinanderzog und schlierig und virtuos den Darstellungswert vernachlässigte.

Gemälde von O. Achenbach befinden sich im Suermondt-Ludwig-Museum in Aachen, in der Berliner Nationalgalerie, im Kunstmuseum in Düsseldorf, in der Hamburger Kunsthalle, im Wallraf-Richartz-Museum in Köln, im Museum der bildenden Künste in Leipzig, in der Münchner Neuen Pinakothek und im Metropolitan Museum of Art in New York.

Literatur:
Mechthild Potthoff, Oswald Achenbach. Sein künstlerisches Wirken zur Hochzeit des Bürgertums. Studien zu Leben und Werk. Köln, Berlin 1995. – Lexikon der Düsseldorfer Malerschule. Bd. I, München 1997, S. 48–53. – Ausst.-Kat. Kunstmuseum Düsseldorf. Andreas und Oswald Achenbach. »Das A und O der Landschaft«. 1998.

1 Blick auf Florenz, 1885

Öl auf Leinwand, 122 × 150 cm
Signiert unten links: *Osw. Achenbach 1885*

Wiedergegeben ist der Blick auf Florenz in nordwestliche Richtung jenseits des Arno in südlicher Lage, denn nur am unteren Flusslauf ergibt sich beim Blick auf die Stadt die Verschiebung des Turms des Palazzo Vecchio nach links neben Campanile und Domkuppel. O. Achenbach wählte hier eine der klassischen Veduten auf die Stadt, die in ganz ähnlicher Form auch von den Fratelli Alinari fotografisch festgehalten worden war (s. Ausst.-Kat. Schack-Galerie, München. Florenz und die Toskana. Photographien 1840–1900. Sammlung Siegert 1998, S. 58, 59. Dort ist der Vordergrund vor dem Arno allerdings stark bebaut.). Im Dunst des Abendlichtes erhebt sich die Kuppel des Domes Santa Maria del Fiore, erbaut von Filippo Brunelleschi im Anfang des 15. Jahrhunderts, flankiert vom Campanile des Giotto, noch aus dem Trecento. Ganz links wird der bizarre Turm des Palazzo Vecchio aus dem späten 14. Jahrhundert sichtbar. Vor der Stadtsilhouette fließt der Arno, in dem sich der verfärbte Himmel effektvoll spiegelt, von rechts nach links. Die diesseitige Uferzone zeigt Wäsche bei der Bleiche, rechts daneben auf einem Weg, der auf das Flussufer zuführt, warten Geflügel- und Gemüsehändlerinnen, zwei Mönche sowie andere Personen auf das Anlegen einer Barke. Ein Pinienhain neben der Stadtsilhouette, der sich dunkel gegen den hellen Himmel abhebt, verleiht dem Szenario toskanisches Gepräge.

Das 1885 datierte Gemälde ist mit O. Achenbachs sechsten Italienreise in Verbindung zu bringen, die ihn mit seiner Ehefrau und Tochter Caecilie nach Oberitalien geführt hatte.

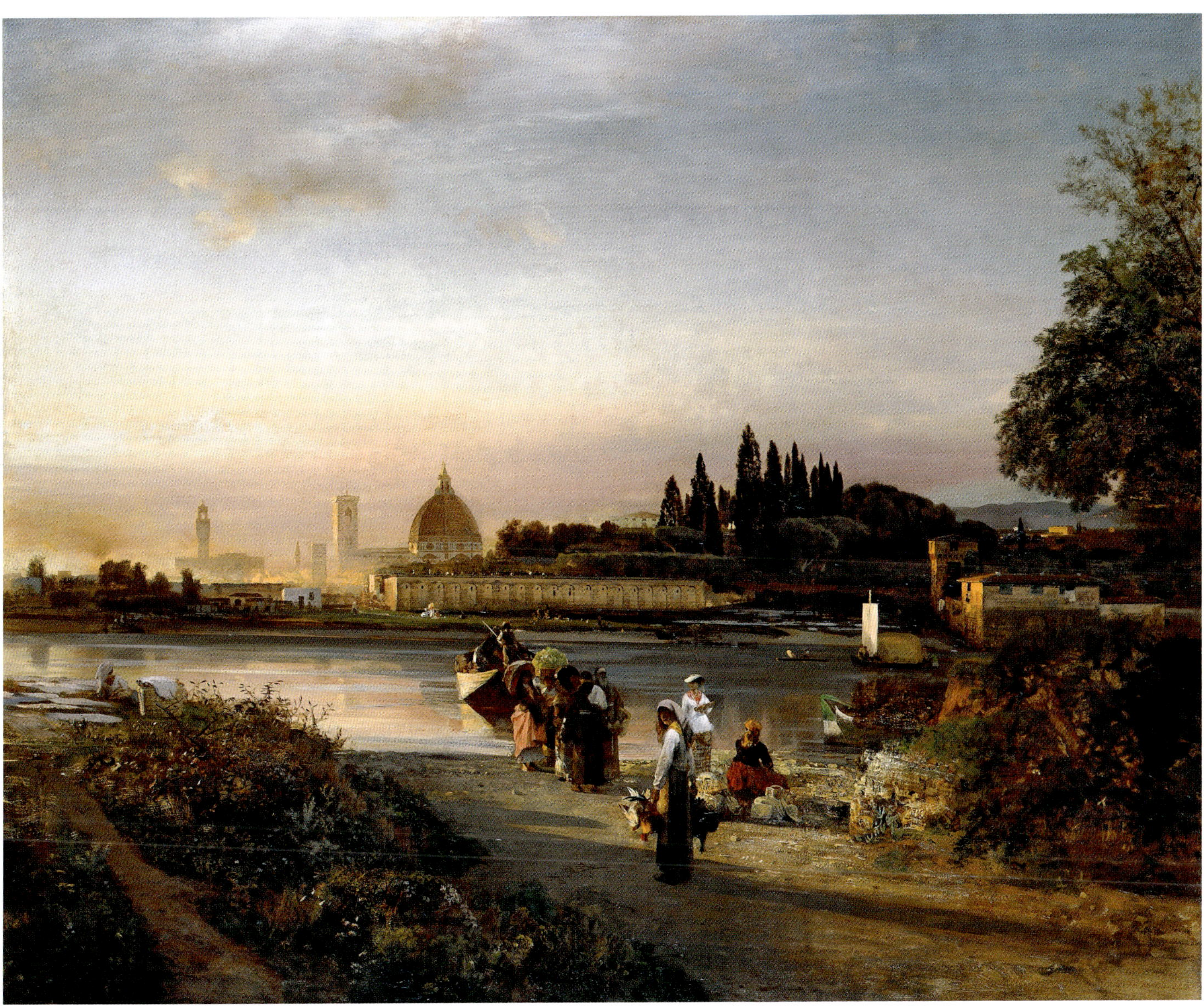

Varianten:
Zwei weitere Fassungen mit Florenz-Veduten sind 1883 datiert und befinden sich in Privatbesitz: »Ansicht von Florenz mit Blick auf den Dom«, 1883. Öl auf Leinwand, 140×180 cm. Und: »Ansicht von Florenz mit Blick auf den Dom«, 1883, Öl auf Leinwand, 42×60 cm (Abbildungen in: Ausst.-Kat. Düsseldorf, 1998, a. a. O., S. 140, 141, 220). Auf jenen beiden Fassungen, die so gut wie identisch sind, wird die Stadtsilhouette jeweils etwas näher an den Betrachter gerückt und links führt ein hoch gelegener Weg in die Bildtiefe, bevölkert mit Eselstreibern.

Aus noch späterer Zeit stammt eine weitere Fassung »Blick auf Florenz« aus dem Jahr 1898 im Kunstmuseum in Düsseldorf (Abb. in: Mechthild Potthoff, Oswald Achenbach, a. a. O., S. 340, Abb. 49 und S. 302). Öl auf Holz, 37 × 50 cm. Das skizzenhafte Werk zeigt den Blick von der Piazza Michelangelo auf die Stadt und weist etwa die Silhouette unseres Bildes auf.

Provenienz:
Aukt.-Kat. Neumeister, München. März 2005, Kat.-Nr. 504.

Albrecht Adam

1786 Nördlingen – 1862 München

Albrecht Adam, Sohn eines Konditors und Spezereihändlers, zeichnete schon sehr früh. 1807 ging er mit einem Freund nach München, um dort in der Kgl. Galerie zu kopieren (Wouwermann), und ein Jahr später betrieb er abendliche Zeichenstudien an der Akademie. Er wurde von J. G. von Dillis gefördert und avancierte so zum Hofmaler von Eugen Beauharnais, dem Vizekönig von Italien und späteren Herzog von Leuchtenberg. 1809 beteiligte er sich am Feldzug gegen Österreich und war 1812 im Gefolge des Vizekönigs gegen Russland. Jene kriegerischen Ereignisse hat er in einer Vielzahl von Ölskizzen festgehalten. 1815 wählte er München zu seinem festen Wohnsitz und nahm auch weiterhin an Feldzügen teil, um sie in Gemälden festzuhalten.

Wegen seiner außergewöhnlichen Pferdedarstellungen, Reiterbildnisse und Schlachtenbilder wurde er bald mit Aufträgen überhäuft. Nicht nur die bayerischen Könige Maximilian I. Joseph und Ludwig I. waren seine Auftraggeber, sondern auch der Kaiser von Österreich, Franz Joseph, sowie andere deutsche Landesherren. Vieles entstand in Zusammenarbeit mit seinen Söhnen.

Neben Peter von Hess und Wilhelm von Kobell gehört Adam zu den bedeutendsten Schlachten- und Pferdemalern der ersten Hälfte des 19. Jahrhunderts in Bayern. Er gilt als Stammvater einer Malerdynastie, die bis in die dritte Generation beachtliche Talente hervorgebracht hat.

Gemälde von ihm werden in der Berliner Nationalgalerie, in der Hamburger Kunsthalle, in der Münchner Neuen Pinakothek, im Lenbachhaus und im Museum Georg Schäfer in Schweinfurt aufbewahrt.

Literatur:
Ausst.-Kat. Münchner Stadtmuseum. Albrecht Adam und seine Familie. Zur Geschichte einer Münchner Künstlerdynastie im 19. und 20. Jahrhundert. Hrsg. von Ulrike von Hase-Schmundt. München 1982.

2 Postillion zu Pferd, 1861

Öl auf Leinwand (doubliert), 49 × 61,5 cm
Signiert unten links: *AAdam 861* (letzte Zahl schwer lesbar)

Ein Postillion sitzt auf einem gesattelten rotbraunen Pferd, ein Horn in der Linken zum Mund geführt. Er ist von einem Schimmel und einem zweiten braunen Pferd umgeben, rechts neben ihm befindet sich ein Trogbrunnen, aus dem ein Pferd gerade getrunken hat. Der Postillion spricht gerade mit einer Frau, die mit einer Ziege und zwei Zicklein neben ihm steht. Sie trägt die oberbayerische Tracht mit dem zylindrisch hohen grünen Hut, einem roten Mieder und einer blauen Schürze. Vorn rechts nähert sich ein Mann mit seinen Schafen und einem Hund. Links weist der Weg einen steilen Hang auf, der oben mit Buschwerk bewachsen ist. Unten in der Niederung werden zwei Kirchen sichtbar, an die sich ein flaches Gelände anschließt. Am Horizont sind verbauende Höhenzüge erkennbar. Die tief stehende Sonne verfärbt den oberen Teil des Himmels gelb-rötlich.

Das Werk zeichnet sich durch Detailreichtum bei den Menschen und Tieren und bei der Vegetation aus, dabei bleibt die Bildfläche glatt. Nur der Vordergrund ist etwas pauschaler markiert. Da das Gemälde wohl 1861 datiert ist, entstand es demnach ein Jahr vor A. Adams Tod. Ein Jahr zuvor hatte er noch seiner Tochter geschrieben: »Ich arbeite mit jugendlichem Eifer und Frische.«

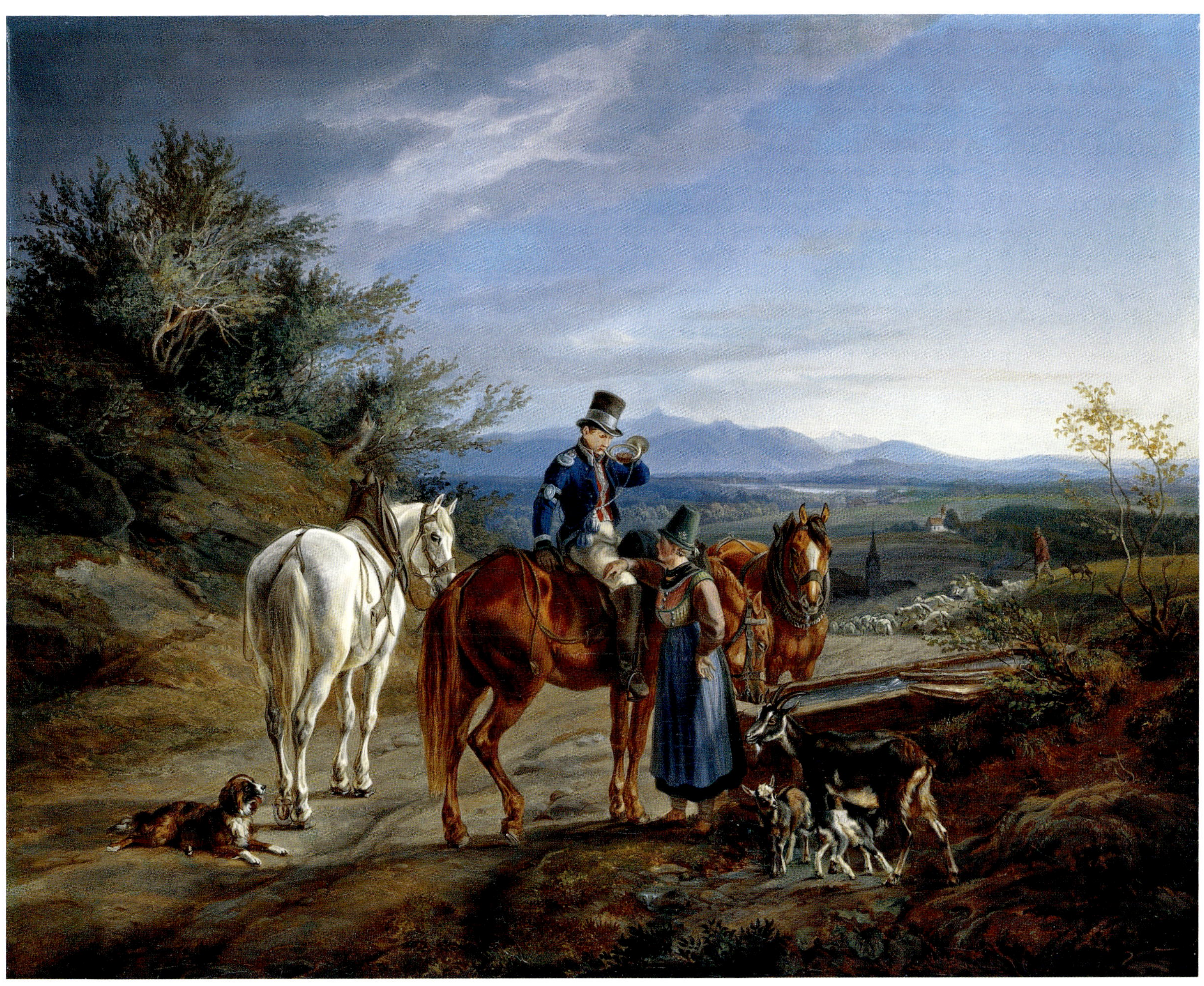

Julius Adam

1852 – München – 1913

Der Künstler war der Sohn seines gleichnamigen Vaters, der vor allem als Fotograf und Lithograph tätig war, weshalb der Sohn bisweilen auch zur Unterscheidung von seinem Vater Julius II. Adam bezeichnet wird. Er entstammte einer berühmten Künstlerfamilie, so war sein Großvater der bekannte Schlachten- und Pferdemaler Albrecht Adam. Julius bildete sich bei seinem Vater als Fotograf aus und ging bereits mit 14 Jahren nach Rio de Janeiro, wo er sich sechs Jahre aufhielt. 1872 begab er sich wieder nach München und wurde Schüler von Michael Echter an der Kunstgewerbeschule. Ein Jahr später bezog er die Münchner Akademie als Schüler von Wilhelm von Diez, bei dem er bis 1882 blieb. Nur wenige Jahre später trat er im Münchner Kunstverein so erfolgreich mit einem Katzenbild hervor, dass er in der Folgezeit fast ausschließlich dieses Sujet gemalt hat, so dass er schon bald als »Katzenadam« oder »Katzenraffael« bezeichnet wurde.

Er war ein sehr genauer Beobachter dieser kleinen Raubkatzen und hat sie in vielfältigen Stellungen und Interaktionen gezeigt. Als gründerzeitlicher Genremaler war ihm auch stets die narrative Komponente wichtig, weshalb fast immer eine kleine Geschichte erzählt wird.

Gemälde von J. Adam befinden sich im Art Center Milwaukee in USA und in der Münchner Neuen Pinakothek.

Literatur:
Ausst.-Kat. Stadtmuseum München. Albrecht Adam und seine Familie. Zur Geschichte einer Münchner Künstlerdynastie im 19. und 20. Jahrhundert. München 1982.

3 Mädchenstudie

Rötel auf braunem Papier mit eingerissenen Ecken, 47 × 31 cm
Signiert unten links: *Julius Adam*
Verso: Eigenhändige Zeichnung meines Mannes Julius Adam, München. (Folgende Namen schwer lesbar). Dazu Provenienzangabe: Weinmüller, 26. X. 1969.

Ein kleines Mädchen lehnt sich stehend gegen einen nicht sichtbaren Hintergrund. Ihr lockiges Haar, ihre Physiognomie sowie andere anatomische Merkmale sind deutlich markiert. Umgeben ist das Kind von mehreren Hand- und Armstudien. Auch noch auf der Rückseite gibt es eine Hand- und Armstudie.

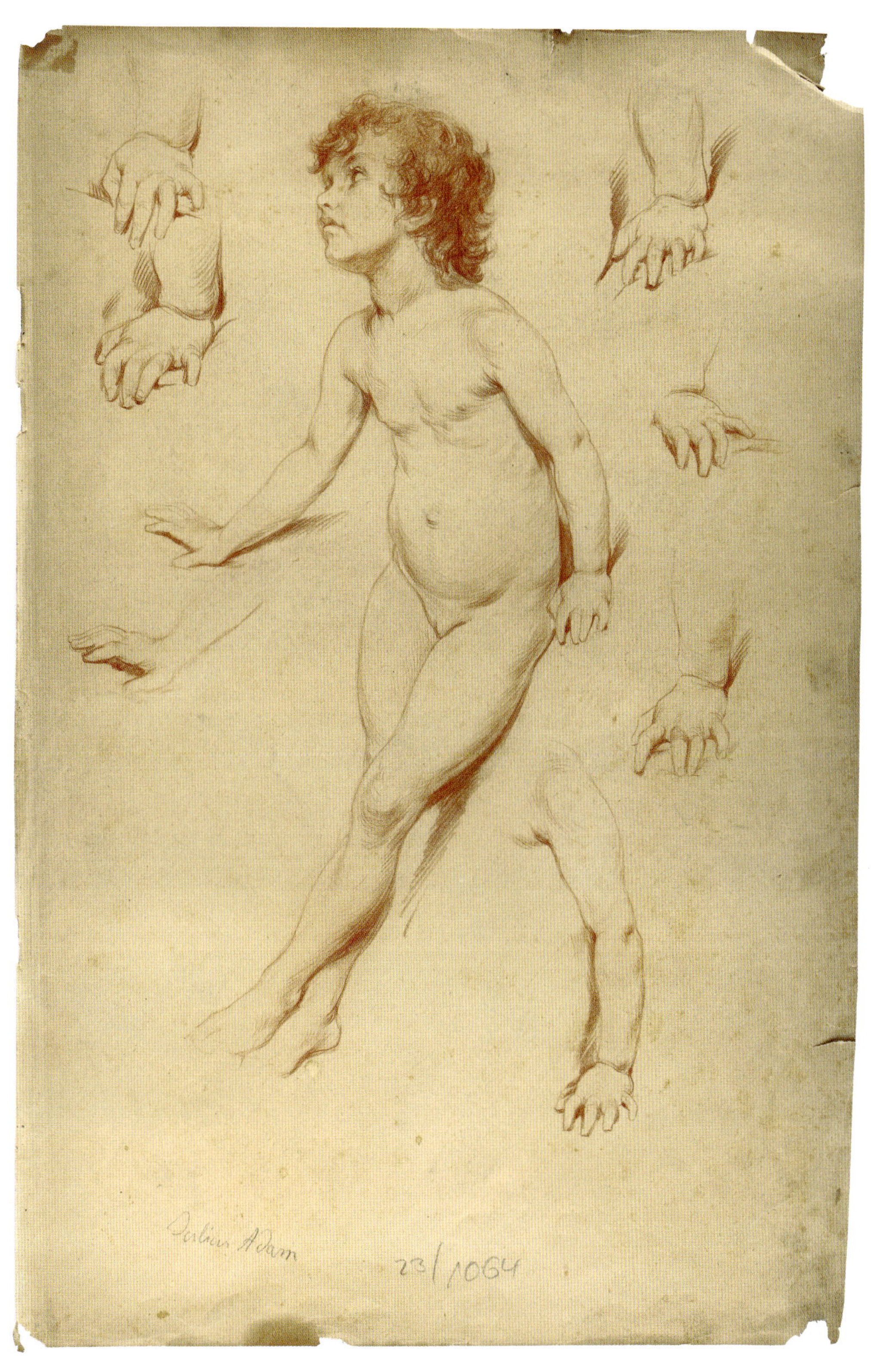

Julius Adam
23/1064

4 Zopfflechterin

Bleistift auf Papier (stockfleckig), 20,5 × 14,5 cm
Signiert unten links: *JA* (ligiert)

Julius Adam trat seit den achtziger Jahren sehr erfolgreich mit Katzenbildern hervor und hat bei diesem wohl recht frühen Bild bereits das Motiv von Katzen und Kindern kombiniert. Die ältere Schwester oder auch junge Mutter kniet hinter einem Schemel, um dem kleinen Mädchen die Zöpfe zu flechten. Diese spielt mit einem Wollknäuel, an dem auch die beiden Katzen interessiert sind. Möbel und andere Details der Wohnung und der Personen werden deutlich mitgeteilt.

Provenienz:
Aukt. Weinmüller, München. 1. Dezember 1966.

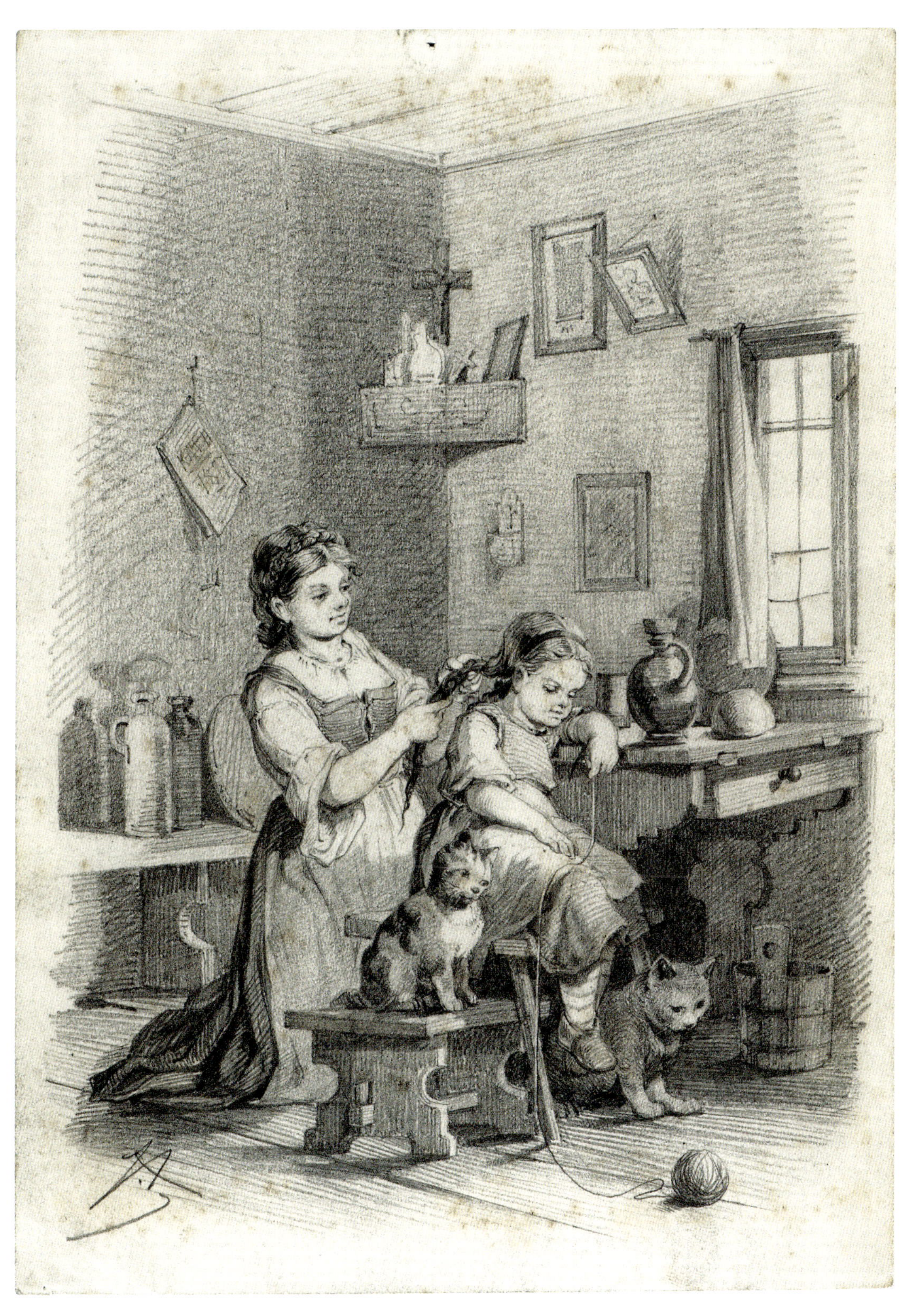

Iwan Aivazovsky

1817 – Feodossija/Krim – 1900

Als Sohn eines Kaufmanns in einer kleinen Hafenstadt auf der Krim am Schwarzen Meer geboren, besuchte er ab 1830 das Gymnasium in Simferopol. Dort fiel sein Zeichentalent auf, sodass er 1833 ein sechsjähriges Stipendium für die Petersburger Kunstakademie erhielt. Sein Lehrer, der Landschaftsmaler Maxim Worobjeff, ermutigte ihn, »en-plein-air« zu malen, die Natur zum Vorbild zu nehmen und mit Atmosphäre zu füllen. Bereits während der Akademiezeit gewann er einige Medaillen (Silber und Gold) und wurde 1838 wegen seiner qualitätvollen Malerei für zwei Jahre auf die Krim zu selbständiger Arbeit geschickt. Es folgten Teilnahmen an Fahrten des Schwarzmeergeschwaders, eine Begegnung mit William Turner 1842 sowie Reisen nach Mittel- und Südeuropa und nach Kleinasien. 1847 erhielt er den Titel eines Professors der Petersburger Akademie. 1850 entstand sein Hauptwerk »Die neunte Woge«, heute im Russischen Museum in St. Petersburg. Es verbindet die Dramatik der Naturgewalt mit den entfesselten Kräften der gischtigen Wogen und den lebensbedrohenden Aspekten für die Menschen.

1865 gründete er eine Kunstschule in Feodossija und 1871 in seiner Heimatstadt das Historische Museum. Es folgten weiterhin viele Reisen, er erhielt viele Ehrungen. 1892 besuchte er die USA mit den Niagara-Fällen.

Wie kein anderer Marine-Maler thematisierte I. Aivazovsky vor allem die extreme Dramatik hoher Wellen mit Schiffbrüchigen. Dabei betonte er nicht allein die transparente Woge, sondern überrascht den Betrachter auch durch frappierende Naturwahrheit, durch die genaue Beobachtung des bewegten Wassers in allen Farbschattierungen sowie durch die Spiegelungen von Sonnen- und Mondlicht auf der Wasseroberfläche.

Gemälde des Künstlers bewahrt das Nationalmuseum Moldawiens in Chisinau, das Aivazovsky-Museum in Feodossija, das Museum der russischen Kunst in Kiew, die Tretjakow-Galerie in Moskau und die Eremitage in St. Petersburg.

Literatur:
Nikolai Nowouspenski, Iwan Aiwasowski. Maler des Meeres. Bournemouth 1995. – Gianni Caffiero und Ivan Samarine, Meere, Städte, Träume. Die Gemälde des Ivan Aivasovsky. Köln 2002.

5 Schiffbrüchige an einer Felsenküste, 1865

Öl auf Leinwand, 67,5 × 90 cm
Signiert unten links: *Aivasovsky* (in kyrillischer Schrift) *1865*
Zur Signatur und zur Datierung ist darauf hinzuweisen, dass der Künstler sowohl mit lateinischen als auch kyrillischen Lettern signiert hat. Vgl. dazu die aufgeführten Beispiele bei Caffiero und Samarine, a. a. O., S. 278.

Mit der Datierung von 1865 wird dokumentiert, dass das Werk von dem fast Fünfzigjährigen geschaffen wurde. Sein berühmtestes Werk »Die neunte Woge« hatte er bereits eineinhalb Dekaden vorher gemalt. Doch auch hier thematisiert er Schiffbrüchige, die mit den Urgewalten des Meeres konfrontiert werden. Zwei Personen im Vordergrund haben sich auf Planken gerettet, umgeben sind sie von schäumenden Wellen. Weiter rechts an einen kleinen kahlen Felsen hat sich eine Person geklammert. Einige Personen – sehr klein – werden daneben im Wasser erkennbar, die um ihr Leben kämpfen. Das Schiff selbst liegt bereits schräg im Wasser, umkreist von einigen Möwen. Am linken Bildrand bricht die tief stehende Sonne durch und verfärbt Wolken und Himmel gelb und rötlich und hinterlässt auf dem Wasser bei den Menschen mit den Schiffsplanken helle Reflexe. Die Stelle, an der die Sonne hell durchbricht, ist pastos aufgetragen, auch die gelben Reflexe auf dem Wasser sind leicht körperhaft hingesetzt. Der übrige Teil der Bildoberfläche wurde glatt und dünn aufgetragen und in der Feinmalerei ausgeführt, wie wir es von Aivazovsky kennen. Auch hier gibt es einige Wellen, die so dünn und lasierend gemalt werden, dass sie als »transparente« Wellem bekannt wurden.

Provenienz:
Privatsammlung Griechenland – Privatsammlung Großbritannien – Sammlung Arutunian, Moskau – Aukt.-Kat. Sotheby's London. 30. April 1990. Kat.-Nr. 111 – Aukt.-Kat. Hampel, München. Katalog II. Russische Kunst. 22. Juni 2007. Kat.-Nr. 179 (dort unter dem Titel »Sonnenuntergang«).

Literatur:
Ausst.-Kat. Armenien. Aivazovsky well known and unknown. 2000, S. 75 – Ivan Aivazovsky. Life, History, Works. Kat.-Nr. 163.

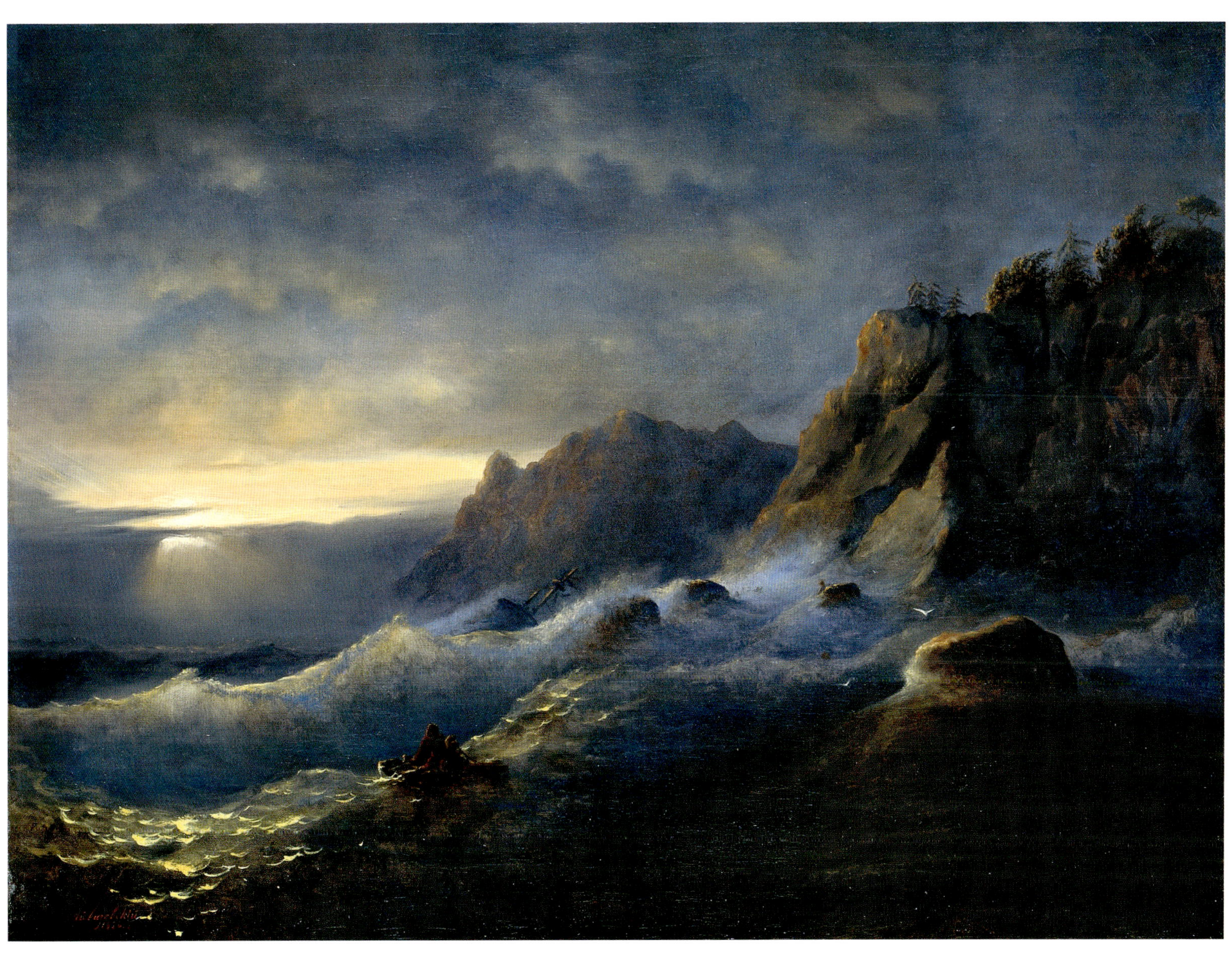

6 Segelboot nähert sich einem russischen Schiff

Öl auf Malkarton, 23 × 17,5 cm
Signiert unten rechts: *A*
Nur mit einem lateinischen A signiert ist übrigens auch das Gemälde »Blick auf Feodossija« von 1897 (Abb. bei Caffiero und Samarine, a. a. O., S. 115).
Verso: Ein Aufkleber mit dem Hinweis auf die Ausstellung: Seas, Cities and Dreams: The Painting of Ivan Aivasovsky. Exhibition Istanbul, January 2001. Number 174 »Sailing boat approching Russian Ship«.

Das Gemälde gehört in die Serie der sog. »Blauen Bilder«, die in den sechziger und siebziger Jahren entstanden und typischerweise vom vollen Tageslicht geprägt sind, daher auch die dominierende blaue Färbung.

Das weiße Segel des kleinen Bootes hebt sich markant gegen den blauen Felsen dahinter und gegen das blaue Wasser ab, das im Vordergrund weißen Schaum zeigt. Genauso exakt wie das kleine Boot ist auch der große Zweimaster daneben wiedergegeben, dessen Mannschaft durchaus noch zu erkennen ist. Am Horizont wird ein weiteres Segel sichtbar. Der weiß-blaue Himmel kontrastiert mit dem weiß-blauen Wasser wirkungsvoll, das freilich dunklere Töne aufweist.

Literatur:
G. Caffiero und I. Samarine, a. a. O., S. 240, Nr. 174 mit Abb. (dort als Bildträger irrtümlich Holz angegeben).

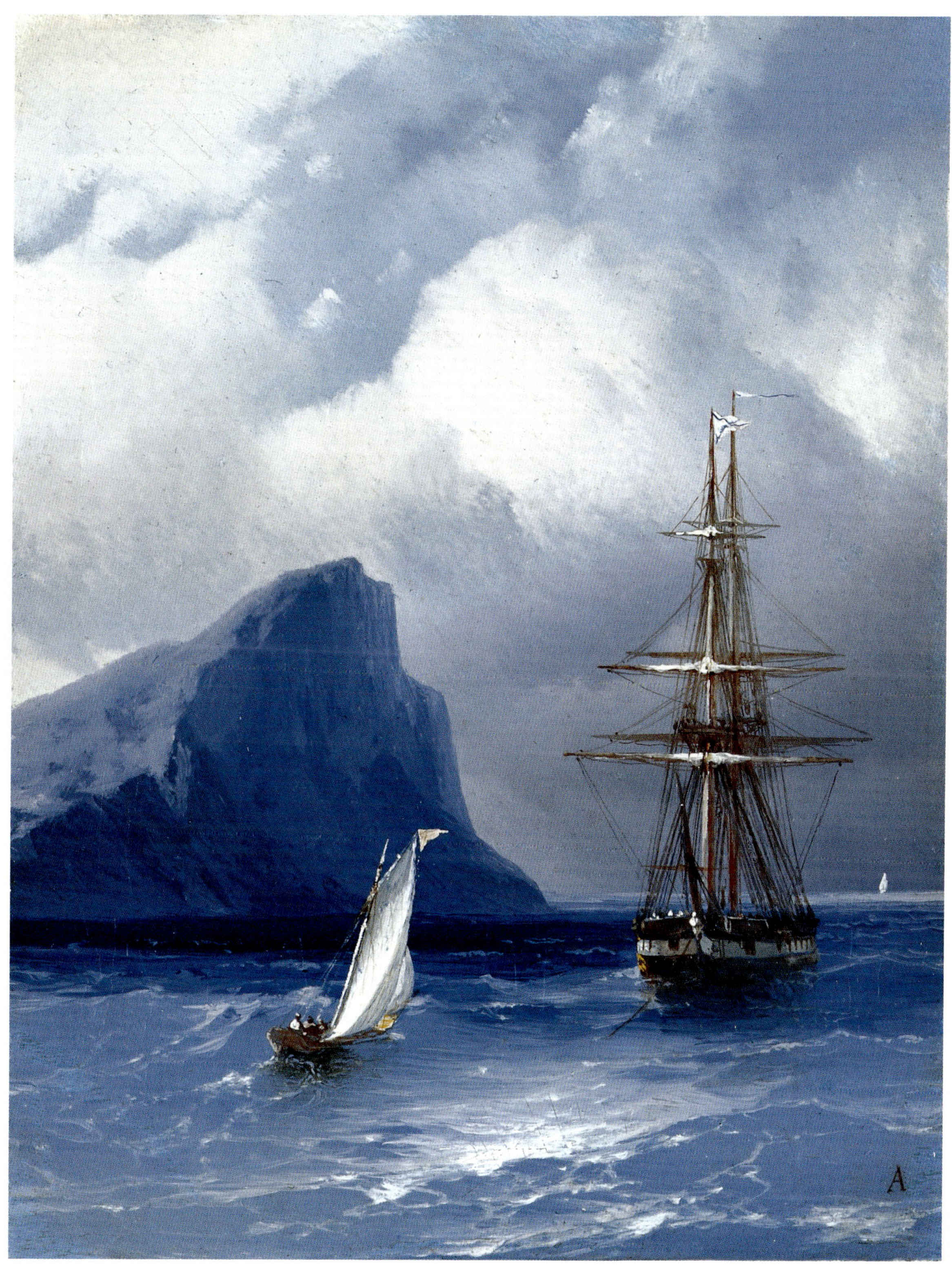

Fritz Bamberger

1814 Würzburg – 1873 Neuenhain

Künstlerische Anfänge seit 1828 an der Berliner Akademie bei Gottfried Schadow und anschließend bei dem Marinemaler Wilhelm Krause. Nach der Übersiedlung nach Kassel mit seiner Familie 1830 wurde er dort Schüler des kurfürstlichen Hofmalers Johann Georg Primavesi. 1832 zog er nach München und erhielt dort wichtige Impulse von Carl Rottmann. Es folgten Reisen nach Nordfrankreich und England und 1841 wohl erstmals nach Spanien. Anschließend nahm er seinen festen Wohnsitz in München und unternahm von hier aus mehrere Reisen nach Spanien, nachweisbar 1850 und 1868. So wurde die Wiedergabe der spanischen Landschaft eines seiner Hauptanliegen, wobei die Farblichtmalerei eines Rottmann ihn zu spektakulären Ansichten verhalf. Anfang der sechziger Jahre lernte er den Grafen Schack kennen, der insgesamt sieben spanische Landschaften von ihm erwarb.

Er steigerte die Schönheit des südlichen Geländes durch die spezifischen Lichteffekte der Sonnenuntergänge. Stets der landschaftlichen Wirklichkeit verpflichtet, entwickelte er topographisch genaue Terrainkonzeptionen, die ihre eigentliche Lebendigkeit durch Atmosphäre und Licht erhalten.

Gemälde von F. Bamberger bewahrt das Städel in Frankfurt, das Altonaer Museum in Hamburg, die Münchner Schack-Galerie, das Museum Georg Schäfer in Schweinfurt sowie die Städtische Galerie in Würzburg.

Literatur:
Ausst.-Kat. Städtische Galerie, Würzburg. Fritz Bamberger. Spanienbilder. 1996.

7 Blick auf die Halbinsel Gibraltar, 1865

Öl auf Leinwand, 50 × 73,5 cm
Signiert unten rechts: *Fritz Bamberger.f. 1865.*

Mit der ersten Spanienreise von 1850 hatte F. Bamberger das zentrale Motiv für die nächsten Jahre entdeckt, nämlich die spanische Landschaft selbst. Graf Schack, den er Anfang der sechziger Jahre kennengelernt hatte, bestärkte ihn noch in dieser Motivwahl, indem er insgesamt sieben Gemälde mit spanischen Landschaften bei ihm erwarb, u. a. auch eine »Ansicht von Gibraltar« von 1863. Sie unterscheidet sich nur wenig von unserem Werk.

Wiedergegeben ist der Blick von den Anhöhen der südspanischen Stadt Algeciras auf Gibraltar, bei tief stehender Sonne, die Gelände und Himmel bereits leicht gelb-rosa färbt. Die Stadt mit dem dazugehörigen Gelände bildet zusammen mit dem Felsen von Gibraltar, der durch eine flache Landzunge mit dem Festland verbunden ist, die Bucht von Algeciras. Somit geht der Blick des Malers nach Osten, und wir erblicken den Westhang des Jurakalk-Felsens, der am flacheren Ufer bewohnt ist. Den Vordergrund nimmt ein abfallendes Gelände ein, durch das sich ein kleiner Fluss schlängelt, bewachsen von Agaven und etwas Buschwerk, ganz rechts von schlanken, hohen Bäumen.

Vorarbeiten und Varianten:
Seit ca. 1850 bis in die sechziger Jahre hat sich F. Bamberger mehrfach mit Ansichten von Gibraltar befasst. In dem Würzburger Katalog von 1996 werden einige Varianten und Zeichnungen aufgeführt (S. 37–39, 43–45). Sie unterscheiden sich nicht sehr voneinander. Bereits bei Boetticher (Bd. I, 1. 1891) werden fünf Ansichten von Algeciras aufgeführt.

Literatur:
Ausst.-Kat. Städtische Galerie, Würzburg. Fritz Bamberger. Spanienbilder. 1996.

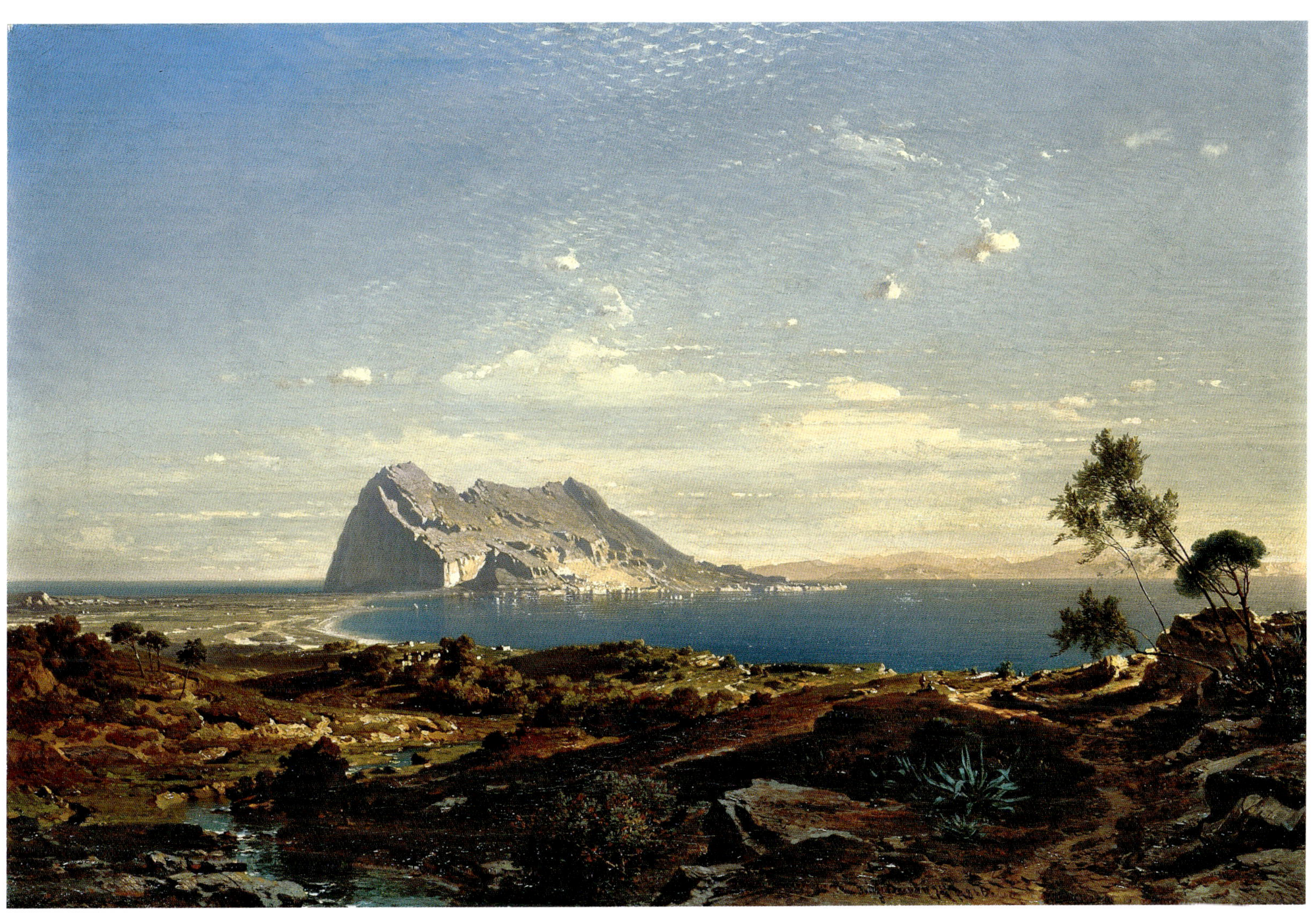

8 Felslandschaft mit Gewässer

Öl auf Leinwand, 20,5 × 30 cm
Signiert unten rechts: *Fritz Bamberger*
Verso: Leinwandstempel der Münchner Malerutensilien-Fabrik
A. Schutzmann, München.

Der Landstreifen am diesseitigen Ufer weist Felsgeröll und auf der linken Bildseite zwei dünnstämmige Bäume mit dichten Kronen auf. Ihnen zu Füßen ist ein sitzendes Paar zu erkennen. Die kleine Landzunge, die in das Gewässer stößt, trägt einige helle Bauwerke. Dahinter streckt sich die Wasserfläche bis hin zu den beiden Bildrändern. Es schließt sich ein Gebirgszug an mit kahlen Felsen, die partiell recht steil nach oben streben. Darüber steht ein fast dramatisch bewölkter Himmel mit dunklen Wolkenformationen, die teilweise auch wiederum aufgehellt sind und streckenweise den blauen Himmel durchscheinen lassen.

Als Rottmann-Schüler liebte F. Bamberger die luminaristischen Effekte, wie sie durch Sonnenuntergänge, aber auch durch die Beleuchtungssituationen der verschiedenen Wolkenformationen entstehen. Auch hier beeinflussen die Wolken das Erscheinungsbild des Geländes mit dem Wechsel von Licht und Schatten. Entsprechend solcher Beobachtungen des Lichts ist der Farbauftrag zwar kleinteilig, aber durchaus bewegt mit leicht pastosen Stellen. Das kräftige Blau der Wasseroberfläche kontrastiert wirkungsvoll mit den Braun- und Ockertönen des Terrains.

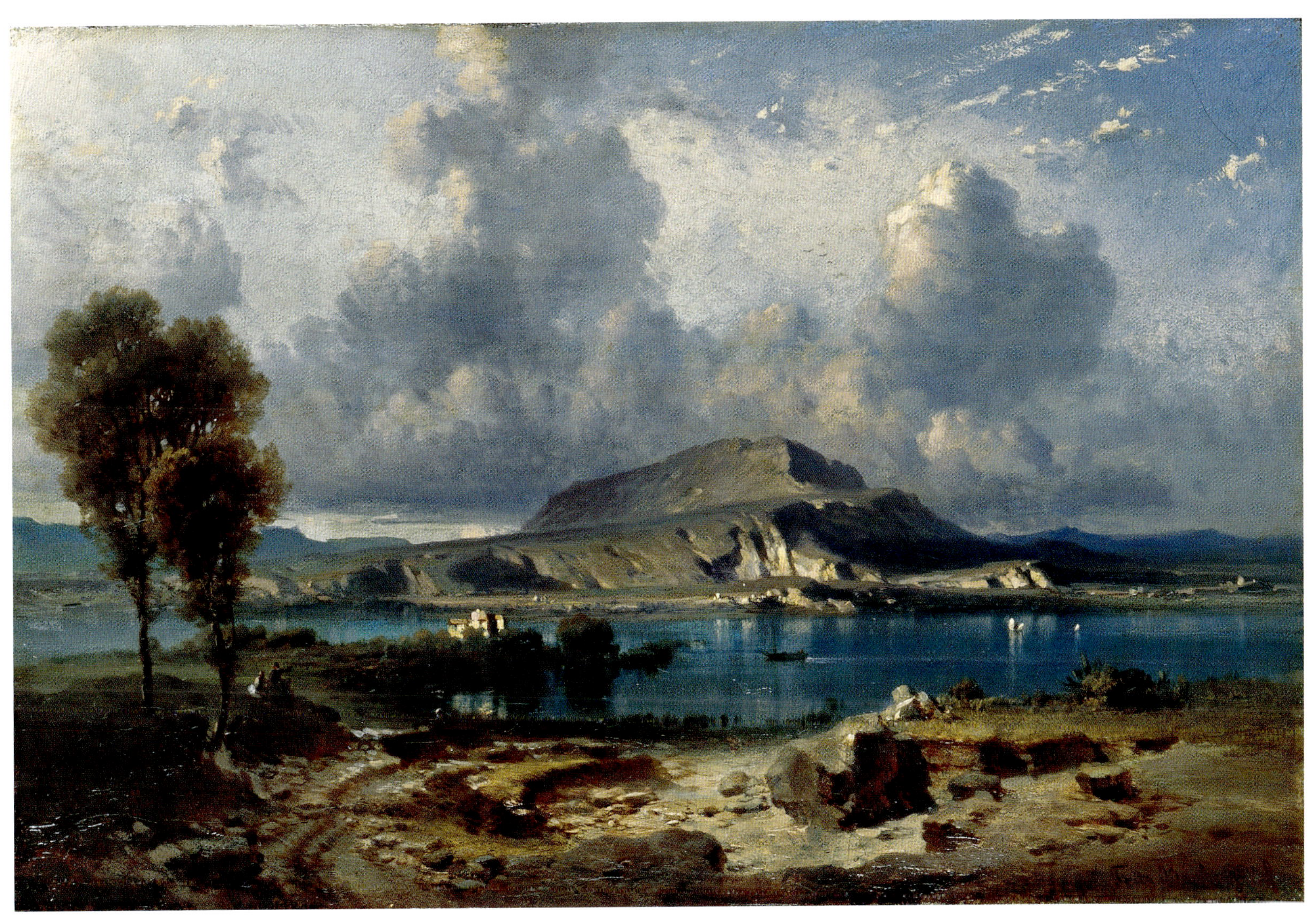

Robert Beyschlag

1838 Nördlingen – 1903 München

R. Beyschlag, der einer alten Gelehrten- und Architektenfamilie entstammte, erhielt seine Ausbildung an der Münchner Akademie bei Philipp von Foltz. Anschließend trat er mit Genrebildern hervor, meist mittelalterlicher Motivik. Aber auch Familienszenen, mythologische Sujets und Illustrationen zur Dichtung bildeten seine Themenwahl.

Literatur:
Horst Ludwig u. a., Bruckmanns Lexikon. Bd. I, München 1981, S. 95, 96.

9 Herme bekränzendes Mädchen

Öl auf Mahagoni (zweiseitig abgefast), 25,8 × 17,6 cm
Ein senkrechtes Brett, Stärke: ca. 1 cm
Signiert unten rechts: *R. Beyschlag.*

Auf der Rückseite der Holzplanke befindet sich ein Stempel der Münchner Malerbedarfsfirma Adrian Brugger.

Eine junge Frau steht in einem Park und bekränzt eine Herme, einen vierkantigen Pfeiler, der eine Kopfbüste trägt. Sie selbst wirkt antikisch gewandet. Ihre Hochfrisur wird von einem Band zusammengehalten. Hinter ihr wird eine Brüstung sichtbar, von den Parkbäumen hinterfangen. Die Arbeit ist skizzenhaft angelegt.

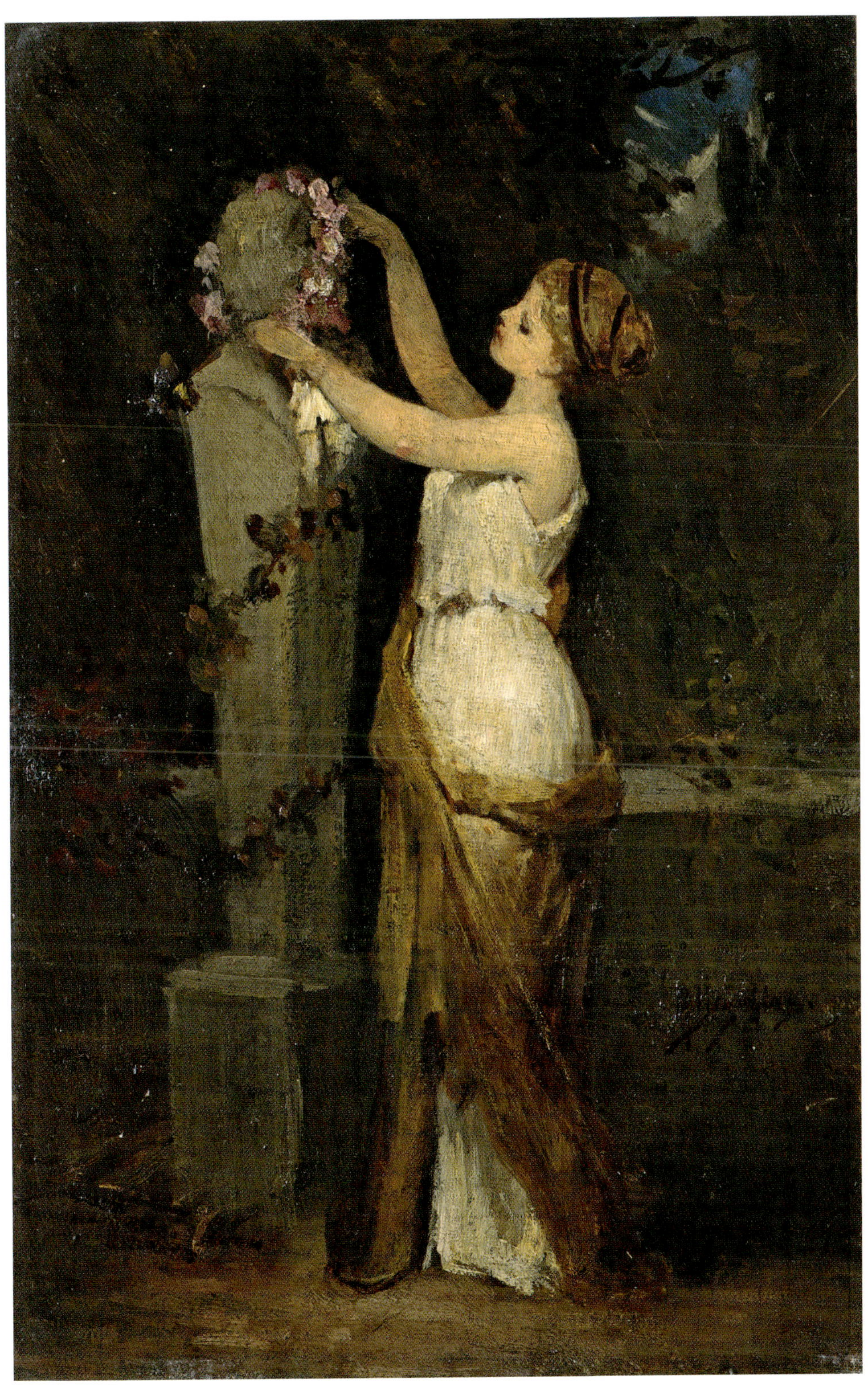

Christian Eduard Boettcher

1818 Imgenbroich – 1889 Düsseldorf

Nach Anfängen an der Stuttgarter Kunstschule arbeitete Boettcher zunächst als Lithograph und studierte darauf an der Düsseldorfer Kunstakademie von 1844–1849 bei T. Hildebrand und W. von Schadow. Nach dem Ende seiner Studien ließ er sich in Düsseldorf nieder, wurde 1872 zum Professor an der Akademie ernannt und war Gründungsmitglied des Künstlervereins Malkasten. Unter dem Einfluss C. Hübners war seine Genremalerei zunächst sozialkritisch gefärbt. Später umkreiste er in seinem Werk das Alltagsleben der Menschen am Rhein zwischen Bingen und Köln – mit leicht spätromantischen Einschlägen. Er war auch als gefragter Porträtist tätig.

Gemälde von ihm werden im Rheinischen Landesmuseum in Bonn, im Düsseldorfer Kunstmuseum sowie im Kölner Stadtmuseum aufbewahrt.

Literatur:
Lexikon der Düsseldorfer Malerschule. 1819–1918. Bd. I, München 1997, S. 154–158.

10 Kinder ziehen einen Wagen, 1864

Öl auf Leinwand (doubliert), 78 × 109 cm
Signiert unten links: *C. E. Boettcher.pxt. Düsseldorf 1864.*

Vor einem bäuerlichen Fachwerkhaus zieht eine Kinderschar einen hochrädrigen Wagen ohne Aufbau. Mehrere Kinder stemmen sich gegen die Deichsel, um den Wagen voranzubringen, auf dessen Achse ein kleiner Junge mit erhobenen Armen sitzt; gehalten wird er von der Mutter, die hinter dem Wagen geht. Ein etwas größerer Bub hebt mit seiner Linken eine Gerte, um die Kinder voranzutreiben. Dem Zug voran geht ein sehr kleines Kind in einem weißen Hemd, das ein Schlepptau in der linken Hand hält.

Neben dem Wagen wird ein Trogbrunnen erkennbar, dahinter befindet sich ein gemauerter Ziehbrunnen. Dahinter zeigt sich der Ausblick auf eine mäßige Berglandschaft mit einer Burg. Vor dem Fachwerkhaus sitzt der Großvater im Schatten. Durch die geöffnete Tür erblickt man das Feuer der Kochstelle, an der die Großmutter kocht. Hühner und ein Hahn sowie eine Ente mit ihren Jungen bevölkern den Vorplatz.

Bei diesem Maler der Düsseldorfer Schule dokumentiert sich in seiner Kunst eine Genremalerei mit realistischem Einschlag und dem kleinteiligen Farbauftrag, um auch Details der Objektwelt mitteilen zu können. Dazu ist die Bildoberfläche glatt.

Literatur:
Bei Boetticher (Malerwerke des 19. Jahrhunderts. Bd. I,1, Nr. 17) wird das Bild erwähnt: »Rheinische Dorfjugend. Kinder vor einem großen Wagen gespannt, dem Großvater zufahrend.« Allerdings ist jene Arbeit 1863 datiert, unser Gemälde hingegen 1864.

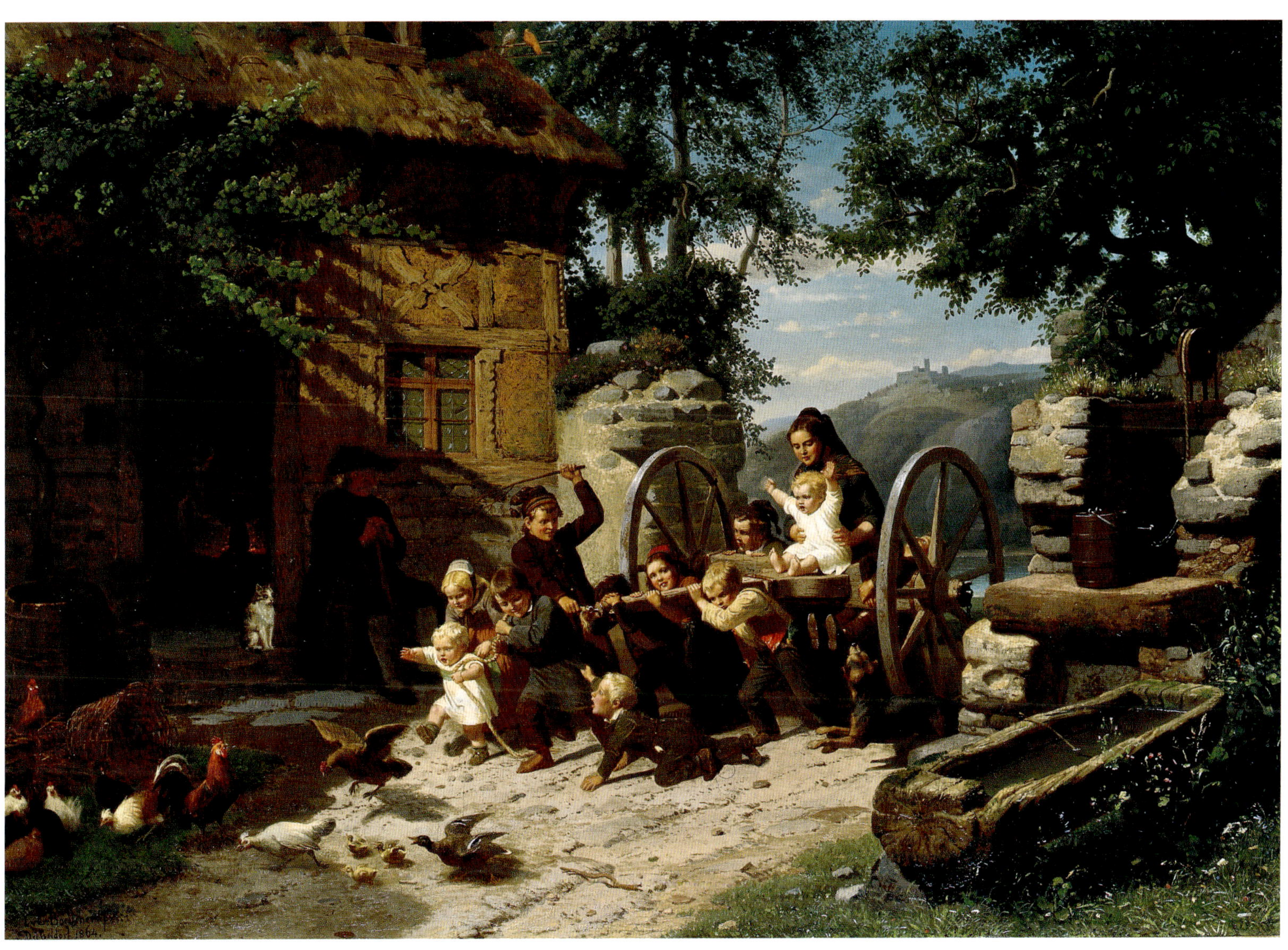

Anton Braith

1836 – Biberach – 1905

Johann Baptist Pflug, ein Biberacher Zeichenlehrer, förderte das zeichnerische Talent des Knaben, so dass er bereits 1851 in die Stuttgarter Kunstschule eintreten konnte. Dort studierte er vor allem bei Heinrich Rustige. Mit einem weiteren Maler, Albert Kappis, begab er sich 1860 nach München und ließ sich vom leuchtenden Kolorismus K. Th. Pilotys beeinflussen. Mit seinem Freund Christian Mali, einem anderen Tiermaler, unternahm er viele Studienreisen durch Oberbayern und verarbeitete den Ansatz der Freilichtmaler. Während der Weltausstellung in Paris 1867 lernte er die Tierbilder von Constant Troyon kennen, die ihn vollends für die Tiermalerei einnahmen. 1870/71 errichtete er zusammen mit Christian Mali ein Atelierhaus in der Münchner Landwehrstraße, die sog. Schwabenburg, in der sie ihren Landsleuten kostenlos Ateliers zur Verfügung stellten. 1884, 1889 und 1894 unternahm er mit seinem Freund Reisen nach Rom und Süditalien, deren ländliche Tiermotive er ebenfalls malte.

A. Braith gehört zu den Tiermalern, die ihre Kompositionen auf Grund genauer Tierstudien aufbauen und dabei auch die landschaftlichen und atmosphärischen Bedingungen miteinbeziehen. So liebte er eine pastose und bewegte Binnenzeichnung bei den Tieren und deutliche und starke Lichtakzente. Das realistisch pointierte Tierstück bildet das Zentrum seines Schaffens. Der Stadt Biberach vermachte er nicht allein seinen künstlerischen Nachlass, sondern auch 10 000 Goldmark zur Erbauung eines Museums für sein Werk.

Gemälde von ihm befinden sich in den Städtischen Sammlungen in Biberach an der Riß, in der National Gallery of Victoria in Melbourne, in der Münchner Neuen Pinakothek und im Lenbachhaus, im Museum Georg Schäfer in Schweinfurt, in der Staatsgalerie Stuttgart und im Von der Heydt-Museum in Wuppertal.

Literatur:

Hans-Peter Bühler, Anton Braith – Christian Mali. Tiermaler der Münchner Schule. Mainz 1981.

11 Gänse und Ziegen am Wasser

Öl auf Mahagoni (allseitig abgefast), 26 × 34,5 cm
Signiert unten rechts: *A. Braith München*

Eine weiß-braun gefleckte und eine fast schwarze Ziege, beide mit Hörnern, stehen hintereinander am Ufer eines Gewässers, an dem sich Gänse befinden. Eine Gans wendet sich aggressiv der hellen Ziege zu, weitere Gänse sind dahinter auf Nahrungssuche. Dort sitzen auch zwei kleine Mädchen im Gras und beobachten die Szenerie. Im Hintergrund rechts wird eine Mauer erkennbar, mit Dachpfannen gedeckt. Das leicht ansteigende Gelände wird oben von einem sommerlich bewölkten Himmel abgeschlossen.

Wie man bisweilen bei den Gemälden A. Braiths beobachten kann, werden die Tiere recht genau, auch mit ihrer Fell- und Federstruktur gemalt. Personen und das Gelände dagegen erscheinen eher summarisch, während Grashalme und Blüten manchmal zeichnerisch genau wiedergegeben werden.

Im Skizzenbuch B 1936 des Braith-Mali-Museums in Biberach an der Riß befindet sich eine Bleistiftstudie zu dem Gemälde.

Provenienz:
Dr. Hans-Peter und Marion Bühler, München. – 2006 aus dem Münchner Kunsthandel.

Literatur:

Hans-Peter Bühler, Anton Braith – Christian Mali. Tiermalerei der Münchner Schule. Mainz 1981, S. 301, Nr. 71, Farbabb. S. 165. – Uwe Degreif (Hrsg), Anton Braith. Tiermaler in München. Lindenburg 2005 (dort nicht aufgeführt).

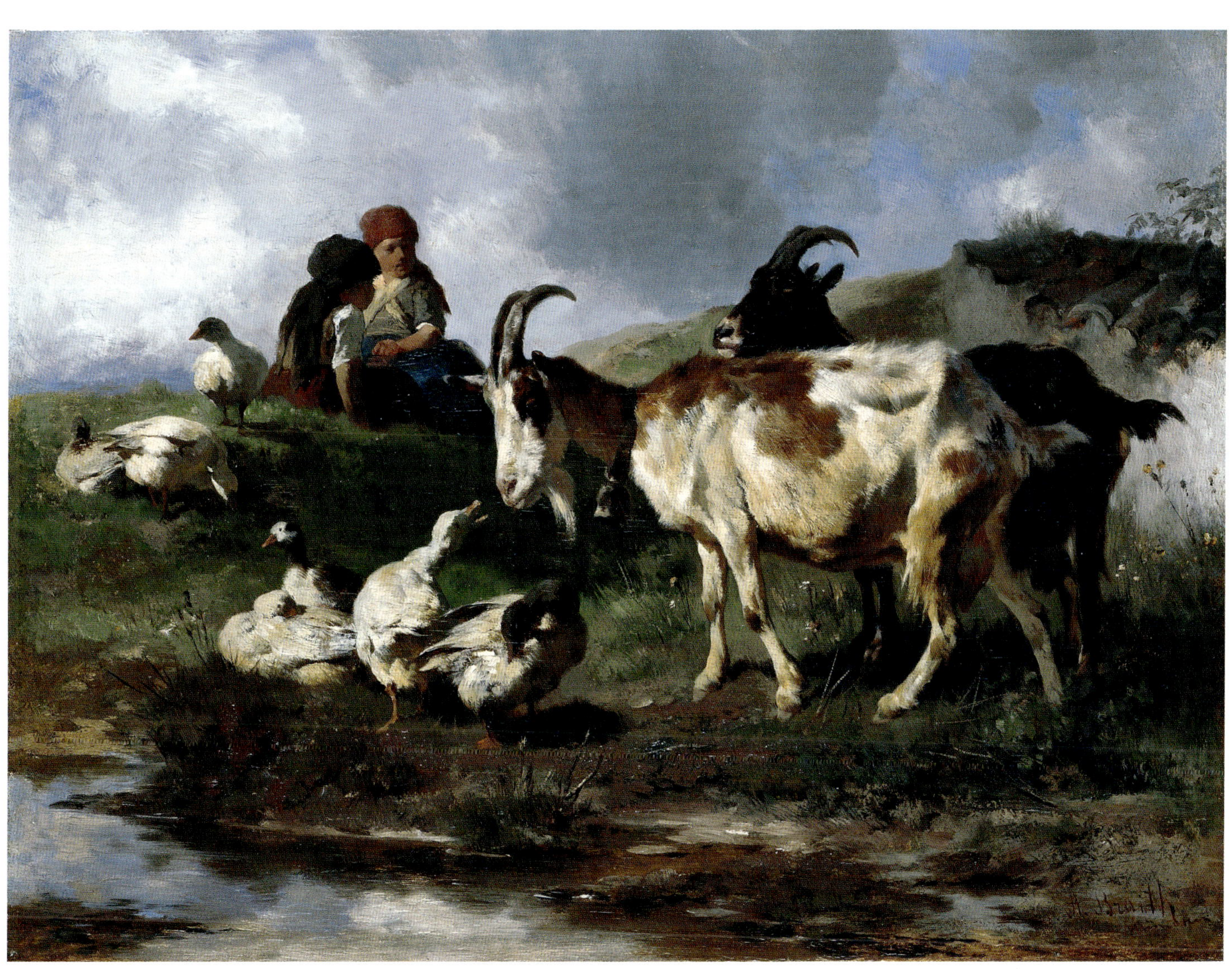

Daniel Nikolaus Chodowiecki

1926 Danzig – 1801 Berlin

Nach Anfängen als Miniaturen- und Emailmaler befasste Chodowiecki sich mit Aktstudien bei Bernhard Rode. Darauf folgten Illustrationen für verschiedene Taschenkalender. 1797 wurde er Direktor der Berliner Akademie.

Als Künstler der Berliner Aufklärung füllte er die bürgerliche Lebenskultur mit neuen pädagogischen Inhalten und gestaltete vor allem Einzelporträts, Familienbildnisse und Genreszenen. Dabei stand die Wiedergabe von Glück und Harmonie im Vordergrund. Die gewollte Reduzierung und Vereinfachung waren für D. N. Chodowiecki eine bewusste Abkehr vom Barock und Rokoko.

Literatur (in Auswahl):
Ausst.-Kat. Städelsches Kunstinstitut und Städtische Galerie, Frankfurt a. M. Daniel Chodowiecki. Zeichnungen und Druckgraphik. 1978. – Willi Geismeier, Daniel Chodowiecki. Leipzig 1993. – Ausst.-Kat. Galerie Bauer, Hannover. Preußen und Chodowiecki. 2001. – Melanie Ehler, Daniel Nikolaus Chodowiecki. »Le petit maîtrе« als großer Illustrator. Berlin 2003.

12 Lebensgrosses Brustbild eines Knaben

Rötel auf Papier, 42 × 36 cm
Verso: Hinweis auf Maler, Titel und Technik
Nicht signiert

Der Junge wird als Brustbild wiedergegeben und erscheint im reinen Profil. Die Perücke mit Zopf und Schleife wird sorgfältig mit ihren Locken dargestellt. Die einzelnen Rötelstriche sind gut zu erkennen. Unterhalb des Kragens sind Brust und Armansatz nur mit wenigen Strichen angedeutet.

Die Röteltechnik war im 18. Jahrhundert die repräsentative Technik, die auch Chodowiecki favorisiert hat. Um 1775 gibt es Rötelzeichnungen des Künstlers mit jeweils einer seiner Töchter als Brustbild im Profil, die mit dem vorliegenden Bildnis vergleichbar sind. Abbildungen der beiden Töchter Sophie Henriette und Suzette in: Ausst.-Kat. Galerie Bauer, Hannover. Preußen und Chodowiecki. 2001, Kat.-Nr. 224 und 225.

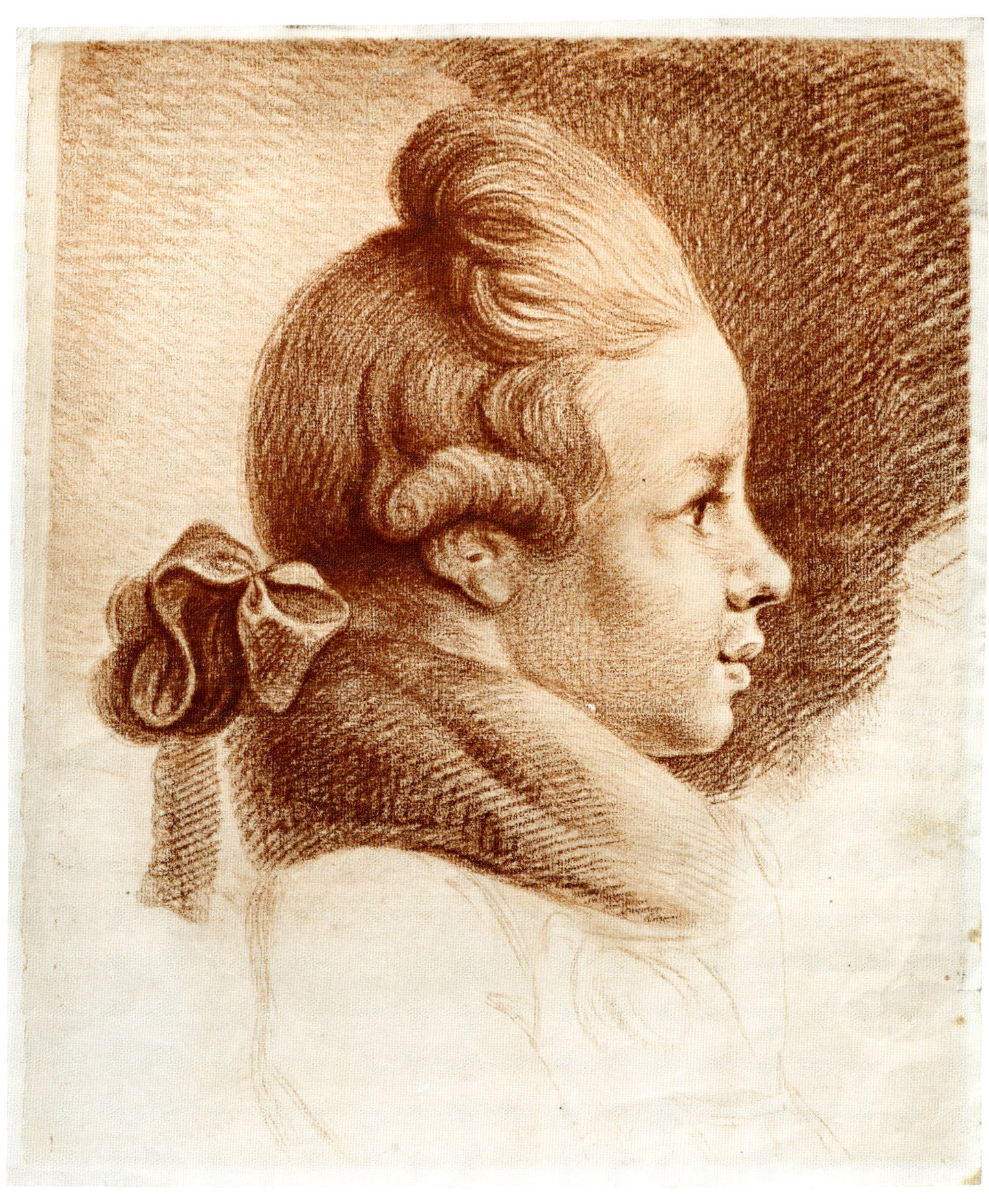

Wilhelm Claudius

1854 Altona – 1942 Dresden

Der Maler und Graphiker, Sohn des Medailleurs Christian Dietrich Claudius, wandte sich nach Anfängen an der Dresdener Kunstakademie 1876 nach Berlin und wurde dort Schüler von Karl Gussow. Darauf spezialisierte er sich auf die Illustration von Kinderbüchern und Novellen. Seit 1879 hielt er sich wieder in Dresden auf und favorisierte die Malerei mit Porträts, der Landschaft und dem Genre. Seine Motive entnahm er gern Norddeutschland und speziell aus Holstein mit Titeln wie »Kinder am Brunnen« oder »Vornehme Kundschaft«. Auch hier überwiegen gelegentlich Kinderszenen, er hat aber auch Interieurs mit figürlicher Staffage gemalt. 1903 wurde W. Claudius zum Professor ernannt und erhielt 1909 auf der großen Kunstausstellung in München eine Goldene Medaille für sein Gemälde »Böhmische Musikanten«.

Als Genremaler hat er sich vorsichtig den prä-impressionistischen Tendenzen angenähert und somit die reine Gründerzeitmalerei hinter sich gelassen. Gemälde von ihm bewahrt die Gemäldegalerie Dresden, Neue Meister.

Literatur:
Thieme-Becker, Künster-Lexikon. Bd. VII, Leipzig 1912, S. 60–61.

13 Die Dorfschule

Öl auf Leinwand, 115,5 × 77 cm
Signiert unten links: *Wilh. Claudius. Dresden 1886.*

Das Interieur mit Bett und Truhe erinnert nicht gerade an ein Klassenzimmer. Allerdings stellt der große Tisch mit den Stühlen ein klassenähnliches Ambiente her. Er befindet sich auf der linken Bildseite und verläuft diagonal nach hinten. Mädchen und Buben sind durchaus gemischt. Die Kinder sitzen an dem Tisch, die Schiefertafeln vor sich. Ein Mädchen in der Mitte hat sich erhoben und hält mit ihrer Linken die Tafel hoch. Ganz rechts zeigt die Dorflehrerin einem kleinen Mädchen, wie man zu schreiben hat. Die breiten Fenster an der Stirnseite erhellen den recht großen Raum.

Der Farbauftrag ist eher kleinteilig und sehr deckend. Namentlich die Gesichter werden in ihrer Individualität besonders herausgearbeitet, was die Interaktionen noch mehr betont. Die Verteilung von Licht und Schatten ist prä-impressionistisch zu nennen. Das Werk zeigt mit den Kindern in dem hellen Ambiente eine gewisse Nähe zu Kinderbildern des Fritz von Uhde.

Provenienz:
Aukt.-Kat. Sotheby's München. Dezember 1995, Kat.-Nr. 70 – Privatbesitz Österreich – Aukt.-Kat. Hassfurther, Wien. Mai 2009 Kat.-Nr. 50

Ausstellungen und Literatur:
Dresden, Kunstverein 1886 – Berlin, Akademische Kunstausstellung 1887 – Friedrich von Boetticher, Malerwerke des 19. Jahrhunderts. Bd. I,1. Dresden 1891, S. 182, Nr. 11 (dort mit dem Titel »Kleinkinderschule in einem holst. Kinderdorfe. Alte Lehrerin mit dreizehn Schülern«).

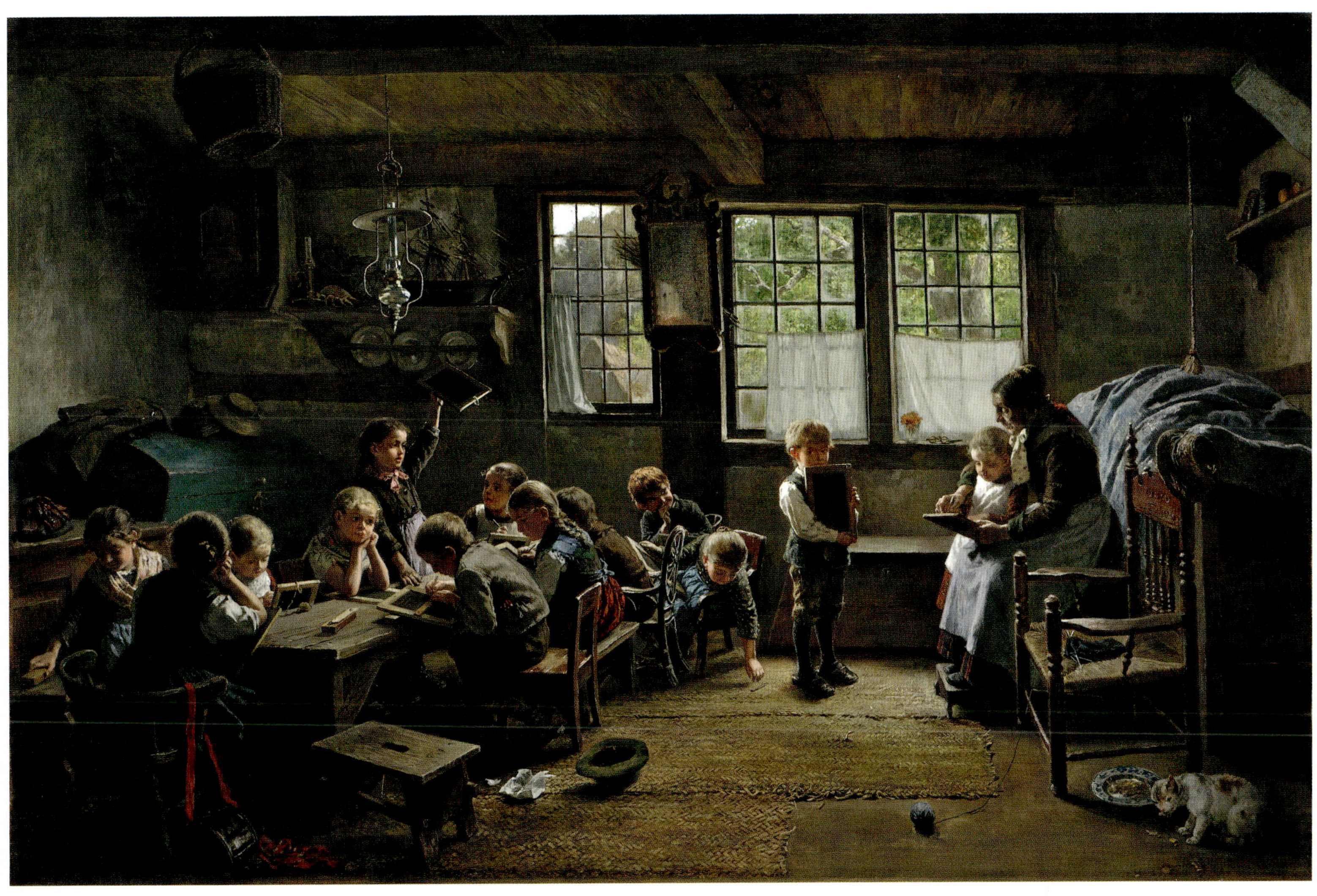

Franz von Defregger

1835 Stronach/Tirol – 1921 München

F. von Defregger, Exponent der gründerzeitlich-alpenländischen Genremalerei in München, kam erst nach langen Umwegen zur Malerei. Im Frühjahr 1860 begann er sein Kunststudium an der Innsbrucker Gewerbeschule, begab sich im Herbst nach München und besuchte dort die Vorbereitungsklasse für die Akademie. Im Sommer 1861 Aufnahmeprüfung für die Kunstakademie. 1863 Reise nach Paris. Erst 1867 fand er Aufnahme in die Piloty-Klasse. Mit dem Gemälde »Speckbacher und sein Sohn Anderl«, ausgestellt 1869 im Münchner Glaspalast, wurde er einem größeren Publikum bekannt. 1870 beendete er sein Studium bei Piloty, hatte verschiedene Wohnsitze u. a. in Bozen und siedelte 1875 endgültig nach München über. 1877 Reise mit Nikolaus Gysis und Eduard Kurzbauer nach Florenz und Rom. 1878 Berufung als Professor an die Münchner Akademie und 1883 geadelt.

Episoden aus den Tiroler Freiheitskämpfen und vor allem die Wiedergabe des Tiroler Alltagslebens waren sein Hauptanliegen. Dazu hat er auch sehr viele Bildnisse gemalt.

Gemälde von Defregger befinden sich in der Hamburger Kunsthalle, im Tiroler Landesmuseum Ferdinandeum in Innsbruck, im Museum der bildenden Künste in Leipzig, im Art Center Milwaukee in USA, in der Münchner Neuen Pinakothek und in der Österreichischen Galerie des 19. und 20. Jahrhunderts in Wien.

Literatur:
Hans Peter Defregger, Defregger. 1835–1921. Rosenheim 1983. – Ders., Defregger. Ergänzungsband. Rosenheim 1991.

14 Die Faustschieber, 1878

Öl auf Leinwand, 110 × 144 cm
Signiert unten rechts: *Defregger 1878.*
Links davon Reste einer alten Signatur
Verso: Handschriftlicher Hinweis: Jede Art der Vervielfältigung vorbehalten.
Auf dem Keilrahmen Aufkleber mit der Zahl 574.

Das Motiv der Faustschieber ist bei Defregger oder auch in der alpenländischen Genremalerei eher selten anzutreffen. Meist wird das Fingerhakeln dargestellt. Hier aber sitzen sich zwei Männer an einem Tisch gegenüber und drücken ihre Fäuste gegeneinander, um so festzustellen, wer den Gegner wegdrücken kann, wer also der Stärkere ist. Der rücklings wiedergegebene Mann ist bereits bis an seine Tischkante gedrängt, hält aber noch die Stellung. Sein Gegner, dem Betrachter zugewendet, scheint bereits in seinem Gesicht den Sieger auszustrahlen. Umgeben ist das Paar von sachkundigem Publikum, von anderen Männern, aber auch von Frauen, die rechts neben dem Tisch stehen und besonders hell vom Licht getroffen werden. Jene weibliche Dreiergruppe wird von zwei jungen Männern eingerahmt, die kritisch interessiert den Wettkampf verfolgen. Es war F. von Defregger durchaus wichtig, den ausgetragenen Kampf in den Gesichtern der Zuschauer spiegeln zu lassen, wodurch sich eine zweite Ebene der Aktion bei den Zuschauern realisiert. Ganz rechts, sehr verschattet, werden noch andere Personen erkennbar, die aber dem Zweikampf keine Aufmerksamkeit schenken. Ein Dackel hat sich vorn auf seine Hinterbeine erhoben, um die Handlung besser verfolgen zu können. Die Tiroler Tracht ist sowohl bei den Frauen wie bei den Männern besonders ausgeprägt.

Das Gemälde setzt Defreggers vielfigurige Kompositionen fort, die er seit Anfang der siebziger Jahre gestaltet hat wie »Der Ringkampf« von 1870 oder »Großvaters Tanzunterricht« von 1872. Diese Werke zeichnen sich durch eine handlungsreiche und vielfigurige Aktion aus und geben eine Alltagsszene aus dem Tiroler Landleben wieder. Dabei kommt auch der Lichtregie eine übergeordnete Bedeutung zu. Das beginnt schon in der Kontrastierung der beiden Arme, mit dem verschatteten und bekleideten Arm des rücklings wiedergegebenen Mannes

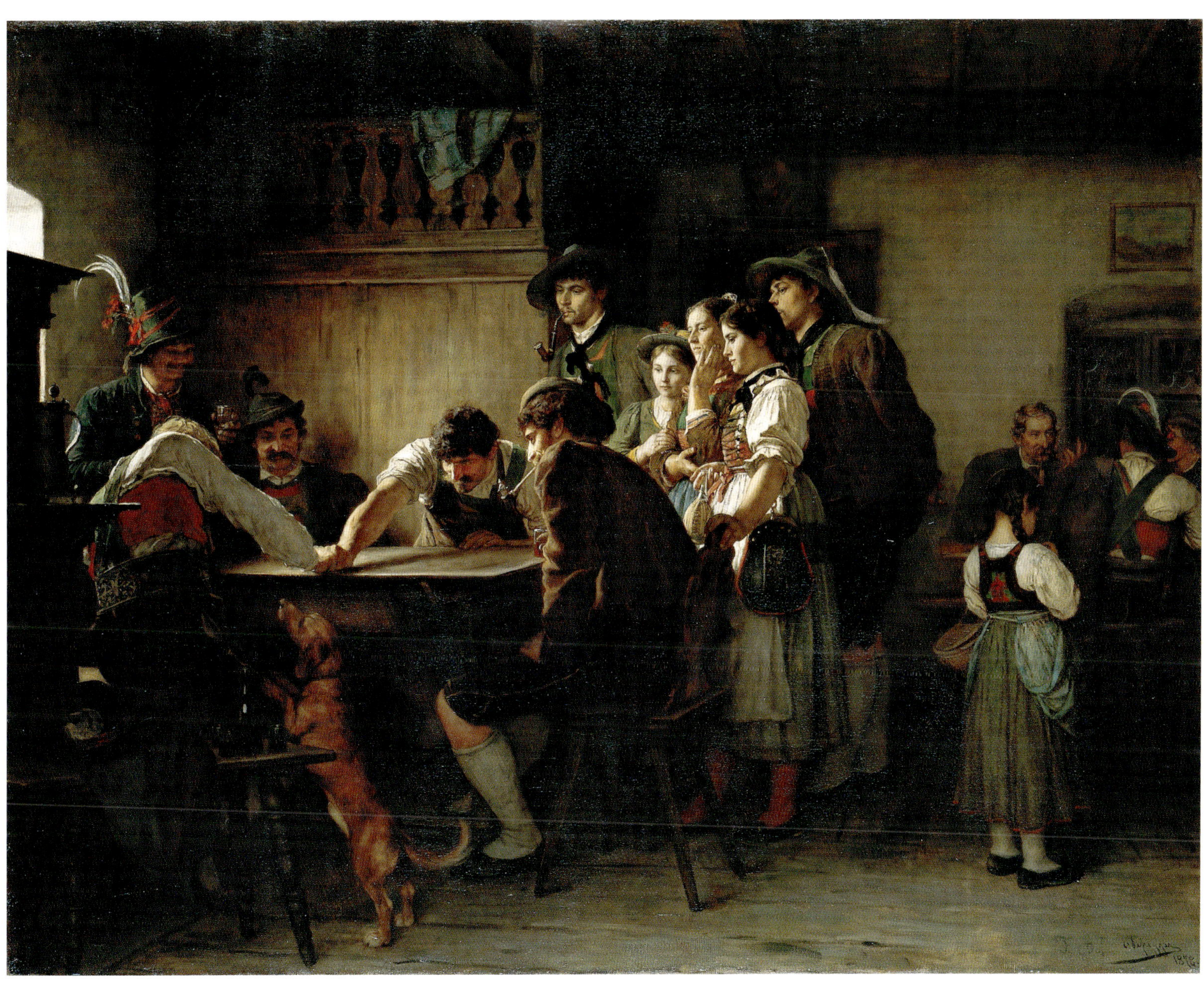

und dem nackten kräftigen Arm seines Gegners, dessen Teile hell aufleuchten. Weiterhin gibt es bei dem von hinten wiedergegebenen Mann raffinierte Beleuchtungseffekte, nicht zu vergessen die rechte Männer- und Frauengruppe, die durch das Licht besonders hervorgehoben wird. Aber auch Verschattungen haben ihre Bedeutung. Denn die rechte abgewendete Personengruppe bildet eine Gruppierung für sich, es ist gewissermaßen eine Nebenhandlung.

Provenienz:
2007 Münchner Kunsthandel.

Literatur:
Nicht bei Boetticher und Thieme-Becker. – Hans-Peter Defregger, Defregger. Rosenheim 1983, Wv, S. 292, Abb. S. 70.

15 Mann aus dem Sarntal, 1878

Öl auf Malpappe, ca. 23 × 25 cm
Signiert unten links: *Defregger 1878*
Auf der Brust des Mannes noch einmal teilweise Wiederholung der Signatur.

Das Brustbild zeigt einen alten Mann fast in Frontalansicht. Er hat den Kopf ganz leicht nach links gewendet. Sein Blick ist auf den Betrachter gerichtet. Sein graues, schon gelichtetes Haar ist nach vorn gekämmt und bedeckt partiell die Ohren. Er trägt ein weißes Hemd und eine Art Krawatte, dazu eine schwarze Weste. Die Hosenträger sind durchaus sichtbar. Der Hintergrund ist neutral sehr dunkel.

Wie häufig bei Defregger-Bildnissen wurde das Gesicht kleinteilig und sehr detailliert gemalt, sodass die Bartstoppeln sehr wohl erkennbar sind. Durch Verschattungen und Lichthöhungen ergeben sich Volumen und Plastizität. Die Kleidung hingegen, insbesondere der weiße Hemdkragen, wurde mit breitem Pinsel eher pauschal hingestrichen. Hier bleibt die Pinselspur sichtbar.

Dieser Mann aus dem Sarntal wurde meiner Meinung nach von Defregger öfters porträtiert. So werden zwei Köpfe im Defregger-Werkverzeichnis genannt, von denen ein Kopf auch abgebildet wird: Wv. S. 296 mit dem Titel: Sarner Wegmacher.

Das Sarntal ist ein linkes Nebental der Etsch in Südtirol mit einem ganz spezifischen Menschenschlag und eigener Tracht.

Literatur:
Hans-Peter Defregger, Defregger. Rosenheim 1983, S. 114, 296 (Varianten).

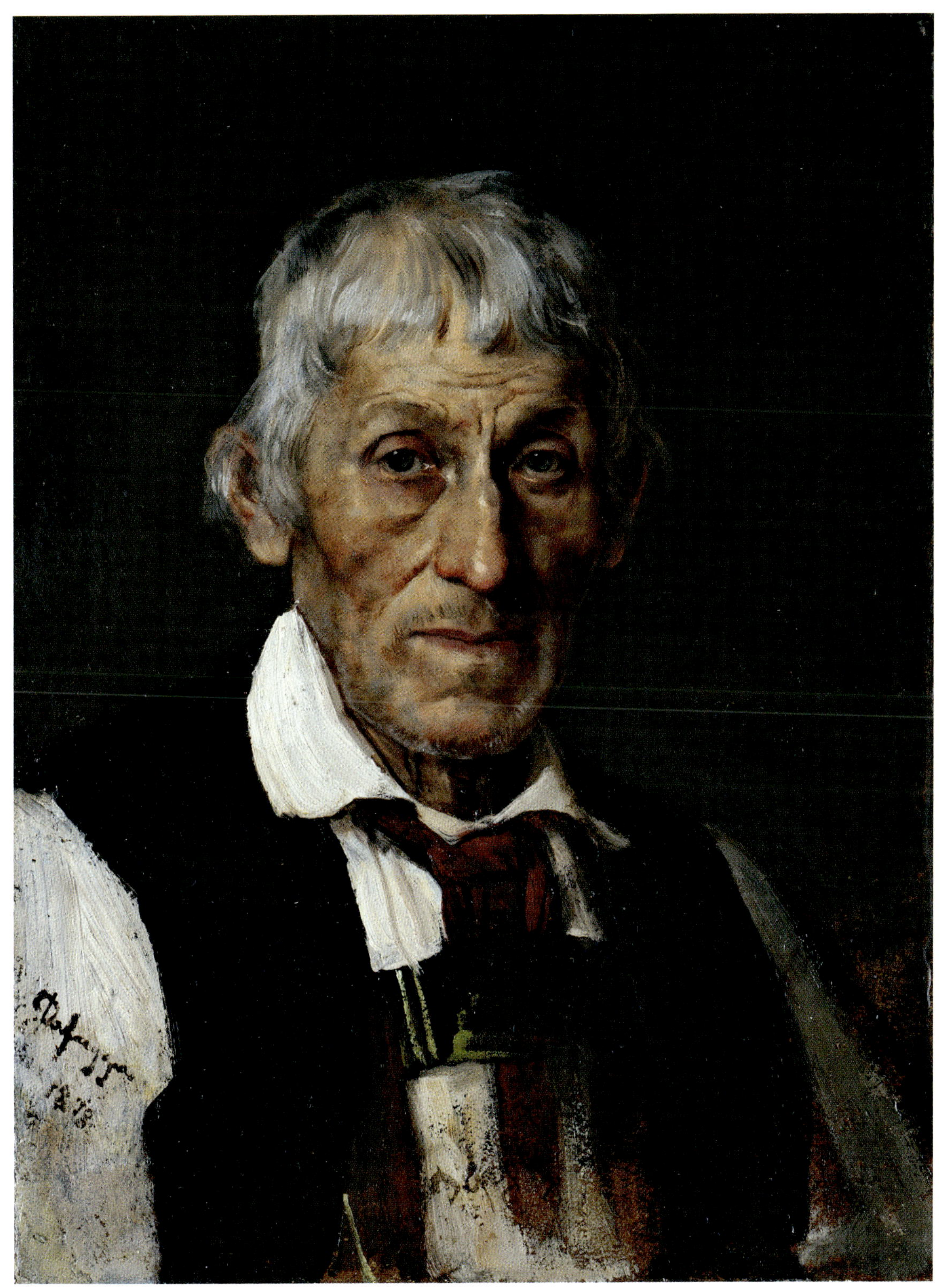

August Wilhelm Dieffenbacher

1858 Mannheim – 1940 München

Nach dem Besuch der Münchner Kunstgewerbeschule in den siebziger Jahren studierte er von 1878–1883 an der Münchner Akademie bei Wilhelm Lindenschmit d. J. und Ludwig von Löfftz. Seit 1888 war er in München ansässig und hat gern das Leben der Gebirgsbewohner, Jäger und Wilderer gemalt, wobei die oberbayerische Folklore einen Grundtenor seiner Genrewerke bildet.

Gemälde von ihm befinden sich in der Gemäldegalerie Neue Meister in Dresden, in der Städtischen Kunsthalle in Mannheim sowie im Staatlichen Museum Schwerin.

Literatur:
Horst Ludwig u. a., Bruckmanns Lexikon der Münchner Kunst. Bd. I, München 1981, S. 221–223.

16 Begegnung

Öl auf Malkarton, ca. 32 × 47 cm
Signiert unten rechts: *Aug. Dieffenbacher. München*
Verso: Zwei Aufkleber mit dem Hinweis auf diese Sammlung und auf Dieffenbacher mit Kurzbiographie. Der zweite Aufkleber weist auf den oben genannten Titel hin mit dem Untertitel: »Sommertag am Chiemsee.«

Zwei einfache Ruderboote begegnen sich auf dem Chiemsee. In dem hinteren sitzt eine junge Frau in oberbayerischer Tracht auf einem großen Heuhaufen. In dem anderen befindet sich ein junger Bursche, ebenfalls oberbayerisch gekleidet mit Lederhose, Jacke und Tiroler Hut, der die junge Frau an den Händen gefasst hält und sie liebevoll anblickt. Den Hintergrund bilden die Chiemgauer Berge. Ein teils blauer, teils bewölkter Himmel bildet den oberen Abschluss. Auffällig ist die flächige Malerei, die das Lokalkolorit nur wenig verändert und somit kaum Plastizität der Objekte anstrebt.

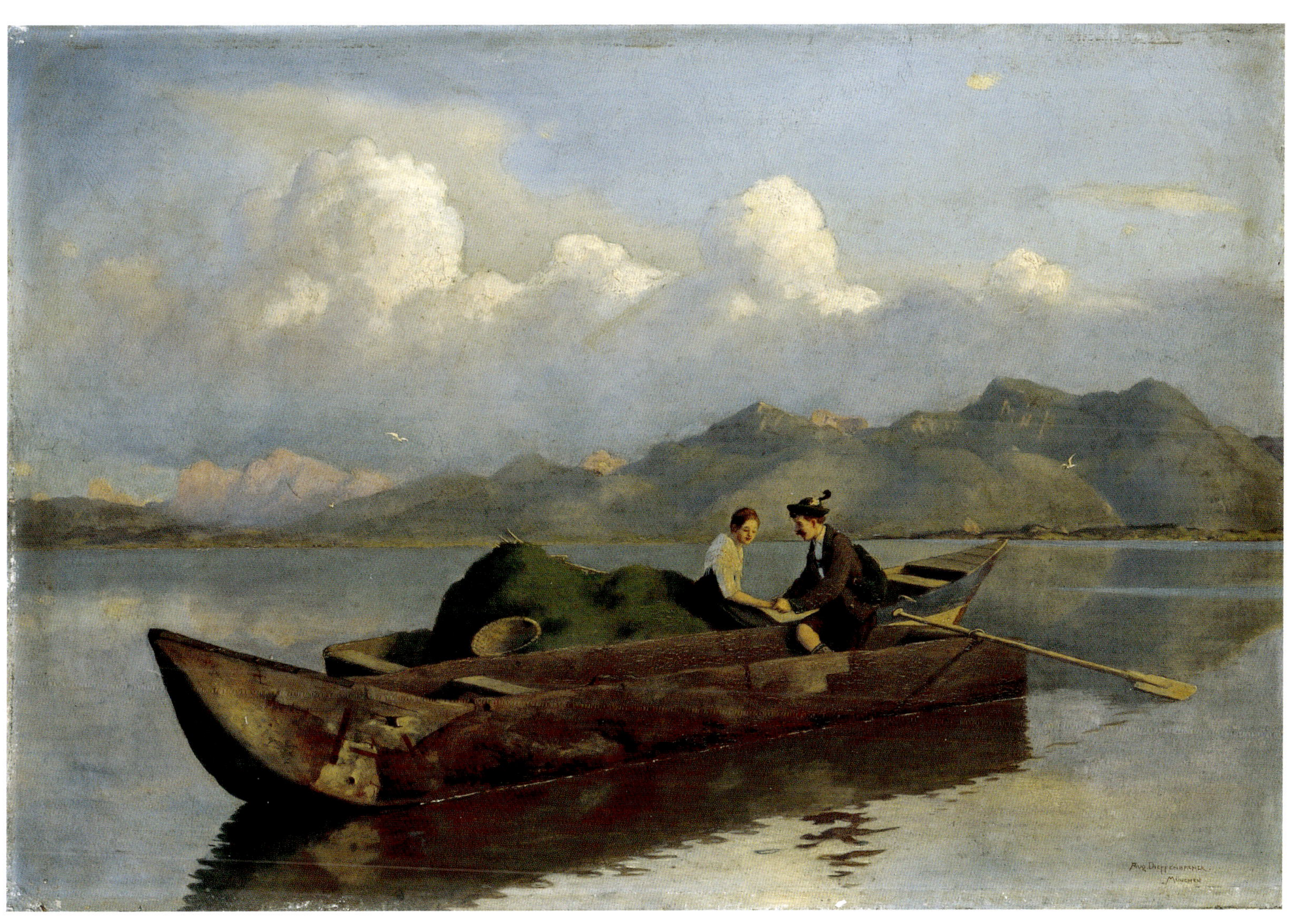

Michael Zeno Diemer

1867 München – 1939 Oberammergau

M. Z. Diemer besuchte ab 1884 die Münchner Akademie und studierte dort bei den spätgründerzeitlichen Malern Gabriel von Hackl und Alexander von Liezen-Mayer. Anfang der neunziger Jahre trat er mit ersten Arbeiten an die Öffentlichkeit (1893 auf der Großen Berliner Kunstausstellung). In Zusammenarbeit mit Hans Beatus Wieland folgte die Ausführung eines Gletscherdioramas für die Weltausstellung in Chicago. Es schlossen sich weitere Schlachtenpanoramen an. Um 1900 am Gardasee und auf Island. 1906/07 unternahm er eine Orientreise nach Ägypten, Palästina und in die Türkei. Auch lernte er die Adria und Sizilien kennen, deren Küsten er in der Folgezeit häufig malte und durch Dreimasterbarken und Hochseesegler belebte. Als Schwiegersohn der Anna Stainer-Knittel (Geierwally) war er mit Oberammergau verbunden und hat sich dort für das Passionsspiel eingesetzt und sich darüber hinaus sehr für den Ort engagiert, weshalb er zum Ehrenbürger der Gemeinde ernannt wurde.

Der Künstler, uns vor allem als Marinemaler bekannt, hat auch Landabschnitte und andere Motive gemalt. Vom Impressionismus übernahm er die helle Palette und den großteiligeren Farbauftrag. Gemälde von ihm befinden sich im Deutschen Schifffahrtsmuseum in Bremerhaven und im Münchner Lenbachhaus.

Literatur:
Horst Ludwig u. a., Bruckmanns Lexikon. Bd. I, München 1981, S. 222, 223.

17 Segelschiff an einem Vorgebirge

Öl auf Leinwand, 80,5 × 110 cm
Signiert unten rechts: *M. Zeno Diemer*

Ein breit ausladender Segelkahn durchpflügt die leicht bewegte See. Am Bug spritzt die Gischt empor. Der Zweimaster hat volle Fahrt aufgenommen, die Segel sind gebläht. Links hinter ihm am Ufer wird ein Vorgebirge sichtbar, das sich weit ins Meer schiebt und recht steile Felsen aufweist. Auf einem Plateau steht ein Leuchtturm. Am Horizont wird ein weiterer Felsrücken erkennbar. Nicht allein die Felsen sind plastisch herausgearbeitet, auch das Wasser selbst mit seinen Wellen und den Schaumkronen wird deutlich bezeichnet. Auch beim Schiff wird nicht auf Einzelheiten verzichtet wie auf Takelage und Aufbauten. Der Himmel mit seinen dunklen Wolkenteilen wirkt fast dramatisch.

Es gibt von M. Z. Diemer eine ganze Reihe vergleichbarer Werke mit Seglern, meist im Mittelmeerraum. Es gibt aber auch Landveduten seiner Hand.

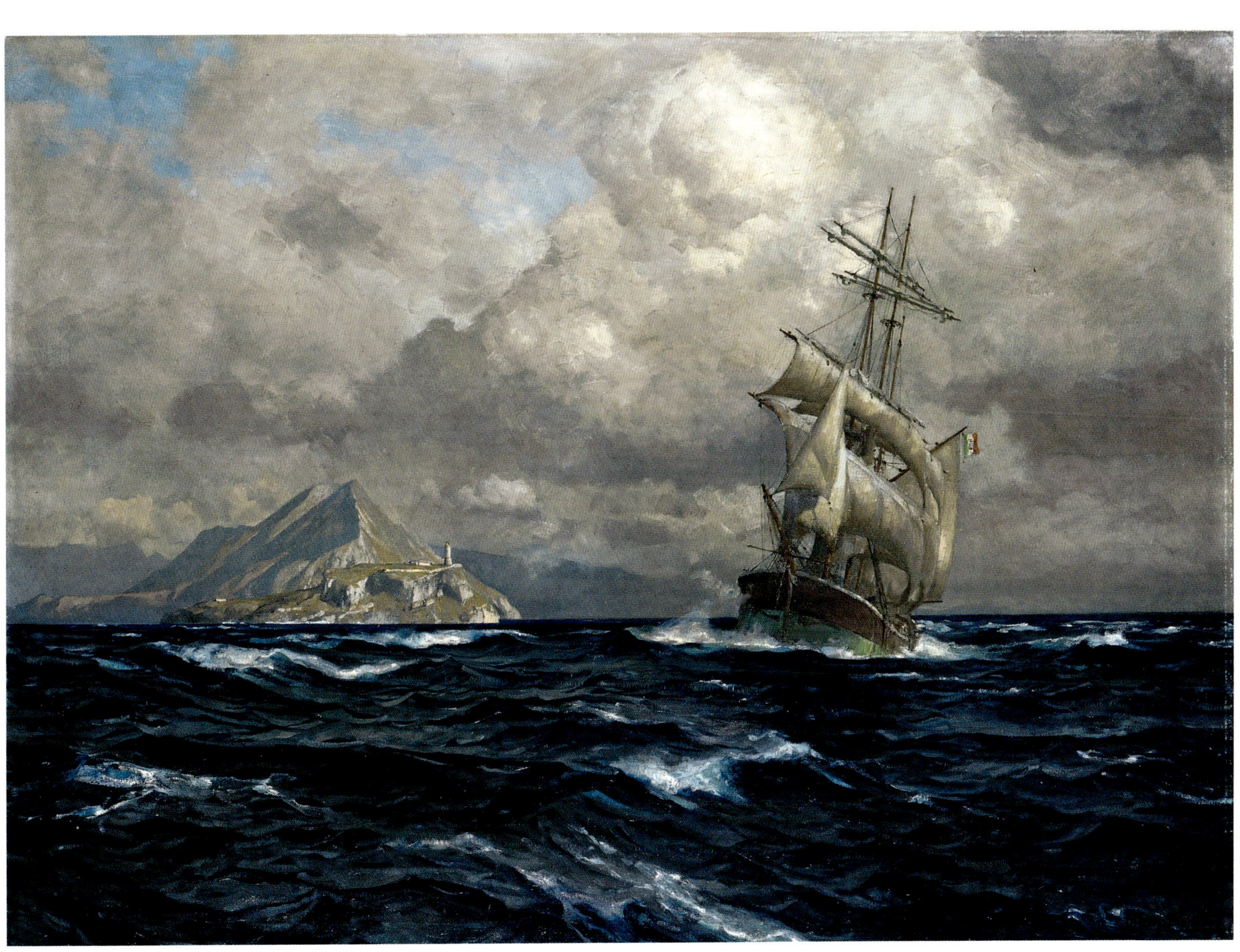

18 Blick auf Manfredonia, 1931

Aquarell auf Papier, 35 × 51,5 cm
Signiert unten rechts: *Manfredonia 9.X.31 M. Zeno Diemer*
Verso: Nachlassstempel Prof. M. Zeno Diemer

Wiedergegeben ist der Blick vom Meer auf die Uferzone der Stadt Manfredonia. Blickfang ist das massige Kastell, das aus dem 13. Jahrhundert stammt. Die Stadt liegt am Fuß des Monte Gargano, dessen Höhenzug im Hintergrund von einer Stadtanlage gekrönt wird. Über der Vedute steht ein hell bewölkter Himmel.

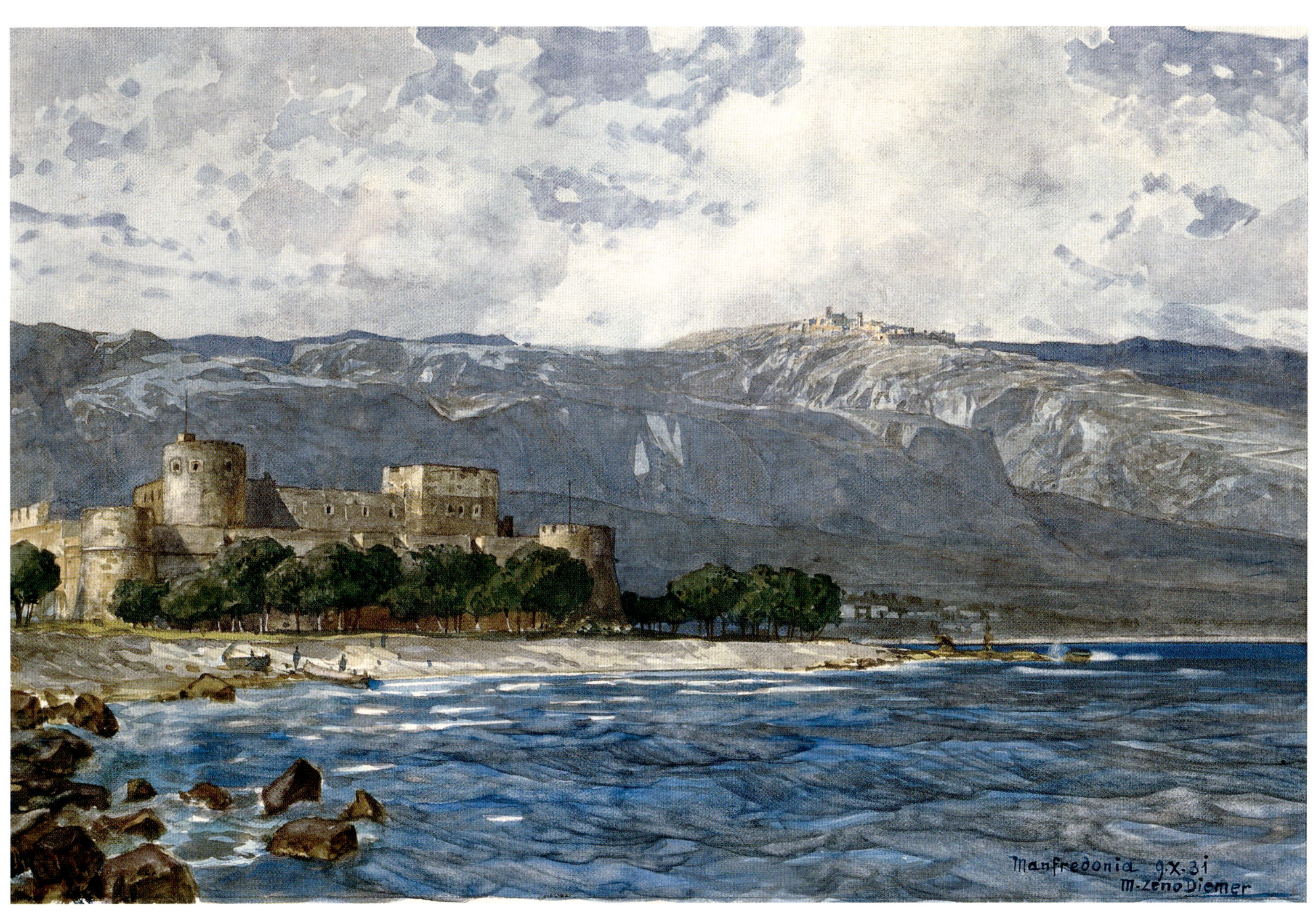
Manfredonia 9.X.31
M. Zeno Diemer

Martin Disteli

1802 Olten – 1844 Solothurn

Der Künstler begann als Malerdilettant, mit Karikaturen und Zeichnungen seinen Lebensunterhalt zu verdienen. Er hatte auch kurz die Münchner Akademie besucht, um eine solide Technik zu erlangen. Seit 1839 gab er den Disteli-Kalender heraus, der es zu großer Popularität bringen sollte. Weiterhin erschienen von ihm Illustrationen zu »Münchhausen«, zum »Deutschen Michel« u.s.w. Er illustrierte auch die römische und Schweizer Geschichte und schuf religiöse Bilder. Als Zeichner und Karikaturist gehört er zu den Großen der Schweizer Kunstgeschichte.

Literatur:
Biografisches Lexikon der Schweizer Kunst. Bd. I, Zürich o. J., S. 270, 271.

19 Schlachtendarstellung, 1841

Feder auf Papier, 45 × 58,5 cm
Signiert unten rechts: *M. Disteli fecit 1841.*

Bei diesem Motiv könnte es sich um die Schlacht bei Murten handeln, die 1476 gegen Karl den Kühnen von Burgund stattfand und mit einem glänzenden Sieg der Eidgenossen endete. Im Stil der Nazarener ist der Umriss das tragende Element, Binnenzeichnungen sind unbedeutend. Die Bildmitte nimmt ein geharnischter Ritter zu Pferd ein, der eine Fahne – wohl mit dem Berner Bären – trägt. Umgeben ist er von vielen Kriegern, die mit ihm nach links stürmen.

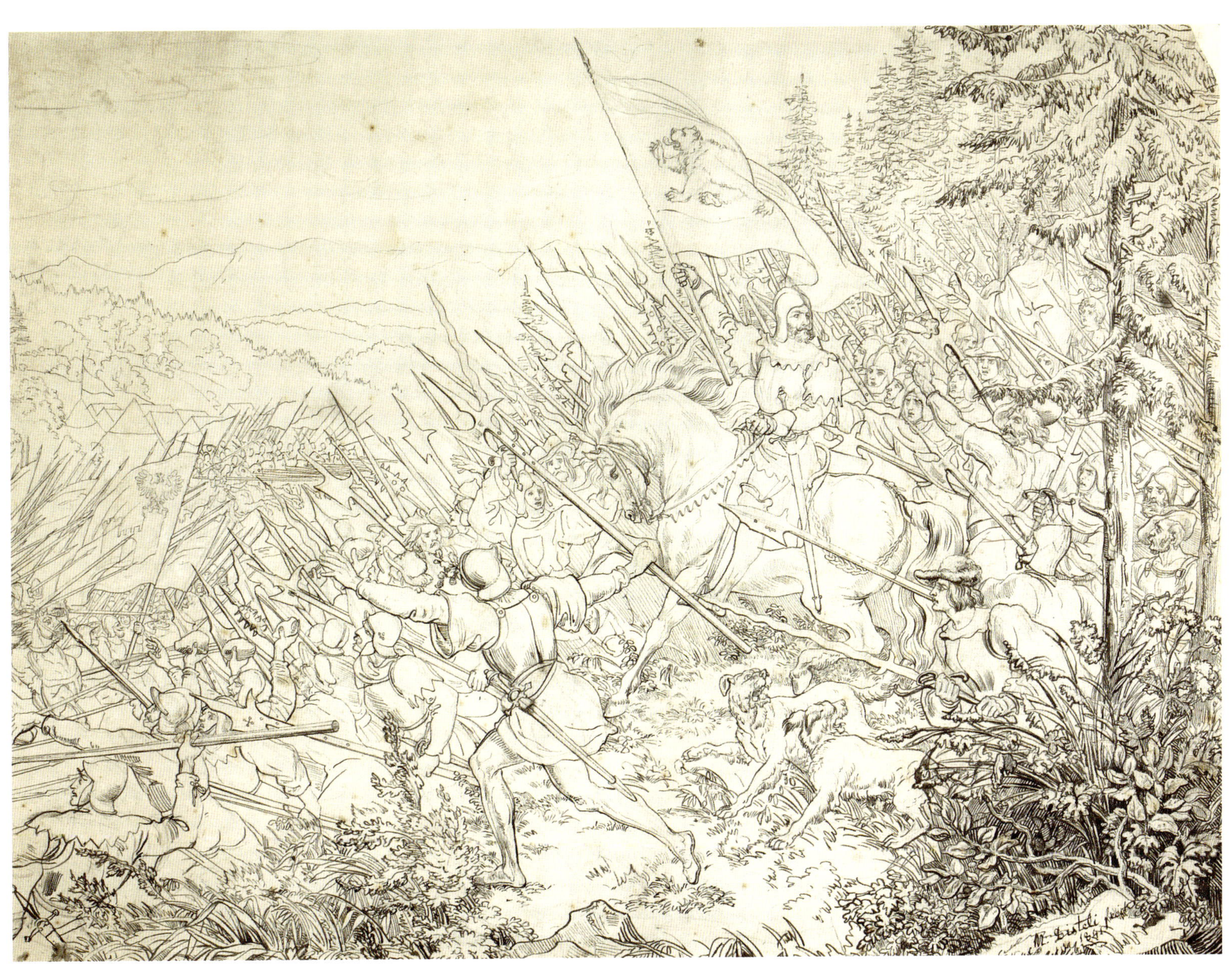
M. Disteli fecit

Anton Doll

1826 – München – 1887

Anton Doll, Sohn eines Lehrers – ein anderer Ahnherr war der Bildhauer Michael Doll aus Erding – wurde am 3. März 1826 in München in der Hundskugel (heute Hakkenstr. 8) als erstes von zehn Kindern geboren. Schon auf dem Gymnasium zeichnete er fleißig, studierte doch zunächst von 1846–1849 an der Münchner Universität Jura. Doch schon bald wandte er sich der Malerei zu und wurde bereits 1852 Mitglied des Münchner Kunstvereins. Seine autodidaktischen Versuche lehnten sich zunächst an Werke Heinrich Bürkels und Adolf Stademanns an, doch war er von vornherein an der Stadtvedute interessiert, die er später auch phantasievoll abwandelte. So wurde die Wiedergabe der Münchner Altstadt und ihrer Vorstädte eine seiner Hauptmotive. Als Wohnsitz blieb er zeit seines Lebens der Ludwigsvorstadt bis zur Theresienhöhe treu. Reisen führten ihn wohl nach Brixlegg und Rom, nach Prag und in die Schweiz und nach Tirol.

A. Doll ist als spätbiedermeierlicher Vedutist einzuordnen, der besonders mit seinen Aquarellen topographisch genau vorging, während die Vielzahl seiner Ölbilder als winterliche Phantasieveduten anzusehen sind, die stimmungsvoll Architektur, Landschaft und Personenstaffage pittoresk verbinden. Typisch ist es für ihn, dass in seinen meist braun- und ockertonigen Werken die Figuren oft mit ihrer Kleidung rote, blaue oder grüne Akzente setzen. Im Grunde starb er als armer Mann, seine Habe wurde auf 86 Mark geschätzt, sein künstlerischer Nachlass auf 400 Mark. Bereits in seinem Todesjahr wurde sein Nachlass im Münchner Kunstverein zum Verkauf angeboten und später das Unverkaufte zur Versteigerung gegeben.

Gemälde von A. Doll werden in der Hamburger und Kieler Kunsthalle, in der Münchner Neuen Pinakothek sowie im Münchner Stadtmuseum (auch Aquarelle und Zeichnungen) und im Museum Georg Schäfer in Schweinfurt aufbewahrt.

Literatur:

Max Gruber, Anton Doll. Ein Münchener Malerleben. In: Oberbayerisches Archiv. 101. Bd. München 1976. – Horst Ludwig u. a., Bruckmanns Lexikon. Bd. I, München 1981, S. 244–247. – Horst Ludwig, Idealveduten von Anton Doll und Heinrich Höfer. In: Weltkunst, 15. Oktober 1990, S. 2888–2891.

20 Blick von der Au in München auf die Mariahilf-Kirche

Öl auf Leinwand (doubliert), 27 × 41 cm
Signiert unten links: *ADoll. München.* (A und D ligiert)

Einer der Münchner Stadtbäche (wohl Auermühlbach) befindet sich im Vordergrund. An seinem Ufer vorn sind zwei Frauen mit der Wäsche beschäftigt, neben sich jeweils einen Waschzuber. Rechts am jenseitigen Ufer stehen einige kleinere Steinhäuser mit vorgelagerten Dielenplattformen, auf denen sich ein Mann und ein Kind aufhalten. Zum Mittelgrund schließen sich weitere kleinere Häuser an, die in der damaligen Vorstadt Au das Stadtbild prägten. Überragt wird die Ansammlung von der Mariahilf-Kirche mit ihrem neugotisch durchbrochenen Turm. Das Bauwerk, eine der ersten neugotischen Kirchen in Deutschland, wurde von Daniel Ohlmüller von 1831–1839 im Auftrag König Ludwigs I. erbaut. Sie befindet sich rechts der Isar, ihr nördlicher Nachbar ist die Johanneskirche in Haidhausen, ihr südlicher Nachbar die Heiligkreuzkirche in Obergiesing.

Der recht kleinteilige Farbauftrag hinterlässt eine glatte Oberfläche, obschon eine gewisse Neigung Dolls zur eher summarischen Objektbezeichnung nicht zu verkennen ist. Das rote Kopftuch des kleinen Mädchens sowie ihr grüner Rock und das rote Halstuch der stehenden Frau setzen die bei Doll bekannten koloristischen Akzente. Der blaue Himmel mit seiner weißen und grauen Bewölkung schließt das Gemälde nach oben ab.

Variante:
Im Dezember 1991 kam bei Neumeister in München das Werk A. Dolls »Motiv aus der Vorstadt Au bei München« (Kat.-Nr. 418, Abb. S. 131) zur Versteigerung, das eine ganz ähnliche Vedute zeigt, wenn auch skizzenhafter ausgeführt.

Literatur:

Max Gruber, a. a. O., S. 396, Nr. 20 (dort mit dem Titel »Au, Blick von der Insel zur Mariahilf-Kirche«), Abb. 5.

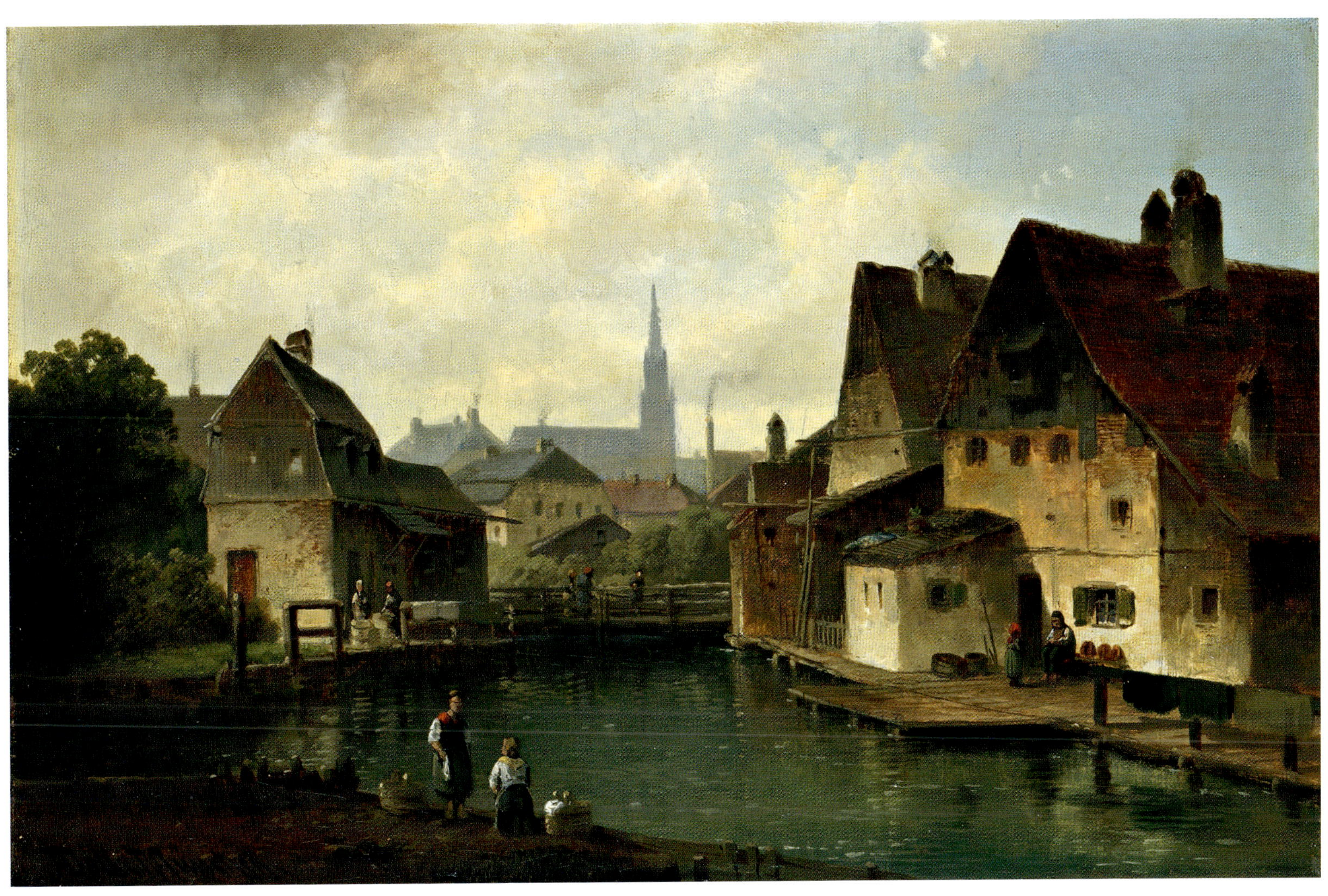

21 Winterlandschaft mit einem bäuerlichen Anwesen

Öl auf Leinwand, 64 × 87,5 cm
Signiert unten rechts: *ADoll* (A und D ligiert)

An einem zugefrorenen und partiell mit Schnee bedecktem Gewässer sind ein paar Personen mit einem Hund versammelt. Ein Mann der Gruppe sitzt auf einem Schlitten. Links daneben auf einem verschneiten Weg hält ein von einem Schimmel gezogener Einspänner, der mit Stroh und anderen Dingen beladen ist. Der Kutscher steht neben dem Wagen und unterhält sich mit einem Mann mit einer Pelzmütze. Dahinter schließt sich eine Baumgruppe an. Ganz rechts werden einige strohgedeckte Bauernhäuser mit qualmenden Schornsteinen erkennbar. Der Hintergrund zeigt schemenhaft hinter Baumwipfeln den spitzen Turm einer Kirche. Darüber steht ein leicht bewölkter Himmel.

Wie häufig bei Dolls Gemälden weisen die Menschen eine statuarische Unbewegtheit auf, sind aber koloristisch so angelegt, dass sie rote und blaue Akzente setzen. Im Vordergrund, insbesondere beim Schnee neigt A. Doll dazu, Teile pastos hervorzuheben. Die übrigen Partien der Objekte sind eher glatt.

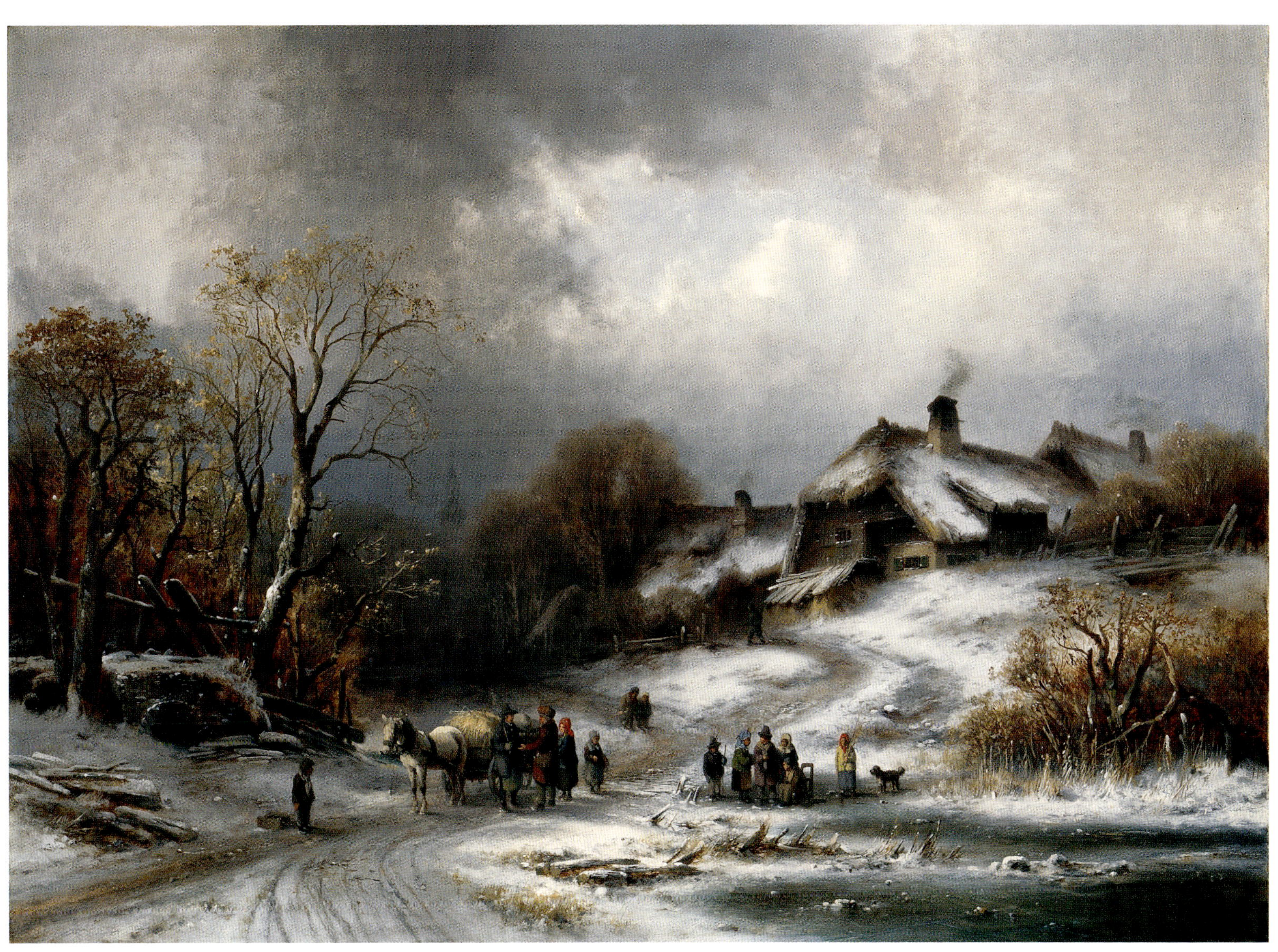

22 Ehemaliger Bürgermeistergarten

Aquarell auf Papier, 28 × 26,5 cm
Signiert unten links: *ADoll. München.* (A und D ligiert)

Wiedergegeben ist der Blick auf den ehemaligen Bürgermeistergarten in der Münchner Isarvorstadt. Es ist der Ort, der heute vom Schlachthof südlich der Kapuzinerstraße eingenommen wird. Auf der linken Bildseite erkennt man ein zweigeschossiges Haus, von Buschwerk und Bäumen umgeben. Rechts stehen ein paar hochstämmige Bäume, dahinter verläuft eine Mauer, an deren Ende im Hintergrund zwei unterschiedlich hohe Häuser zu sehen sind.

Die Aquarelltechnik gibt durchaus Details wieder, und in dieser Technik ist A. Doll auch häufig topographisch genau, nicht wie in seinen Ölbildern, die oft reine Phantasieveduten wiedergeben.

Literatur:
Max Gruber, a. a. O., S. 399, Nr. 54 (dort als Aquarell im Quartformat angeführt).

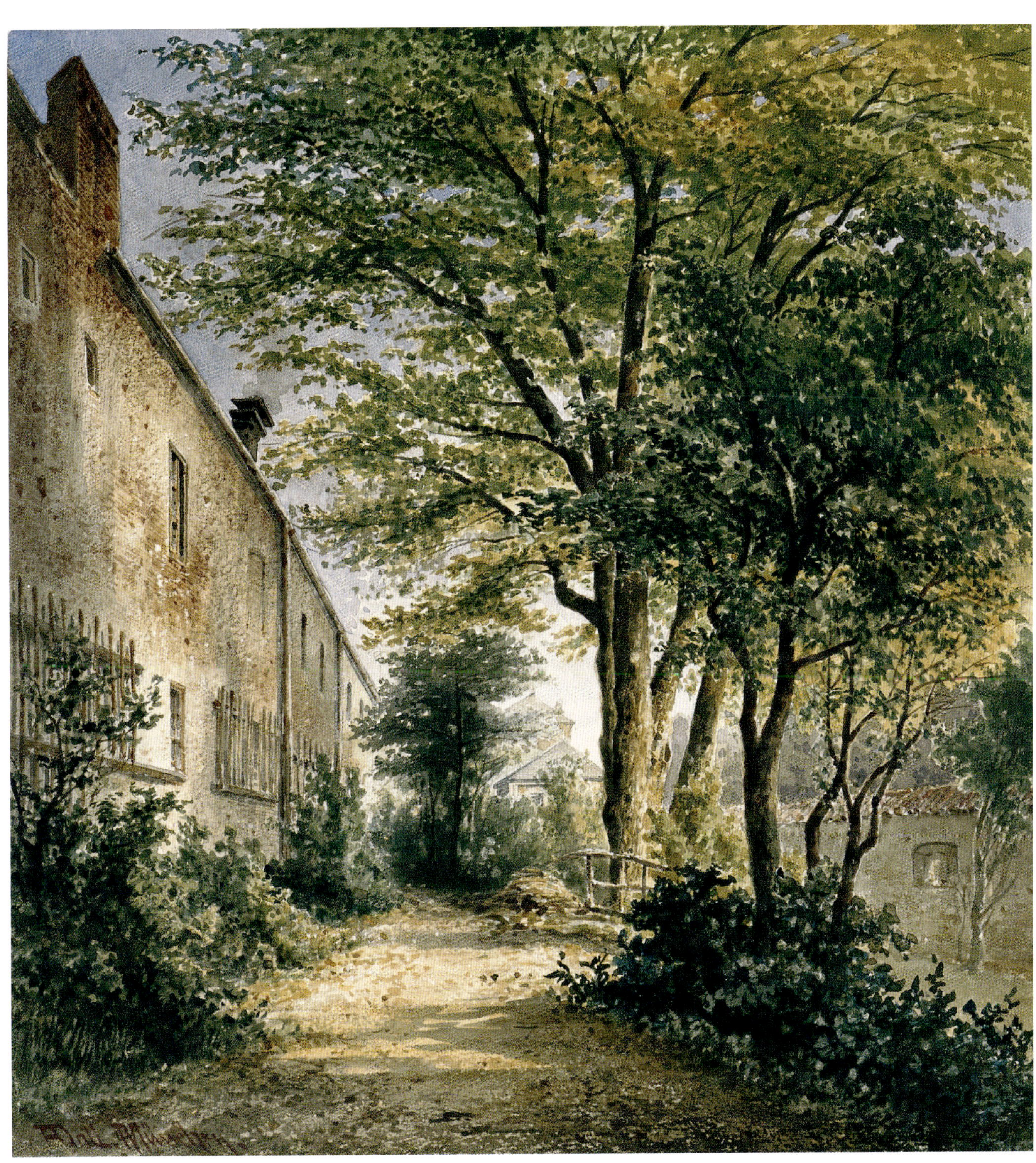

Anselm Feuerbach

1829 Speyer – 1880 Venedig

Feuerbach, Sohn eines späteren Altphilologen und Archäologen, studierte zunächst an der Düsseldorfer Akademie von 1845–1848 bei J. W. Schirmer und W. von Schadow und wandte sich darauf nach München. Hier hielt er sich mit Unterbrechungen bis 1850 auf und trat in das Atelier Karl Rahls ein, der ihn beeinflusste. Von 1852–1853 war er im Atelier von Thomas Couture in Paris und begegnete dort auch Gustave Courbet. 1855 ging er nach Venedig, ausgestattet mit einem Italienstipendium, 1856 nach Rom, wo er sich mit Unterbrechungen bis 1873 aufhielt. Als Graf Schack 1862 auf ihn aufmerksam wurde, war seine wirtschaftliche Lage äußerst bedrängt. Der Kunstsammler erwarb bis 1868 ein knappes Dutzend Gemälde, wodurch A. Feuerbach ein paar Jahre sorgenfrei leben und arbeiten konnte. In Rom war er auch mit Arnold Böcklin befreundet. 1873 erfolgte die Berufung als Professor für Historienmalerei an die Wiener Akademie, doch durch Intrigen verbittert, verließ er das Institut 1876 und verbrachte die letzten Jahre in Venedig.

Seit seiner Jugend mit antiker Kunst und Literatur vertraut, wurde sein Leben und künstlerisches Streben durch die Sehnsucht nach der Antike geprägt. Seine mythologischen Personen, oft wie griechische Gewandfiguren strukturiert, sind stets pathetisch überhöht ins Bild gesetzt und am Winckelmannschen Ideal der »edlen Einfalt und stillen Größe« orientiert. Er war einer der wenigen Klassizisten der Gründerzeit.

Gemälde von ihm befinden sich im Historischen Museum von Basel, in der Berliner Nationalgalerie, im Thüringer Museum in Eisenach, im Angermuseum in Erfurt, im Städelschen Kunstinstitut in Frankfurt a. M., in der Staatlichen Galerie Moritzburg in Halle an der Saale, in der Niedersächsischen Landesgalerie Hannover, im Kurpfälzischen Museum in Heidelberg, in der Pfalzgalerie Kaiserslautern, im Badischen Landesmuseum in Karlsruhe und in der Staatlichen Kunsthalle daselbst, in der Kieler Kunsthalle und in der Stiftung Pommern, im Wallraf-Richartz-Museum in Köln, in der Eremitage in St. Petersburg, im Wolfgang-Gurlitt-Museum in Linz, in der Münchner Neuen Pinakothek und in der Schack-Galerie, im Germanischen Nationalmuseum in Nürnberg, im Museum Georg Schäfer in Schweinfurt, im Feuerbachhaus und im Historischen Museum der Pfalz in Speyer, im Kunstmuseum St. Gallen, in der Akademie der bildenden Künste in Wien, in der Stiftung Oskar Reinhart in Winterthur, im Von der Heydt-Museum in Wuppertal und im Kunsthaus Zürich.

Literatur:
Jürgen Ecker, Anselm Feuerbach. Leben und Werk. Kritischer Katalog der Gemälde, Ölskizzen und Ölstudien. München 1991.

23 Studienkopf eines älteren Herrn im Profil nach links

Öl auf Karton, 40 × 35 cm
Signiert unten links: *AF.* (ligiert)

Jürgen Ecker datiert den Kopf um 1857 oder etwas früher. Jedenfalls ist es der Zeitpunkt nach seinen Studien bei Thomas Couture in Paris, die er 1853 beendet hatte. Von 1856–1873 hielt er sich in Rom auf, und in diesem Zeitraum entstand wohl auch diese Studie. Am Rande ist der Malkarton dünn bemalt, so dass tendenziell der Malgrund durchschimmert, der Kopf dagegen ist deckend und pigmentreich aufgetragen. Die dunkle Oberkleidung weist kräftige mittelbreite Pinselstriche auf, deren Spur sichtbar bleibt. Das Inkarnat hingegen wirkt gleichmäßig und glatt gemalt. Das Barett wiederum wurde temperamentvoller markiert. Die hellgrauen Borstenstriche der Frisur werden mit den einzelnen Haaren gleichgesetzt. Der Studienkopf ist durchaus noch dem Frühwerk Feuerbachs zuzurechnen, das noch nicht das extreme Gleichmaß seiner späteren Arbeiten zeigt.

Provenienz:
1953 Münchner Kunsthandel – Sammlung Georg Schäfer, Schweinfurt.

Literatur:
Jürgen Ecker, Anselm Feuerbach. Leben und Werk. München 1991, Wv.-Nr. 273, S. 177.

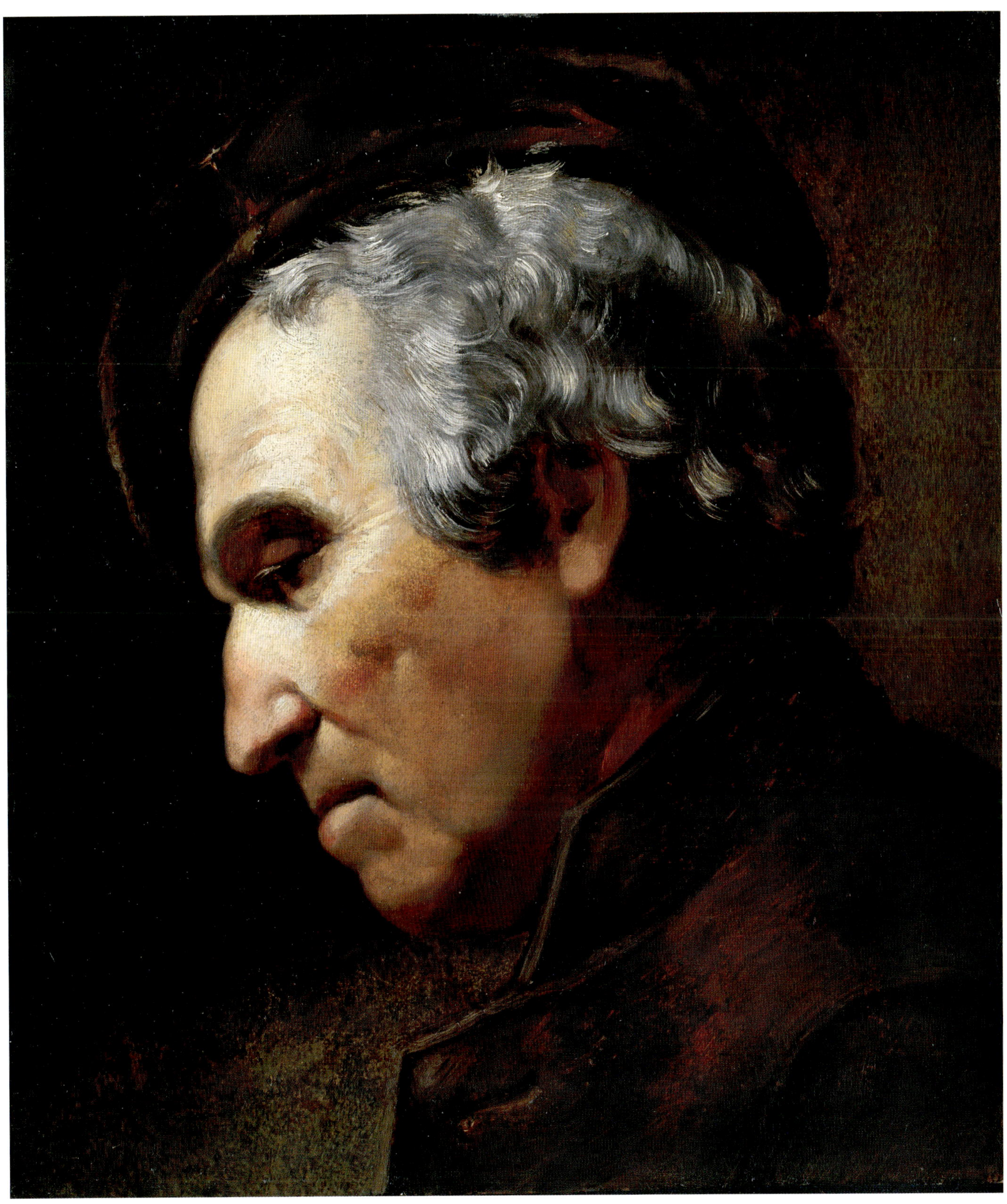

24 Stehende Gewandfigur

Kreide, weiß gehöht auf grauem Papier, 36,8 × 21,7 cm
Signiert unten links: *A. Feuerbach*

Die weibliche Figur auf dem Gemälde »Orpheus und Eurydike« (Wv.-Nr. 458) weist manche Parallele zu dieser Zeichnung auf. Der wesentliche Unterschied besteht darin, dass dort das Gewand auch den Kopf bedeckt und die Figur dort die linke Hand zum Kinn geführt hat. In dieser Sammlung gibt es die Gewandfigur noch einmal, nun ganz leicht abgewandelt und etwas summarischer, partiell blau getönt.

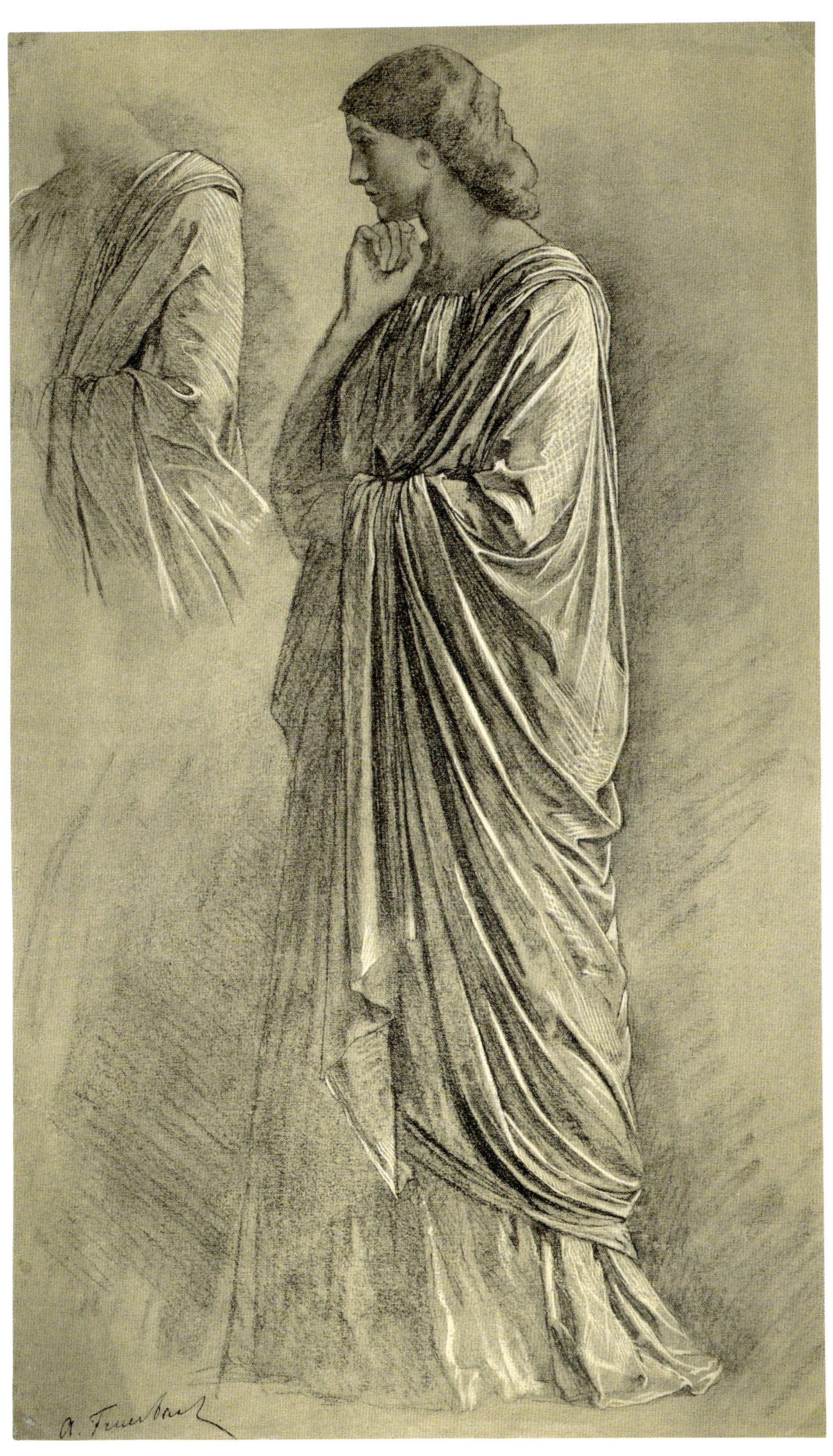

25 Laute spielendes Kind

Bleistift und partiell Deckweiß auf braunem Papier, 23 × 15,7 cm
Signiert oben rechts: *AF.* (ligiert)

Die Studie zeigt das Kind vollständig bis zum Unterarm mit den Händen, dazu die Laute. Darunter befinden sich noch zwei weitere Hände, zum Teil mit dem Instrument und sehr ausgeführten Partien.

Bei der ersten Fassung von »Kinderständchen« (Wv.-Nr. 316) aus dem Jahr 1858 kommt in der Mitte ein Laute spielendes Kind vor, das in der Haltung und mit der Laute mit dieser Zeichnung in wesentlichen Teilen übereinstimmt. Allerdings hat das Kind dort einen freien Oberkörper. So scheint eine Verbindung dieser Zeichnung mit jenem Gemälde durchaus vorhanden.

Zu weiteren musizierenden Kindern bei A. Feuerbach s. auch Wv.-Nr. 392–394.

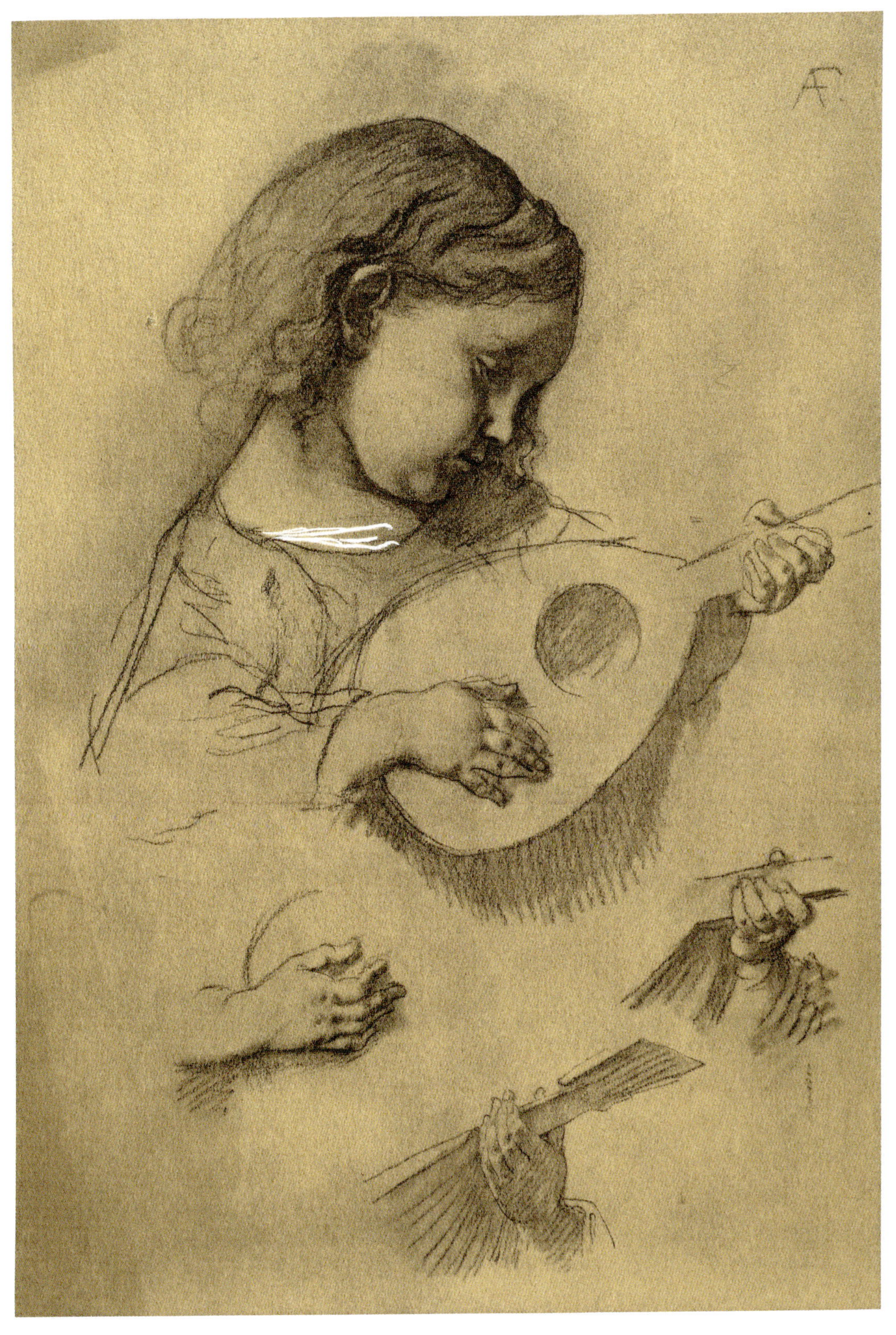

26 Stehender Putto

Bleistift, weiß gehöht auf grau-blauem Papier, 26 × 15 cm
Signiert oben rechts: *AF* (ligiert)

Der kleine Junge steht aufrecht mit angewinkeltem linken Knie. Seine Rechte hat er zum Kinn erhoben, in der Linken hält er einen runden Gegenstand. Er ist nach links gewendet. Ambiente ist nicht vorhanden, nur eine Schattenlinie markiert die Standortzone des Putto.

Einige wenige Kinderbilder A. Feuerbachs wie »Badende Kinder« (Wv.-Nr. 388) oder »Kinder am Springbrunnen« (Wv.-Nr. 324) sind als Bezugswerke für diese Zeichnung anzusehen.

27 Kletternder Putto

Bleistift, weiß gehöht auf grau-blauem Papier, 26,3 × 16,2 cm
Signiert unten links: *AF* (ligiert)

Der Putto ist dabei, eine stufenartige Erhöhung zu erklettern. Sein rechtes Bein ist gerade hochgestellt. Auf dem Gemälde A. Feuerbachs »Kinder am Wasser« (Wv.-Nr. 325) tritt ein vergleichbarer kleiner Junge auf, der im Begriff ist, eine Böschung zu erklettern.

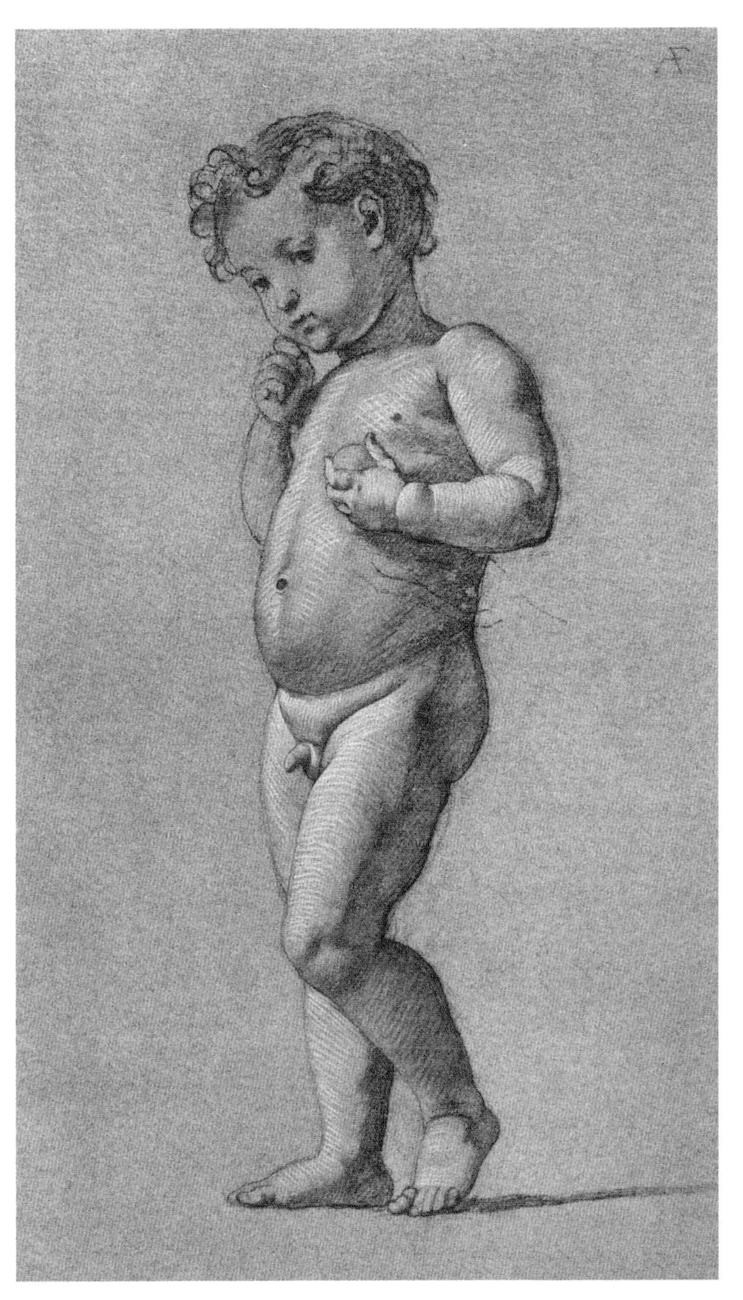

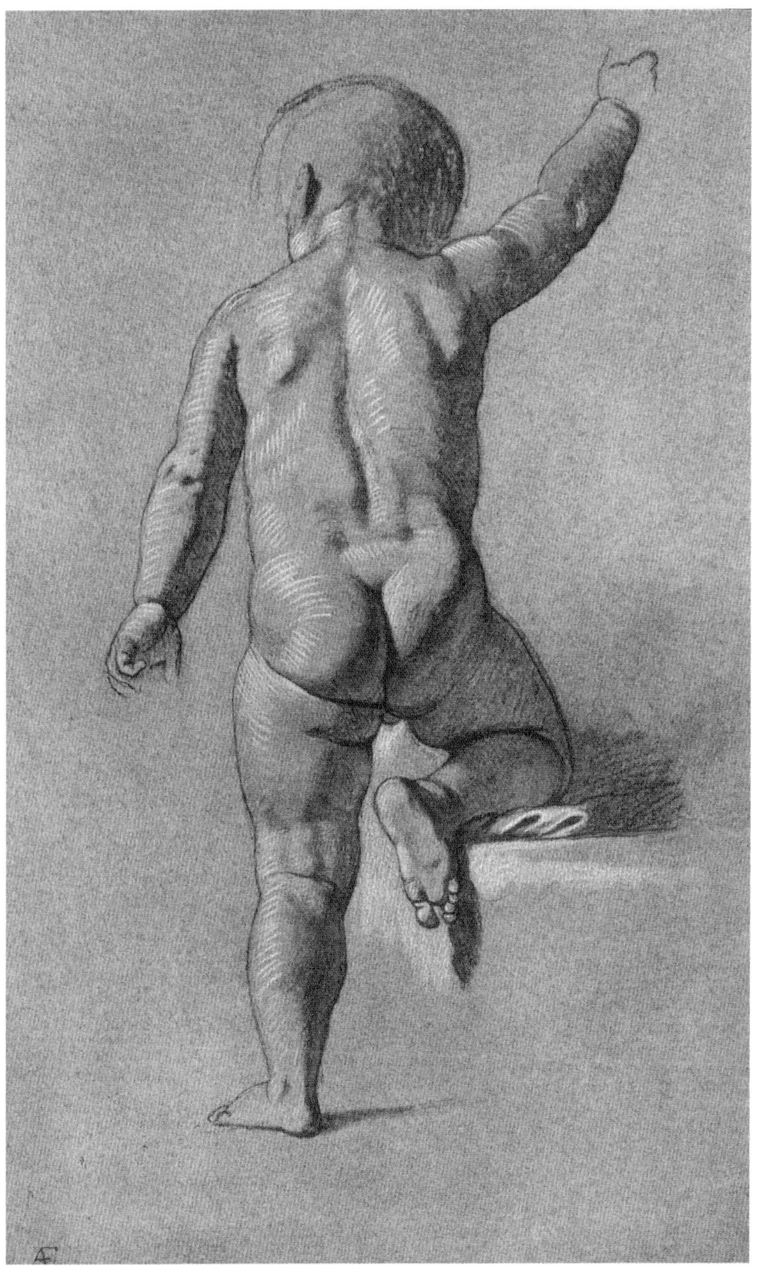

28 Melancholie

Bleistift auf braunem Papier, partiell blauer Farbstift, 34,7 × 28,5 cm
Signiert unten links: *AFeuerbach. 71* (A und F ligiert)
Betitelt unten links: *Melancholie*

Bei den Gemälden Feuerbachs findet sich kein Werk mit dem angegebenem Titel.

Die Studie zeigt einen Frauenkopf nach rechts im Profil. Der linke Arm ist so über den Kopf gelegt, dass vier Finger der Hand deutlich sichtbar werden. Teile des Gesichts und der Frisur sind recht detailliert ausgeführt. Andere Partien werden nur angedeutet.

29 Kopfstudie

Bleistift auf grauem Papier, partiell grüner und blauer Stift, 21 × 17,5 cm
Signiert Mitte rechts: *AF.* (ligiert), *71.*

Es könnte sich um denselben Frauenkopf handeln, der den Titel »Melancholie« trägt. Auch dieser Kopf erscheint im Profil nach rechts, wobei die Physiognomie recht ausführlich behandelt ist.

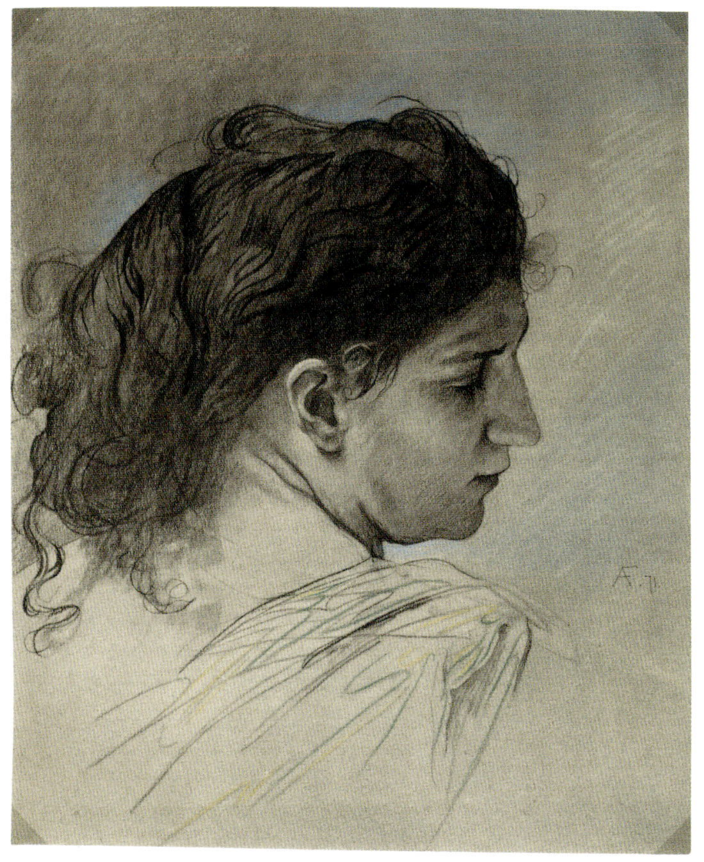

29

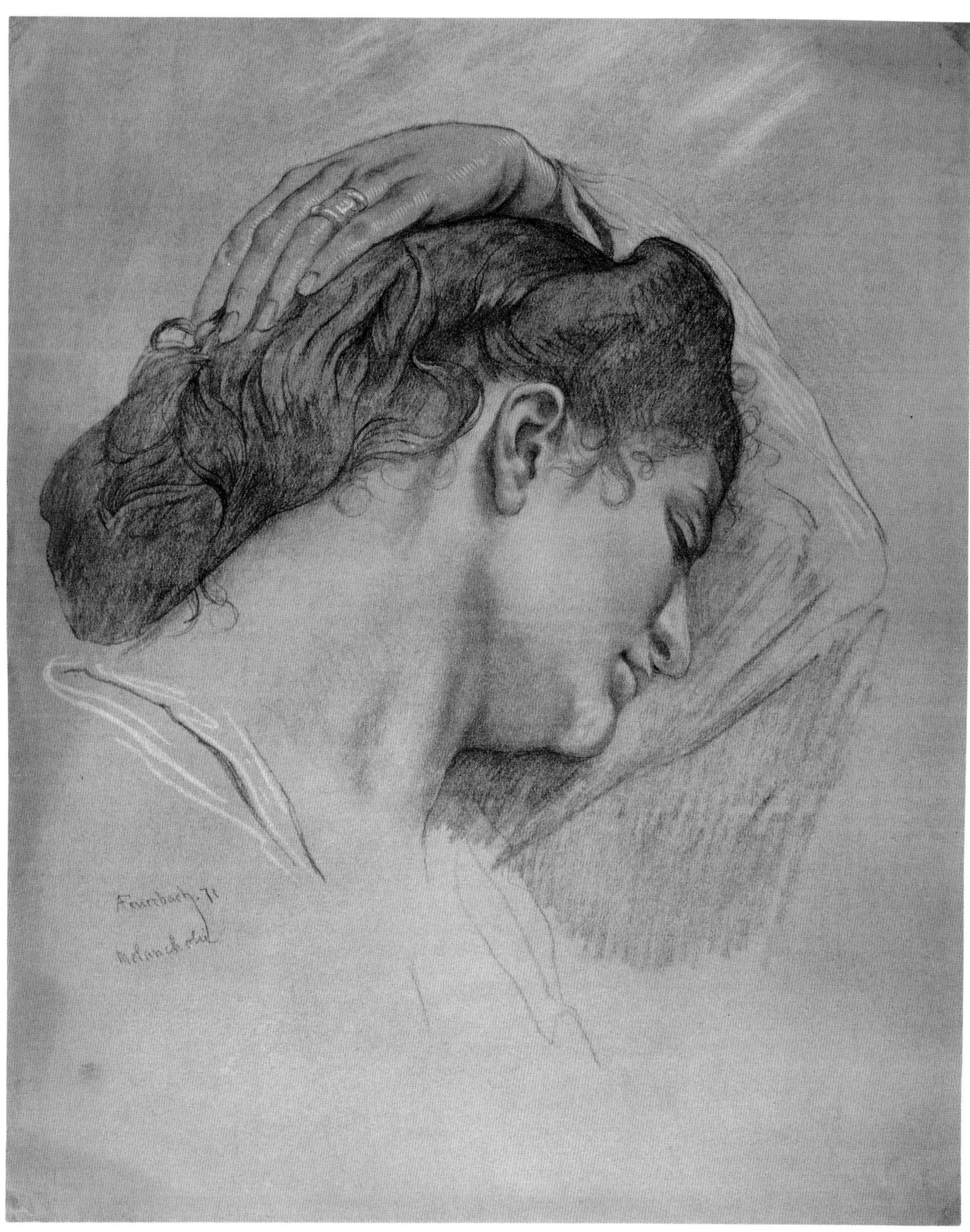

Johann Jakob Frey

1813 Basel – 1865 Frascati

Nach Anfängen in Basel ging J. J. Frey völlig mittellos nach Paris und bildete sich durch das Kopieren niederländischer Landschaften des 17. Jahrhunderts weiter und verdiente seinen Lebensunterhalt durch das Restaurieren älterer Gemälde. 1834 kurzfristige Rückkehr nach Basel und Aufenthalt in München. Dort Bekanntschaft mit Emilie Lindner, die es dem jungen Künstler ermöglichte, sich 1835 nach Rom zu begeben. Ende der dreißiger Jahre hielt er sich mit seinem Freund Albert Landerer in Neapel auf, von wo aus er Sizilien und Spanien bereiste. Er nahm auch kurzfristig an der preußischen Ägyptenexpedition teil, was er aber 1842 aus gesundheitlichen Gründen abbrechen musste. 1843 kehrte er nach Rom zurück und heiratete dort.

Gemälde von J. J. Frey befinden sich in den Öffentlichen Kunstsammlungen in Basel, im Kunstmuseum St. Gallen, im Museum der bildenden Künste in Leipzig und im Victoria and Albert Museum in London.

Literatur:
Thieme-Becker, Allgemeines Künstler-Lexikon. Bd. XII, Leipzig 1916, S. 439, 440. – Biografisches Lexikon der Schweizer Kunst. Bd. I, Zürich o. J., S. 349, 350.

30 Blick auf den Golf von Neapel und Vesuv

Öl auf Leinwand (doubliert), 42 × 59,5 cm
Signiert unten rechts: *J. J. Frey Rom. 1842.*

Der bogenförmige Golf von Neapel wird auf der rechten Bildseite sichtbar und zeigt am jenseitigen Ufer einen breiten Höhenzug mit einigen Erhebungen. Links schließt sich der Vesuv an, aus dessen stumpfem Kegel eine Rauchwolke nach oben steigt. Davor zieht sich eine Ebene bis zum Vordergrund hin. Hier befindet sich ein gemauerter Brunnen, an dem eine Frau mit ihrem Kind steht, in der Rechten einen Wasserkrug. Daneben sitzt ein Mann mit einer roten Mütze auf einem Felsbrocken. Weiter rechts zum Mittelgrund hin sind einige Personen wohl mit der Weinernte beschäftigt. Repoussoireartig wachsen auf der linken Bildseite einige hohe Kiefern, die der Komposition Raum und Tiefe vermitteln. Ganz vorn sind einige Agaven zu erkennen. Der Himmel ist blau, zeigt aber im hinteren Bereich helle Wolken.

Da das Gemälde 1842 datiert und mit Rom lokalisiert ist, ist vielleicht davon auszugehen, dass er bereits 1842 in die Stadt zurückgekehrt ist.

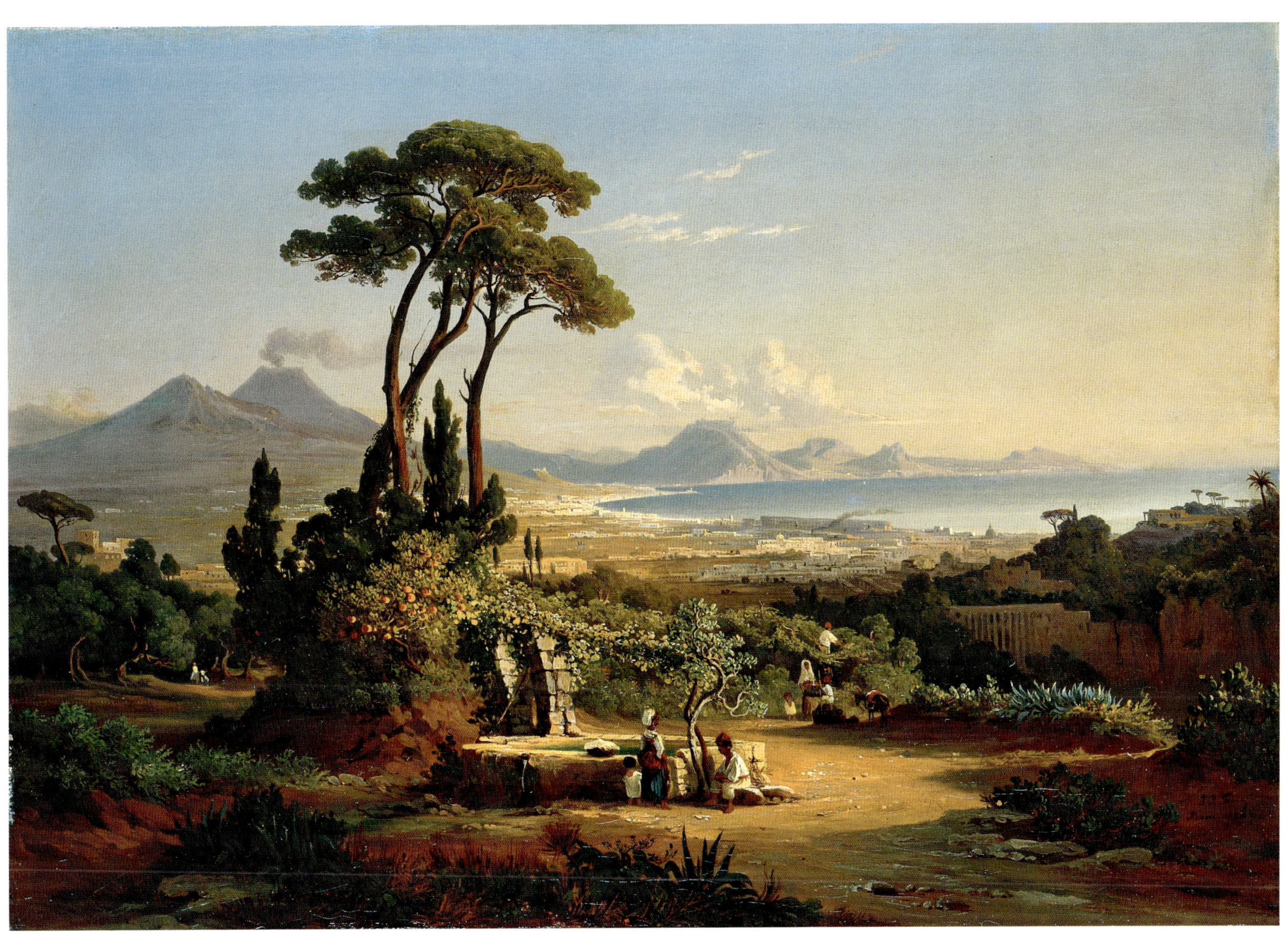

Ernst Fries

1801 Heidelberg – 1833 Karlsruhe

Ernst Fries, Sohn eines Bankiers, studierte nach Anfängen in Heidelberg und Karlsruhe 1818 an der Münchner Akademie. 1819 machte er im Auftrag eines Verlegers eine Studienreise in die Rhein-Mosel- und Taunusgegend. 1820/21 folgt nochmals ein Aufenthalt in München, ohne dass er dort die Akademie zu besuchte. In diesem Zeitraum entstand wohl sein erstes Ölgemälde. Danach kehrte er nach Heidelberg zurück. 1822 unternahm er eine Reise in die Schwäbische Alb, um Veduten jenes Geländes für ein Album anzufertigen. Von 1823 bis 1827 hielt er sich in Italien, insbesondere in Rom, auf und traf dort auch mit Carl Rottmann, Ludwig Richter und Josef Anton Koch zusammen, die ihm manchen Impuls vermittelten. 1828 kehrte E. Fries nach Heidelberg zurück, von 1829 bis 1831 hielt er sich wieder in München auf und wurde 1831 zum badischen Hofmaler ernannt, weshalb er in dem Jahr auch nach Karlsruhe übersiedelte.

Ernst Fries, der der Heidelberger Romantik zugerechnet wird, milderte das Pathos seiner Vorbilder etwas ab und betrachtete neben einigen Heidelberger Veduten die italienische Landschaft als Hauptmotiv.

Gemälde von ihm bewahren die Alte Berliner Nationalgalerie, das Kurpfälzische Museum in Heidelberg, die Staatliche Kunsthalle in Karlsruhe sowie die Münchner Neue Pinakothek.

Literatur:

Sigrid Wechssler, Ernst Fries. 1801–1833. Monographie und Werkverzeichnis. Heidelberg 2000.

31 Bildstock bei Subiaco

Öl auf Leinwand, 31 × 37,8 cm
Signiert Mitte unten: *E. Fries 1830*

Wiedergegeben ist eine Landschaft im Sabinergebirge bei Subiaco, südöstlich von Rom. Im Hintergrund tauchen die Berge des Sabinergebirges auf. Davor ziehen sich bewaldete Hänge durch das Gelände. Rechts, von der schon schräg stehenden Sonne beschienen, taucht ein gemauerter Bildstock mit einer Darstellung der Mutter Gottes auf. Eine Italienerin, in Andacht versunken, steht davor. Eine zweite sitzt rechts neben ihr und ruht sich aus.

Der kleinteilige Farbauftrag gibt vor allem die Bäume mit ihrem Blattwerk akribisch wieder, während der Vordergrund mit Bodenpflanzen und der Geomorphologie summarischer erscheint. Die Bildoberfläche bleibt glatt.

Während des Münchner Aufenthaltes nach der Vorzeichnung des Dresdener Kupferstichkabinetts entstanden.

Vorarbeiten:
Das Bild selbst mit angedeutetem Landschaftshintergrund und ohne Staffagefiguren erscheint in einem Aquarell und in einer Zeichnung: 1. »Andachtsbild bei Subiaco«, 1829/30, Feder, Sepia über Bleistift, 28,6 × 36,7 cm, Dresden, Staatliche Kunstsammlungen. Kupferstichkabinett. Wv.-Nr. 637. 2. »Bildstock in den Bergen«, Aquarell über Bleistift, 20,1 × 24,5 cm, vermutlich im Herbst 1826 entstanden. Heidelberg, Kurpfälzisches Museum. Inv.-Nr. Z 3537.

Andere Fassung:
Das Museum für Kunst und Kulturgeschichte in Lübeck bewahrt ein Ölgemälde, das so gut wie identisch mit der vorliegenden Arbeit ist: »Bildstock bei Subiaco«, 1830, Öl auf Leinwand, 31,5 × 37,5 cm, signiert Mitte unten: *E. Fries 1830*. Lübeck, Museum für Kunst und Kulturgeschichte der Hansestadt Lübeck.

Provenienz:
Freiherr Göhler von Ravensburg – Aukt.-Kat. Winterberg, Heidelberg. Mai 2009, Kat.-Nr. 638.

Literatur:

Sigrid Wechssler, Ernst Fries. 1801–1833. Monographie und Werkverzeichnis. Heidelberg 2000, Wv.-Nr. 398.

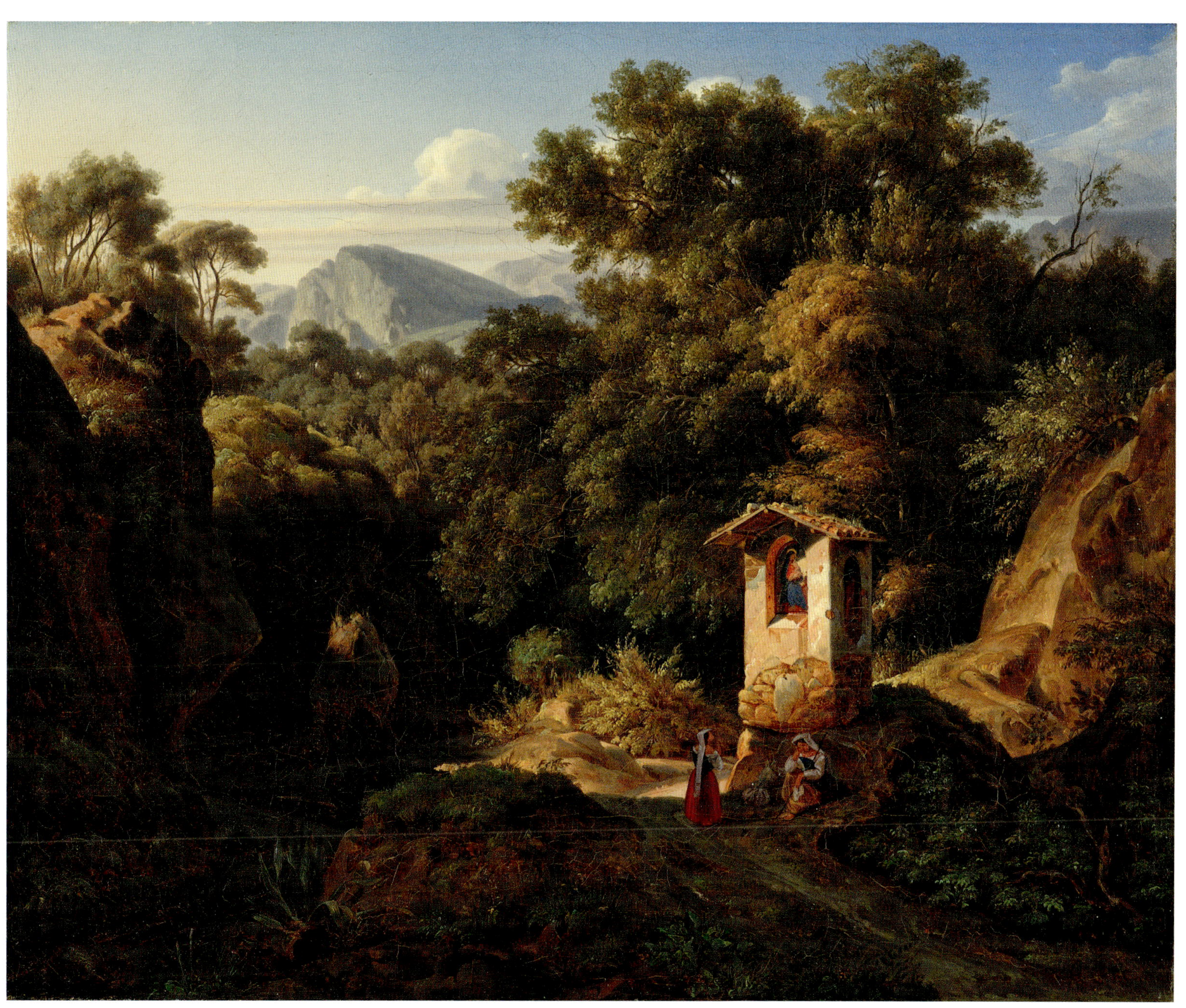

Jakob Emanuel Gaisser

1825 Augsburg – 1899 München

Der Künstler, Vater des Genremalers Max Gaisser, erhielt seinen ersten Malunterricht am Polytechnikum in Augsburg bei Johann Geyer. 1842 trat er in die Münchner Akademie ein und wurde dort Schüler bei den Historienmalern Clemens Zimmermann und Julius Schnorr von Carolsfeld. Wie sein Lehrer Johann Geyer stellte er in seiner historisierenden Genremalerei die Welt des Barock und Rokoko ins Zentrum seiner Bildwelt und setzte dabei auch öfters humoristische Akzente. Er bevorzugte den kleinteiligen Farbauftrag, die glatte Bildoberfläche sowie einen Bildaufbau vom Bildgrund mit seinen Untermalungen und darüber gelegten Lasuren und pigmentreich deckenden Teilen bei der oberen Malschicht. Entsprechend dieser Technik ging es ihm auch darum, detailreich vorzugehen und Einzelheiten zu markieren.

Gemälde von J. E. Gaisser befinden sich im Mittelrheinischen Landesmuseum in Mainz sowie im Art Center in Milwaukee.

Literatur:
Horst Ludwig u. a., Bruckmanns Lexikon. Bd. I, München 1981, S. 387, 388.

32 Heitere Rokokogesellschaft am Teetisch

Öl auf Mahagoni, 30,5 × 40 cm
Ein waagerechtes Brett, allseitig abgefast mit zwei senkrechten Einschubleisten. Stärke: ca. 1 cm
Signiert Mitte unten: *J. E. Gaisser*

Eine elegante Gesellschaft in Rokoko-Gewändern sitzt am Teetisch in angeregter Unterhaltung. Die Dame vorn links in einem dunkelvioletten Kleid hat ihren linken Arm aufgestützt, ein Finger der Hand weist nach oben. Ihr gegenüber sitzt ein Herr, der eine bewegte Lachgebärde mit erhobener Rechten zeigt. Eine weitere Dame wendet sich ungläubig ab. Zwei weitere Damen sitzen abseits.

Es ist nicht auszuschließen, dass es sich um eine Szene handelt, in der Münchhausen seine Erlebnisse zum Besten gibt. Denn bei Boetticher (Bd. I, 1, Dresden 1891, S. 371, Nr. 2) wird das Gemälde J. E. Gaissers erwähnt: »Münchhausen, im Damenkreise seine Schwänke erzählend«.

Provenienz:
Aukt.-Kat. Weiner, München. Juni 1888, Kat.-Nr. 245. – Aukt.-Kat. Neumeister, München. März 2006, Kat.-Nr. 642.

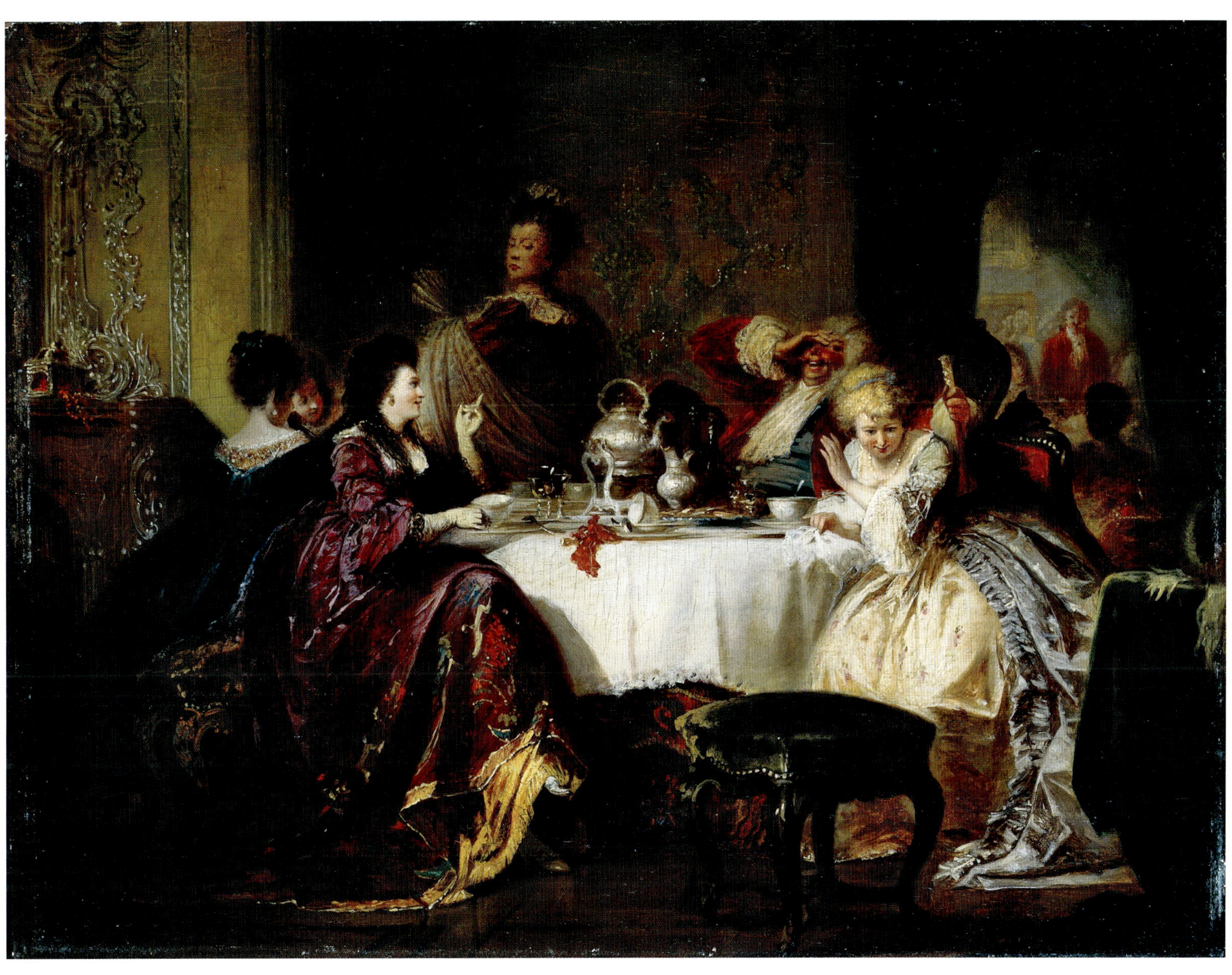

Max Gaisser

1857 Augsburg – 1922 München

Der Maler, Sohn des Genremalers Jakob Emanuel Gaisser, bei dem er auch seine ersten künstlerischen Unterweisungen erhielt, wurde an der Münchner Akademie Schüler von Ludwig von Löfftz. Darauf unternahm er zahlreiche Studienreisen nach Belgien und Holland und ließ sich darin noch von der Holland-Mode der siebziger und achtziger Jahre tragen. So sollte auch weiterhin das holländische Interieur, wie es dort gern gepflegt wurde, für M. Gaissers Malerei verbindlich werden. Das diffuse Licht von Innenräumen versetzt seinen hellen und leuchtenden Kolorismus in leichte Schwingung.

Gemälde von Max Gaisser bewahrt das Art Center in Milwaukee in den USA sowie die Münchner Neue Pinakothek.

Literatur:

Horst Ludwig u. a., Bruckmanns Lexikon. Bd. I, München 1981, S. 388–390.

33 Der Geldzähler

Öl auf Holz, 15 × 18,5 cm
Signiert oben rechts: *Max Gaisser*
Auf der Rückseite der Planke befinden sich Reste eines Aufklebers der Londoner Malerutensilien-Fabrik Winsor & Newton.

In einem holländischen Interieur mit verbleiten Glasfenstern sitzt ein älterer Herr mit grauem Spitzbart an einem Tisch. Als Kopfbedeckung trägt er eine schwarze Kappe, sein Mantel ist pelzverbrämt, darunter wird eine rote Jacke erkennbar. Auf dem Tisch vor ihm steht eine kleine Truhe, daneben liegt ein Geldsack, weitere Münzen liegen in einer Schale. Schreibutensilien befinden sich in einer kleinen Garnitur. Der Herr betrachtet gerade eine Münze, in der Rechten hält er eine Schreibfeder. Durch das Fenster ist schemenhaft die Stadt mit einem hohen Turm zu erkennen. Trotz der Kleinteiligkeit ist die Peinture durchaus bewegt.

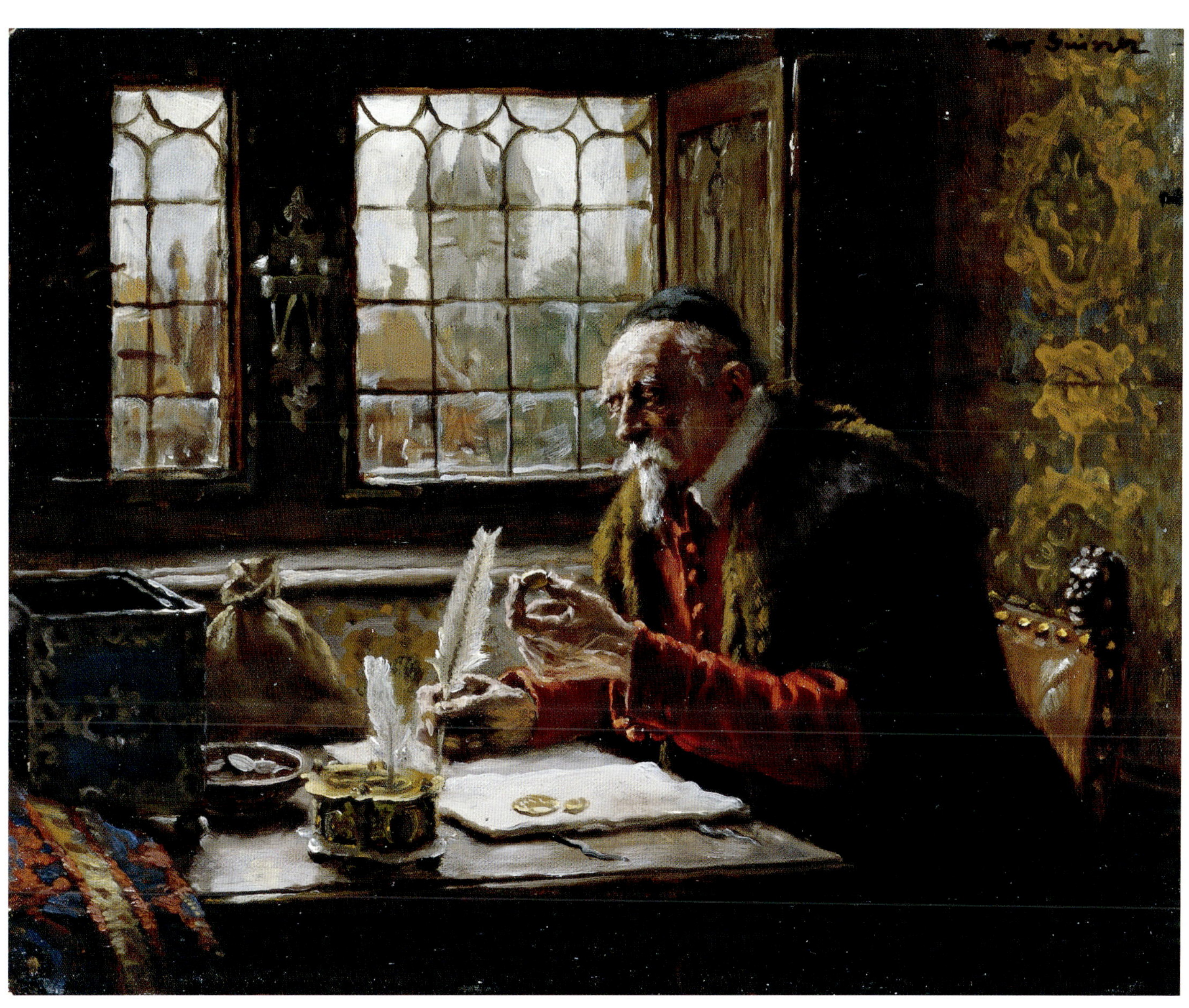

34 Singender Lautenspieler

Öl auf Holz, 27 × 20,5 cm
Signiert oben rechts: *Max Gaisser*
Ein senkrechtes Brett, Stärke ca. 1 cm mit zwei waagerechten Einschubleisten

In einem holländischen Interieur mit Butzenscheiben sitzt ein Herr, angetan in der Tracht des 17. Jahrhunderts mit Halskrause und breitkrempigem hellen Hut, in beiden Händen ein Notenheft. Daraus trägt er mit leicht geöffnetem Mund etwas vor. Zusätzlich hält er in der Rechten noch eine Laute. Der mittelbreite Farbauftrag ist durchaus temperamentvoll und zeichnet den Lichteinfall sorgfältig nach, was sich im Gesicht des Mannes, in seiner Kleidung sowie im Ambiente selbst zeigt.

Provenienz:
Aukt.-Kat. Neumeister, München. 2. Juli 2008, Kat.-Nr. 677.

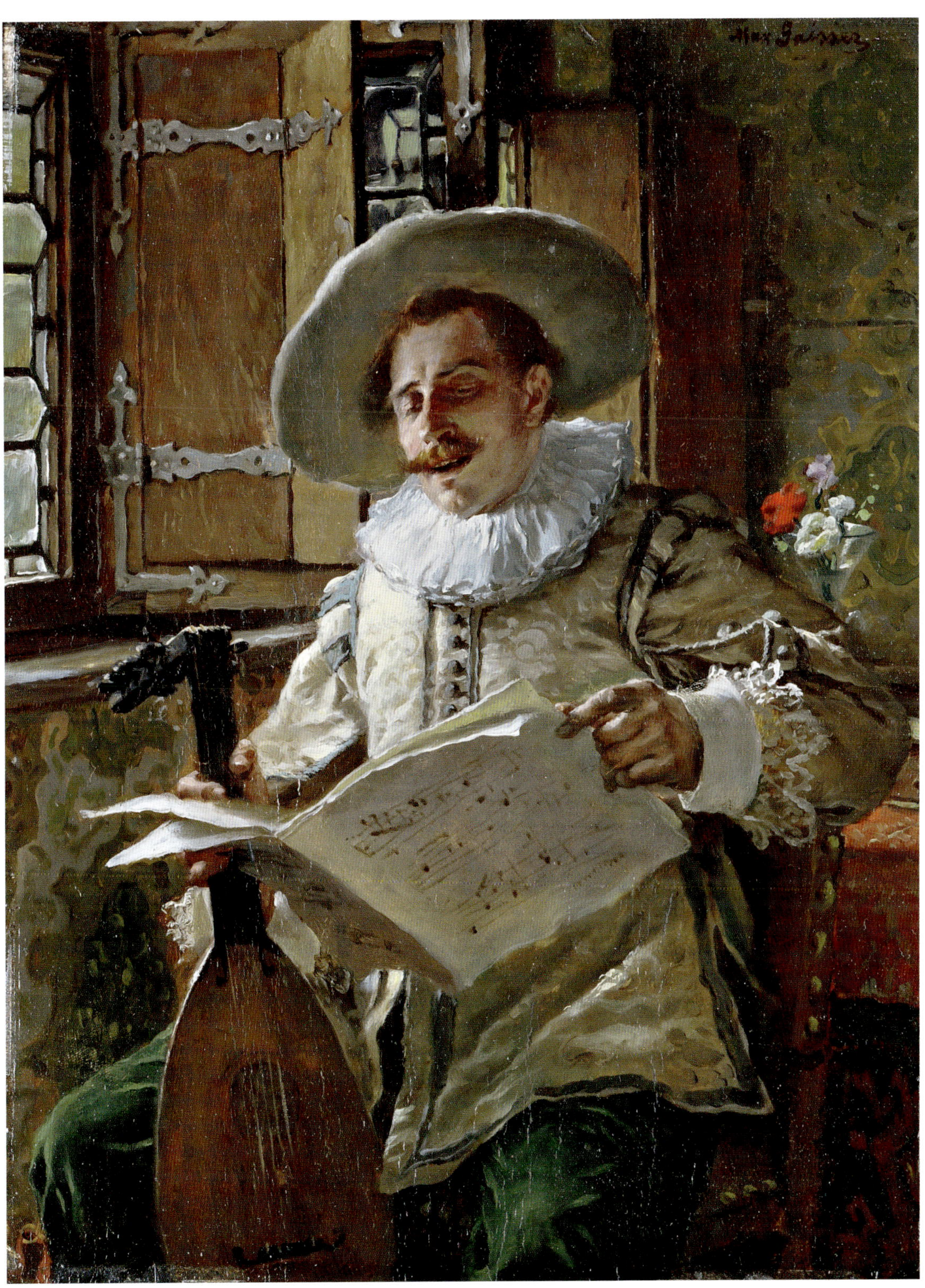

Ludwig Gedlek

Geb. 1847 in Krakau

Nach Anfängen an der Krakauer Kunstschule setzte L. Gedlek seine Studien an der Wiener Akademie bei Eduard von Lichtenfels fort, der seit 1872 dort das Landschaftsfach lehrte. Bekannt wurden folgende Titel von ihm: »Trappenjagd in Süddeutschland« und »Pferdemarkt in Ungarn«. L. Gedlek gilt vor allem als Pferdemaler.

Literatur:
Thieme-Becker, Allgemeines Künstler-Lexikon. Bd. XIII, Leipzig 1920, S. 319. – Heinrich Fuchs, Die österreichischen Maler des 19. Jahrhunderts. Bd. II, Wien 1973, K 12, Abb. 17, 18.

35 Der gefangene Schamil

Öl auf Leinwand (doubliert), 32 × 63 cm
Signiert unten rechts: *L. Gedlek – Wien –*

Russisches Militär, an den Fellmützen kenntlich, reitet in breiter Front aus der Bildtiefe in Richtung Betrachter. In ihrer Mitte führen sie einen Gefangenen, der zu Fuß geht. Unter seinem geöffneten ziegelroten Mantel werden blaue Kniebundhosen mit der entsprechenden Weste sichtbar. Als Kopfbedeckung dient ein weißer Turban mit einer roten Kappe. Der Gefangene blickt finster nach unten, seine Arme sind auf dem Rücken verschränkt. Zwei Hunde rechts neben dem Reiterzug befinden sich unweit eines Weihers.

Bei dem Gefangenen könnte es sich meiner Meinung nach um Schamil handeln, der die Tschetschenen im nördlichen Kaukasus immer wieder gegen die russischen Eroberer anführte, bis er 1859 gefangen genommen wurde.

Der mittelbreite Farbauftrag ist leicht bewegt und stellenweise leicht pastos. Das bedeutet, dass es L. Gedlek auf äußerste Genauigkeit nicht ankam. Auch Geomorphologie und Vegetation sowie der hell bewölkte Himmel werden leicht summarisch mitgeteilt.

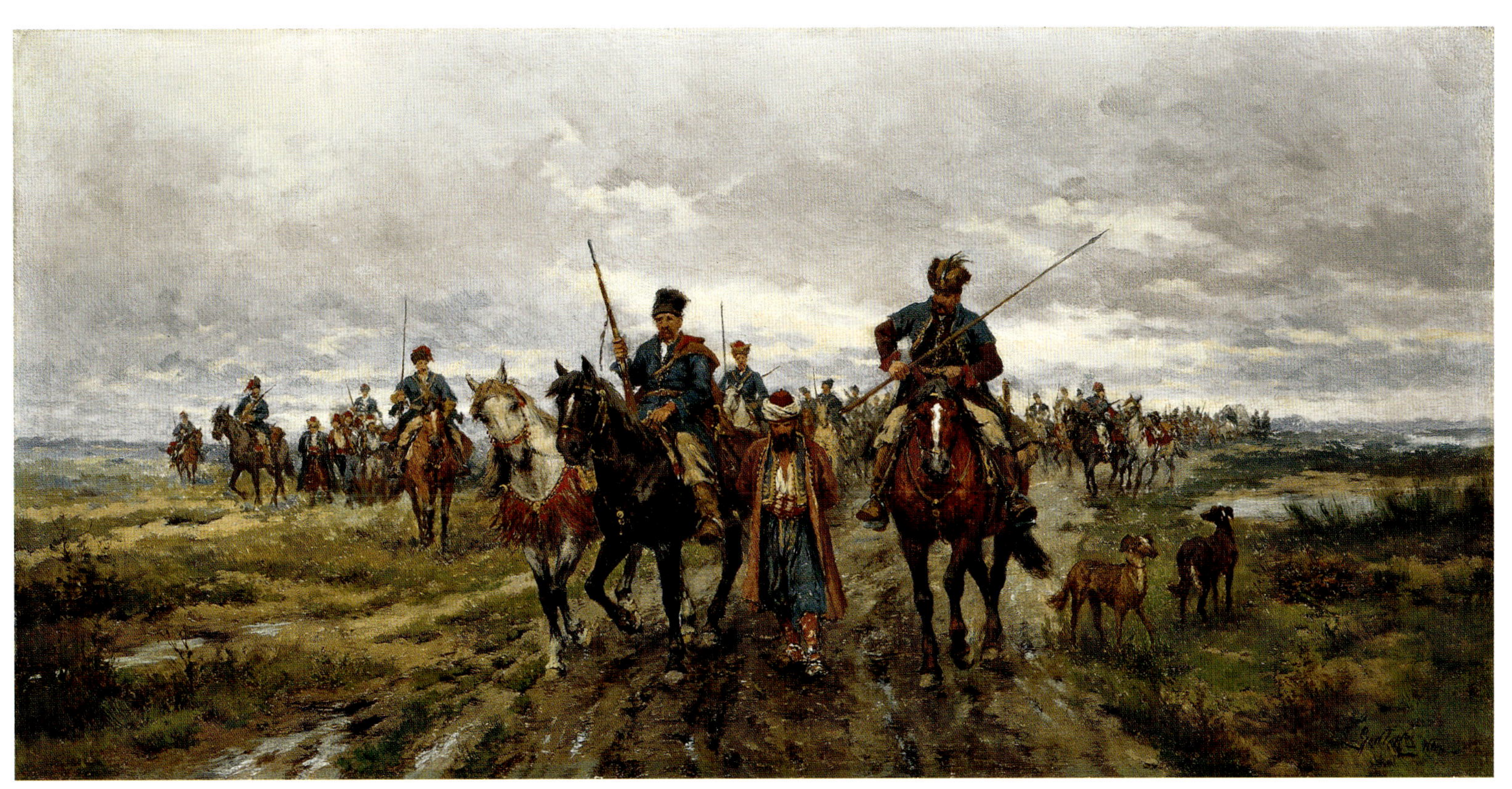

August Christian Geist

1835 Würzburg – 1868 München

Die erste Ausbildung erhielt der Künstler bei seinem Vater, dem Maler Andreas Geist, anschließend war er seit 1853 Schüler von Fritz Bamberger in München. 1854 durchstreifte er im Auftrag des Würzburger Polytechnikums die Rhön, um Ansichten des Geländes in 24 Aquarellen festzuhalten, worauf er auch später immer wieder zurückgreifen konnte. Seit 1860 beeinflusste ihn auch die Landschaftsmalerei von J. W. Schirmer, dem bedeutenden Lehrer in Karlsruhe. 1861 erfolgte eine Rheinreise, und 1865 besuchte er Italien und hielt sich dort 1866 bis 1867 in Rom auf, wo er einige Landschaften vollendete.

A. Chr. Geist gehört zu den Malern, welche die Farblichtmalerei von C. Rottmann und F. Bamberger übernahmen und eigenständig verarbeiteten. Hinzu kamen Einflüsse der Freilichtmaler.

Werke von ihm werden in der Münchner Neuen Pinakothek und im Mainfränkischen Museum in Würzburg aufbewahrt.

Literatur:
Horst Ludwig u. a., Bruckmanns Lexikon. Bd. II, München 1982, S. 18, 19.

36 Antikes Theater von Tusculum, 1867

Öl auf Leinwand, 75 × 112,5 cm
Signiert unten links: *August Geist München 1867*
Verso: Leinwandstempel von Schutzmann München
Ein Aufkleber auf Keilrahmen: Sammlung Georg Schäfer, Schweinfurt.

Während seines letzten Romaufenthaltes von 1866–1867 entstand diese Ansicht des antiken Amphitheaters von Tusculum in Latium im Albanergebirge. Das Theater zeigt immerhin einen Teil des Stufenrundes an einem natürlichen Hang. Antike Säulenreste liegen verstreut umher. An einer Säule ruht ein Mann auf einem roten Tuch. Einige Ziegen und ein Hund halten sich zusätzlich dort auf. Rechts stehen einige hohe Bäume, und links im Hintergrund erhebt sich der Monte Cavo, ein jüngerer Eruptionskegel mit einem Krater. Am Horizont ist wohl ein flacher Streifen des Meeres erkennbar. Darüber steht ein hell bewölkter Himmel.

A. Chr. Geist bevorzugte in seiner Malerei weder die akribiehafte Objektbezeichnung noch den ganz glatten Farbauftrag. Er favorisierte eine summarische Formgebung mit einem mittelgroßen Farbauftrag.

Provenienz:
Aukt.-Kat. Neumeister, München. Bilder aus der Sammlung Georg Schäfer. II. Sonderauktion. Februar 2005, Kat.-Nr. 376.

Literatur:
F. von Boetticher, a. a. O. Bd. I,1, Dresden 1891, S. 389, Nr. 29. – Isolde Härth, August Christian Geist. Ein fränkischer Landschaftsmaler. In: Mainfränkische Hefte. Nr. 32. Würzburg 1958, S. 120, Nr. 232. – Ausst.-Kat. Städtische Galerie, Würzburg. August Christian Geist. 1985/86, S. 59, Kat.-Nr. 41.

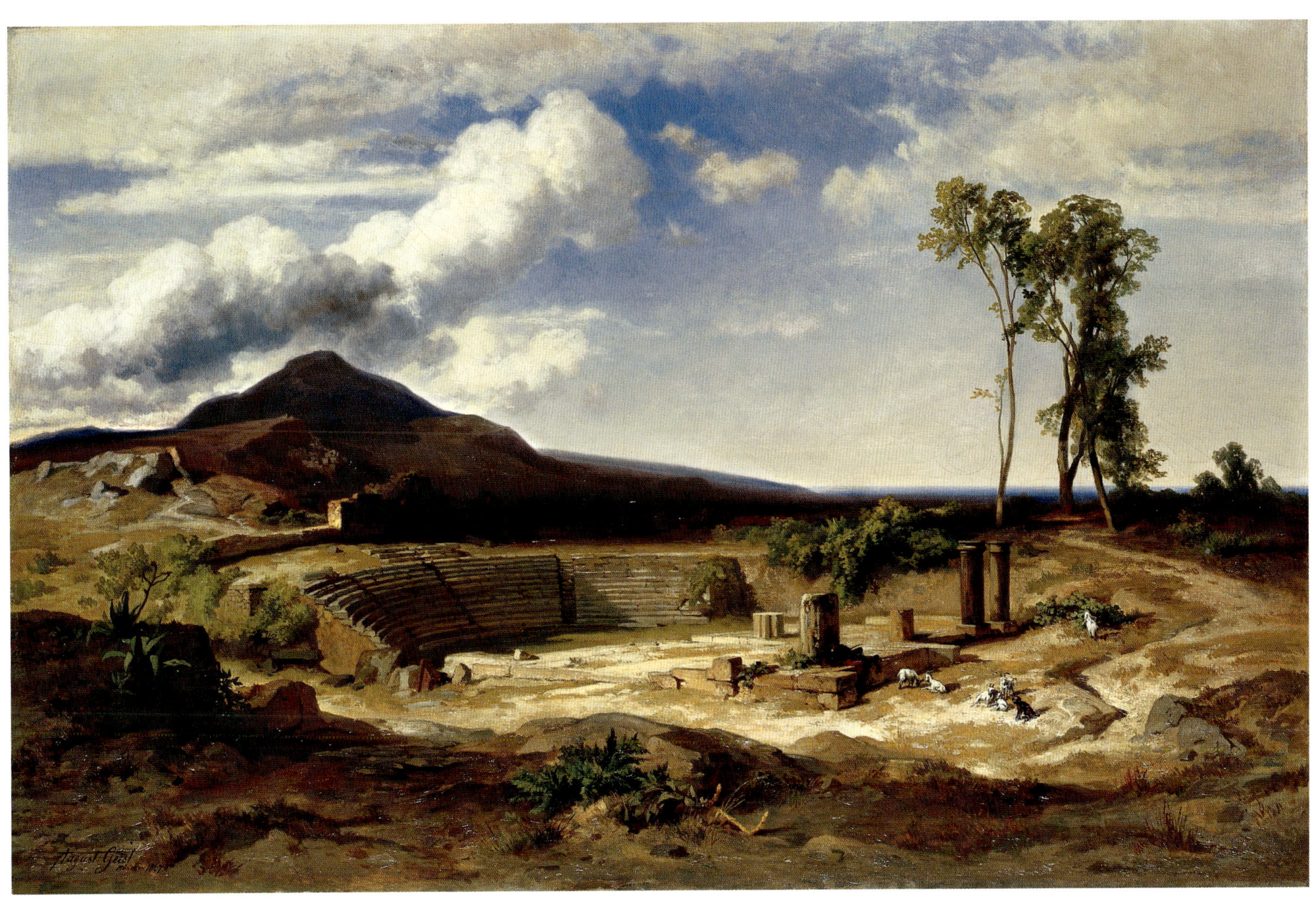

Markus Grönvold

1845 Bergen/Norwegen – 1929 Salzburg

Nach einer Ausbildung in Kopenhagen von 1866–1869 bei Christoffer Wilhelm Eckersberg ging er 1869 nach München, wo er zunächst bei Karl Otto privat studierte. Darauf trat er in die Akademie ein und wurde 1871 Schüler von Wilhelm von Diez. 1874–1877 studierte er im Meisteratelier von Karl Theodor Piloty und unternahm anschließend Studienreisen nach Italien, Österreich und Paris. Seine breitgefächerte Thematik umfasst das Genre, die Landschaft wie auch die Historie. Werke von Grönvold befinden sich im Städelschen Kunstinstitut in Frankfurt a. M. und in der Münchner Neuen Pinakothek.

Literatur:
Horst Ludwig u. a., Bruckmanns Lexikon. Bd. II, München 1982, S. 52, 53.

37 Bildnis einer alten Frau, 1917

Kohle auf grauem Papier, 50 × 36 cm
Signiert unten rechts: *M Grönvold 1917*

Das Hüftstück gibt eine ältere Frau wieder, die sich leicht vorgebeugt nach rechts gewendet hat. In Händen hält sie einen Rosenkranz. Ihr Rock ist dunkel getönt, die Bluse erscheint heller. Die Physiognomie ist durchaus porträthaft, auch das Gewand vermittelt anschaulich seine Beschaffenheit. Auf Hinweise zum Umraum wird ganz verzichtet.

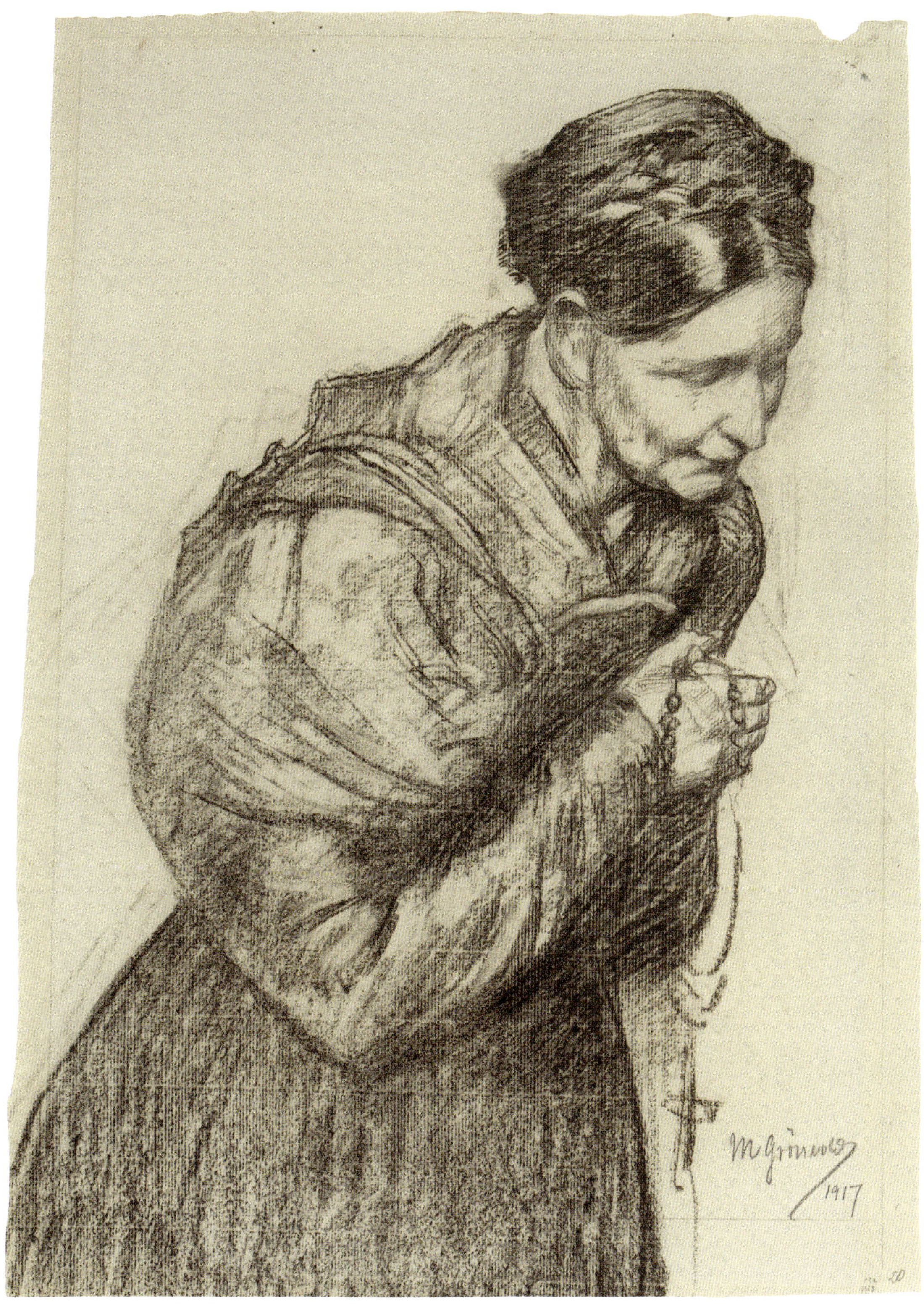

Jakob Grünenwald

1821 Bünzwangen – 1896 Stuttgart

In den vierziger Jahren studierte Grünenwald an der Stuttgarter Kunstschule bei Johann Friedrich Dieterich und Bernhard Neher d. J. 1851 begab er sich mit seinem Freund Carl Ebert nach Paris und übersiedelte 1853 nach München und rezipierte dort den Stil Karl Theodor Pilotys. 1877 wurde er an die Stuttgarter Akademie berufen und blieb im Wesentlichen ein Genremaler, der aber auch gelegentlich die Landschaft pflegte. Er ist der schwäbischen wie auch der Münchner Malerei zuzurechnen.

Literatur:
Horst Ludwig u. a., Bruckmanns Lexikon. Bd. II, München 1982, S. 56–58. – Petra Scheible-Schober. Jakob Grünenwald. Ein schwäbischer Genremaler. Weißenhorn 1996.

38 Strickende Frau mit spielenden Kätzchen und einem Hund, 1867

Öl auf Leinwand (doubliert), 92 × 65 cm
Signiert unten links: *J. Grünenwald 1867*
Verso: Aufkleber auf Keilrahmen vom Kunsthaus Bühler aus Stuttgart.

Vor einem rundbogigen Hauseingang mit Überdach befinden sich zwei junge Frauen, die mit Stricken beschäftigt sind. Die Stehende strickt gerade an einem großen Teil. Sie trägt die Schwarzwälder (Betzinger) Tracht mit der dunklen Haube und dem bunten Mieder. Die zweite junge Frau hat links neben ihr auf einer Bank Platz genommen und ist mit einem Wollfaden beschäftigt, mit dessen Knäuel Kätzchen am Boden spielen. Rechts daneben verfolgt ein großer brauner Hund die Szenerie.

Wie bei J. Grünenwald üblich, ist die Peinture detailreich und glatt aufgetragen, nur ganz vorn gibt es wenige summarische Teile.

Literatur:
Petra Scheible-Schober, a. a. O. G. 38 (dazu Angabe einer Zeichenstudie: Z 162).

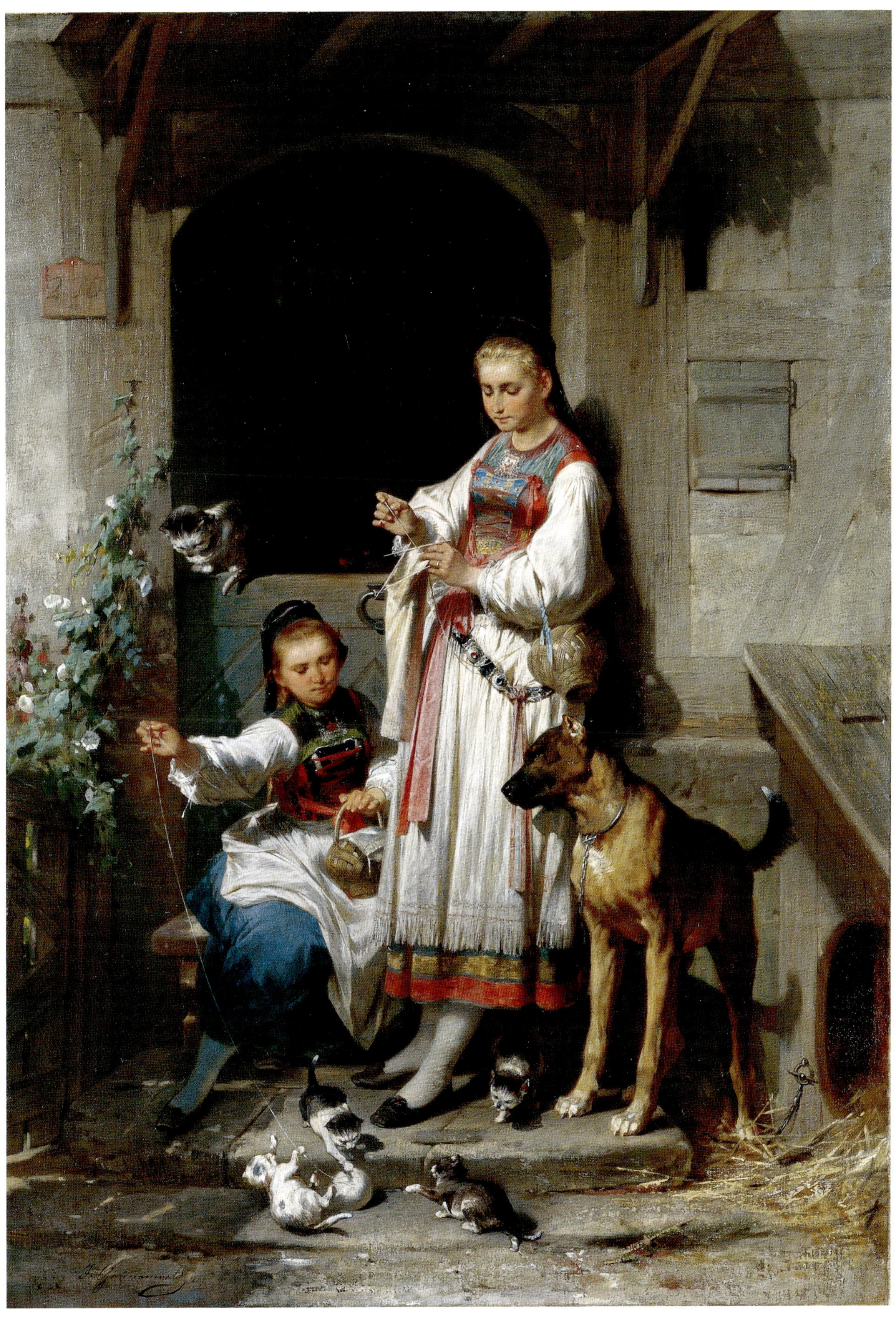

Eduard von Grützner

1846 Großkarlowitz/Schlesien – 1925 München

Der junge Grützner begab sich 1864 nach München und wurde dort zunächst von Hermann Dyck an einer Privatschule in die Malerei eingeführt und trat sodann in die Münchner Akademie als Schüler von Hermann Anschütz ein. 1867 konnte er bei Karl Theodor Piloty studieren, dem favorisierten Lehrer an der Münchner Akademie. Bereits 1869 verließ er dessen Klasse, um ein eigenes Atelier zu beziehen. In diesem Zeitraum entdeckte er auch das Motiv des klösterlichen Lebens für seine Kunst.

Mit solchen Alltagsschilderungen aus dem Leben der Mönche, vornehmlich in Keller-, Küchen- und Bierstuben, erlangte er großen Ruhm in einer beispiellosen Karriere während der Gründerzeit. Der Akzent in seinen Genrebildern liegt auf dem Humoristisch-Anekdotischen, die bittere Satire eines M. Schmid liegt ihm ganz fern. Szenen aus dem Jägerleben und zu Shakespeares »Falstaff« erweiterten seine Thematik.

Gemälde von Grützner befinden sich im Städelschen Kunstinstitut in Frankfurt a. M., im Museum der bildenden Künste in Leipzig, in der St. Petersburger Eremitage, im Art Center in Milwaukee in USA, in der Münchner Neuen Pinakothek sowie im Lenbachhaus und im Museum Georg Schäfer in Schweinfurt.

Literatur:
László Balogh, Eduard von Grützner. Ein Münchner Genremaler. Mainburg 1991.

39 Falstaff, 1898

Öl auf Holz, 20,3 × 15 cm
Signiert unten links: *Ed. Grützner 1898.*
Verso: Aufkleber des Bildtafelherstellers Winsor & Newton, London

Wiedergegeben ist die komische Figur des Falstaff aus Shakespeares Drama »Heinrich IV«. Der im Wohlleben ergraute Soldat, Aufschneider und Trinker erscheint als Brustbild nach links. Er trägt ein braunes Wams und ein Barett. Verschmitzt lächelt er dem Betrachter entgegen, wobei Schnurrbart und Kinnbart besondere Akzente setzen. Die differenzierte Peinture Grützners mit dünnen, durchscheinenden, lasierten und pastosen Teilen ist hier perfekt ausgebildet.

Gleichwohl folgt er hier in der Physiognomie des Falstaff dem Typus, den er bereits in den sechziger Jahren ausgebildet hatte und der sowohl in mehrfigurigen Szenerien wie auch in Einzelporträts immer wieder bei ihm auftaucht. Vgl. dazu die Aufzählung der Falstaffs bei László Balogh, a. a. O., Wv.-Nr. 559–645.

Provenienz:
Aukt.-Kat. Helbing, München. November 1908, Kat.-Nr. 52. –
Aukt.-Kat. Nagel, Stuttgart. September 1992, Kat.-Nr. 3239. –
Aukt.-Kat. Neumeister, München. Dezember 2003, Kat.-Nr. 580.

Literatur
László Balogh, a. a. O., Wv.-Nr. 560.

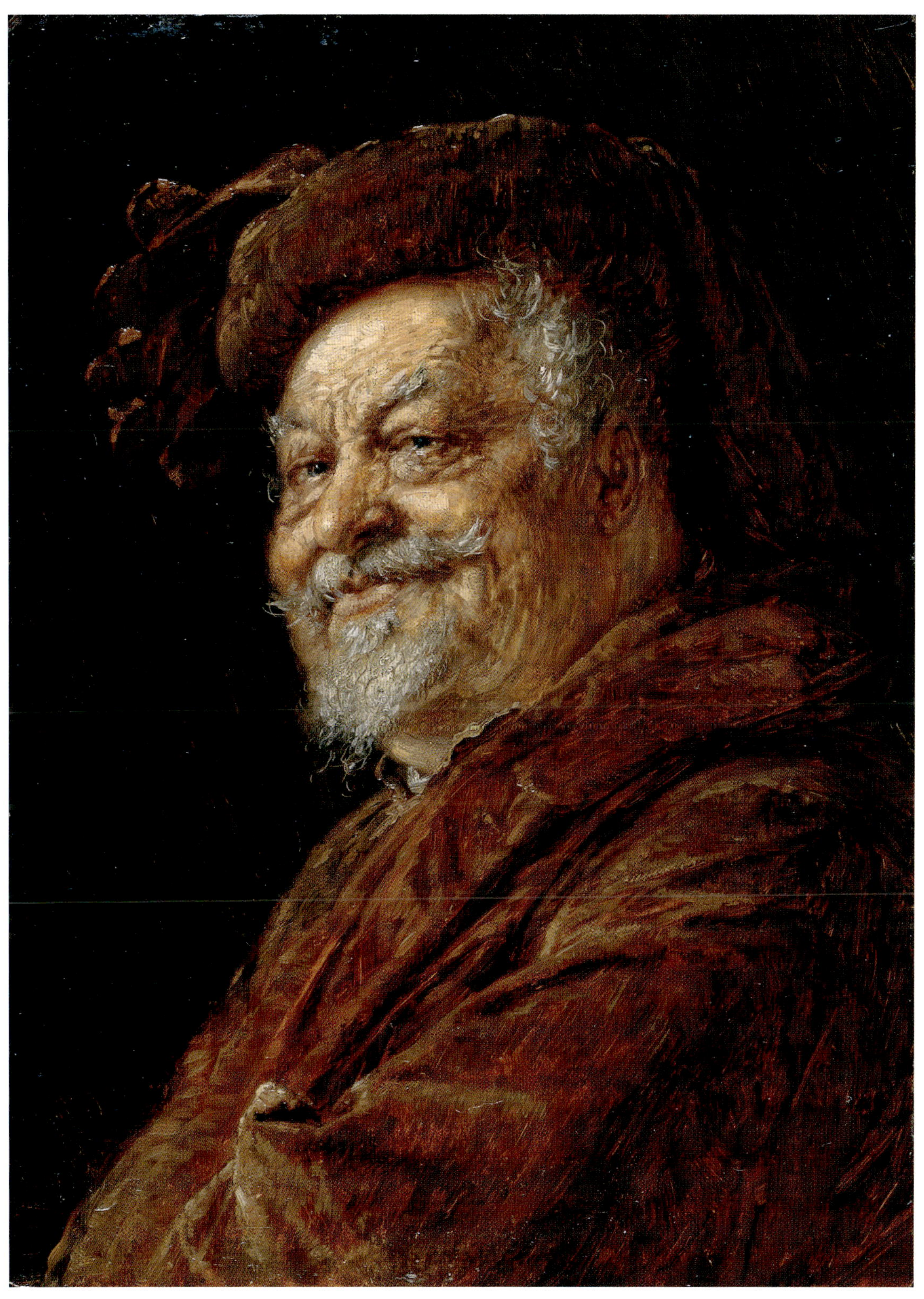

40 Ein Tiroler Wirt

Rötel auf Papier, 21 × 16,5 cm
Signiert Mitte unten: *Ed. Grützner. 89.*
Darunter Titel: *Ein Tyroler Wirth*

Wie auch Franz von Defregger hat Grützner gelegentlich neben seinen Ölbildern auch Zeichnungen angefertigt, die meist Motive der Ölmalerei zeichnerisch vorbereiten oder auch abwandeln. Hier zeigt er einen Gastwirt als Brustbild nach rechts. Es handelt sich um einen sog. Charakterkopf mit der ausgeprägten Physiognomie eines älteren Mannes, die detailliert und recht deutlich wiedergegeben ist. Brust und Kleidung dagegen werden nur umrisshaft mitgeteilt.

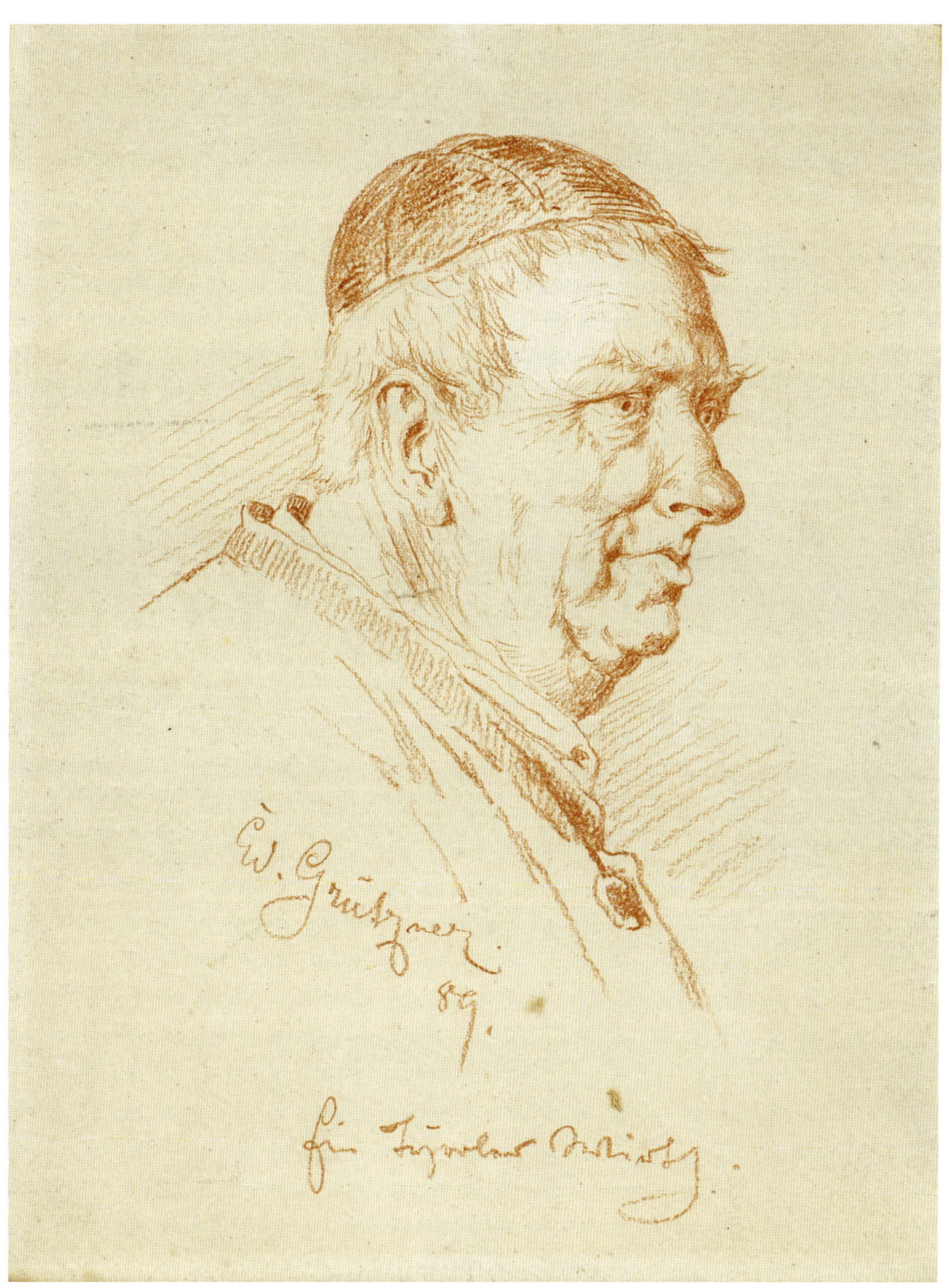
Ed. Grützner
89.

Sebastian Habenschaden

1813 – München – 1868

Seine künstlerische Laufbahn begann S. Habenschaden bei dem Porzellanmaler Christian Matthias Adler. Danach besuchte er die Münchner Akademie und versuchte sich dort in der Historienmalerei, bis er unter dem Einfluss von Peter von Hess und Heinrich Bürkel sich zunehmend der Genremalerei zuwandte. Die Wiedergabe von Rinderherden stand im Zentrum seines Schaffens, zeitweise schuf er auch Szenen aus dem italienischen Volksleben. Die stilistische Nähe zu Heinrich Bürkel blieb immer vorhanden.

Gemälde von S. Habenschaden befinden sich in den Städtischen Sammlungen in Biberach an der Riß und in der Münchner Neuen Pinakothek.

Literatur:
Horst Ludwig u. a., Bruckmanns Lexikon. Bd. II, München 1982, S. 71, 72.

41 Vor dem Bauernhaus

Aquarell auf Karton, 15,6 × 20,7 cm
Signiert unten links: *S. Habenschaden*

Das Aquarell ist als Entwurf zum gleichnamigen Gemälde der Sammlung zu betrachten (Bd. I, S. 99). Durch die Technik bedingt, ist das Gemälde dunkeltoniger und detaillierter. Das Aquarell hingegen ist sehr viel helltoniger und pauschaler in den Angaben. Besonders die Vegetation ist auf dem Gemälde recht ausführlich markiert, nicht so bei dem Aquarell. Und doch sind die Übereinstimmungen des Aquarells mit dem ausgeführten Gemälde stark ausgeprägt.

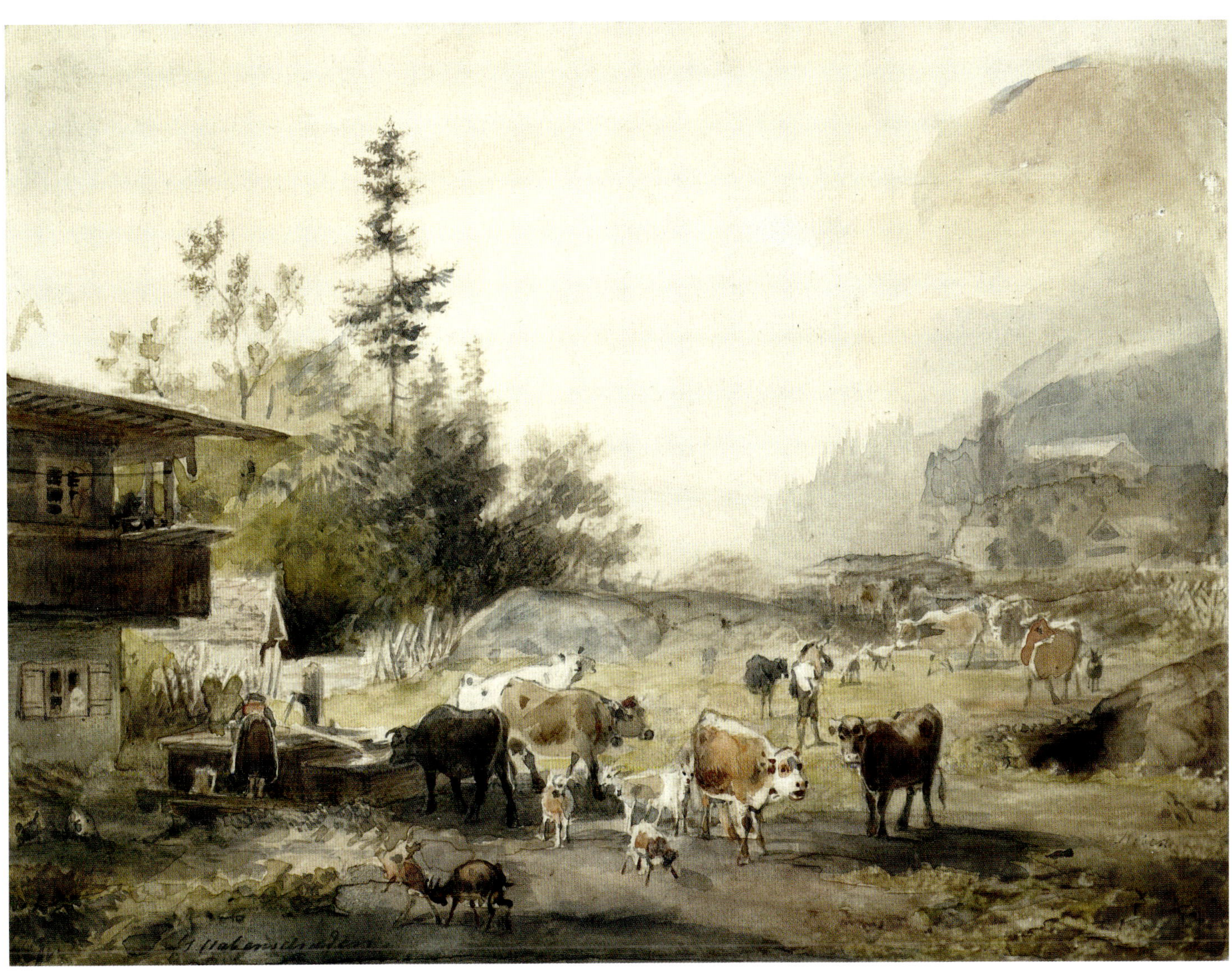

Jacob Philipp Hackert

1737 Prenzlau – 1807 San Piedro di Careggi

Ausbildung bei seinem Vater Philipp Hackert. Ab 1755 an der Berliner Akademie bei Blaise Nicholas Le Sueur. 1762 weg von Berlin, Studienreise durch Norddeutschland. 1764 am schwedischen Hof. Ein Jahr in Hamburg und Paris. 1768 nach Italien (Rom bis 1786 geblieben). Bekanntschaft mit A. R. Mengs und J. J. Winckelmann. 1782 Begegnung mit König Ferdinand IV. von Neapel und 1786 Berufung an dessen Hof, wo er bis zum Einmarsch der Franzosen 1799 blieb. Ab 1787 bildete sich eine enge Freundschaft zu Goethe, der 1811 dessen Lebensbeschreibung nach hinterlassenen Aufzeichnungen herausgab.

Hackerts italienische Veduten verbinden topographische Genauigkeit mit Elementen der Ideallandschaft, wie sie Claude Lorrain entwickelt hatte. In der zweiten Jahrhunderthälfte war J. Ph. Hackert einer der berühmtesten und bestbezahlten Maler Europas.

Literatur:
Claudia Nordhoff/Hans Reimer, Jakob Philipp Hackert. 1737–1807. Verzeichnis seiner Werke. Bd. I und II. Berlin 1994.

42 Blick auf das Volturnotal in Richtung Capua, 1802

Öl auf Leinwand (doubliert), 119,5 × 167 cm
Signiert unten rechts: *Phi: Hackert pinx: 1802.*
Verso auf Leinwand: *Veduta di Capua, co' Campi di Annibale e'el Volturno, pressa da Cajazzo Filippo Hackert dipinse 1802.*

Bereits 1789 hatte Ph. Hackert die Gegend um Cajazzo in der Campagna durchwandert und 1798 das Terrain in mehreren Zeichnungen festgehalten (bei Nordhoff/Reimer, Bd. II, S. 371–373), z. B. »Blick vom Franziskanerkloster in Cajazzo«, Albertina in Wien; oder: »Blick auf das Schloss von Cajazzo« im Goethe-Museum in Düsseldorf. 1799 und 1800 entstanden zwei kleinere Gemälde mit analogen Motiven: »Blick auf den Cajazzo und den Volturno« (Nr. 280, S. 135) und »Blick auf das Volturnotal« (Nr. 293, S. 143). Die Gemälde zeigen das weite Tal des Volturno mit seinen Flusslandschaften, wobei auf einem Gemälde das Schloss von Cajazzo auf dem Berg deutlich erkennbar ist.

Die vorliegende Version von 1802 ist eine pastorale Landschaft mit dem Blick auf das weiträumig gestaffelte Terrain mit den Volturno-Schleifen in Richtung Flussmündung und der Stadt Capua, die man am Horizont erahnen kann. Links rahmen die Tifatiner Berge den Flusslauf. Neben einer mächtigen Eiche ruht der Schäfer unter einem hohen Felsen, von zwei Tieren umgeben, daneben weiden Rinder. Vorne links fressen Ziegen die Blätter eines Gebüsches. Rechts auf einem Weg zieht ein Mann mit drei bepackten Lasteseln vorüber, denen ein Hund voranläuft. Ein weiterer Wanderer am Fuß des Abhanges verschwindet mit seinem Pferd auf dem abschüssigen Weg.

Der rückseitige Hinweis auf die »Campi di Annibale« ist auf den karthagischen Feldherrn Hannibal zu beziehen, der 216 v. Chr. dort Winterquartier bezogen und 212 v. Chr. die Römer bei Capua geschlagen hatte.

Provenienz:
Schweizer Privatbesitz – Aukt.-Kat. Koller, Zürich. November 1982, Kat.-Nr. 5046 – Privatsammlung Deutschland – Aukt.-Kat. Koller, Zürich. März 2008, Kat.-Nr. 3073.

Literatur:
Claudia Nordhoff/Hans Reimer, a. a. O., Wv.-Nr. 309, S. 150.

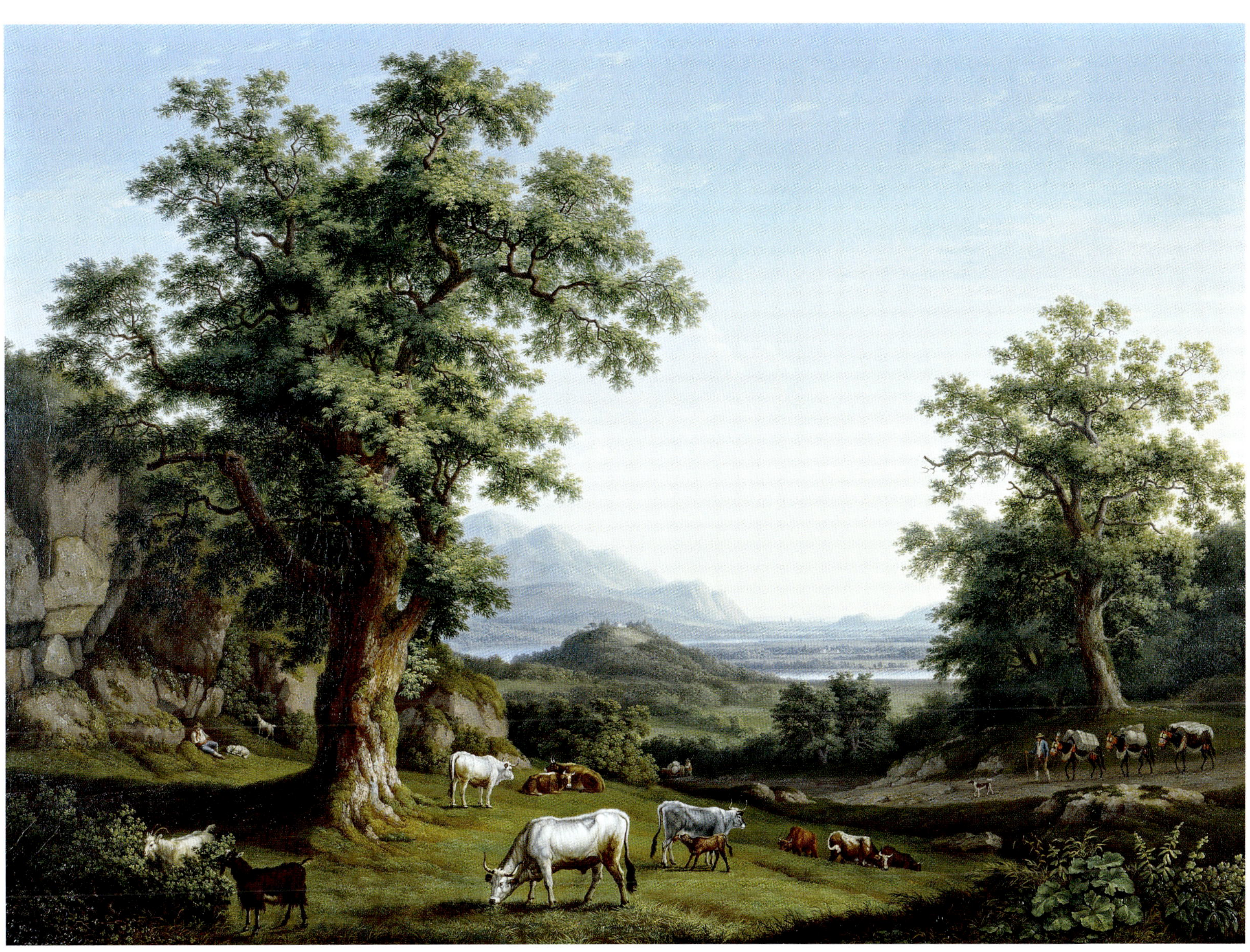

Ludwig Hartmann

1835 – München – 1902

Nach einer Lehre als Lithograph konnte der früh zum Vollwaisen gewordene L. Hartmann mit 16 Jahren in die Münchner Akadmie eintreten und wurde dort zunächst Schüler in der Zeichenklasse von Joseph Schlotthauer. Doch kam er mit dem akademischen Studium mit seiner Systematik und entsprechenden Bevormundung nicht zurecht, so dass er das Institut bald wieder verlassen musste. Ab 1853/54 erhielt er privaten Unterricht bei dem in Sendling lebenden Landschafts- und Tiermaler Johann Wagner-Deiners, was den jungen Künstler wieder stabilisierte. Es folgten autodidaktische Studien und Beeinflussungen durch die Adams, durch Peter von Hess, Heinrich Bürkel und Johann Friedrich Voltz sowie durch Eduard Schleich d. Ä. Durch Letzteren nahm er die pleinairistischen Tendenzen der Zeit auf. 1882 wurde er Ehrenmitglied der Münchner Akademie, und 1891 erfolgte die Ernennung zum Professor.

Noch stark durch die Tiermaler des Biedermeier geprägt, stellte er das Arbeitspferd ins Zentrum seiner künstlerischen Bemühungen. Dazu gehören auch die Szenen mit den Treidlern am Inn, bei denen die Pferde die schweren Lastkähne am Ufer ziehen. In der akribischen Wiedergabe der Objektwelt zeigt er manche Parallele zu Anton Seitz, mit dem er zeitweise in der Schillerstraße 28 Wand an Wand wohnte.

Gemälde von ihm bewahren die Städtischen Sammlungen in Biberach an der Riß, das Art Center in Milwaukee in den USA, die Münchner Neue Pinakothek und das Lenbachhaus sowie das Von der Heydt-Museum in Wuppertal.

Literatur:
Guido Hartmann, Ludwig Hartmann. Ein Künstlerleben. München 1921. – Richard Braungart, Der Münchner Landschafts- und Pferdemaler Ludwig Hartmann. München 1925.

43 Pferde vor einer Schenke

Öl auf Holz (parkettiert), 39 × 92 cm
Signiert unten rechts: *Ludwig Hartmann München*

Ludwig Hartmann favorisierte die Wiedergabe des ländlichen Arbeitspferdes, wie es bei diesem Werk zur Anschauung kommt. Vor einem bäuerlichen Anwesen, das auch als Gasthof dient und partiell von hohen Bäumen umstanden ist, haben sich Bauern mit ihren Pferden eingefunden. Im Zentrum steht ein Schimmel, der von seinem Besitzer Futter erhält. Rechts daneben werden noch fünf weitere Pferde sichtbar – mit braunem oder auch schwarzem Fell. Dahinter dehnt sich das flache Gelände bis zum Horizont. Auf der linken Bildseite, verschattet, haben weitere Bauern Platz genommen, die Pfeife rauchen oder Erfrischungen zu sich nehmen. Ein Bauer sitzt auf einem Pferd und trinkt gerade. Links neben ihm befindet sich ein weiteres Pferd.

Dem späten Biedermeier entsprechend, werden Pferde und Personen kleinteilig und mit großer Akribie wiedergegeben. Die Bäume dagegen mit ihrem Blattwerk erscheinen etwas summarischer und atmosphärisch, was den Einfluss der Münchner Freilichtmaler verrät.

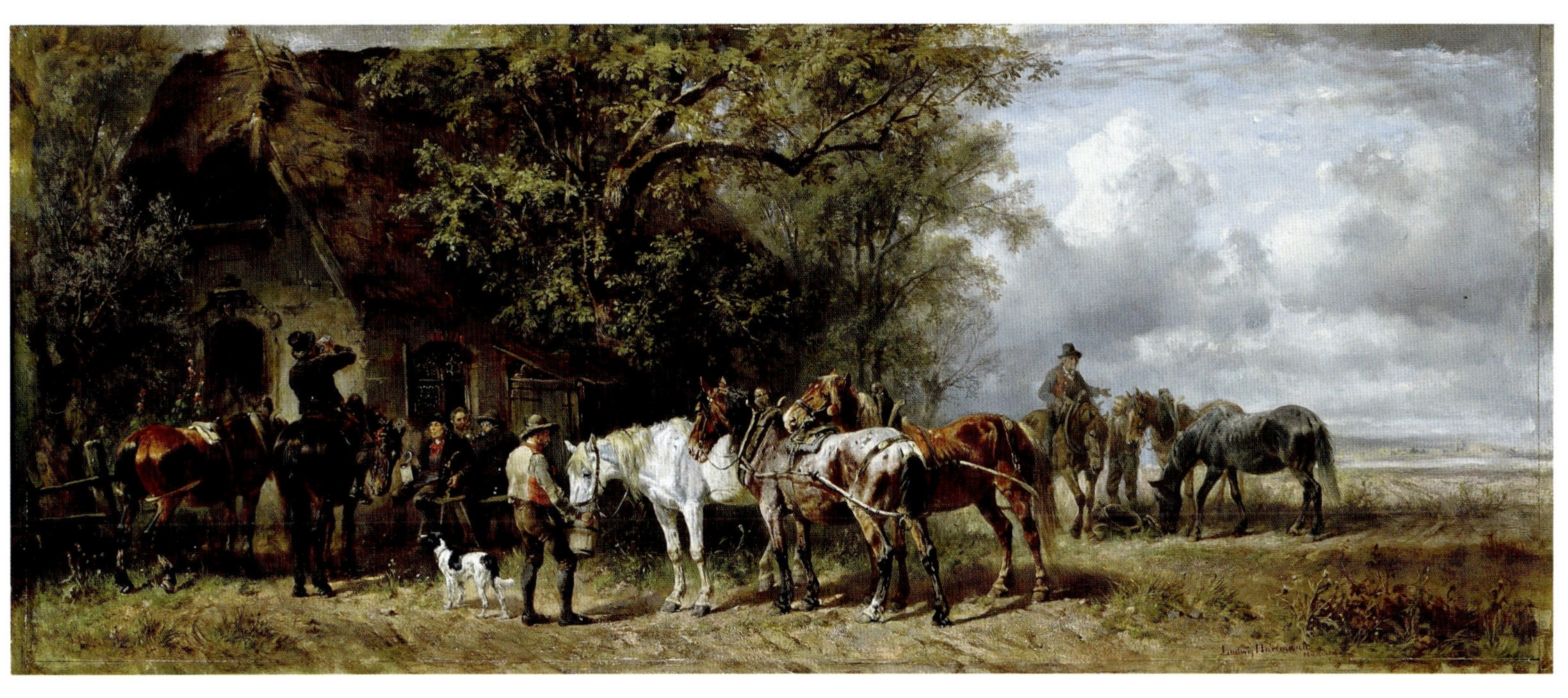

Eduard Heinel

1835 – München – 1895

Der Künstler, Sohn des Genremalers Philipp Heinel, stellte erstmals 1866 in München aus und begann mit Genrebildern im Stil seines Vaters. Später erweiterte er die Schilderungen alpenländischer Szenen mit landschaftlichen Hintergründen, die stets an Bedeutung gewannen und die Figurenstaffage oft in den Hintergrund drängten. Auch Tendenzen der Freilichtmalerei wurden in seine Bildwelt aufgenommen. Neben Motiven aus Griechenland und Italien bevorzugte er Sujets aus Tirol und Oberbayern.

Gemälde von E. Heinel bewahrt das Museum Schäfer in Schweinfurt.

Literatur:

Horst Ludwig u. a., Bruckmanns Lexikon. Bd. II, München 1982, S. 132–133.

44 Bewaldete Schlucht mit Steinbrücke

Öl auf Leinwand, 89 × 67 cm
Signiert unten rechts: *E. Heinel. 1871*

Der Blick wird auf eine Steinbrücke in der Bildmitte gelenkt. Links und rechts erheben sich die Stützen über steiles Felsgestein. Auf dem Grund der Schlucht liegen Architekturfragmente, vielleicht von der Brücke selbst. An den oberen Steilhängen wächst Vegetation. Die Sicht durch den Rundbogen wirkt höhlenartig dunkel. Oben auf der leicht schadhaften Brücke werden einige Personen erkennbar, wohl eine Italienerin und ein Mann mit einem Esel, weshalb die Szenerie in Italien zu lokalisieren ist. Dahinter ragen hohe Bäume in den nur leicht bewölkten blauen Himmel. Die Landschaft betont nicht die Kontur, und es werden auch Details der Vegetation vernachlässigt. Wichtig war E. Heinel die Wiedergabe der Lichtsituation.

Provenienz:
Aukt.-Kat. Neumeister, München. Juni 2009, Kat.-Nr. 565.

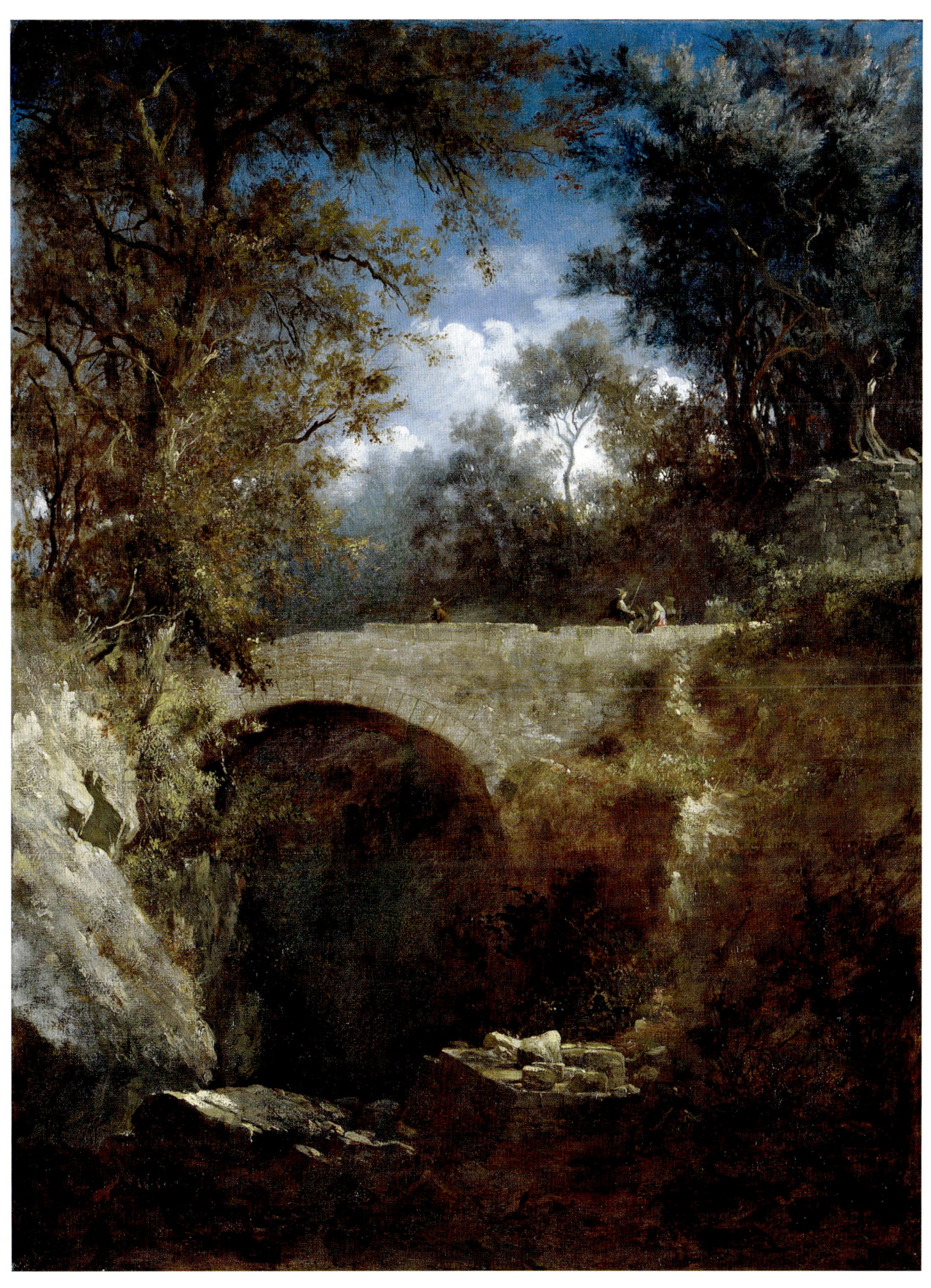

Philipp Helmer

1846 Trippstadt/Kaiserslautern – 1912 Olching /München

Seine künstlerischen Anfänge sind durch seine Tätigkeit als Bildhauergehilfe bestimmt. 1867 konnte er in die Münchner Akademie, bedingt durch ein Stipendium Ludwigs I., eintreten. Dort wurde er Schüler von Hermann Anschütz und Alexander Wagner. Es gab zu diesem Zeitpunkt auch eine gewisse Nähe zum Leibl-Kreis. 1875 wurde er noch kurzfristig Schüler bei W. Lindenschmit d. J. und siedelte 1892 nach Olching über. Gelegentlich beteiligte er sich an den Ausstellungen des Münchner Glaspalastes und des Kunstvereins. Neben Landschaften und Genrebildern malte er auch Porträts.

Die Münchner Städtische Galerie im Lenbachhaus bewahrt von ihm ein Gemälde.

Literatur:
Horst Ludwig u. a., Bruckmanns Lexikon. Bd. II, München 1982, S. 146, 147.

45 Die erste Pfeife, 1887

Öl auf Mahagoni, 27 × 17,6 cm
Ein senkrechtes Brett, allseitig abgefast
Stärke: ca.0,5 cm
Signiert unten rechts: *Ph. Helmer München 1887.*

Ein Bursche steht in einem bäuerlichen Interieur und ist dabei, sich eine langstielige Pfeife anzuzünden, die er zwischen den Lippen hält. Er steht barfüßig auf dem Boden und trägt eine knielange Hose, dazu ein weißes Hemd und auf dem Kopf eine grünliche Kappe. Auf seinem Rücken ist ein Kinderflitzbogen zu erkennen. Neben ihm steht ein kleiner Tisch und ein Holzzuber. Durch das oben angebrachte kleine Fenster fällt ein wenig Licht auf die Szene. Maltechnisch und thematisch lässt sich eine gewisse Nähe zu E. K. G. Zimmermann feststellen.

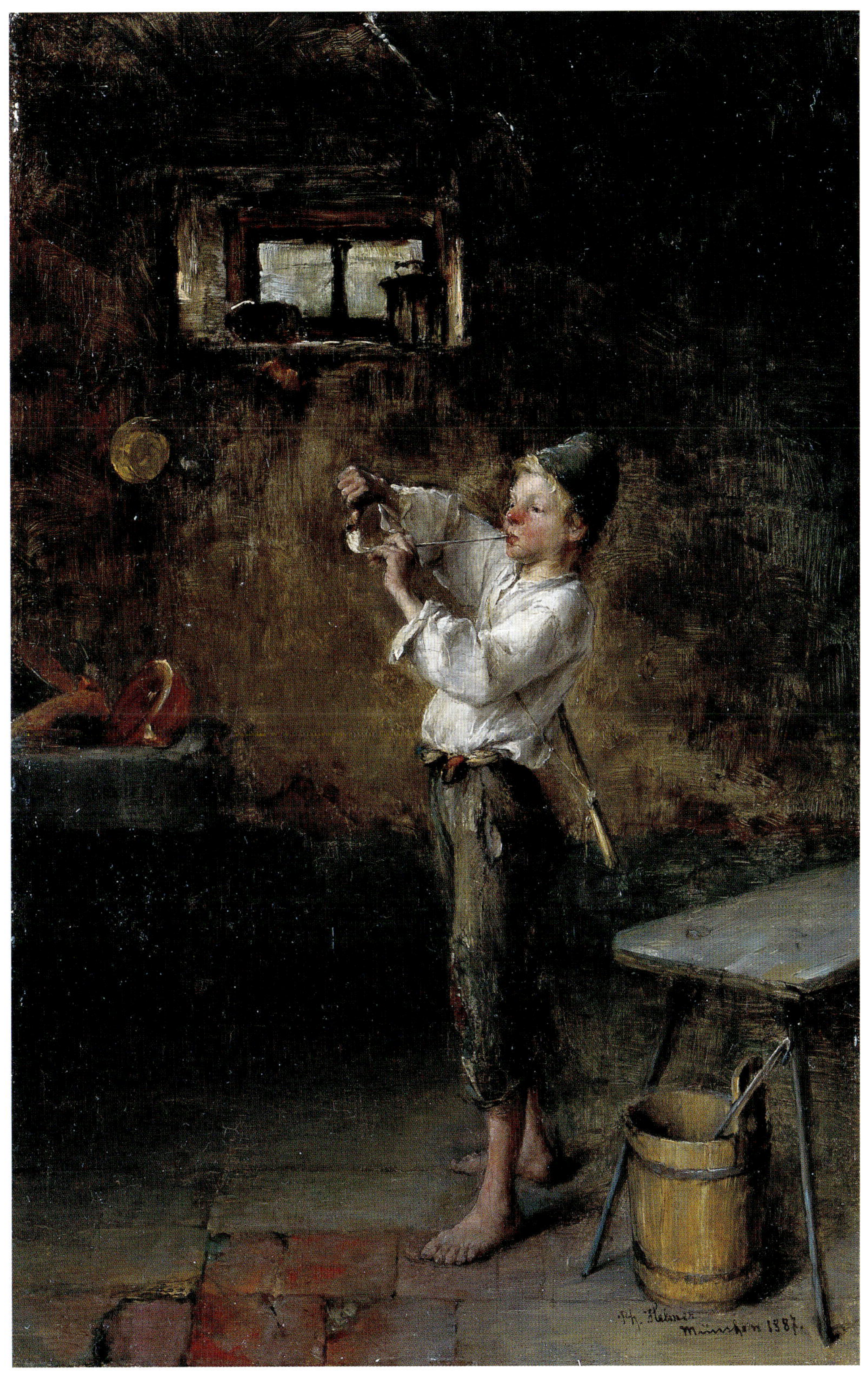

Peter von Hess

1792 Düsseldorf – 1871 München

Peter von Hess entstammte einer alten Kunsthandwerker- und Künstlerfamilie, bis um 1500 nachweisbar. Sein Vater Carl Ernst Christoph Hess war ein anerkannter Kupferstecher der kurfürstlichen Sammlung in Düsseldorf und folgte dem Kurfürsten 1806 nach München. Zusammen mit seinen Brüdern erhielt der älteste Sohn Peter den ersten Malunterricht bei seinem Vater. 1809 wurde er Schüler der Münchner Akademie bei Peter von Langer und Johann Georg von Dillis. 1812 beauftragte König Maximilian I. ihn und andere Münchner Maler, für das Schloss Nymphenburg eine Chiemseelandschaft als Teil einer Serie bayerischer Seen und Landschaften zu schaffen. Seit 1814 war er als Schlachtenmaler für den Kronprinzen Ludwig tätig und hat so auf den Frankreich-Feldzug immer wieder Bewegungsstudien von Soldaten, Offiziers-Porträts und Städteansichten gezeichnet. Nach einer Wienreise machte er sich 1817 zu der obligaten Romreise auf und hat dort viel gezeichnet und aquarelliert. 1820 Ernennung zum Hofmaler und 1823/24 Gründungsmitglied des Münchner Kunstvereins. In den späteren zwanziger Jahren mehrfache Aufenthalte in Italien. 1832–1833 begleitete er den jungen König Otto nach Griechenland und dokumentierte die offiziellen Auftritte dort in großen Gemälden, die meist in München in den dreißiger Jahren entstanden. 1839 folgte eine Russlandreise mit Aufenthalten in Moskau und St. Petersburg, weil er von Zar Nikolaus I. beauftragt worden war, einen großen Zyklus der französisch-russischen Schlachten zu malen. Fast zwanzig Jahre sollte er an dem großen Auftrag arbeiten und hat dabei niemanden in seinem Atelier davon etwas sehen lassen, sodass er bei seinem Tode fast vergessen war.

Peter von Hess, einer der bedeutenden Schlachtenmaler der ludovisischen Epoche in München, hat neben seinen vielen Auftragsbildern für Monarchen und Adel auch gleichsam als private Seite seiner Kunst kleinformatige Genrebilder und Schilderungen des bayerischen oder auch italienischen Lebens gemalt. Er bevorzugte die Wiedergabe von Buntwerten in einem klaren Kolorismus ohne atmosphärische Dunstschichten, was seinem Werk oftmals gewisse Härten verleiht.

Gemälde von ihm befinden sich in der Berliner Alten Nationalgalerie, im Düsseldorfer Kunstmuseum, im Wallraf-Richartz-Museum in Köln, in der Münchner Neuen Pinakothek, im Museum Georg Schäfer in Schweinfurt und im Mainfränkischen Museum in Würzburg.

Literatur:
Brigitte Reinhardt, Der Münchner Schlachten- und Genremaler Peter von Hess (= Oberbayerisches Archiv. 102. Bd.), München 1977.

46 Abschied vor der Osteria, 1827

Öl auf Leinwand (doubliert), 53,5 × 60 cm
Signiert unten links auf dem Mauervorsprung: *P. HESS. 1827*

Wiedergegeben ist eine Szene vor einer italienischen Osteria. Ein Mann auf einem Schimmel winkt der Wirtsfamilie und einem Mönch, die sich vor dem Eingang versammelt haben, mit seinem Hut zu. Sein Begleiter ist damit beschäftigt, die Maultiere reisefertig zu machen. Auf einer erhöhten Terrasse beobachten zwei junge Frauen die Szene. Rechts zwei Fischer, die auf das Meer blicken.

Über dem Bogen des Eingangs gibt es eine italienische Inschrift, die mit »vino buon…« beginnt, schwer lesbar wird und sich mir nicht erschließt. Der kleinteilige Farbauftrag ist so gehalten, dass Details der Objektwelt mitgeteilt werden können, was durchaus ein Anliegen des Künstlers ist. Seine Neigung zu Buntwerten kommt hier bei der Kleidung einiger Personen gut zum Ausdruck.

Verschiedene Fassungen:
Im Germanischen Nationalmuseum in Nürnberg wird eine 2. Fassung des Themas auf Holz aufbewahrt: »Abschied von der Osteria«, Öl auf Holz, 38,7 × 49,3 cm, Sign. u. l.: *P. Hess. 1827,* Inv.-Nr. GM 1655

Weiterhin hat das Auktionshaus Neumeister in München im Februar 2005 eine Kopie des Gemäldes (Öl auf Leinwand, 39 × 50 cm) angeboten, bei welcher der Abschied nehmende Mann rot gewandet ist (Kat.-Nr. 432).

Provenienz:
Aukt.-Kat. Neumeister, München. Juli 2003. Kat.-Nr. 663 (mit Abb.).

Literatur:
Brigitte Reinhardt, Werkverzeichnis Peter v. Hess, a. a. O., Wv.-Nr. 48 (mit Abb.). Fassung des Germanischen Nationalmuseums.

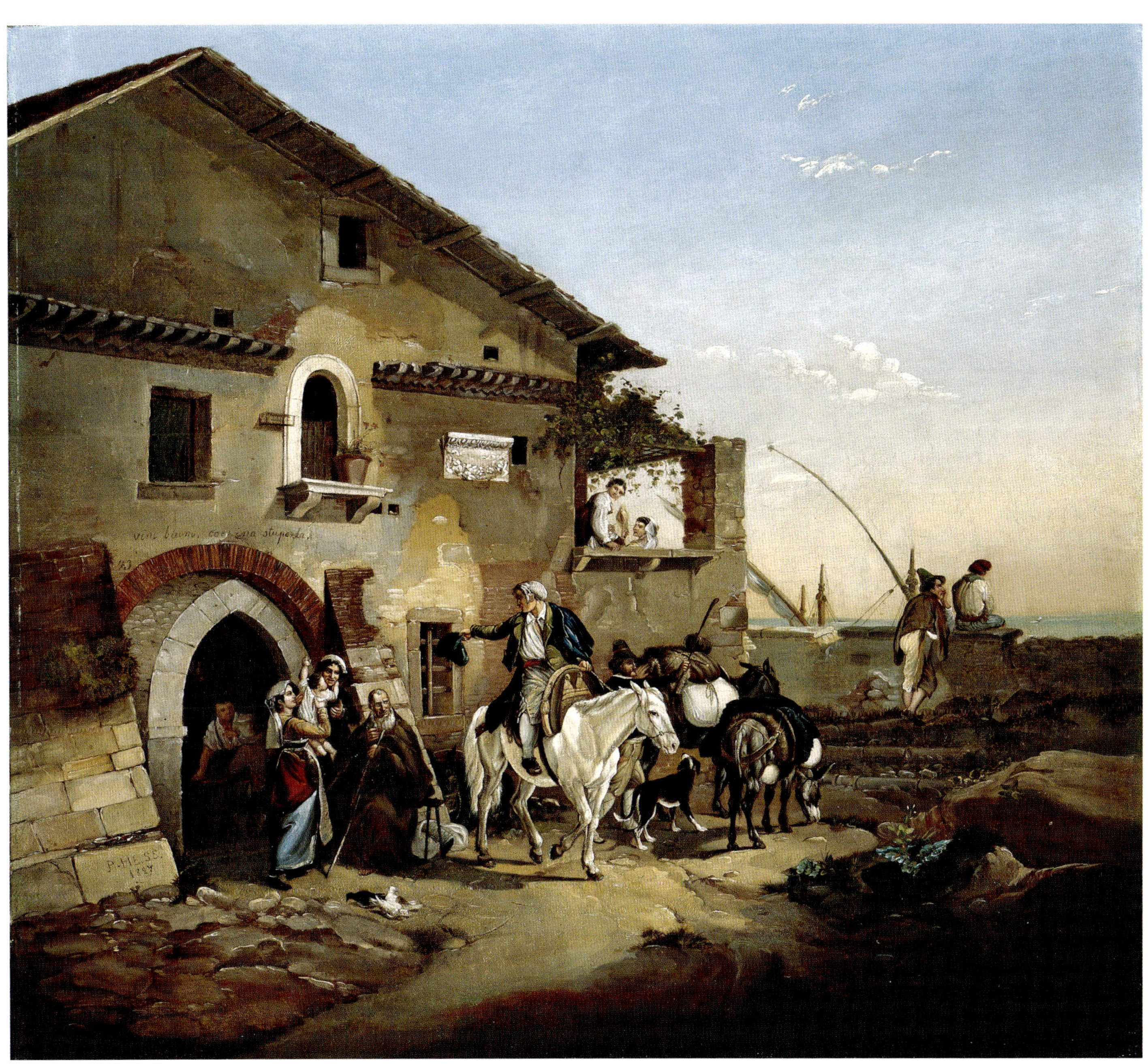
P. HESS
1847

Paul Hey

1867 München – 1952 Gauting bei München

1886 trat der Künstler in die Münchner Akademie ein und studierte dort bei Karl Raupp, Ludwig von Löfftz und Heinrich von Zügel. 1893 konnte er einige Mittelmeerländer sowie England und Schottland auf Grund eines gewonnenen Wettbewerbes bereisen. Von 1911–1913 hielt er sich in den Sommermonaten in der von Zügel begründeten und geleiteten Malschule in Wörth am Rhein auf, die großen Einfluss auf ihn hatte. Seit 1896 beschickte er die Glaspalastausstellung in München und seit 1903 auch die Große Berliner Kunstausstellung. Zum Professor wurde er 1918 ernannt.

P. Hey war als Graphiker, Maler und besonders als Illustrator tätig und hat z. B. die Hausmärchen der Gebrüder Grimm und Andersens Märchen illustriert. Er malte wenig in Öl und bevorzugte die Technik der Gouache in bildmäßiger Ausführung. Einflüsse von Secession und Jugendstil treten bei ihm in gemäßigter Form hervor.

Werke von P. Hey befinden sich in der Städtischen Wessenberg-Gemäldegalerie in Konstanz, im Münchner Lenbachhaus und im Stadtmuseum sowie im Museum Georg Schäfer in Schweinfurt.

47 Alter Mann mit Pfeife

Kreide, weiß gehöht auf grau-blauem Papier, 51,5 × 37,7 cm
Signiert unten rechts: *P. Hey*

Wiedergegeben ist ein sitzender alter Mann von vorn. Seine Jacke hat er über die Schultern gelegt, er ist leicht nach vorn gebeugt und hält in seiner Rechten eine Pfeife, in seiner Linken einen Hut. Die Detailgenauigkeit konzentriert sich auf das Gesicht und auf den Oberkörper. Der Unterkörper und andere Teile werden nur sehr allgemein angedeutet.

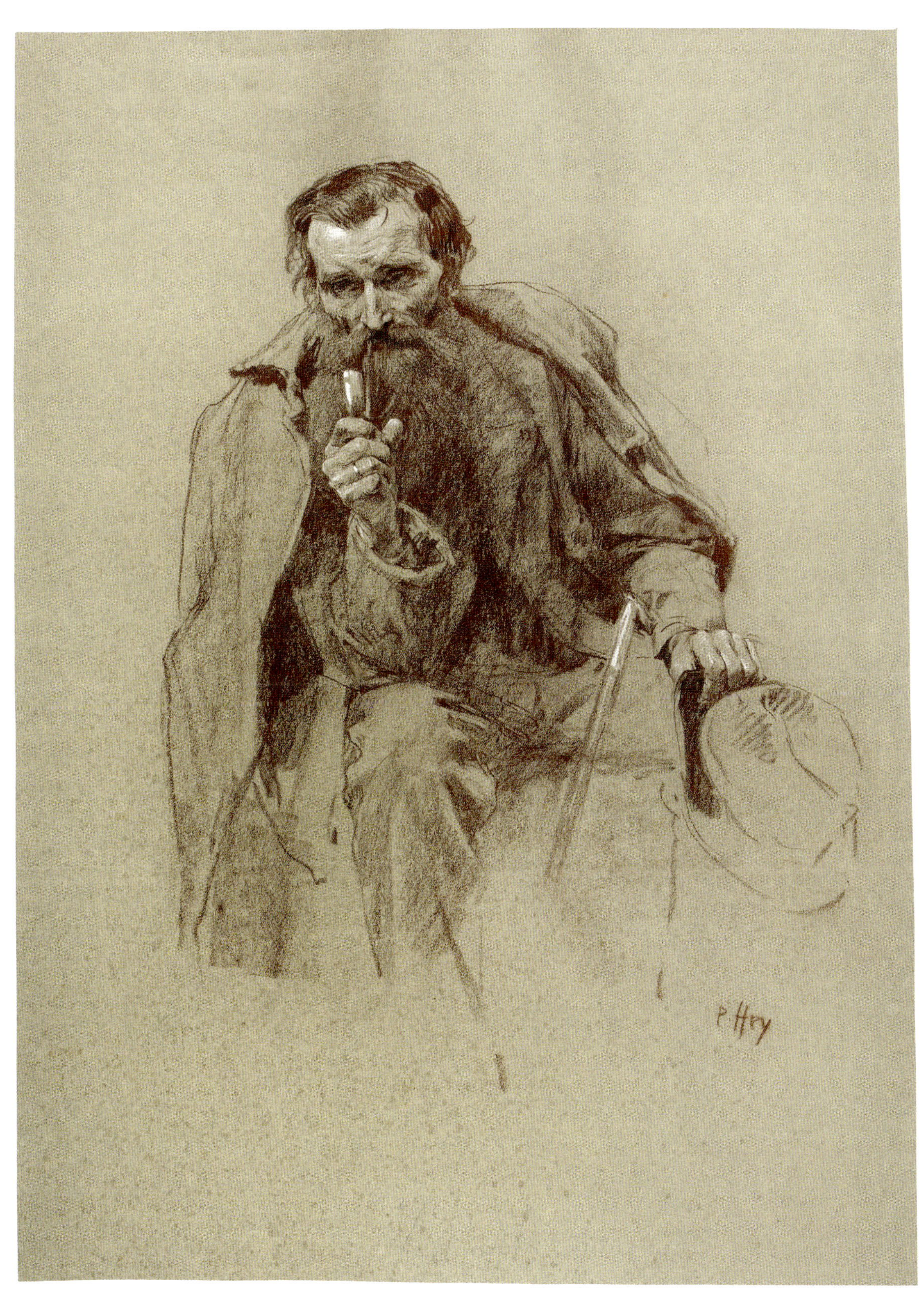
P. Hey

48 Kathedrale von Reims

Aquarell, leicht weiß gehöht auf Papier, ca. 36 × 26 cm
Signiert unten rechts: *P. HEY*

Wiedergegeben ist der Blick auf die Westfassade der Kirche »Nôtre Dame« in Reims. Vor dem Bauwerk befinden sich einige wenige Menschengruppen. Die frühgotische Kathedrale aus dem 13. Jahrhundert weist drei Portale mit je einer Fensterrose auf, mit reichem Skulpturenschmuck versehen. Das Querhaus der dreischiffigen Basilika wird links noch erkennbar. Ein Brand hat im 15. Jahrhundert die spitzen Türme vernichtet, sodass bis auf den heutigen Tag diese Spitzen fehlen.

Neben seinen Genrebildern mit Kutschen, Pferdewagen und Wanderern hat er auch gern Stadtveduten und Ansichten einzelner Häuser gemalt. Dieses imposante Bauwerk besticht durch seine Größe, Vielfalt und Harmonie.

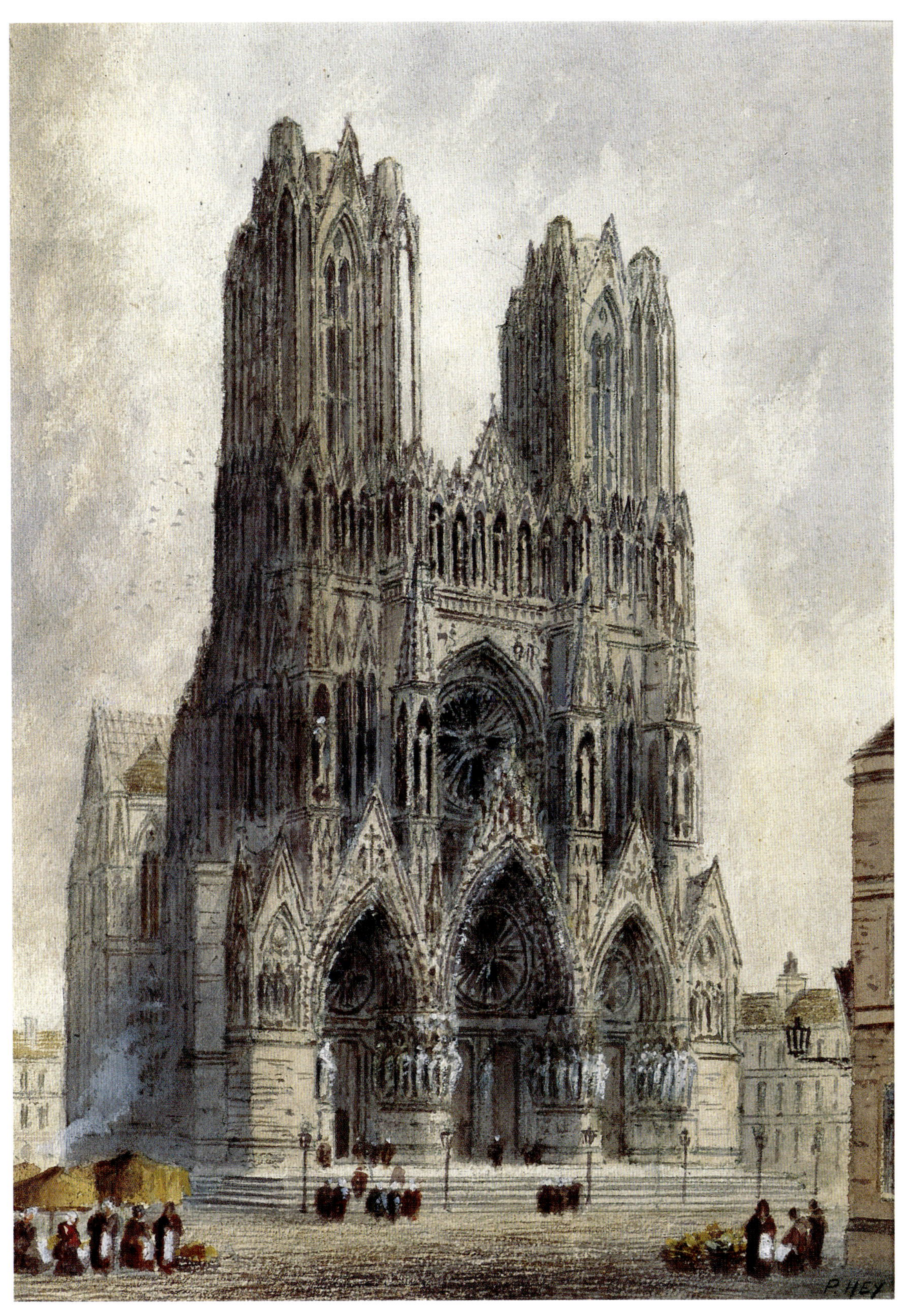
P. HEY

49 Zwei Mädchen auf einem Feldweg

Gouache auf Papier, ca. 20 × 30 cm
Signiert unten links: *PAUL HEY*

Ein kleines Mädchen führt ihre jüngere Schwester bei der Hand auf einem Feldweg in der Nähe eines Stegs, der über einen Bach geht. Ein Muttergottesbild mit einer Andachtsbank überragt weit die Kinder. Dahinter bewachsen Buschwerk, kahle Bäume und eine Fichte eine Anhöhe. Hinter den Kindern erstreckt sich eine weite Landschaft mit zwei großen Bauernhöfen.

Solche Wiedergaben von weiten Landschaften mit Kindern und auch Erwachsenen sind durchaus eine Spezialität von P. Hey, wobei ein gewisses Maß an Akribie allgemeineren Angaben die Waage hält.

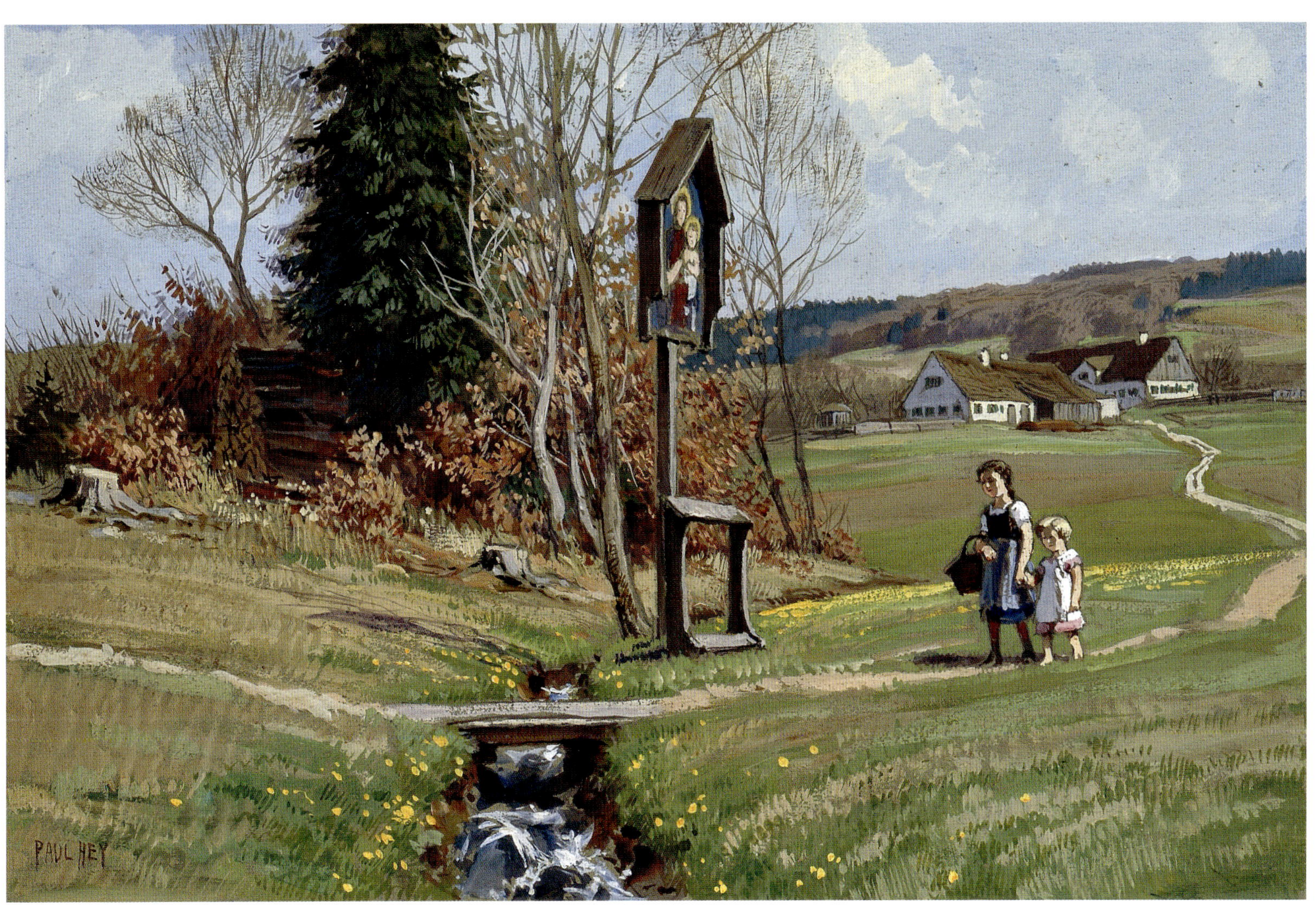
PAUL HEY

50 Blick auf Wiesensteig

Gouache auf Papier, 29,5 × 21,7 cm
Signiert unten links: *PAUL HEY*

An einem Weg hat sich ein Herr auf einer Steinbank vor einem schattenspendenden Baum niedergelassen, neben sich den Strohhut. Er wischt sich gerade seine verschwitzte Glatze. Vor ihm steht eine Mutter mit ihrer kleinen Tochter, auf dem Rücken einen geflochtenen Korb. Der abschüssige Weg führt direkt in das kleine Städtchen, das unten mit einer barocken doppeltürmigen Kirche sichtbar wird. Dahinter gibt es eine recht hohe Erhebung, die steil zum flachen Gelände abfällt, das sich bis zum Horizont erstreckt.

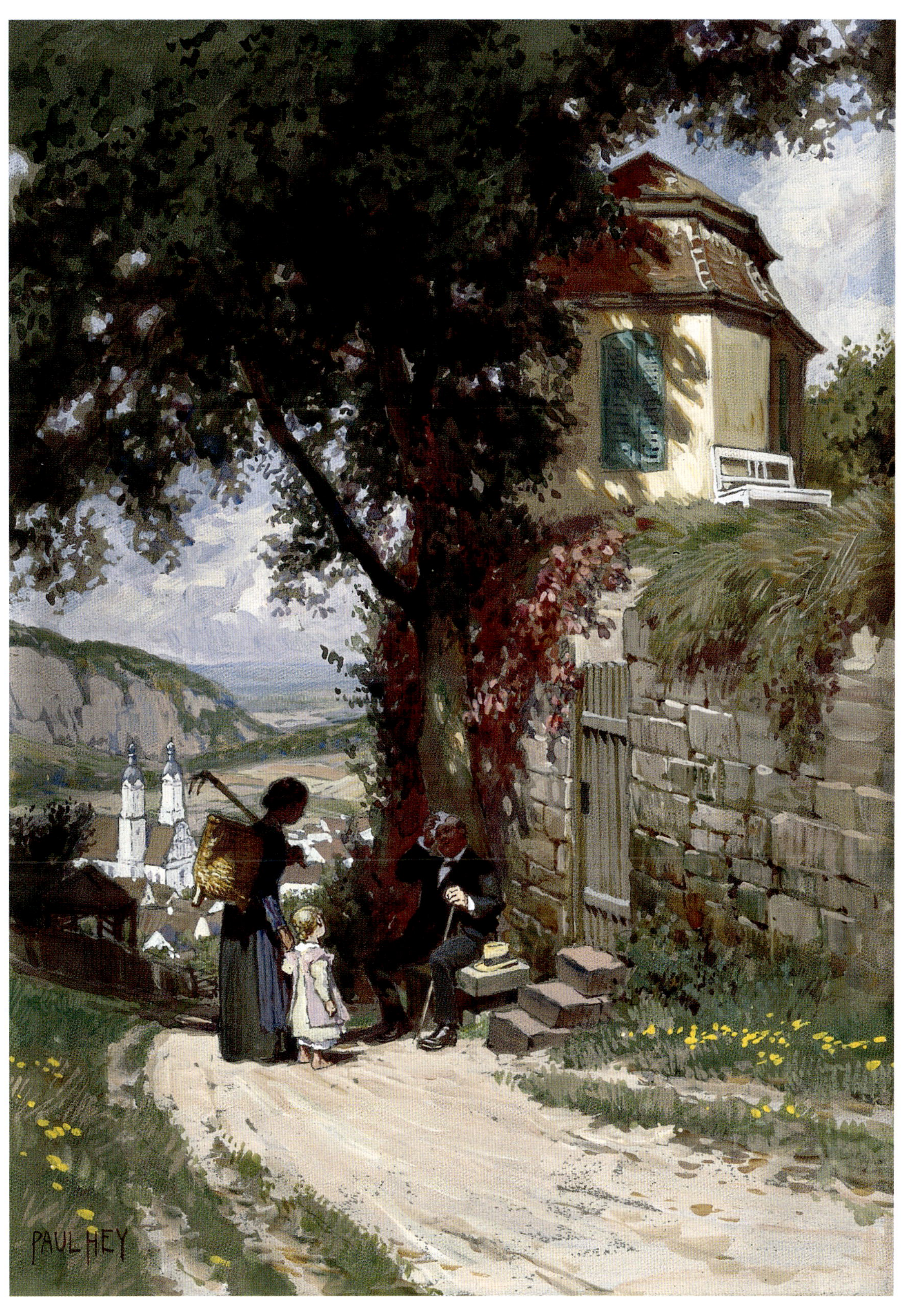
PAUL HEY

51 Drei weibliche Akte

Rötel auf blau-grauem Papier, 30,5 × 48 cm
Signiert unten rechts: *Paul Hey*

Paul Hey, uns auch als Aquarellist bekannt, zeigt sich hier als Zeichner, der eine Frau in drei unterschiedlichen Stellungen präsentiert. Durch die betonte Binnenzeichnung mit ihren malerischen Effekten kann man davon ausgehen, dass diese Akte bereits den fertigen Künstler dokumentieren, nicht den Studenten der Akademie.

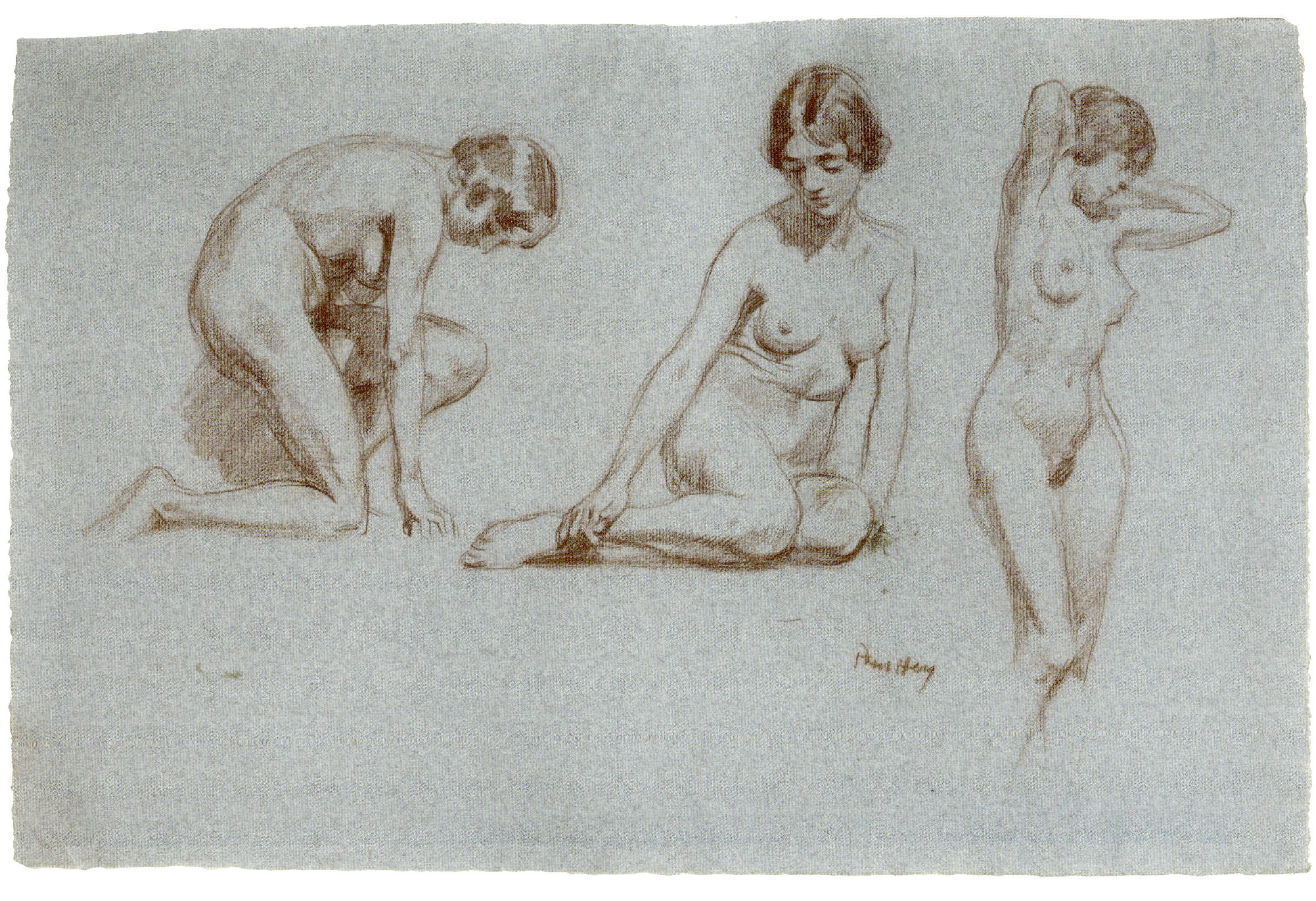

52 Sitzender Schwarzer

Bleistift und Aquarell, weiß gehöht auf grauem Papier, 48 × 31 cm
Signiert Mitte rechts: *Paul Hey*

Mit kraftvollen Bleistiftstrichen werden Gewand und andere Teile des Schwarzen strukturiert. Aquarell und helle Deckfarben tragen ebenfalls dazu bei, die Figur vollplastisch hervortreten zu lassen. Das Gesicht strahlt Ernst aus, aber auch porträthaften Charakter.

53 Bildnis eines Soldaten

Aquarellierte Bleistiftzeichnung auf grauem Papier, 45 × 30,5 cm
Signiert Mitte: *Paul Hey*

Der Soldat erscheint als Brustbild mit einem Barett auf dem Kopf en face, den Blick nach vorn gerichtet. Die oberen Teile des Kampfanzuges werden durchaus genau bezeichnet, meist mit Bleistift, die summarischen Partien sind aquarelliert.

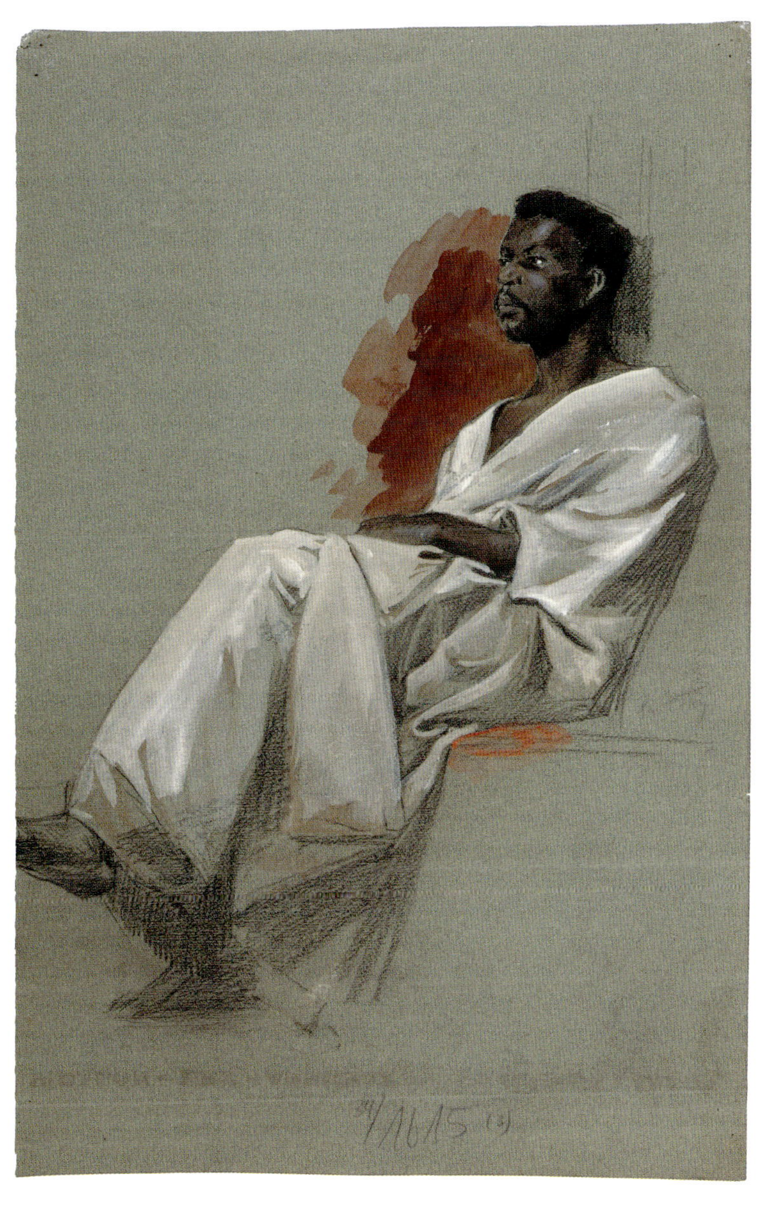

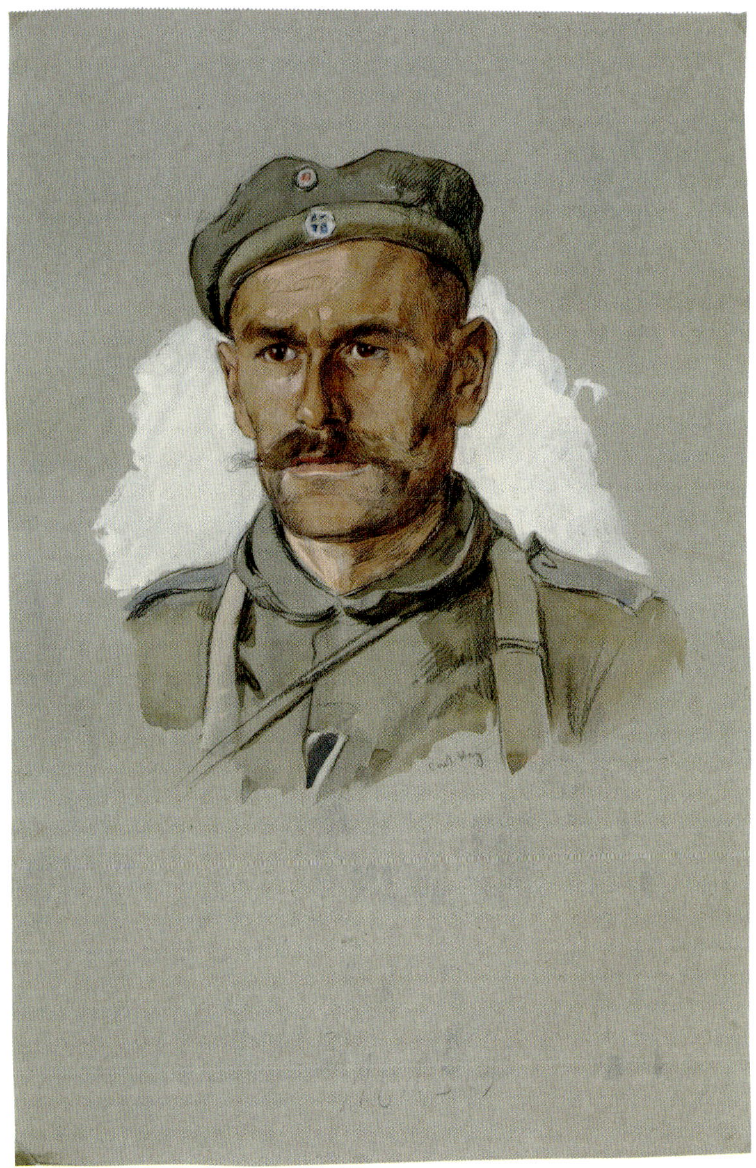

Heinrich Höfer

1825 Eisfeld/Thüringen – 1878 München

Nach Anfängen als Pozellanmaler ging H. Höfer 1850 zur Landschaftsmalerei über und wurde zu dem Zweck Schüler bei dem gleichaltrigen Karl Millner. Von ihm übernahm er die Vorliebe für Gebirgslandschaften mit einer gewissen Favorisierung axialer Symmetrien und der Betonung von Idealansichten. Seit 1858 war er auf Ausstellungen in München, Berlin und Dresden mit seinen Werken vertreten.

Gemälde von Höfer befinden sich in den Städtischen Sammlungen in Biberach an der Riß.

Literatur:

Horst Ludwig u. a., Bruckmanns Lexikon. Bd. II, München 1982, S. 207, 208. – Horst Ludwig, Idealveduten von Anton Doll und Heinrich Höfer. In: Weltkunst. 15. Oktober 1987, S. 2888–2891.

54 Schmiede vor Bergkulisse

Öl auf Leinwand (doubliert), 39,5 × 53,5 cm
Signiert unten links: *Höfer M. 1861*

Eine Schmiede im alpenländischen Raum mit flachem, schindelgedecktem und mit Steinen beschwertem Dach steht auf der linken Bildseite. Davor arbeitet der Schmied an seinem Amboss und hämmert an einem Werkstück. Durch das offene Fenster sieht man das lodernde Feuer der Esse. Rechts neben dem Schmied steht ein rauchender Mann und sieht ihm zu. Ein Schimmel und ein braunes Pferd warten mit einem kleinen Jungen ebenfalls vor der Schmiede. Im Mittelgrund kehrt eine Mutter mit ihrem kleinen Sohn zurück. Ganz rechts ist eine Art Trogbrunnen mit fließendem Wasser zu erkennen. Dahinter stehen einige Bäume, von einer großartigen Bergwelt hinterfangen.

Eine gewisse Klassizität in der Komposition mit einer idealtypischen Ansicht der Bergwelt ist nicht zu verkennen. Die Genreszene im Vordergrund dagegen verweist auf die spätere Welt des Biedermeier mit dem kleinteiligen Farbauftrag und der Mitteilung vieler Details.

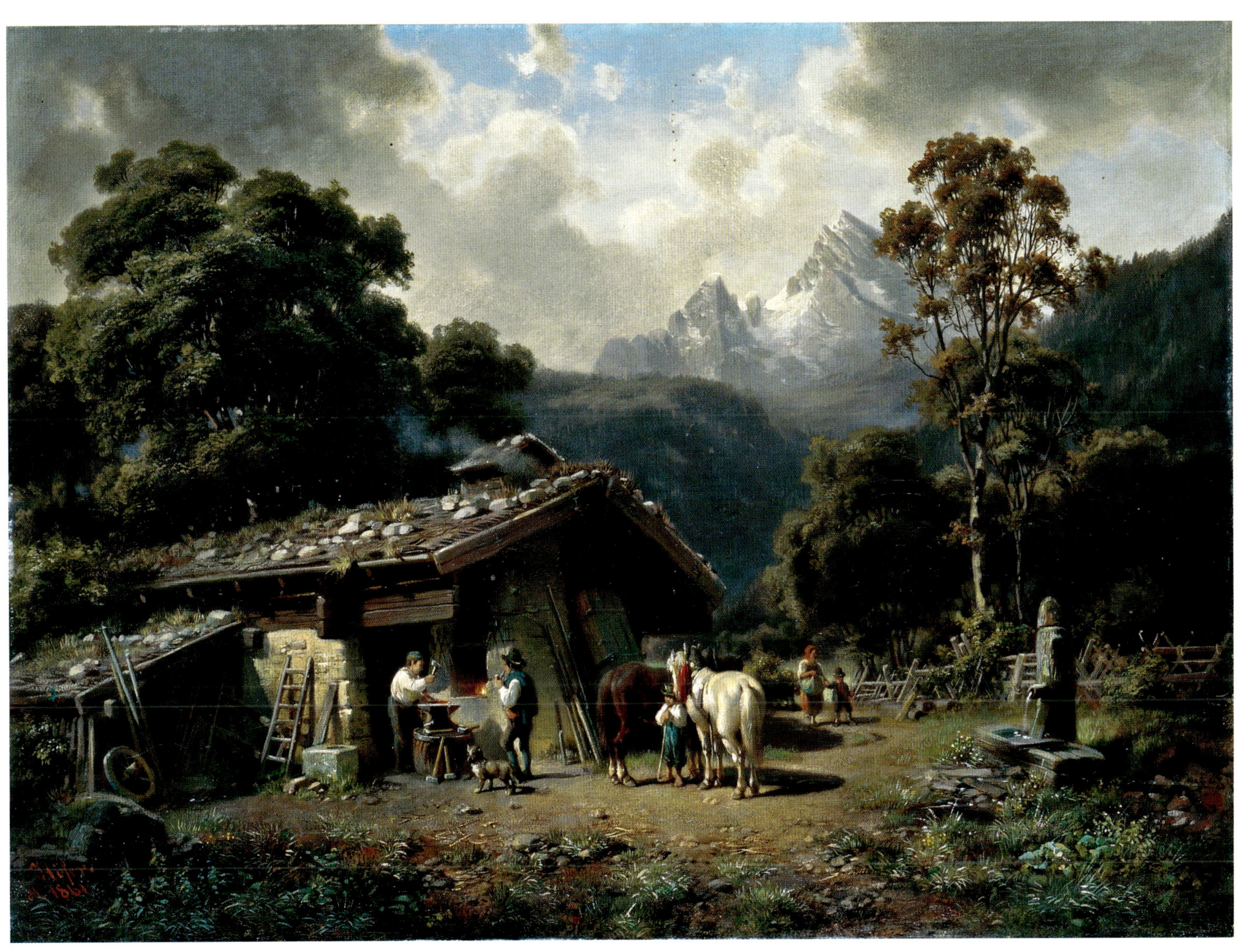

Johann Baptist Hofner

1832 Aresing – 1913 München

Bereits mit 14 Jahren trat Hofner in die Münchner Akademie ein und wurde dort Schüler Karl Theodor Pilotys. Bis ins hohe Alter verband ihn eine enge Freundschaft mit Franz von Lenbach, den der ältere Hofner zum Malen angeregt hatte. Mitte der fünfziger Jahre war die Zusammenarbeit der Freunde besonders intensiv und Lenbach wohnte zeitweise sogar bei Hofner. Seit 1880 hatte Hofner einen Dauerwohnsitz in München, und in den neunziger Jahren intensivierten beide Künstler wieder ihre Zusammenarbeit, indem Lenbach zeitweise etwas zu den Gemälden seines Freundes beitrug, sie aber deutlich mit seinem prominenten Namen signierte (zusätzlich zur Signatur Hofners) und so ihren Verkaufswert erhöhte.

Hofner ist ein gründerzeitlicher Tiermaler, der die Tierwelt seiner bayerischen Heimat gern szenisch ins Bild setzte, bisweilen auch leicht humoristisch. Auch einige Pilzbilder gibt es von ihm.

Werke von ihm befinden sich in den Städtischen Sammlungen in Biberach an der Riß, in der Hamburger Kunsthalle, in der Münchner Neuen Pinakothek sowie im Lenbachmuseum in Schrobenhausen.

Literatur:
Horst Ludwig u. a., Bruckmanns Lexikon. Bd. II, München 1982, S. 210–212.

55 Schafstudien, 1856

Feder auf Papier, 36 × 44 cm
Signiert Mitte unten: *Hofner*
Datiert oben links: *27 Mai 56*

In der Bildmitte erscheint ein Schaf nach rechts mit deutlicher Fellstruktur. Weitere Schafsköpfe, zum Teil auch Böcke, sind um das Muttertier gruppiert, bisweilen nur sehr schemenhaft.

Als Tiermaler hat Hofner gern Schafe als Motiv gewählt, z. B. bei dem Gemälde »Pan mit Schafen« oder bei dem Werk »Mutterschaf mit Lämmern«. Dabei weist er sich als Kenner der Anatomie der Tiere aus, die er durch viele Studien stets zu erweitern suchte.

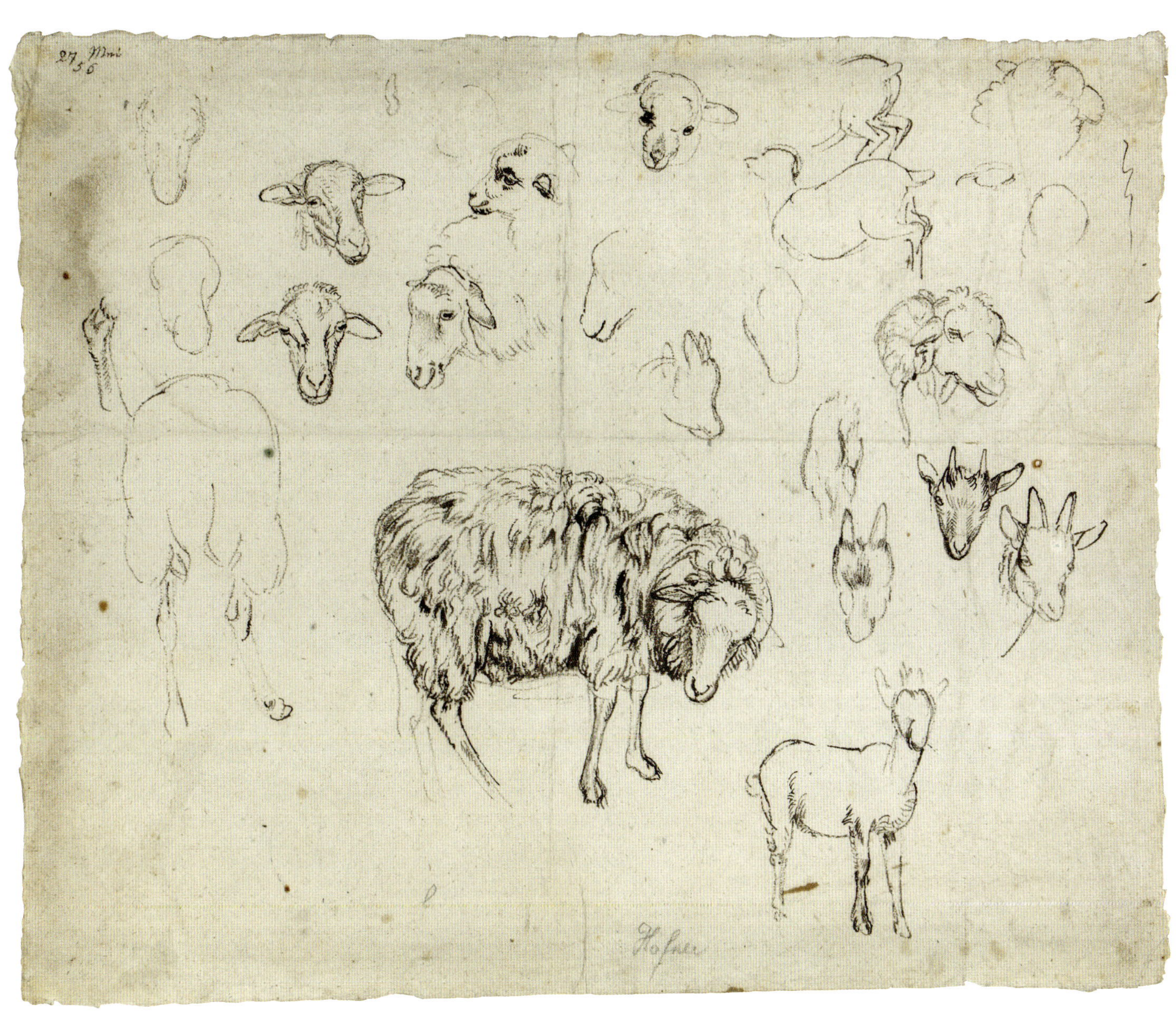

56 SCHAFFÜTTERUNG, 1870

Öl auf Leinwand, 97 × 150 cm (doubliert)
Signiert unten rechts: *J. B. Hofner 1870.*

In einem recht dunklen Stall befindet sich eine Schafherde. Ganz vorn sind sogar Kaninchen zu erkennen. Hinter der Schafgruppe steht eine junge Frau, die ein kleines Lamm mit Heu füttert, das sich halb aufgerichtet hat. Vorn links fällt etwas Licht durch ein kleines Fenster in den Raum. Die Schafe selbst erscheinen hell und werden noch von einer anderen Lichtquelle beleuchtet. Es ist eine sehr feine und glatte Malerei, die detailreich das Fell der Tiere und andere Einzelheiten wiedergibt. Links neben der Frau werden sogar noch – verschattet – zwei Ziegen erkennbar.

Aus dem Jahr 1870 stammt auch das Gemälde »Erlegter Fuchs und Hühner« in Privatbesitz.

Provenienz:
Aukt. Neumeister, München. Sonderauktion. Sammlung-Dr.-Georg-Schäfer-Stiftung, Schweinfurt. Februar 1999, Kat.-Nr. 133 mit Abb. (dort mit dem Titel »Junges Mädchen mit Schafen und Ziegen im Stall bei der Fütterung«, mit falschen technischen Daten).

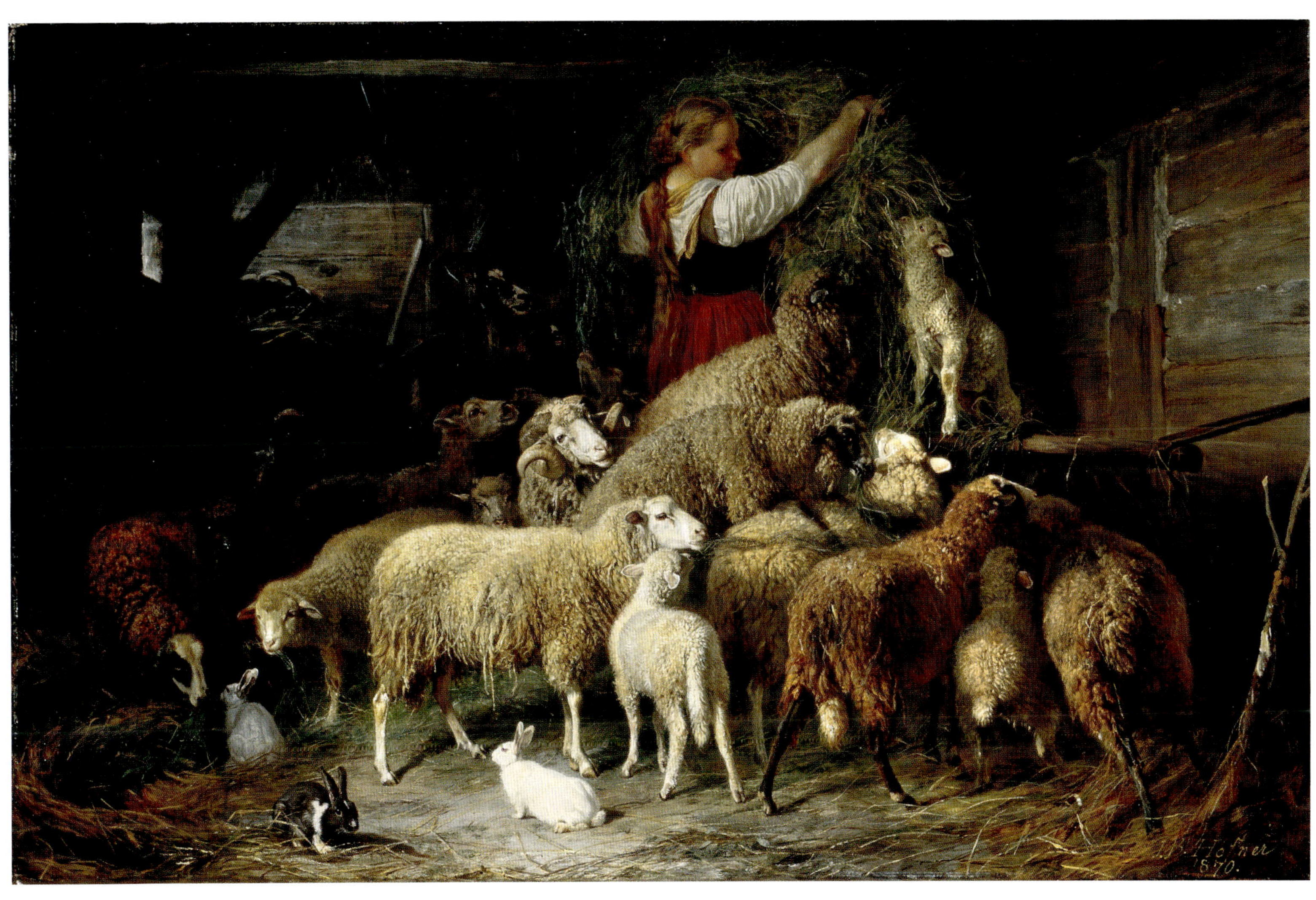
Hofner
1870.

Theodor von Hörmann

1840 Imst/Tirol – 1895 Graz

In den späten fünfziger und sechziger Jahren war er als Offizier an den Feldzügen gegen Italien und Preußen beteiligt und trat Anfang der siebziger Jahre in die Wiener Akademie ein (unter E. von Lichtenfels und A. Feuerbach). Darauf war er um 1880 Fecht- und Zeichenlehrer an der Militärschule in St. Pölten. 1883 schied er als Hauptmann aus dem Militärdienst aus und ging Mitte der achtziger Jahre nach Paris, um sich bei R. Collin weiterzubilden und Studien in der Bretagne und in Barbizon zu machen. Nach seiner Rückkehr lebte er in Dachau und Wien und war vor allem als Freilichtmaler tätig, indem er seine Ansichten des Geländes und der Städte auch gern mit figürlicher Staffage belebte. E. J. Schindler blieb nicht ohne Einfluss auf ihn. Ein gewisses Maß an Buntfarbigkeit ist durchaus typisch für seine Malerei.

Gemälde von Hörmann werden in der Österreichischen Galerie des 19. Jahrhunderts in Wien aufbewahrt.

Literatur:
Heinrich Fuchs, Die österreichischen Maler des 19. Jahrhunderts. Bd. II, Wien 1973, K 68. – Mus.-Kat. österreichische Galerie des 19. Jahrhunderts. Belvedere. Wien 1993, S. 171–176.

57 Rinderhirtin an einem Bachlauf

Öl auf Leinwand (doubliert), 57,5 × 44 cm
Signiert unten links: *Theodor Hörmann*

Die Rinderhirtin ist dem Betrachter zugewendet und hat ihre Hände auf einen hohen Stab gestützt. Zu einer blauen Schürze trägt sie ein rotes Kopftuch. Rechts neben ihr befinden sich drei Kühe, von denen ein Tier liegt. Der Bach, der davor schräg in die Bildtiefe führt, ist am diesseitigen Ufer mit hohen Pflanzen bewachsen. Aus ihnen ragt eine Kopfweide hoch empor. Im Hintergrund sind Häuserreihen zu erkennen, vor denen sich einige Personen aufhalten. Es werden helle, leuchtende Farben eingesetzt, welche klar die Objektwelt bezeichnen.

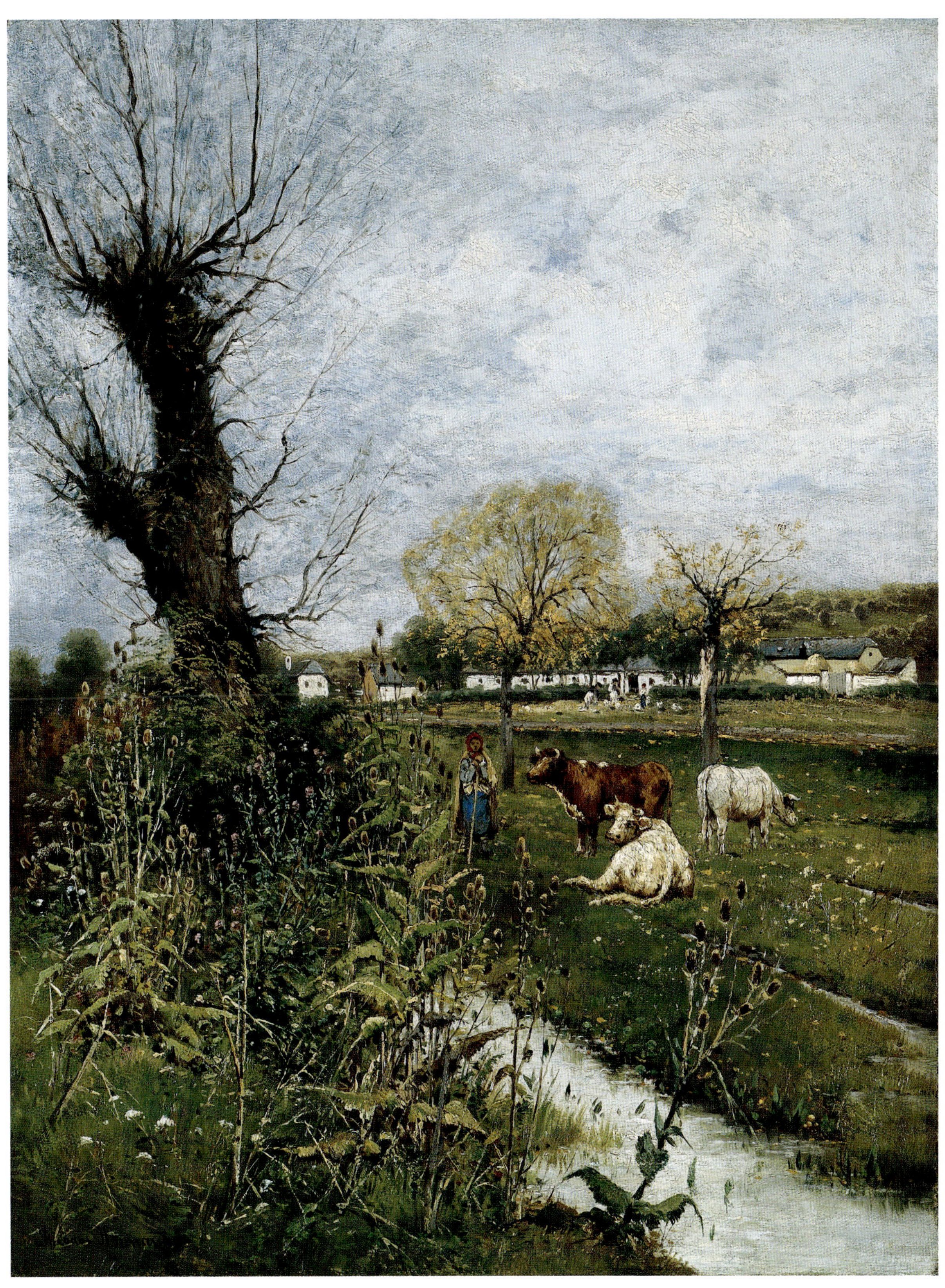

Carl Jutz d. Ä.

1838 Windschläg/Offenburg – 1916 Pfaffendorf

Als der Schuhmacher Joseph Jutz 1853 nach Amerika auswanderte, blieb sein Sohn Carl fünfzehnjährig allein zurück. In Baden-Baden nahm dieser Kontakt mit dem holländischen Tiermaler August Knip auf und wurde dessen Schüler. Nach dessen Tod 1859 begab er sich 1861 nach München, um Schüler von Karl Theodor Piloty zu werden, woran wegen seiner fehlenden Vorkenntnisse nicht zu denken war. Stattdessen suchte er den Umgang mit Johann Gottfried Steffan, einem Schweizer Landschaftsmaler, der die Tiermaler J. F. Voltz und L. Hartmann um sich versammelt hatte. Auch der Tiermaler Anton Braith gehörte zu diesem Zirkel, unter dessen Einfluss auch Carl Jutz sich der Tiermalerei zuwandte. 1867 ließ er sich in Düsseldorf nieder, trat ein Jahr später dem Künstlerverein »Malkasten« bei und beteiligte sich regelmäßig an Ausstellungen. Nach seiner Heirat 1868 bezog er ein Haus mit einem großen Garten, in dem er Enten und Hühner halten konnte, so- dass er seine Hauptmotive vor seiner Haustür fand. Bereits seit Mitte der sechziger Jahre stellte er in Düsseldorf, Dresden, München und Berlin aus. Auch auf den Weltausstellungen 1867 in Paris und in Wien 1873 war er mit Werken erfolgreich vertreten. Während der Sommermonate besuchte er gern seine badische Heimat, um dort zu malen. Sein Sohn Carl Jutz d. J. (1873–1916) kann als Impressionist bezeichnet werden.

Noch in seiner Münchner Zeit während der frühen sechziger Jahre war er thematisch breit angelegt und hat sich erst in Düsseldorf ab ca. 1867 der Enten- und Hühnermalerei gewidmet. Dabei war er nicht nur ein Kenner der Anatomie des Federviehs, sondern auch ihrer Verhaltensweisen, die er gern leicht pointiert ins Bild setzte.

Er bevorzugte die Kombination der Tiere im Vordergrund mit einem Ausblick auf die Landschaft oder bäuerliche Anwesen mit einem nuancenreich gestaffelten Tiefenraum. Maltechnisch ging er mit einem spitzen Pinsel vor, um auch kleinste Details mitteilen zu können. Bei seinen kleinen Formaten hat er gewiss auch mit der Lupe gearbeitet.

Gemälde von ihm bewahren die Städtischen Sammlungen in Biberach an der Riß, das Museum der bilden Künste in Leipzig sowie die Kunstsammlungen in Weimar.

Literatur:
Carl Jutz. Ein Düsseldorfer Tiermaler aus Windschläg (= Veröffentlichungen des Kulturamtes der Stadt Offenburg. Bd. 16). Offenburg 1992. – Lexikon der Düsseldorfer Malerschule. Bd. II, München 1998, S. 202–206.

58 Hahn und Hühner an einem Tor

Öl auf Mahagoni, allseitig abgefast, 12,8 × 16 cm
Signiert unten rechts: *Carl Jutz*

Vorn an einem Zaun und an einem Tor steht eine Henne mit ihren Küken, die um sie herumlaufen. Rechts daneben befinden sich andere Hühner sowie ein farbenprächtiger Hahn. Die Federn der Tiere, das Gras und Heu sind äußerst kleinteilig wiedergegeben. Durch das offen stehende Tor erblickt man im Hintergrund das Haus, von Bäumen umstanden. Darüber leuchtet ein blauer, hell bewölkter Himmel. Wie häufig bei Jutz erscheint der Hintergrund von einer leichten Dunstschicht überzogen und bildet so einen deutlichen Kontrast zum farbenfrohen Vordergrund.

Provenienz:
2007 Schweizer Kunsthandel.

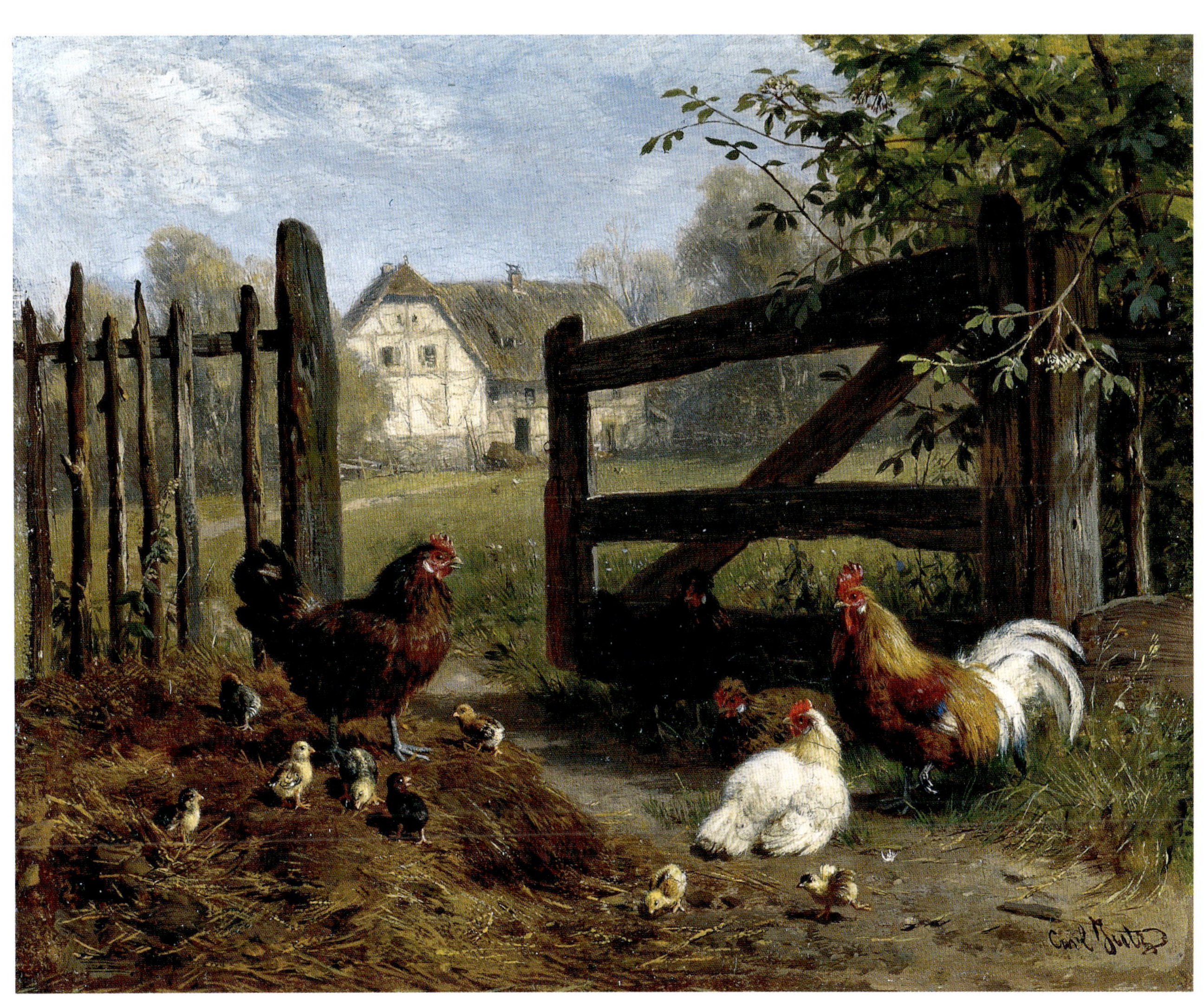

Edmund Kanoldt

1845 Großrudestedt/Thüringen – 1904 Bad Nauheim

Der Künstler, Sohn eines Apothekers, wurde bereits 1857 durch Friedrich Prellers Gemälde motiviert, Maler werden zu wollen. Nach einer kurzen Buchhändlerlehre um 1862 in Weimar, Besuch der Weimarer Zeichenschule 1862/63. Von 1864–1869 lernte er in dem Maleratelier Friedrich Prellers d. Ä. und an der Weimarer Kunstschule. 1869–1872 erster Aufenthalt in Italien; er wohnte in Rom und hatte dort Umgang mit Franz Dreber, Emil Lugo u. a. 1872–1873 Aufenthalte in München und Rom. Rettete im Sommer 1873 den berühmten Eichenwald La Serpentara vor dem Abholzen. 1876 übersiedelte er nach Karlsruhe und besuchte an der dortigen Akademie die Malklasse von Ferdinand Keller. Erste Erfolge brachten ihm 1873 die großformatigen Landschaften mit mythologischer und historischer Motivik. 1881 wurde sein Sohn, der neusachliche Maler Alexander Kanoldt, geboren. Verschiedene Aufträge, Studienreisen und Lehrtätigkeit an der Malerinnenschule, die er zum Wintersemester 1887/88 aufgab. Von 1896–1898 Darstellungen italienischer Villen (z. B. Villa d'Este in Tivoli).

Wie auch andere Künstler aus der Mitte des 19. Jahrhunderts schwankte er zwischen einer idealisierenden Landschaftskunst als offiziellem Beitrag seiner Malerei und naturnah gesehener Landschaftsausschnitte mit großzügigem Pinselstrich als Beitrag seiner privaten Seite. Beide Alternativen sind in dieser Sammlung vertreten.

Gemälde von Edmund Kanoldt befinden sich in der Gemäldegalerie Neue Meister in Dresden, im Angermuseum in Erfurt, im Städtischen Gustav-Lübke-Museum in Hamm, in der Staatlichen Kunsthalle Karlsruhe, im Museum der bildenden Künste in Leipzig, in der Münchner Neuen Pinakothek, in der Eremitage in St. Petersburg sowie im Schlossmuseum der Kunstsammlungen Weimar.

Literatur:
Angelika Müller-Scherf, Edmund Kanoldt. Leben und Werk. Pfaffenweiler 1992. – Ausst.-Kat. Städtische Galerie im Prinz Max Palais, Karlsruhe. Edmund Kanoldt. Landschaft als Abbild der Sehnsucht. 1994/95.

59 Eichenstudie aus Neuenburg, 1865

Bleistift auf Papier, 38,3 × 26 cm
Signiert unten links: *Edm. Kanoldt.*
Lokalisiert und datiert unten rechts: *Neuenburg, den 30. Sept. 1865.*

E. Kanoldts Lehrer, Friedrich Preller d. Ä., hatte bereits in den fünfziger Jahren in Neuenburg in Niedersachsen viele Baumstudien betrieben. Kanoldts erste Studienreise führte ihn bereits 1865 auf den Spuren seines Lehrers nach Neuenburg. Fortan sollten seine Zeichnungen den Ausgangspunkt seines künstlerischen Schaffens bilden. So hat er bis zu seinem Lebensende gezeichnet und mehr als 100 Einzelblätter hinterlassen und dazu noch 14 Skizzenbücher. Dabei bildet die genaue Naturbeobachtung einen wesentlichen Aspekt seiner Arbeiten, obschon er – der Zeit entsprechend – zwischen der klassischen und der realistisch pathosfreien Landschaft schwankte.

Der Eichenbaum, der hier porträthaft geschildert wird, ist durch die dunkle Tönung besonders hervorgehoben. Die umstehenden Bäume erscheinen heller und auch nicht so detalliert. Die Zeichnung entstand zu dem Zeitpunkt, als E. Kanoldt noch bei Preller und an der Weimarer Kunstschule studierte. Entsprechend bemüht und genau ist auch die vorliegende Arbeit. Denn dem Studenten kam es einerseits auf die plastische Herausarbeitung des Stammes mit seinen knorrigen Ästen sowie auf die Wiedergabe des lockeren Blattwerkes im hellen Tageslicht an. Besonders die verschiedenartigen Abstufungen der Verschattungen bei den Blättern sind hervorzuheben.

Eine weitere Baumstudie aus Neuenburg, ebenfalls aus dem Jahr 1865, bewahrt die Staatliche Graphische Sammlung in München (Ausst.-Kat. Städtische Galerie im Prinz Max Palais, Karlsruhe. Edmund Kanoldt. Landschaft als Abbild der Sehnsucht. 1994/95, Kat.-Nr. 86).

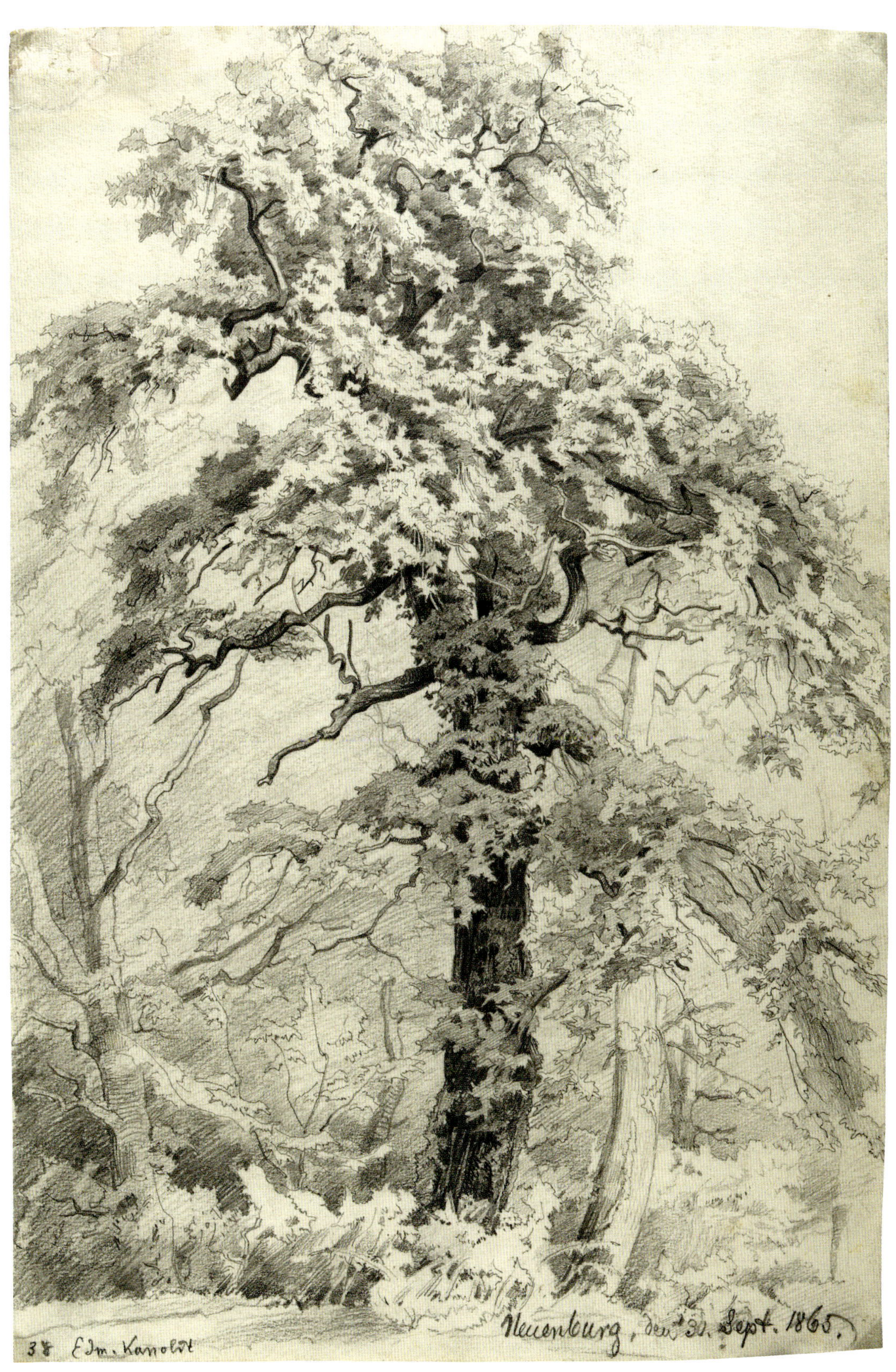
38 Edm. Kanoldt
Neuenburg, den 30. Sept. 1865.

60 Blick auf Capistrello, 1874

Bleistift auf Papier, 33,9 × 49 cm
Lokalisiert, datiert und signiert
unten rechts: *Capristello* (sic!) *im Liristhal 1874 Edm. Kanoldt*

Capistrello, ein kleines Bergdorf, ca. 50 km östlich von Rom, liegt am Monte Arezzo. Die Ortschaft befindet sich auf einer Anhöhe, umgeben von höheren Bergen. Diesen auf engem Raum gebauten Häusern antwortet im Mittelgrund ein weiterer kleiner Ort, bei dem es sich um Pescocanale handeln könnte.

Aus demselben Jahr, nämlich vom 22. August 1874, stammt eine Ansicht von Arpino, ebenfalls auf einer Anhöhe gelegen. Jenes Dorf liegt ebenfalls im weiteren Umkreis Roms. In Rom selbst hatte sich Kanoldt 1874 aufgehalten (Ausst.-Kat. a. a. O., Kat.-Nr. 99, S. 210).

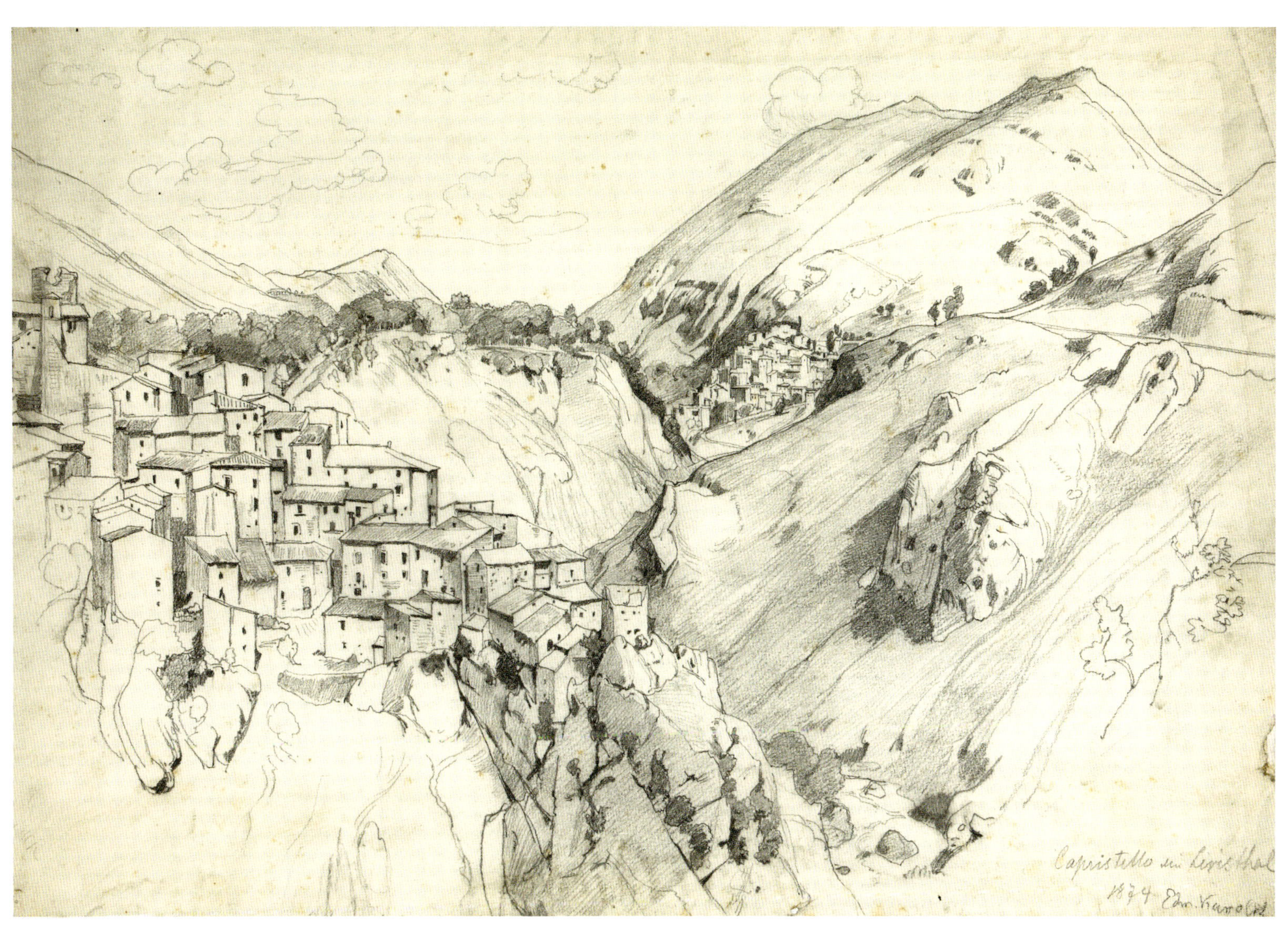
Capristello im Liristhal
1874 Edm. Kanoldt

61 Felsgestein aus la Serpentara, 1869

Bleistift auf Papier, 19,5 × 27,7 cm
Signiert unten rechts: *Kanoldt*
Lokalisiert und datiert unten rechts: *Serpentara 4. Juni 1869.*

Auf jeden Fall ist diese Zeichnung mit den Felsen früher entstanden als das Ölbild E. Kanoldts »Aus der Serpentara bei Olevano« (Ausst.-Kat. a. a. O. Kat.-Nr. 4). Denn jenes Ölbild stammt vom 23. Juli 1869, die vorliegende Zeichnung schon vom 4. Juni 1869. Gewiss sind Teile der Zeichnung in das Ölbild mit eingeflossen, wohl am deutlichsten bei dem Felsgestein.

62 Baumstudie aus la Serpentara, 1878

Bleistift auf Papier, 26 × 33,3 cm
Lokalisiert, datiert und signiert unten rechts: *Serpentara bei Olevano. Okt. 1878. Edmund Kanoldt*

1872 konnte E. Kanoldt die Serpentara vor dem Abholzen retten. Entdeckt wurde das Eichenwäldchen unweit von Olevano im Grunde von J. A. Koch und wurde anschließend von vielen deutschen Malern immer wieder gern aufgesucht. So entstanden von E. Kanoldt bereits 1869 einige Zeichnungen mit Motiven der Serpentara und im selben Jahr ein Ölbild (Ausst.-Kat. a. a. O., Kat.-Nr. 4 und 94). Die dort im Gelände verstreuten Felsen bilden bei dieser Zeichnung den Vordergrund. Der Baumgruppe dahinter gilt die ganze Aufmerksamkeit des Künstlers. Wie schon bekannt, betont er den mittleren Baum durch seine Dunkelheit, die ihn umgebenden Bäume erscheinen sehr viel heller. Sehr anschaulich werden Details sowie Licht- und Schattensituationen.

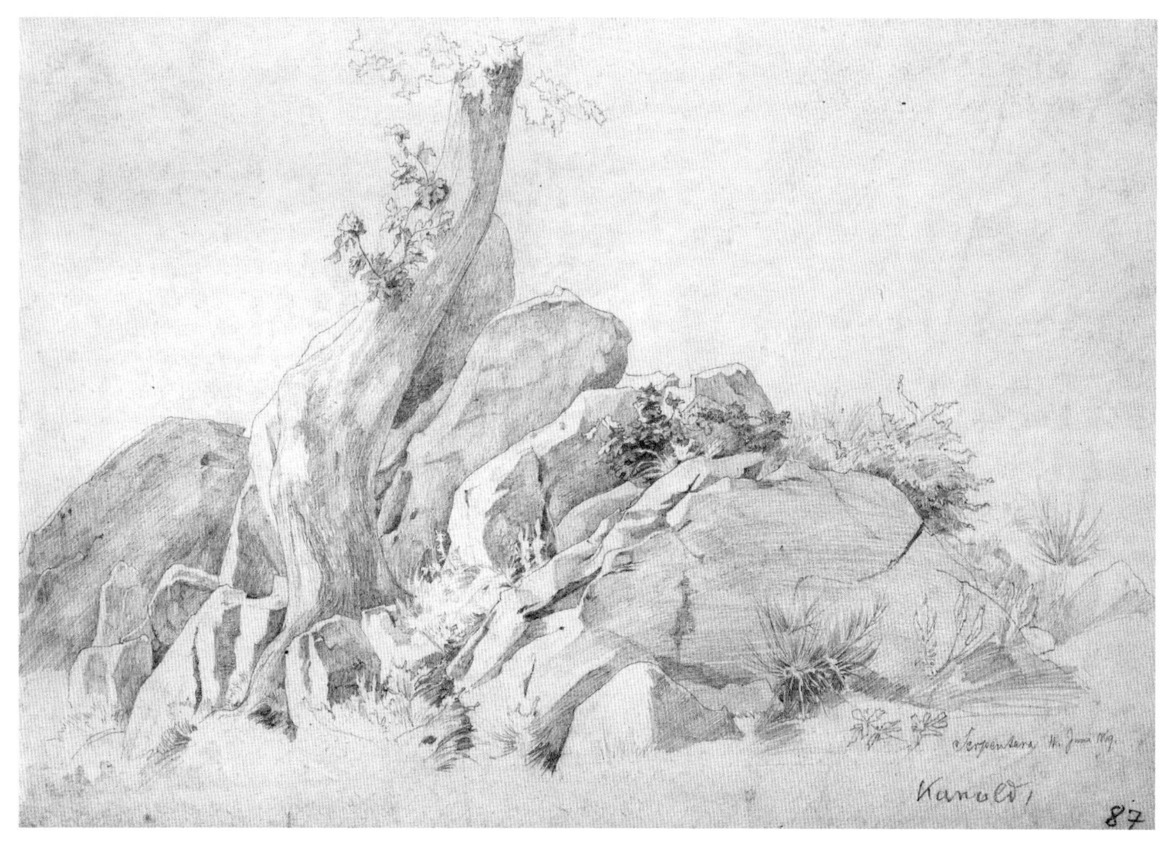
Kanoldt
87

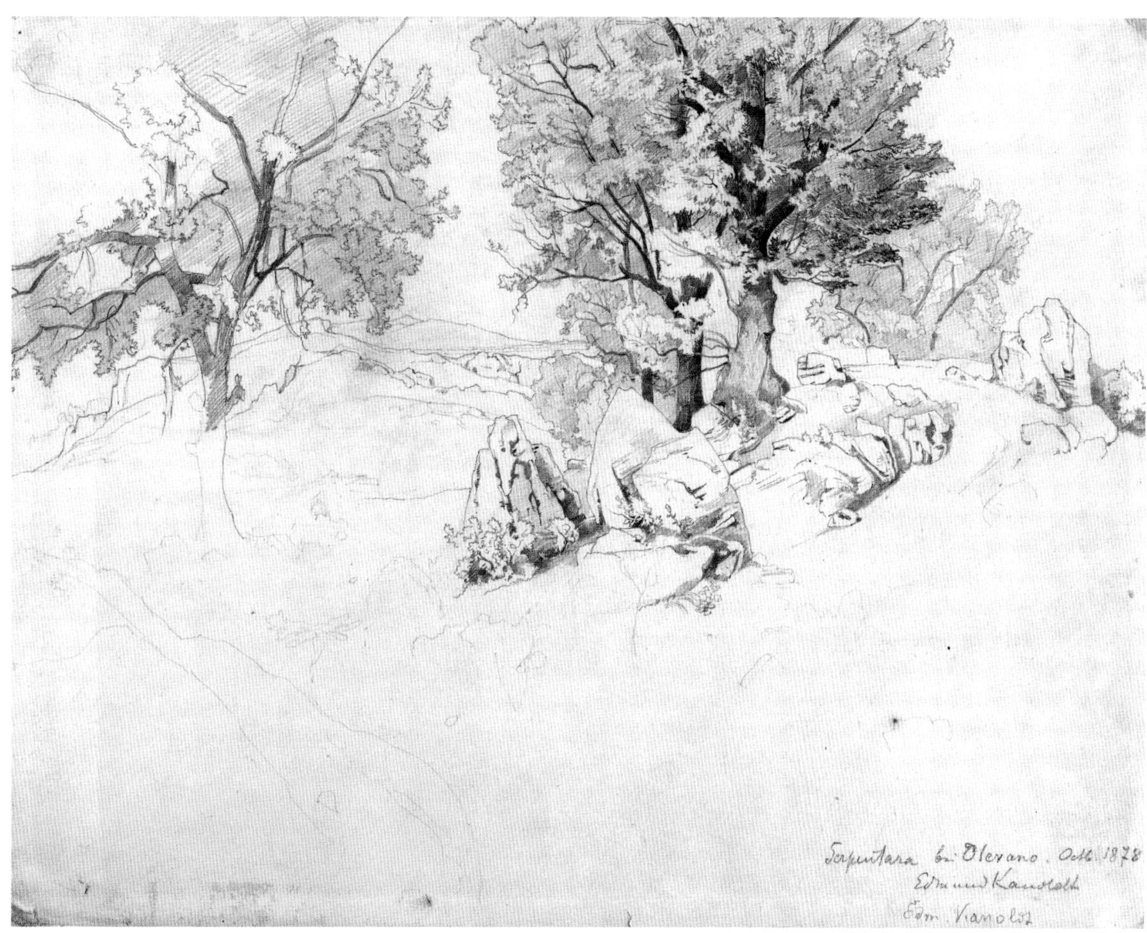
Serpentara b. Olevano. Oct. 1878
Edmund Kanoldt

63 Heroische Landschaft

Kohle auf Papier, 31,5 × 25,5 cm
Verso: Nachlassstempel Prof. Edm. Kanoldt Karlsruhe.

Man erkennt eine Villa am Meer, wie sie von Arnold Böcklin aus den sechziger Jahren bekannt ist. E. Kanoldt freilich hat das Motiv seit den achtziger Jahren mehrfach abgewandelt und mit der Sage von Hero und Leander (Ovid) in Verbindung gebracht (s. dazu auch Bd. I, S. 114–116). So lässt sich auch die vorliegende Zeichnung durchaus den verschiedenen Versionen von Hero und Leander zuordnen, obschon ich hier nicht von einer Vorarbeit sprechen möchte, sondern von einer möglichen Variante. Mit etwas Phantasie lässt sich am linken Felshang sogar die wartende Hero ausmachen und möglicherweise sogar der tote Leander in Ufernähe.

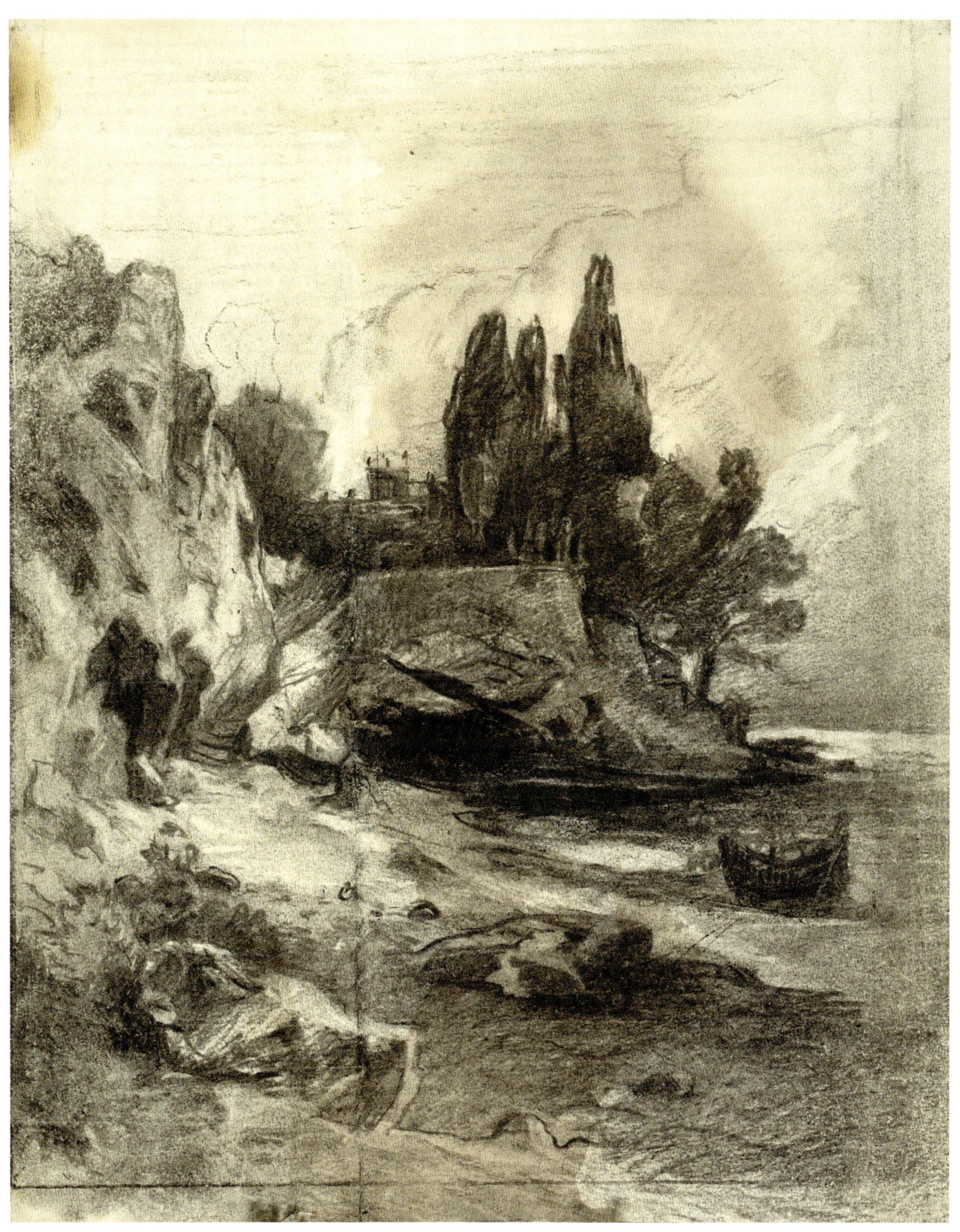

Friedrich August Kaulbach

1850 München – 1920 Ohlstadt

Der Künstler, Sohn des Historien- und Porträtmalers Friedrich Kaulbach und Großneffe Wilhelm von Kaulbachs, erhielt seine ersten Unterweisungen bei seinem Vater in Hannover, wohin die Eltern mit dem fünfjährigen Knaben übergesiedelt waren. Von 1867–1869 besuchte er die Kunstschule in Nürnberg, weil ihn die mittelalterliche Formenwelt besonders anzog. 1871 ging er nach München, studierte dort aber nicht an der Akademie, sondern malte im Kreis von W. von Diez, F. von Lenbach, H. Makart u. a. 1873 Reise nach Venedig und 1874 nach Florenz, Rom und Neapel. Es folgten weitere Reisen nach Antwerpen, Paris und wiederum nach Rom. 1886 wurde er Nachfolger des im selben Jahr verstorbenen Akademiedirektors K. Th. Piloty, ein zeitraubendes Amt, das er 1891 niederlegte. 1889 bezog er seine Villa in der späteren Kaulbachstraße und vollendete 1893 sein Landhaus in Ohlstadt. Er wurde vielfach geehrt und war auch Mitglied der Generalkommission der Kunstsammlungen des bayerischen Staates.

F. A. Kaulbach, ein Prototyp gründerzeitlicher Malerei, war durch seine Damenbildnisse im venezianisch-englischen Stil berühmt und gefragt. Es gibt aber auch Genrebilder und Allegorien von ihm. In seiner späteren Phase hat er Impulse des Jugendstils verarbeitet.

Gemälde von ihm befinden sich im Hessischen Landesmuseum in Darmstadt, im Kunstmuseum Düsseldorf, im Museum der bildenden Künste in Leipzig, in der Münchner Neuen Pinakothek, im Westfälischen Landesmuseum für Kunst und Kulturgeschichte in Münster sowie im Museum Georg Schäfer in Schweinfurt.

Literatur:

Klaus Zimmermanns, Friedrich August von Kaulbach. 1850–1920. München 1980.

64 Brustbild einer Dame

Öl auf Malkarton, 67 × 56,5 cm
Nicht signiert
Verso: Aufkleber mit Hinweis auf den Maler Friedrich August Kaulbach, auf den Sammler und auf die Provenienz

Die Dame erscheint im Profil nach rechts in ganz leichter Unteransicht. Ihre Linke hat sie zur Brust geführt. Zu einem dunklen Kleid trägt sie eine Pelzstola. Ihre dunklen, leicht gewellten Haare werden von einem hellen Band zusammengehalten, ihr Blick ist in die Ferne gerichtet. Der Hintergrund ist unräumlich dunkel.

Auffällig sind Spuren eines Stiftes, womit das Profil, besonders Nase und Lippen, markiert werden. Auch Franz von Lenbach ging zeitweise bei seinen Bildnissen so vor.

Provenienz:
Aukt.-Kat. Neumeister, München. Mai 1976.

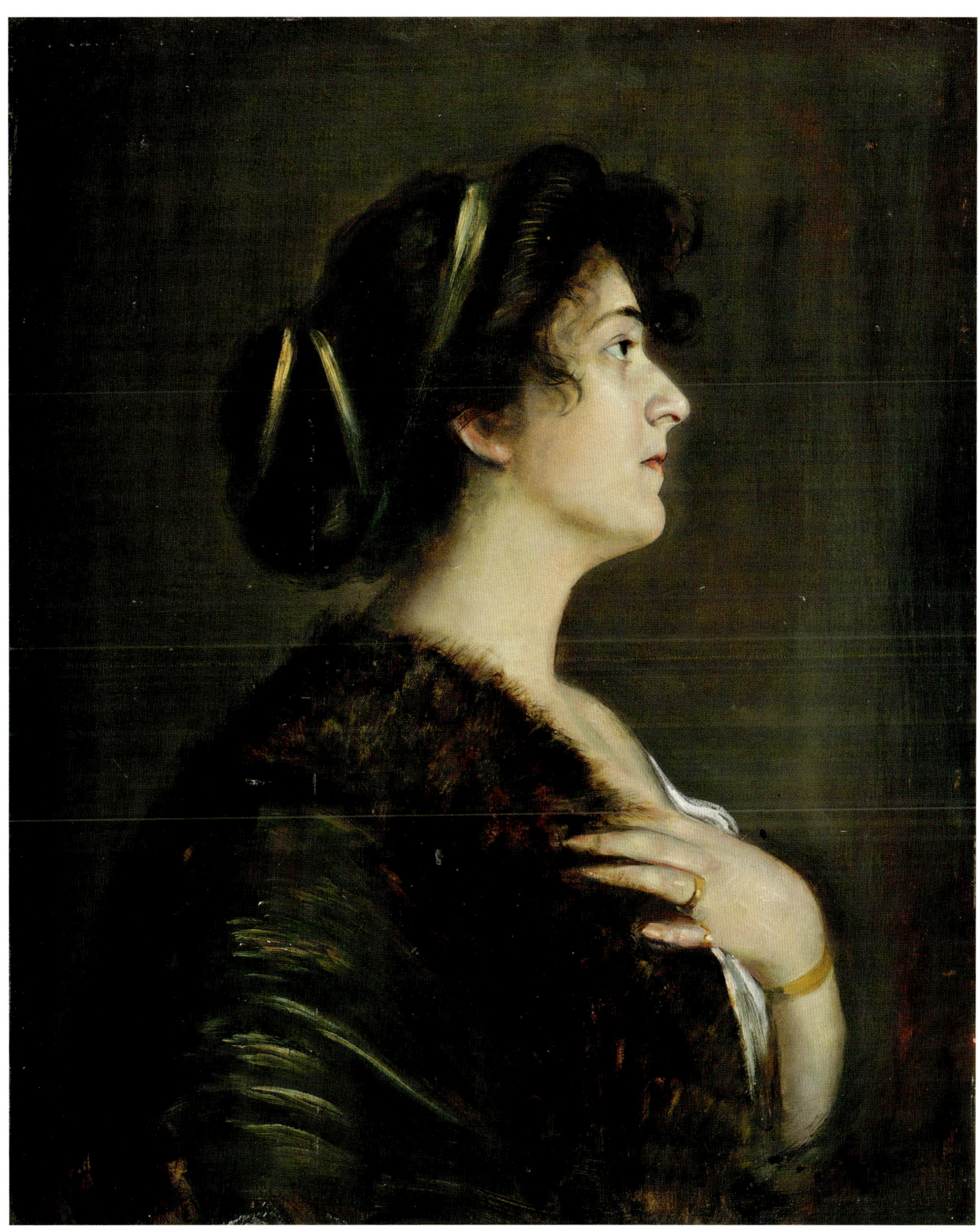

65 Damenbildnis

Pastell auf Malkarton, weiß gehöht, 56,5 × 46 cm
Signiert unten links: *Kaulbach*

Die junge Frau ist leicht diagonal nach links gesetzt. Sie erscheint als Brustbild im Dreiviertelprofil. Der Umriss von Kopf und Körper wurde mit dunklem Pastell angedeutet. Das helle Obergewand ist mit einem tiefen Ausschnitt versehen. Die ungeteilte Aufmerksamkeit des Malers galt vor allem der Physiognomie und insbesondere den Augen, die klar, wie stets bei F. A. Kaulbach, herausgearbeitet und in die Ferne gerichtet sind. Die feinen Übergänge der Verschattungen wurden vom Künstler mit äußerster Präzision gestaltet. Hier überrascht die Kontrastierung des schwungvollen Gewandes mit der akribisch aufgefassten Physiognomie. Der Hintergrund ist vollkommen neutral.

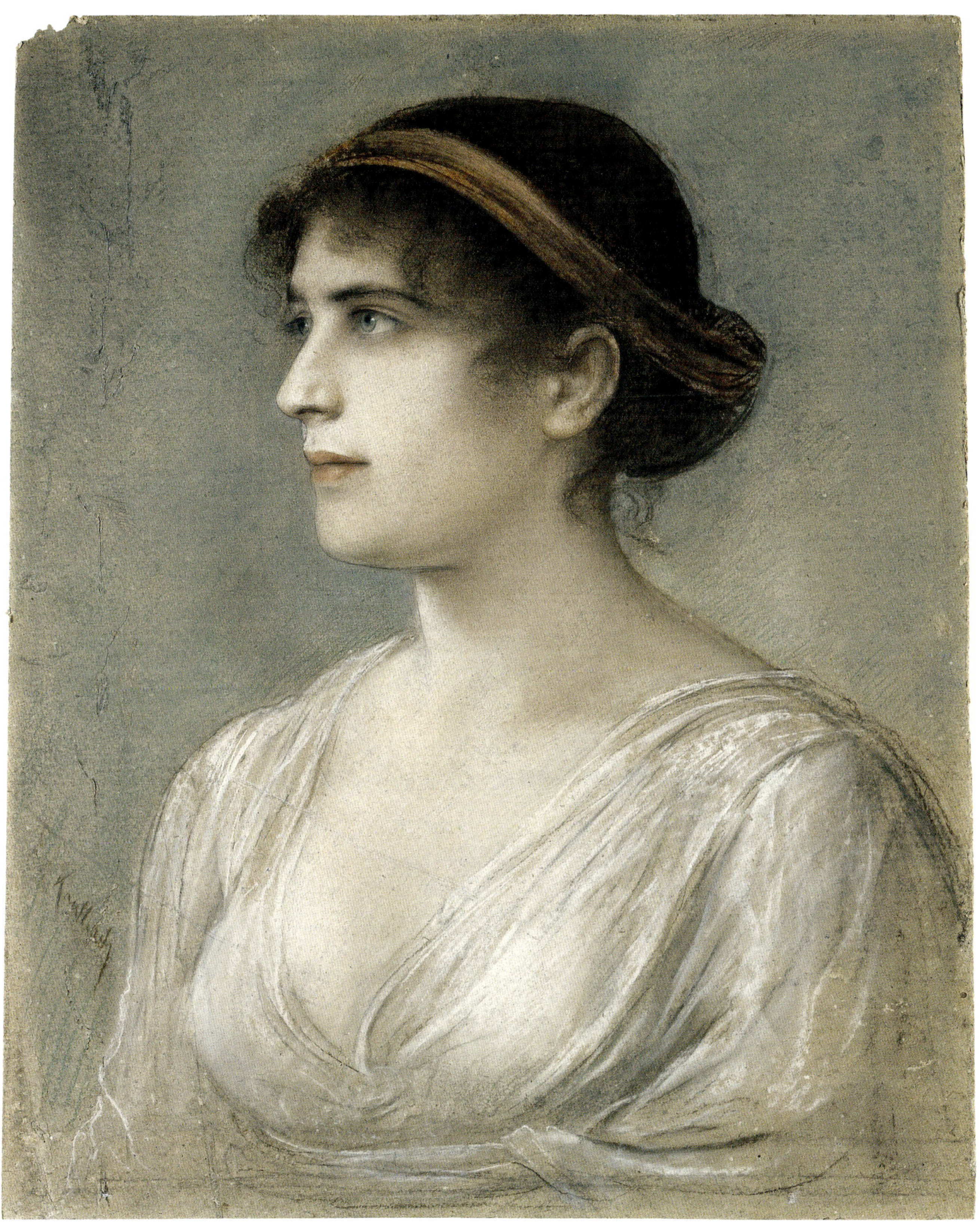

Hermann Kaulbach

1846 – München – 1909

Hermann Kaulbach, einziger Sohn des Historienmalers Wilhelm von Kaulbach, studierte zunächst Medizin, bevor er 1867 Schüler Karl Theodor Pilotys an der Münchner Akademie wurde. 1880 und 1891 hielt er sich zu Studienzwecken in Rom auf. Er stand lange unter dem Einfluss der Historienmalerei Pilotyscher Prägung und entdeckte erst in den neunziger Jahren Kinder als Motiv für seine Kunst, ein Sujet, das heute besonders geschätzt wird.

Im Sinn gründerzeitlicher Genremalerei handeln seine Kinderbilder häufig von einer kleinen erzählbaren Geschichte, die gern pointiert ins Bild gesetzt wird. Er trat auch als Illustrator deutscher Dichtung und Märchen hervor.

Gemälde von ihm befinden sich in der Hamburger Kunsthalle und in der Münchner Neuen Pinakothek.

Literatur:
Horst Ludwig u. a., Bruckmanns Lexikon. Bd. II, München 1982, S. 283–285.

66 Fütterung der Zwillinge

Öl auf Holz, 34,5 × 25,5 cm
Ein senkrechtes Brett mit zwei waagerechten Einschubleisten
Stärke: ca. 1,5 cm
Signiert unten links: *h. kaulbach*

Die Mutter von zwei kleinen Mädchen sitzt an einer Feuerstelle und füttert die beiden Kinder aus einer Suppenschüssel, die sie mit der Linken auf dem Schoß hält. Sie ist gerade dabei, den Löffel den Mädchen zuzuführen, die durch eine große weiße Serviette zusammengebunden sind. Die Zwillinge tragen jeweils eine weiße Kappe und dazu einen roten Rock. Die junge Frau trägt über dem grünen Rock eine blaue Schürze. Hinter ihr lodert das Feuer in der Öffnung.

Wie bei H. Kaulbach üblich, ist die Malerei sehr kleinteilig, um auch Details mitteilen zu können, die Oberfläche ist glatt.

Das Gemälde ist die Vorlage für den Holzstich in dem Kinderbuch Kaulbachs: Hermann Kaulbach und Adelheid Stier, Das Hermann-Kaulbach-Bilderbuch. Stuttgart, Berlin 1906, S. 35–37.

Provenienz:
2002 Münchner Kunsthandel.

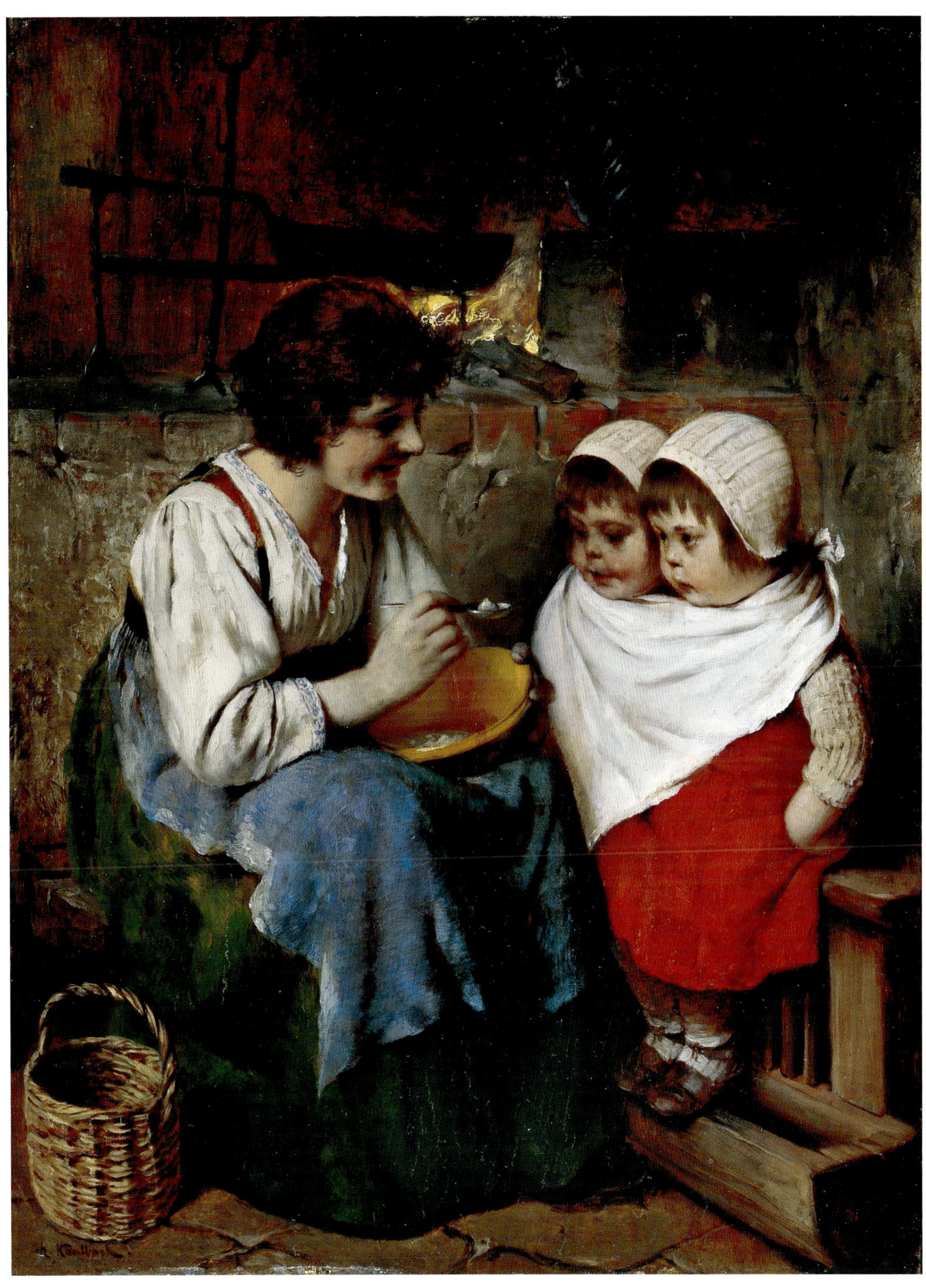

Albert von Keller

1844 Gais/Appenzell – 1920 München

Keller, ein Exponent der Münchner Secession und Sohn wohlhabender Eltern, übersiedelte mit seiner Mutter 1854 nach München. 1865 wandte er sich der Malerei zu und wurde Schüler von Louis von Hagn und Arthur von Ramberg. An der Münchner Akademie war er 1866 nur vorübergehend eingeschrieben. Einen durchschlagenden Erfolg hatte er 1873 mit seinem Gemälde »Chopin«, heute in der Münchner Neuen Pinakothek. So wurde das intime Salonstück mit Frauendarstellungen eines seiner Hauptmotive. Daneben beschäftigten ihn in seiner zweiten Phase bis etwa 1907 auch spiritistische und okkulte Themen. Als Hauptwerk dieser Richtung ist das 1886 datierte Gemälde »Auferweckung der Tochter des Jairus« zu nennen, heute ebenfalls in der Neuen Pinakothek. Nach dem Tod seiner Frau 1907 begann seine letzte Schaffensperiode mit vielen Aktdarstellungen in breitem, flüchtigen Auftrag.

Albert von Keller ist ein Maler, der, von der gründerzeitlichen Kunst ausgehend, Elemente des Jugendstils und des Impressionismus in seinem Werk aufnahm. Neben vielen erotischen Darstellungen hat er auch religiöse Motivik auf eine ganz persönliche Weise interpretiert.

Gemälde von ihm befinden sich im Kunstmuseum Basel und Düsseldorf, im Städelschen Kunstinstitut in Frankfurt a. M., in der Hamburger Kunsthalle, im Museum der bildenden Künste in Leipzig, in der Münchner Neuen Pinakothek und im Lenbachhaus.

Literatur:
Oskar A. Müller, Albert von Keller. München 1981. – Ders., Albert von Keller. Seine Zeichnungen. München 1988.

67 Bildnis der Mimi Cramer, 1875

Öl auf Holz (parkettiert), 84 × 69 cm
Signiert unten rechts: *Albert Keller 1875.*

Die Schauspielerin Mimi Cramer (tätig am Münchner Hoftheater) ist sitzend auf einem Stuhl wiedergegeben. Ihr Oberkörper ist leicht nach vorn genommen. Sie erscheint seitlich und hat ihren Kopf ins Dreiviertelprofil gedreht, ihr Blick ist auf den Betrachter gerichtet. Sie trägt eine hochelegante Abendrobe aus blauer Seide, die eine mehrfache Bordüre mit schwarzen Fransen aufweist. Der spitze Ausschnitt ist mit weißem Tüll verdeckt. Ein schwarzes Samtband mit Metallschließe und kurzem Anhänger ziert ihren Hals. Ihre dunkle Lockenfrisur zeigt am Hinterkopf einen Sternreif. Am rechten Handgelenk wird noch eine rote Perlenkette sichtbar, in ihren Händen, auf dem Schoß gelagert, hält sie einen Fächer. Der Rock, sehr aufwendig und füllig genäht, besteht aus weißem Tüll, der sich auf der rechten Seite am Boden lagert.

Der Hintergrund ist dunkelbraun getönt und wirkt unräumlich. Links neben der Dame erscheint auf einer Anrichte eine japanische Puppe als Schauspieler. Eine solche gehörte zum Inventar Kellers und ist auf dem Gemälde »Erinnerungen« aus dem Jahr 1876 zu sehen (Abb. S. 105 bei Oskar A. Müller, Albert von Keller. Das Ambiente des Malers. München 1984. Dort ist auch eine japanische Puppe abgebildet, S. 58). Darüber in der Ecke wird ein angeschnittenes Bild erkennbar.

Besonders beim Inkarnat, aber auch bei anderen Details, ist die Feinmalerei auf die Spitze getrieben. Nur bei einigen Teilen der Textilien ist der Farbauftrag nicht mehr ganz so kleinteilig und stellenweise sogar etwas pastos.

Skizze:
Die Städtische Galerie im Münchner Lenbachhaus bewahrt zur vorliegenden ausgeführten Fassung die Skizze »Mimi Cramer«, Öl auf Holz, 21,8 × 17,4 cm. Signiert und 1874 datiert. Diese Skizze unterscheidet sich kaum von der Ausführung bis auf die Tatsache, dass sie skizzenhafter strukturiert ist. Aber Haltung und Kleidung der Dame sowie das angeschnittene Bild oben links wie auch die japanische Puppe finden sich hier wie dort.

Man darf durchaus feststellen, dass die Wiedergabe eleganter Damen im entsprechenden Ambiente zu den Hauptmerkmalen von Kellers Kunst gehört. Einen solchen ersten Höhepunkt bildet sein Werk »Chopin« von 1873 in der Münchner Neuen Pinakothek, das ebenfalls diese extreme Feinmalerei auf Holz aufweist. Spätere Arbeiten konnten gründerzeitlich impressionistisch gemalt sein oder auch prä-symbolistisch konzipiert.

Literatur:
Oskar A. Müller, Albert von Keller. München 1981, S. 178 mit Abb. (Skizze zum vorliegenden Gemälde).

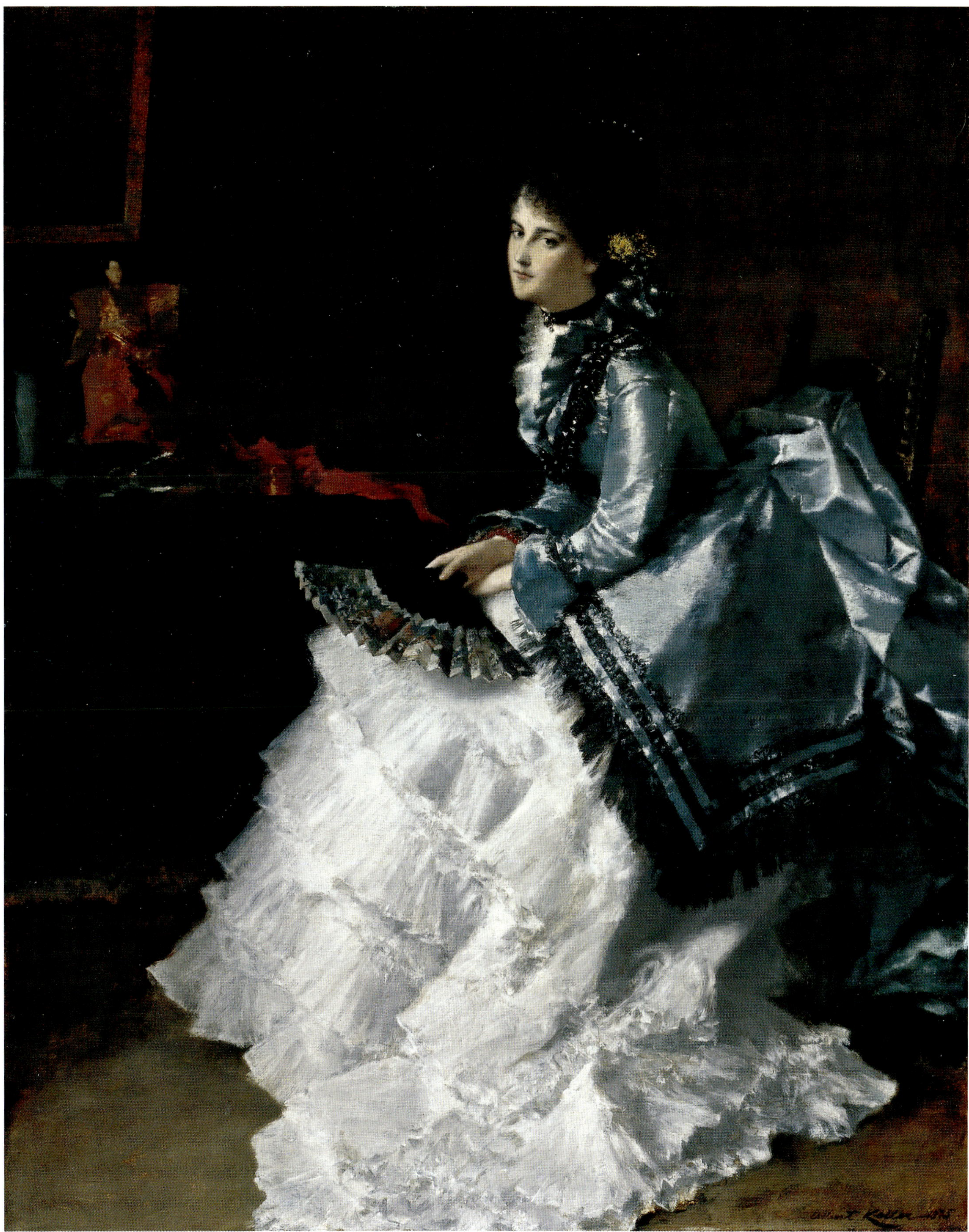

Julius Sergius von Klever

1850 Dorpat – 1924 St. Petersburg

Der Maler erhielt bereits auf dem Gymnasium Unterricht bei dem Landschaftsmaler Constantin von Kügelgen und trat 1867 in die Petersburger Akademie ein, um Architektur zu studieren. Er wechselte aber bald zur Malerei über und studierte bei Ssokrat Worobjeff und Michael Clodt und konnte 1876 sein Studium abschließen. Er war bald ein bekannter und gefragter Maler und wurde 1881 Professor an der St. Petersburger Kunstakademie und 1893 geadelt. Er war fortan auf vielen Ausstellungen vertreten, so in Berlin, Paris und München und galt als der Repräsentant russischer Landschaftsmalerei.

Sein eigentliches Spezialgebiet wurde jedoch die Darstellung der baltischen Ostseeprovinzen in ihrer herb-nordischen Schönheit, die er im Stil der Ecole de Barbizon, also als Freilichtmaler, unter genauer Naturbeobachtung wiedergab. Somit wurde er auch einer der ersten Vermittler des Pleinairismus in Russland. Doch schon bald entdeckte er die winterlichen Sonnenuntergänge mit ihren luminaristischen Effekten, die fortan seine Hauptmotive werden sollten und die er immer wieder malte. Dieser Routinemalerei wurde erst Einhalt geboten, als er um 1905 seinen Wohnsitz nach Berlin verlegte und sich dort und in Neu-Strelitz wieder ernsthaft der Kunst zuwandte.

Gemälde von J. S. von Klever werden von der Tretjakow-Galerie in Moskau und von der Eremitage in St. Petersburg aufbewahrt.

Literatur:

Thieme-Becker, Allgemeines Künstler-Lexikon. Bd. XX, Leipzig 1927, S. 489, 490.

68 Winter auf Nargen, 1886

Öl auf Leinwand (doubliert), 111 × 123 cm
Signiert unten rechts: *JSergius Klever. 1886.* (?)

Ein Bach fließt aus der Bildtiefe nach vorn, von einigen Felsbrocken durchsetzt. Am rechten Ufer stehen zwei Hütten am Waldrand, auf der linken Seite ist eine weitere Hütte, ebenfalls von Wald hinterfangen, erkennbar. Der hintere Teil des Gewässers wird von der tief stehenden Sonne hell beleuchtet. Die vordere Bildzone mit der Vegetation und dem Wasser wurde recht pastos und mit breitem Pinsel aufgetragen. Dem Detail wird keine Beachtung geschenkt. Einige Partien wie der Schnee ganz rechts wurden zunächst noch mit bewegtem Duktus aufgetragen. Der Himmel dagegen erscheint recht glatt.

Bei Boetticher wird das Gemälde, ebenfalls aus dem Jahr 1886, aufgeführt: »Sonnenuntergang auf der Insel Nargen, Winterlandschaft mit einigen Hütten am Walde«, allerdings mit unterschiedlichen Maßen (98 × 160 cm). Vielleicht handelt es sich beim vorliegenden Werk um eine verkleinerte Fassung.

Die Insel Nargen befindet sich im Finnischen Meerbusen, ca. 20 km von Reval entfernt. J. S. von Klever hat sie oft gemalt.

Literatur:

Friedrich von Boetticher, Malerwerke des 19. Jahrhunderts. Bd. I,2, Dresden 1895, S. 726, 727, Nr. 24.

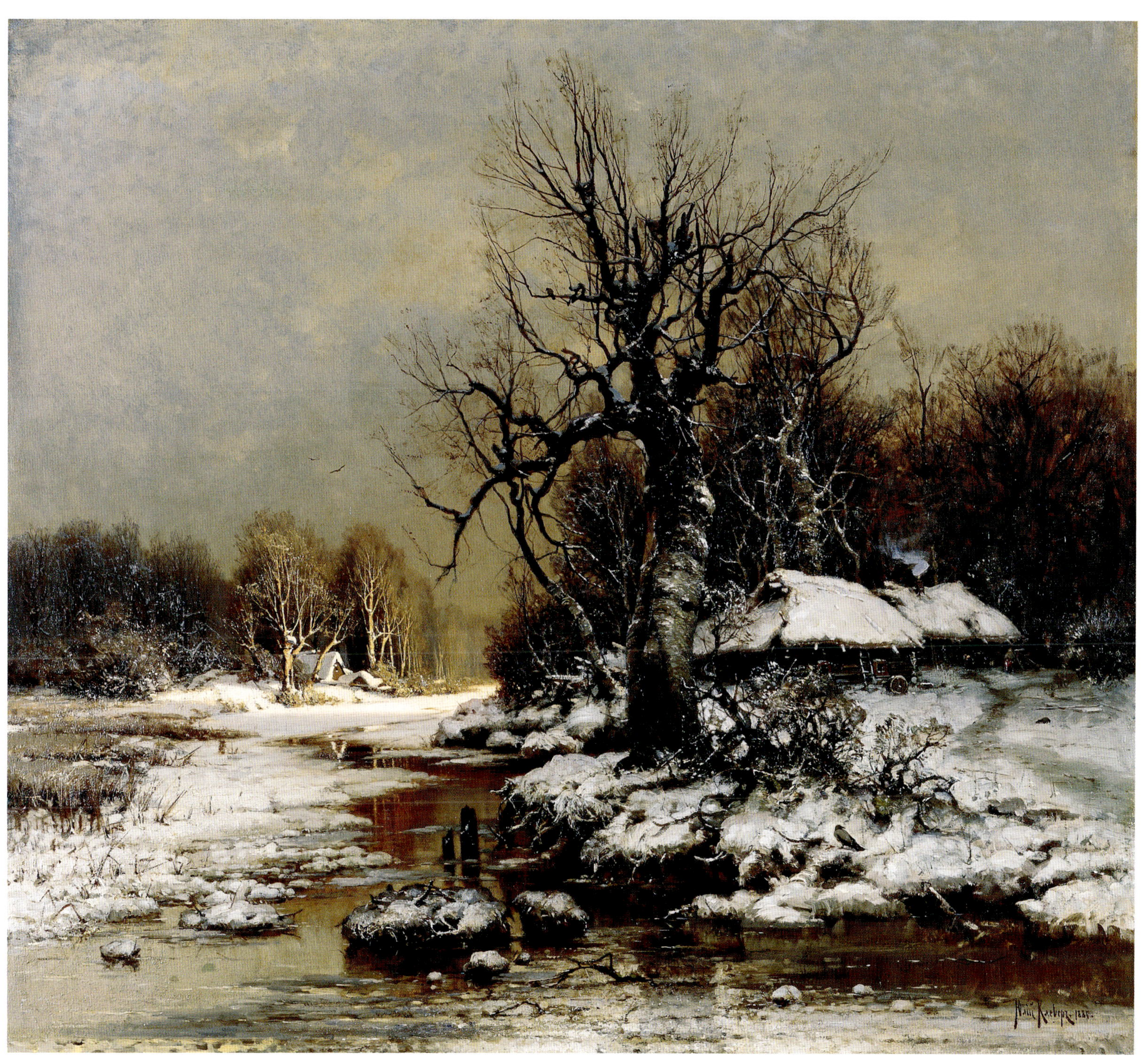

Ludwig Knaus

1829 Wiesbaden – 1910 Berlin

Der Künstler, Sohn eines Optikers, zeigte schon als Kind zeichnerische Begabung und trat 1846 in die Düsseldorfer Akademie ein und studierte dort zunächst bei Carl Friedrich Sohn und ein Jahr später bereits bei Wilhelm von Schadow, dem damaligen Akademiedirektor. 1848 gründete er zusammen mit Benjamin Vautier und den Brüdern Achenbach den Künstlerverein »Malkasten«. Es folgten Aufenthalte in der Schwalm und im südlichen Schwarzwald. 1851 unternahm er eine Reise nach Berlin, Prag, Wien und München. Auf der Jahresausstellung der Berliner Akademie war er 1852 mit dem Gemälde »Leichenzug im Walde« vertreten, das großes Aufsehen erregte. Anfang der fünfziger Jahre Aufenthalte in Paris und Barbizon, 1856 und 1857 Aufenthalte in England. Anfang der sechziger Jahre hielt sich L. Knaus im Schwarzwald und in Willingshausen auf. 1873 während einer Schweizer Reise und einem Besuch in Oberitalien kam es zu einer Begegnung mit Defregger in Bozen und Lenbach in München. 1879 Umzug nach Berlin, in sein neu erbautes Haus. In den achtziger Jahren folgten noch Reisen nach London, Wien und Budapest.

L. Knaus feierte als Genremaler seine größten Triumphe, wobei seine hessischen Motive besonders beliebt wurden. Aber auch seine jüdischen Themen wie »Salomonische Weisheit« oder »Der erste Profit« weisen ihn als Könner und großen Psychologen aus. Schließlich war er auch ein bedeutender Porträtmaler und wurde seit den sechziger Jahren mit seinen kleinen Bildnisköpfen bekannt.

Gemälde von L. Knaus befinden sich im Suermondt-Ludwig-Museum in Aachen, in The Walters Art Gallery in Baltimore, im Kunstmuseum in Düsseldorf, in der Münchner Neuen Pinakothek, im Museum Georg Schäfer in Schweinfurt, in der Eremitage in St. Petersburg und in der Stuttgarter Staatsgalerie sowie im Museum Wiesbaden.

Literatur:
Ausst.-Kat. Museum Wiesbaden. Ludwig Knaus. 1979. – Ludwig Knaus. Vereinigung Malerstübchen Willingshausen e.V. (Willingshäuser Hefte 5). 1995. – Ausst.-Kat. Landesmuseum für Kunst und Kulturgeschichte. Ludwig Knaus. Der Zeichner. Oldenburg 2001.

69 Mädchenbildnis, 1873

Öl auf Leinwand, 25,2 × 20 cm
Signiert oben rechts: *L. Knaus. 1873*
Verso: Aufkleber auf Keilrahmen: Estate of the late Baron Louis de Rothschild New York

Wiedergegeben ist ein etwa zehnjähriges Mädchen als Brustbild. Es ist leicht diagonal ins Bild gesetzt und hat den Kopf ein wenig nach rechts gedreht und somit seinen Blick auf den Betrachter gerichtet. Es trägt ein weißes Hemd und ein dunkles Untergewand. Sein gewelltes blondes Haar fällt ihm bis auf die Schultern, frisiert ist es mit einem Mittelscheitel. Der Hintergrund ist dunkel neutral ohne räumliche Wirkung.

Im selben Jahr 1873 entstand das »Bildnis der Else Knaus« (1865–1960), seiner jüngsten Tochter, stehend als Schulmädchen (Museum Wiesbaden). 1873 verstarb auch seine elfjährige zweite Tochter. Ob es sich hier um jene verstorbene Tochter handelt, oder vielleicht sogar um Else Knaus, muss offenbleiben.

Anlässlich der Berliner Ausstellung im Jahr 1900 zum siebzigsten Geburtstag von L. Knaus stellte der bedeutende Hamburger Kunsthallendirektor Alfred Lichtwark fest, dass die Porträtkunst von L. Knaus höher einzuschätzen sei als seine Genremalerei (Alfred Lichtwark, Briefe an die Kommission für die Verwaltung der Kunsthalle. Hrsg. von Gustav Pauli. Hamburg 1923, Bd. I, S. 396).

Provenienz:
Baron Louis de Rothschild, New York. – Aukt.-Kat. Koller, Zürich. September 2007, Kat.-Nr. 3229 (mit Abb.).

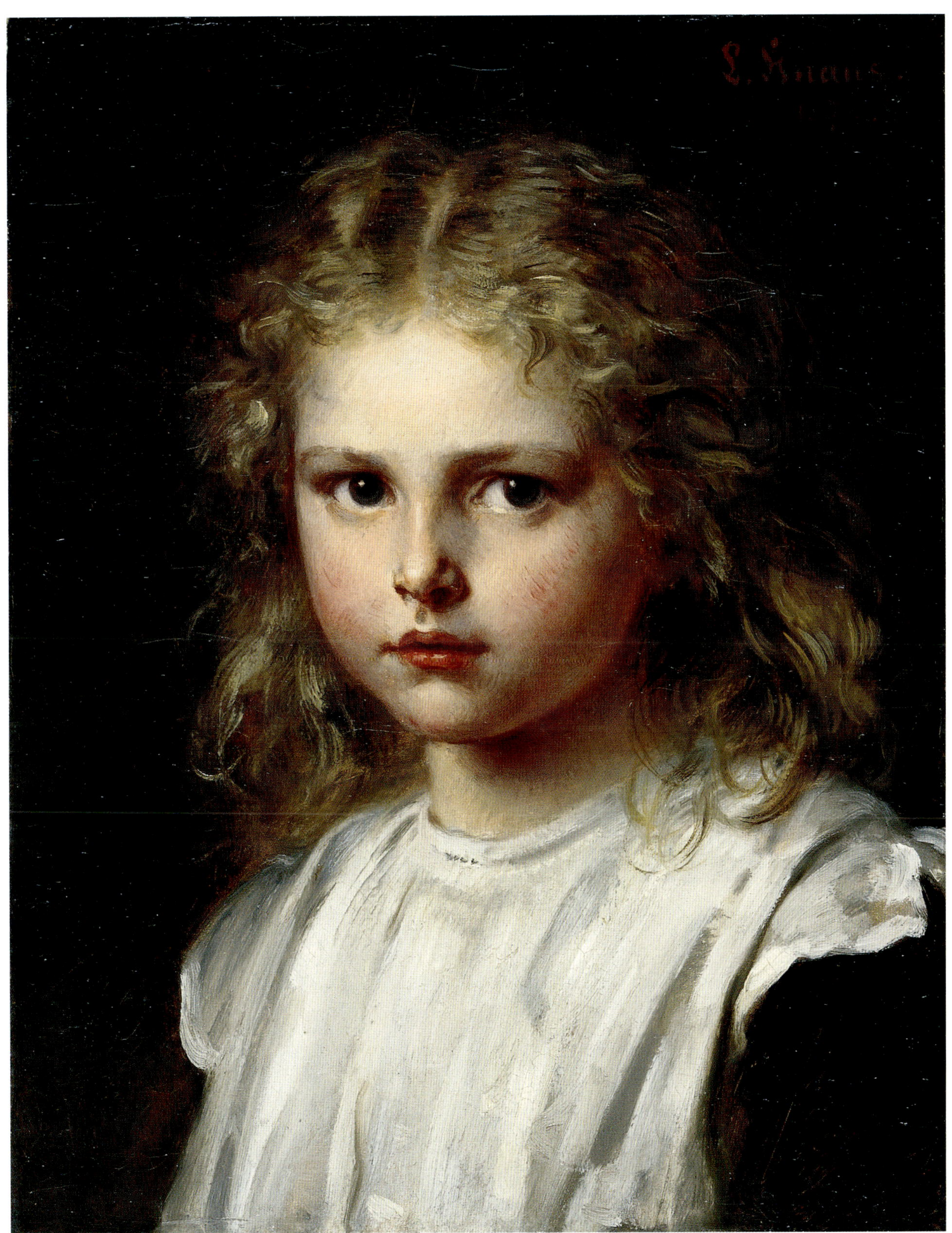
L. Knaus.

70 Auszug zum Fest

Öl auf Leinwand, 117 × 183 cm
Signiert unten links: *L. Knaus. 1863.*

Vielfigurige Szenen im Freien waren bereits in seiner Frühzeit eines seiner Hauptmotive - wie z. B. auch »Dorftanz unter der Linde« von 1850 im Museum Georg Schäfer in Schweinfurt. Auf dem vorliegenden, 1863 datierten Gemälde gibt uns L. Knaus eine muntere Schar Bewohner einer südrheinischen Stadt wieder. Angeführt wird die vielfältige Gruppierung von einem Bassisten, der das große Instrument umgehängt hat und darauf spielt. Es folgt ein Mann mit einem Weinfass auf der Schulter und einer Kanne in der Rechten. Junge Frauen und Paare schließen sich an, die aus dem Stadttor ins Freie drängen, das hinten links zu erkennen ist und neben sich noch andere Häuser aufweist. Ganz vorn rechts laufen schnatternde Gänse umher, begleitet von Rad schlagenden Buben. Dahinter steigt das von Bäumen und Büschen durchsetzte Gelände an. In seiner 1901 erschienenen Publikation zu L. Knaus betont Pietsch, dass dieses Gemälde zuerst in der Berliner Werkstätte im Herbst 1862 in Angriff genommen wurde – nach Entwürfen noch aus der Wiesbadener Zeit. Er fährt dann fort: »Radschlagende Straßenbuben in vollendet gezeichneter Bewegung eröffnen den Zug. Die Stadtmusikanten marschieren mit klingendem Spiel daher. Alte und Junge aus der Bürgerschaft, Männlein und Fräulein und Kinder in Haufen kommen daher; und in ihnen allen kommt die Lust, die Vorfreude auf die, sie heute erwartenden, natürlichen simplen Genüsse eines solchen Festes, zu einem so lebendigen Ausdruck, dass sie wahrhaft ansteckend auf den Beschauer wirken.« (Ludwig Pietsch, Knaus. 1901, S. 25)

Vorarbeit:
Es gibt eine quadrierte Zeichnung, die den Festzug im Wesentlichen schon markiert. Die Brücke vorn links hat dort allerdings ein Geländer (Bleistift auf brauntonigem Papier, 47,2 × 60,1 cm. 1862 datiert. Ausst.-Kat. Museum Wiesbaden. Ludwig Knaus. 1979, Z 45, S. 186 mit Abb.).

Variante oder Replik:
Weiterhin existiert eine Variante in Privatbesitz, bei der es sich möglicherweise um eine Replik fremder Hand handelt (Öl auf Leinwand, 73 × 100 cm, bezeichnet unten links: *L. Knaus 1863*) Die etwas harte Farbigkeit und die starke Betonung des Umrisses würden dafür sprechen (Ausst.-Kat. Museum Wiesbaden. Ludwig Knaus. 1979, Nr. 69, S. 157–158, Farbtaf. VIII).

Literatur:
Friedrich von Boetticher, Malerwerke des 19. Jahrhunderts. Dresden 1891, Bd. I,2, Nr. 32. (dort mit dem Titel »Auszug zum Tanz«, datiert 1861). – Ludwig Pietsch, Ludwig Knaus. Bielefeld und Leipzig 1901, S. 24–25.

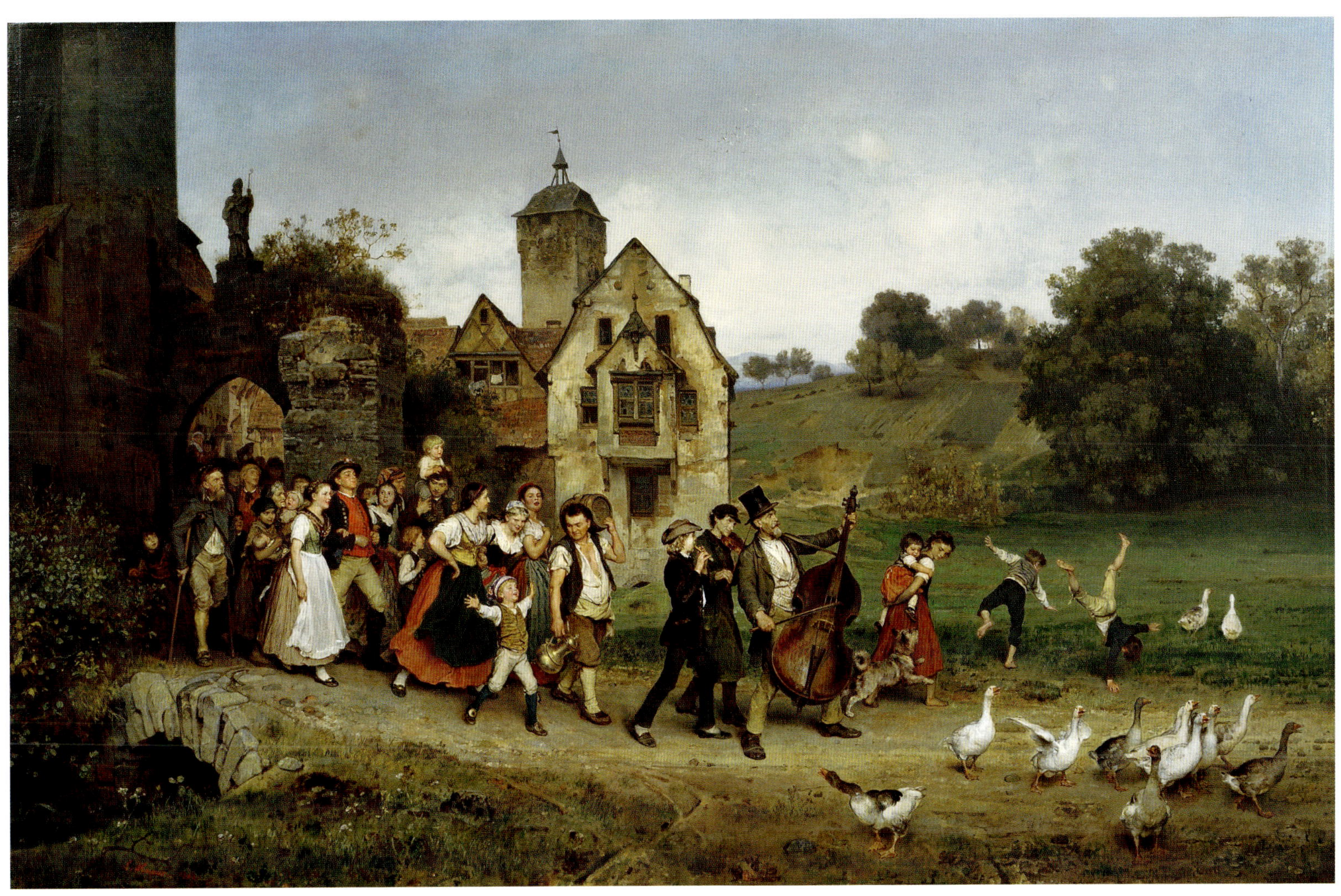

Wilhelm von Kobell

1766 Mannheim – 1855 München

W. von Kobell, zweiter Sohn des Malers Ferdinand Kobell aus Mannheim, wurde von seinem Vater von Jugend auf in seiner künstlerischen Begabung gefördert. Bereits 1784 erhielt er einen zweiten Preis an der Mannheimer Zeichnungsakademie, an der Landschaftsmalerei allerdings nicht gelehrt wurde. Sie wurde ihm durch seinen Vater vermittelt, der ihm das Naturstudium einerseits, andererseits aber auch die holländische Malerei des 17. Jahrhunderts nahebrachte. In den Jahren 1786/87 entstand zusammen mit seinem Vater in der gemeinsamen Werkstatt ein Zyklus von Landschaften, die sog. »Aschaffenburger Ansichten«. 1790 erwarb der Kurfürst Karl Theodor von der Pfalz und Bayern zwei Landschaftsgemälde von dem jungen Künstler, der ihm auch nach München folgte und dort seit 1793 ansässig wurde, nachdem er bereits 1792 zum Hofmaler ernannt worden war. In München hatte er auch freundschaftlichen Umgang mit J. G. von Dillis und dessen Kreis. Von 1808–1817 arbeitete er an einem Schlachtenzyklus für den Kronprinzen Ludwig, in dem die Siege des bayerischen Heeres im Rheinbund gegen Preußen und Russland dargestellt wurden. Von 1814–1826 lehrte er an der Münchner Akademie die Landschaftsmalerei.

Im Werk W. von Kobells werden mehrere Epochen reflektiert. Seine Anfänge wurden noch durch die spätbarocke Phase bestimmt, während sich darauf Klassizismus und Romantik in seiner Bildwelt verschränken, bis er zu einer sehr persönlichen Bildsprache des Biedermeier fand. In dieser letzten Phase spiegelt sich die Welt des Bürgertums in vielen Facetten, meist auf dem Lande. Er wurde sehr berühmt und von den Zeitgenossen sehr geschätzt, u. a. von Goethe in Weimar.

Werke von W. von Kobell befinden sich in der Berliner Nationalgalerie, im Düsseldorfer Kunstmuseum, im Städelschen Kunstinstitut in Frankfurt a. M., in der Staatlichen Kunsthalle Karlsruhe, in der Münchner Neuen Pinakothek, im Lenbachhaus und im Stadtmuseum, im Museum Georg Schäfer in Schweinfurt sowie in der Stiftung Oskar Reinhart in Winterthur.

Literatur:
Siegfried Wichmann, Wilhelm von Kobell. Monographie und kritisches Verzeichnis der Werke. München 1970.

71 Vornehmer Reiter mit berittenem Lakai und Jäger, 1824

Öl auf Holz, 31,4 × 43 cm
Stärke: ca. 1 cm
Signiert unten rechts: *WKobell* (W und K ligiert) *1824*
Verso: 3 Aufkleber
1. Kunstmuseum Winterthur. 1955 Ausstellung »Europäische Meister«
2. Nr. 29943
3. Reste eines Aufklebers: Hayes Storage, New York

Das 1824 datierte Gemälde zeigt in extremer Feinmalerei W. Kobells einen hell gekleideten Kavalier auf einem gesattelten und gezäumten Pferd, das nach rechts steht. Der Mode entsprechend trägt der Herr eine helle Hose, eine gelbe Jacke mit schwarzem Kragen und einen weißen, sehr hohen Zylinder. Hinter ihm, schräg ins Bild gerückt, reitet der dunkel gewandete Lakai, die linke Hand am Zügel. Der Schweif beider Pferde ist gestutzt. Beide Tiere haben angehalten, weil der Kavalier sich wohl im Gespräch befindet. Rechts daneben sitzt der Jäger auf dem Rasen, das Gewehr aufrecht zwischen den Beinen, neben sich einen Jagdhund, vor ihm erlegte Tiere, v. a. einen Rehbock, einen Hasen und eine Ente. Hinter dem Jäger werden noch weitere Personen erkennbar, zum Teil recht klein. Ganz rechts bestellt ein Bauer seinen Acker. Links neben der Pferdegruppe stehen noch zwei weitere Hunde.

Wilhelm von Kobell hat hier eine seiner berühmten Unteransichten gewählt, die er seit Anfang des 19. Jahrhunderts vervollkommnet hatte. Das heißt, unter der Bauchdecke des Pferdes vom Kavalier ist sehr klein das mittelalterliche Tegernseer Kloster mit der ehemaligen Klosterkirche St. Quirin zu erkennen. Davor ist ein schmaler Streifen des Tegernsees zu erkennen, der bis zu den beiden Bildrändern geführt wird. Eingerahmt wird der See von den Tegernseer Bergen.

Wie bereits erwähnt, ist der Farbauftrag sehr klein und äußerst glatt, sodass er als solcher gar nicht wahrgenommen wird. Auffällig ist neben der Unteransicht mit den entsprechenden Durchblicken auch die statuarische Ruhe, welche die Komposition beherrscht.

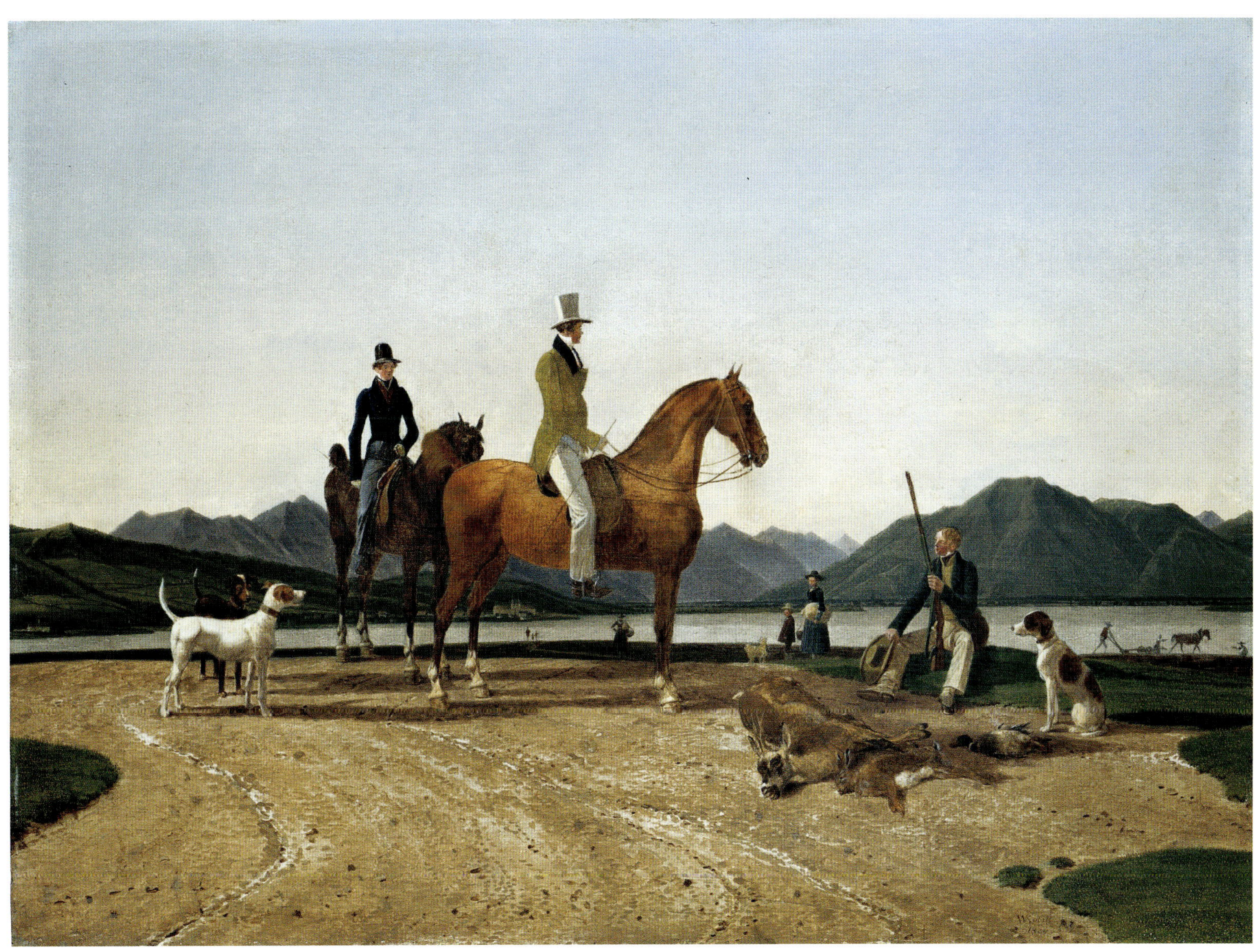

Provenienz:
1920 Galerie Heinemann, München – Käppeli Sammlung Rielen, Basel – Seit 1938 Sammlung Dr. F. Nathan, St. Gallen.

Literatur:
Ausst.-Kat. Kunstmuseum, Winterthur. Europäische Meister. 1955, Kat.-Nr. 118. – Siegfried Wichmann, Wilhelm von Kobell. Monographie und kritisches Verzeichnis seiner Werke. München 1970, Wv.-Nr. 1355, S. 447.

Roman Kochanowski

1857 Krakau – 1945 Freising

Nach ersten künstlerischen Unterweisungen in Krakau bei M. Cercha studierte er darauf an der Krakauer Schule für Schöne Künste von 1873–1875. Danach hielt er sich in Wien auf und studierte dort bei Christian Griepenkerl u. a. 1881 nahm er in München seinen festen Wohnsitz, verbrachte aber die Sommermonate zu Studienzwecken in seiner polnischen Heimat.

Als reiner Landschaftsmaler belebte er gleichwohl das Gelände mit kleiner figürlicher Staffage. Er ist ein Freilichtmaler, der manchen Impuls von seinen Münchner Kollegen aufgenommen hat. Auch zu seinen polnischen Landsleuten, die sich damals in München aufhielten, hatte er durchaus Kontakt.

Gemälde von R. Kochanowski befinden sich in der Warschauer Nationalgalerie.

Literatur:
Horst Ludwig u. a., Bruckmanns Lexikon. Bd. II, München 1982, S. 355, 356. – Ausst.-Kat. Klostergalerie, Fürstenfeldbruck. Roman Kochanowski. 1990.

72 Landschaft mit Bäumen, 1897

Öl auf Holz, 29 × 18,4 cm
Ein senkrechtes Brett, Stärke: ca. 0,5 cm
Signiert unten rechts: *R Kochanowski 1897*
Verso: Ein Aufkleber der Sammlung Georg Schäfer, Schweinfurt.
Nr. 38072265

Auf einem mit Schneeresten bedeckten grasigen Gelände zieht sich eine Baumreihe in die Bildtiefe bis hin zu einem Anwesen, das am Horizont sichtbar wird. Links daneben geht eine grau gekleidete Frau mit rotem Kopftuch, die mit beiden Händen vor sich einen Korb hält. Der Himmel ist sehr dunkel getönt, hellt sich nach oben aber auf. Kochanowskis Vorliebe für zeichnerische Elemente zeigt sich hier beim Boden und bei den Bäumen.

Provenienz:
2005 Münchner Kunsthandel.

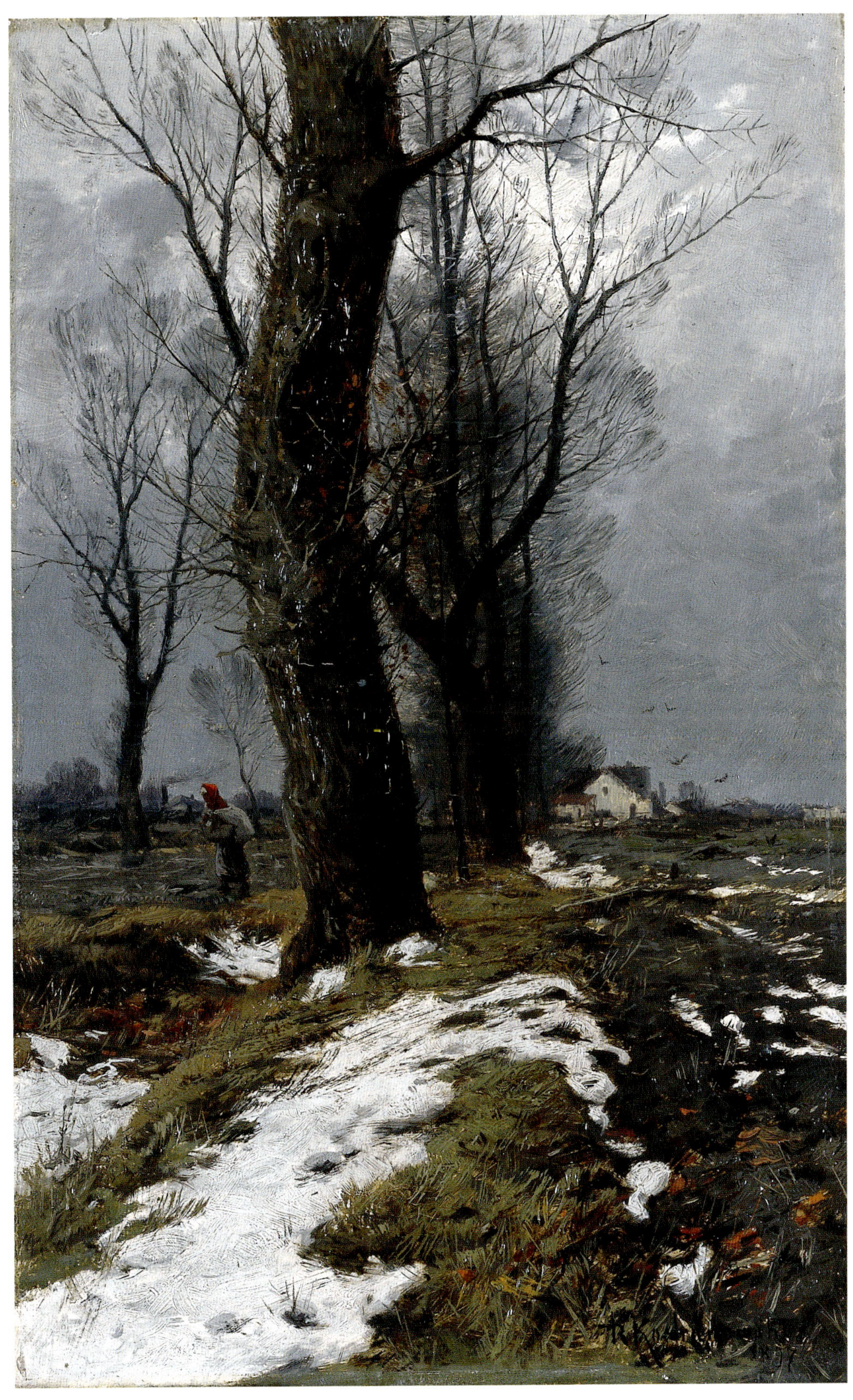

Barend Cornelis Koekkoek

1803 Middelburg – 1862 Kleve

Der Künstler stammt aus der weit verzweigten holländischen Malerfamilie der Koekkoek, als deren Stammvater Johannes Hermanus Koekkoek (1778–1851) gelten kann, ein Marinemaler, der auch der Vater von B. C. Koekkoek war. Bei ihm begann B. C. Koekkoek seine Studien. Darauf besuchte er von 1825 bis 1928 die Amsterdamer Akademie und unternahm Studienreisen in die weiteren Niederlande, ins Rheinland und in die Sächsische Schweiz. Um 1840 nahm er seinen festen Wohnsitz in Kleve und gründete dort eine Zeichenakademie. Seine Vorbilder wurden durchaus die holländischen Landschaftsmaler des »Goldenen Zeitalters« wie Jacb van Ruisdael oder auch Meinert Hobbema.

Als bedeutendster holländischer Landschaftsmaler des 19. Jahrhunderts bevorzugte er die weiträumig gestaffelte Landschaft mit einem begehbaren Raum und kleinen Staffagefiguren. Mit großer Akribie und Freude am Detail malte er seine meist kleinformatigen Gemälde. Er liebte einen dünnen, glatten malerischen Vortrag, der sich zu einer emailhaften Geschlossenheit zusammenfügt und favorisierte einen Kolorismus, der die bunten Töne meidet und im Gelände auf Grünockerfarben gestimmt ist. Im Himmel herrscht ein durchgegliederter Wolkentypus vor, bei dem Grüngelb- und Blautöne dominieren.

Literatur:

Friedrich Gorissen, B.C. Koekkoek. 1803–1862. Werkverzeichnis der Gemälde. Düsseldorf 1962. – Toni Wappenschmit, Landschaften des Barend Cornelis Koekkoek. In: Weltkunst, 15. September 1991, S. 2633–2636. – Barend Cornelis Koekkoek. Seine Familie, seine Schule und das Haus Koekkoek in Kleve. Kleve 1994. – Angelika Nollert, Barend Cornelis Koekkoek. Ein Landschaftsmaler der niederländischen Romantik. Frankfurt a. M. 2000.

73 Flusslandschaft mit zwei Wanderern

Öl auf Holz, 31 × 40,5 cm
1 waagerechtes Brett (parkettiert).
Signiert unten rechts auf dem Stein: *BCKoekkoek ft. 1850.*
Auf der Rückseite des Zierrahmens befindet sich ein Aufkleber von Lempertz vom Mai 1985.

Als Repoussoir für diese Flusslandschaft dienen die Bäume auf der Anhöhe rechts, die dem gesamten Gelände Tiefe verleihen. Vorn auf dem Weg nähern sich zwei Wanderer – ein Mann und eine Frau – dem Betrachter. Dahinter in einer Niederung wird ein Fluss erkennbar, der hinter der kleinen Stadt im Mittelgrund wohl noch einmal erscheint und von Segelschiffen befahren ist. Im Hintergrund auf einer Hügelkette erhebt sich eine burgartige Architektur. Darüber steht ein hell bewölkter Himmel.

Provenienz:
Aukt.-Kat. Sotheby's, London. November 1983, Kat.-Nr. 2. – Auktion Lempertz, Köln. Mai 1985. – Aukt.-Kat. Koller, Zürich. März 2009, Kat.-Nr. 3242.

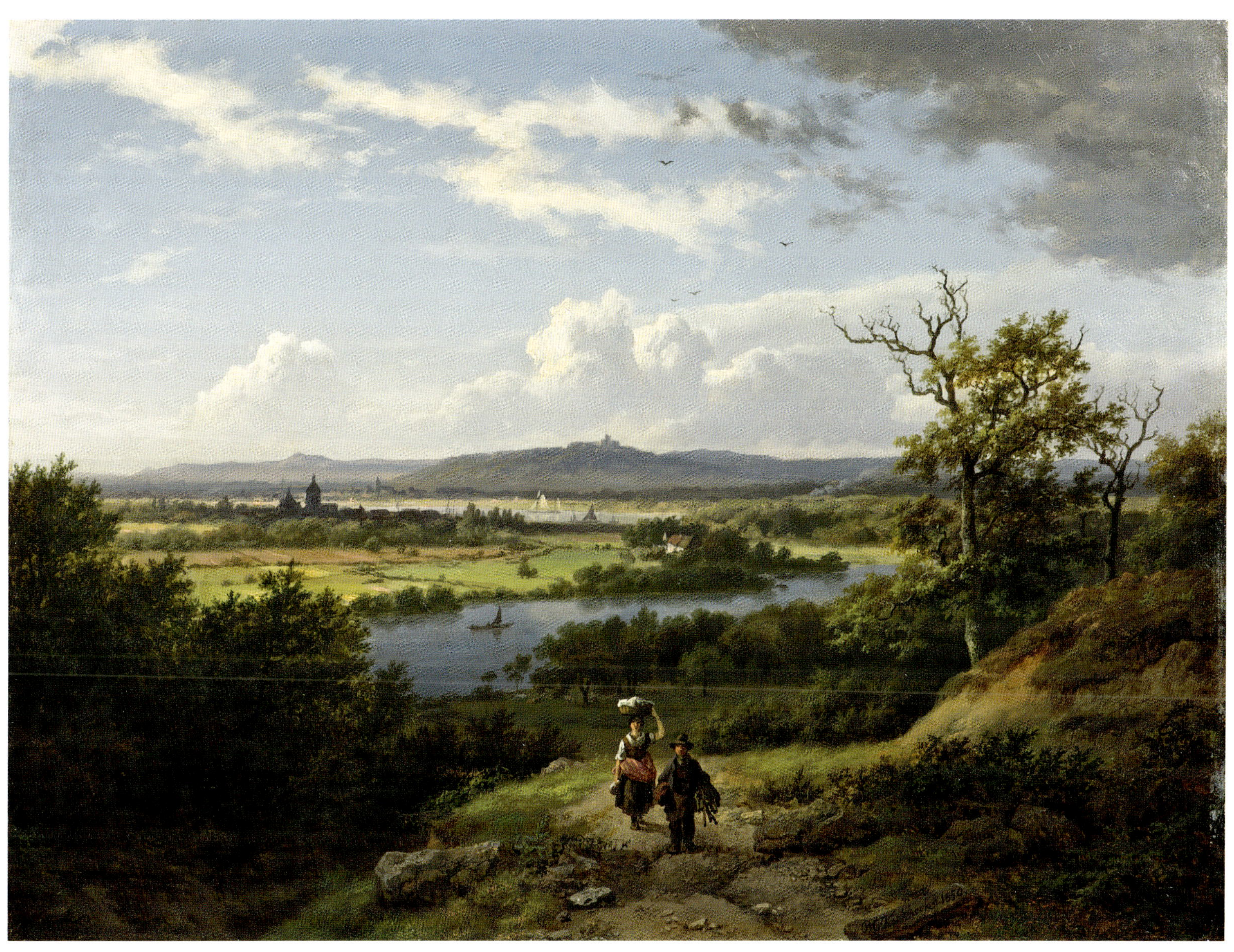

Eduard Kurzbauer

1840 Wien – 1879 München

E. Kurzbauer erhielt seit 1856 seine ersten künstlerischen Unterweisungen in der lithographischen Anstalt Reiffenstein und Rösch in Wien und auf der dortigen Abendschule der Akademie. Darauf begab er sich mit einem Stipendium nach München und wurde 1867 aufgrund des Bildes »Die Märchenerzählerin« bei Karl Theodor Piloty aufgenommen. Großen Erfolg hatte er mit dem Gemälde »Die ereilten Flüchtlinge«, das 1870 entstanden ist und als Stich weite Verbreitung fand. Unter dem Einfluss Franz von Defreggers entstanden in der Folgezeit zahlreiche Genrebilder mit dörflichen Motiven aus Tirol und aus dem Schwarzwald. Seine letzten Lebensjahre verbrachte der Künstler schwer krank meist in Starnberg. Stärker noch als bei Defregger war sein Realismus zupackend und detailgenau.

Gemälde von Kurzbauer befinden sich in den Städtischen Sammlungen in Biberach an der Riß, in der Münchner Neuen Pinakothek sowie in der Österreichischen Galerie des 19. und 20. Jahrhunderts in Wien.

Literatur:

Heinrich Fuchs, Die österreichischen Maler des 19. und 20. Jahrhunderts. Bd. II, Wien 1973, K 148, 149. – Horst Ludwig u. a., Bruckmanns Lexikon. Bd. II, München 1982, S. 412, 413.

74 Grossmutter und junges Mädchen, 1876

Bleistift auf Papier, 24,9 × 16,2 cm
Signiert unten rechts: *E Kurzbauer 1876*

Eine ältere Frau sitzt in einem Lehnstuhl, den Blick auf ein Buch in ihrem Schoß gerichtet. Dazu trägt sie eine Brille. Neben ihr steht ein junges Mädchen mit Zöpfen, stützt sich mit ihrer Rechten auf die rechte Armlehne und versucht, mit in das Buch zu schauen. Wesentliche Teile der Kleidung sowie die Physiognomie der Personen sind äußerst detailliert markiert, das Ambiente des Raumes dagegen erscheint nur sehr allgemein.

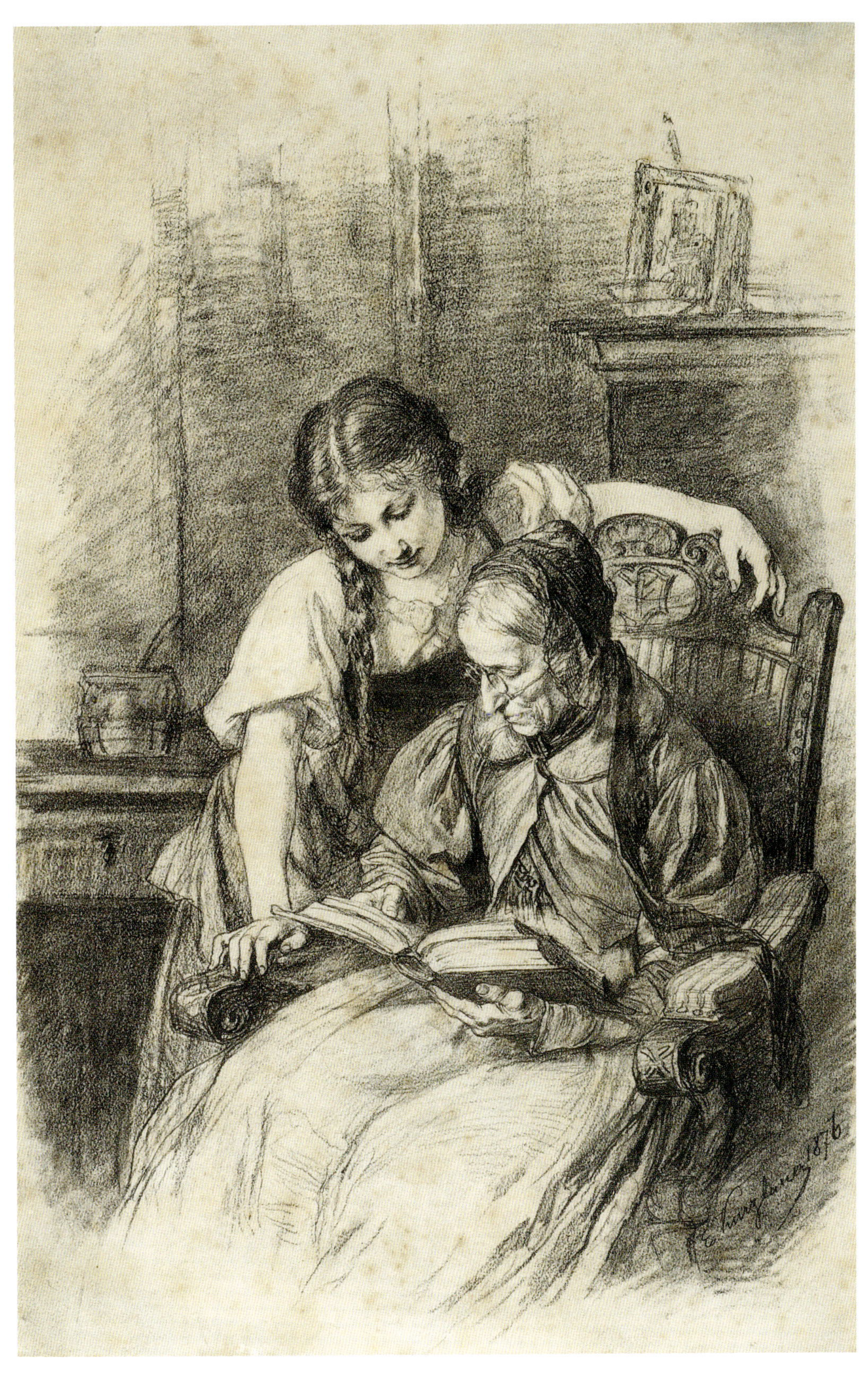

Josef Lauer

1818 – Wien – 1881

Der Künstler erhielt seine Ausbildung an der Wiener Akademie u. a. bei Thomas Ender und Franz Steinfeld. Er begann schon ganz früh seine Werke auszustellen, zum Teil bis in die sechziger Jahre im Wiener Kunstverein. J. Lauer gehört zu den letzten biedermeierlichen Stilllebenmalern der Wiener Schule. Gelegentlich belebte er seine Blumenarrangements durch bunte Vögel oder Schmetterlinge.

J. Lauers leuchtende Blumenstillleben zeichnen sich durch einen lebendigen Kolorismus sowie durch einen extremen Detailreichtum aus.

Die Österreichische Galerie des 19. und 20. Jahrhunderts bewahrt Gemälde seiner Hand.

Literatur:
Heinrich Fuchs, Die österreichischen Maler des 19. und 20. Jahrhunderts. Bd. III, Wien 1973, K 14, S. 26–28.

75 Blumenstillleben mit Rosen und Tulpen, 1841

Öl auf Leinwand (doubliert), 48 × 39,5 cm
Signiert unten rechts: *Jos. Lauer 1841*

Auf einer Marmorplatte, bildparallel zu der optischen Bildebene, steht eine bauchige Glasvase. Darin befindet sich ein üppig leuchtender Blumenstrauß, vielfältig arrangiert. Zu erkennen sind rote und weiße Rosen, mehrfarbige Tulpen, eine Fuchsie und vielleicht ein blau blühender Rittersporn. Ein gepunkteter Schmetterling ist in der Mitte vorn zu sehen.

Das Gemälde stammt von dem erst dreiundzwanzigjährigen Maler und zeigt schon seine äußerst akribische Peinture, die nicht allein kleinste Äderchen und andere botanische Details aufweist, sondern auch kleine Glanzlichter auf den Tautropfen.

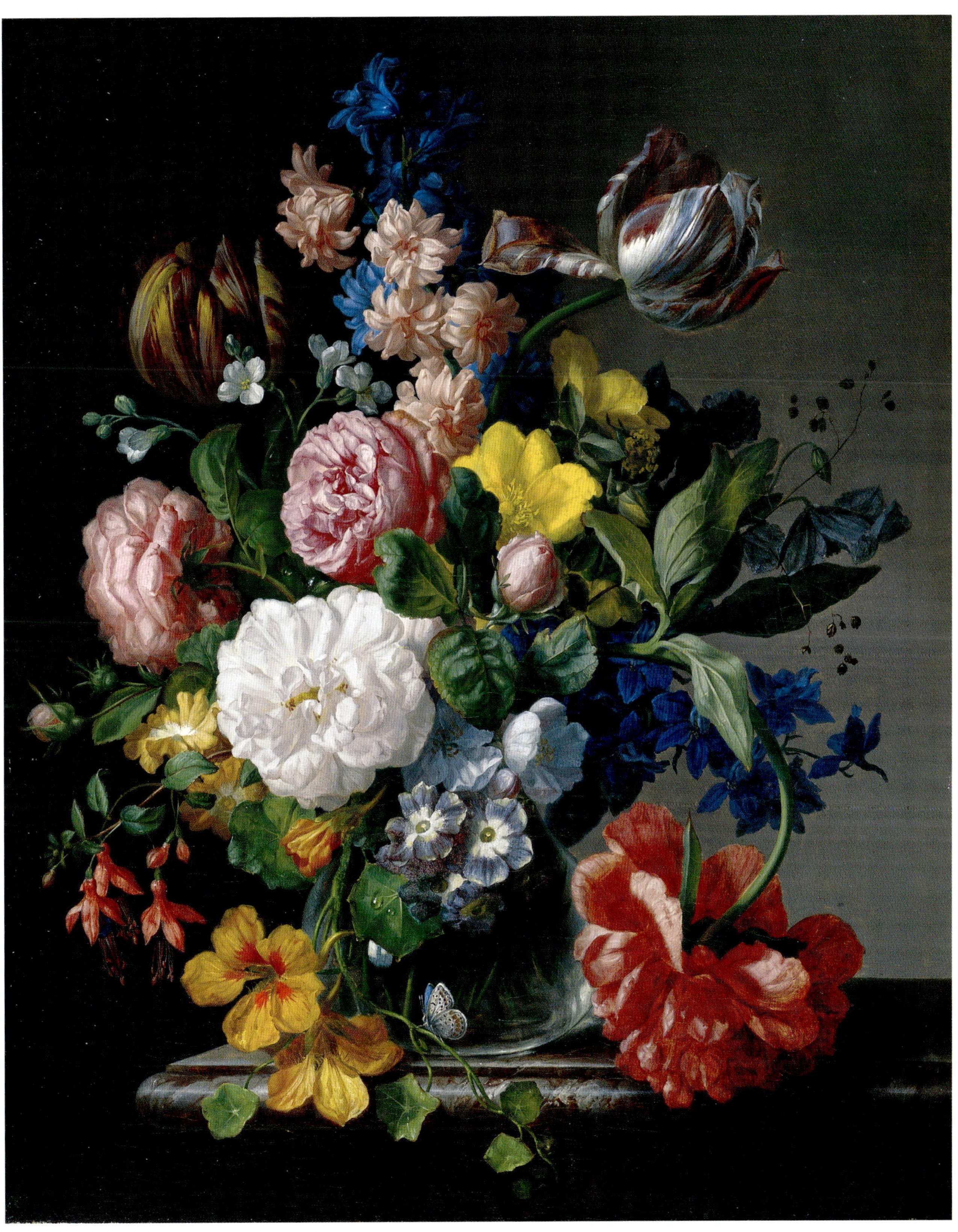

Franz von Lenbach

1836 Schrobenhausen – 1904 München

Nach Anfängen des Besuches einer Gewerbeschule in Landshut und dem Abschluss einer Maurerlehre widmete sich F. von Lenbach, Sohn eines Baumeisters, seit dem Frühjahr 1852 zusammen mit seinem Freund Johann Baptist Hofner der Malerei. 1853 konnte er in die Münchner Akademie aufgenommen werden, zunächst als Schüler von H. Anschütz, 1857 bei K. Th. Piloty. Bereits ein Jahr später reiste er mit seinem Lehrer und einigen Kommilitonen nach Italien, und dort entstanden naturnahe Werke von Land und Leuten in gleißender Sonne. Nach Deutschland zurückgekehrt, setzte er zunächst seine Freilichtstudien fort und wurde auf Grund dieser Arbeiten Anfang der sechziger Jahre als Lehrer kurz an die Weimarer Kunstschule berufen. Darauf gewährte ihm Graf Schack ein Stipendium für Italien und Spanien, um dort Meisterwerke von Rembrandt, Rubens und Tizian zu kopieren, was nicht ohne Einfluss auf seine stilistische Entwicklung blieb. Denn seit den siebziger Jahren bediente er sich bei seinen Bildnissen zunehmend einer brauntonigen Patina und heller Lichtbündelungen, wie er sie bei den alten Meistern gesehen hatte. Auch verwendete er bei seinen zahlreichen Porträtaufträgen (unbemerkt) eine Kamera als Hilfsmittel, was wiederum sein zeitgemäßes Bewusstsein dokumentiert. 1875/76 reiste er zusammen mit Makart nach Ägypten. Als einer der Höhepunkte seines gesellschaftlichen und künstlerischen Aufstieges ist die Begegnung mit dem Reichskanzler Fürst von Bismarck 1878/79 zu werten, den er in der Folgezeit sehr häufig malen sollte. Als absoluter Kulminationspunkt seiner Karriere ist sodann der Auftrag zu bewerten, Papst Leo XIII. zu porträtieren. Als Präsident der Münchner Künstlergenossenschaft versuchte er, neuere Kunstbestrebungen zu unterdrücken, was ihm nicht gelingen konnte.

F. von Lenbach, ein sozialer Aufsteiger allerersten Ranges, hatte eine beispiellose Karriere. Da er zu einem der gefragtesten Bildnismaler seiner Zeit wurde, hatte er Zugang zu Adel und Großbürgertum der Gründerzeit. Die Lenbach-Villa in München am Königsplatz ist Ausdruck seines Lebensstils.

Gemälde von F. von Lenbach befinden sich im Suermondt-Museum in Aachen, in der Berliner Nationalgalerie, im Museum der bildenden Künste in Budapest, im Düsseldorfer Kunstmuseum, in der Niedersächsischen Landesgalerie in Hannover, in der Münchner Neuen Pinakothek, Schack-Galerie und im Lenbachhaus.

Literatur:
Sonja Mehl, Franz von Lenbach in der Städtischen Galerie im Lenbachhaus, München. München 1980. – Ausst.-Kat. Städtische Galerie im Lenbachhaus, München. Franz von Lenbach. 1986/1987.

76 Marchesa di Montagliari

Schwarze Tusche und etwas Pastell über dünnem Farbstift auf Karton, 51,5 × 41,5 cm
Verso: Aufkleber mit Hinweis auf Maler und Titel sowie auf die Auktion Neumeister vom Mai 1981. Das Werk wird dort 1889 datiert. Stempel von Frau Lolo von Lenbach mit der handschriftlichen Bestätigung, dass es sich um ein Werk von Franz von Lenbach handele – vom 24. Februar 1937. Nachlass.Nr. 76.

Die Studie ist als Brustbild angelegt, obschon Hals und Oberkörper nur als gezeichneter Umriss erscheinen. Der Kopf ist so weit ausgeführt, dass die Elemente der Physiognomie deutlich hervortreten. Augen und Nase sind am stärksten ausgeführt. Der zeichnerische Umriss setzt hier deutlich Akzente. Der Kopf ist ganz leicht nach rechts gedreht, der Blick der Marchesa aber auf den Betrachter gerichtet. Der Hintergrund zeigt überwiegend die unbearbeitete Malpappe. Die Städtische Galerie im Münchner Lenbachhaus bewahrt das ausgeführte Porträt der Marchesa di Montagliari (Öl auf Leinwand, 115 × 72 cm. Spätere achtziger Jahre). Im zit. Katalog werden noch andere Studien dazu aufgeführt.

Die Familie ist ursprünglich deutsch und änderte ihren alten Namen (Meyer) in di Montagliari. 1886 erhielt die Familie den Titel Marchese. Die Dargestellte ist vielleicht die Tochter oder Schwiegertochter des Enrico di Montagliari (1802-1877).

Provenienz:
1981 Münchner Kunsthandel.

Literatur:
Sonja Mehl, Franz von Lenbach in der Städtischen Galerie im Lenbachhaus, München. München 1980, Nr. 419 (Ausführung und Studien).

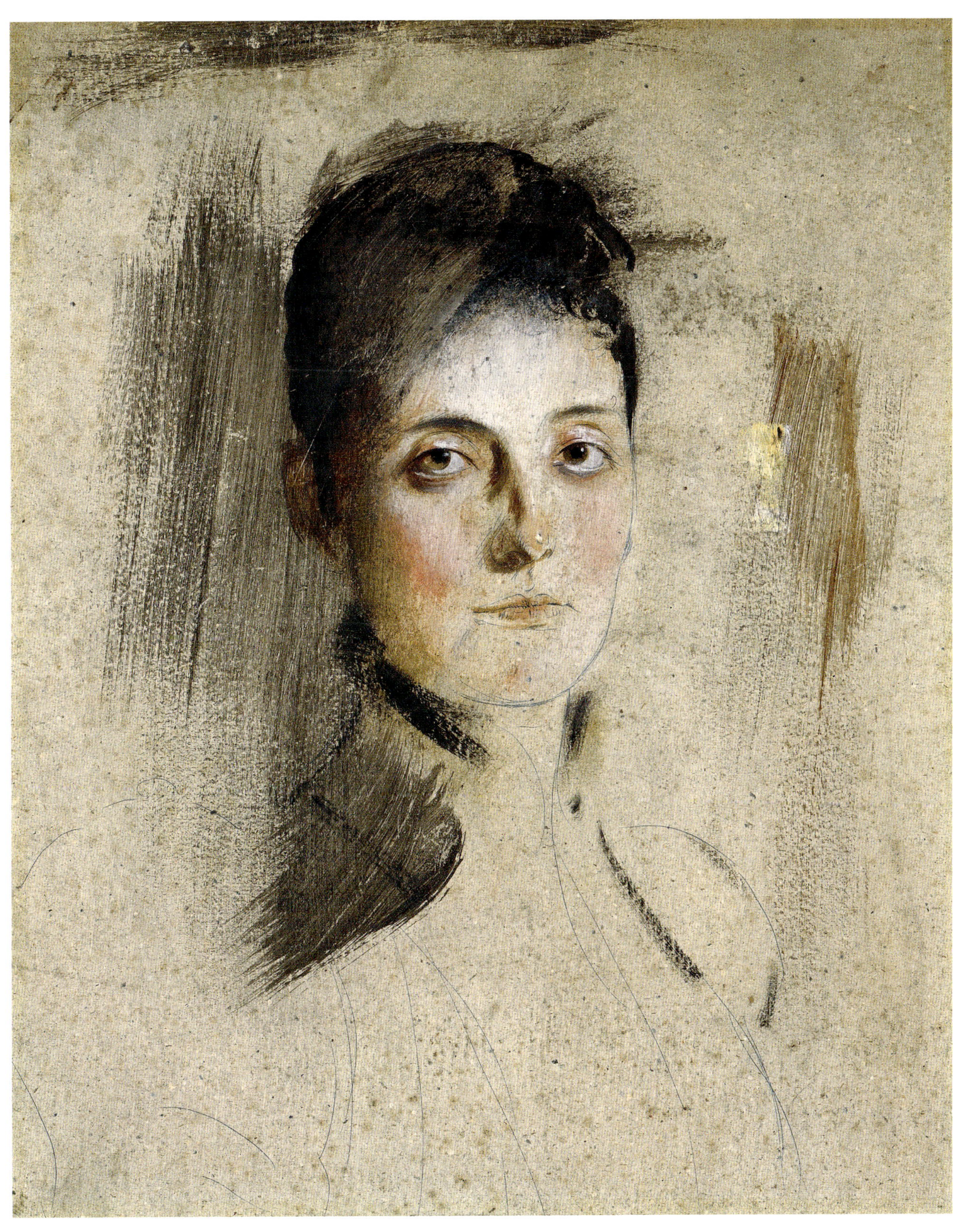

Adolf Lier

1826 Herrnhut – 1882 Wahren bei Brixen in Südtirol

Der Künstler ließ sich zunächst als Architekt ausbilden, was von 1840 bis 1843 in Zittau an der Königlichen Baugewerbeschule geschah und mit einer Maurerlehre verbunden war. 1843 trat er in das Polytechnikum in Dresden ein und arbeitete dort von 1846/47 im Atelier Gottfried Sempers. 1849 begab er sich nach München, um dort an der Akademie Landschaftsmalerei zu studieren. Allerdings fand er in jenem Institut nicht die erhoffte Unterstützung, bildete sich vor allem autodidaktisch und nahm wichtige Impulse von seinen neuen Freunden R. A. Zimmermann und Eduard Schleich d. Ä. auf. Letzterer bestärkte ihn auch darin, nach Paris und Barbizon zu reisen, was er 1861 tat.

Jedoch kam er bei dieser ersten Parisreise noch nicht mit den Meistern der Schule von Barbizon in Kontakt. Stattdessen kopierte er im Louvre holländische Malerei des 17. Jahrhunderts und schloss bei seiner Rückreise Freundschaft mit dem Düsseldorfer Maler Oswald Achenbach. Studienreisen ins bayerische Oberland und nach Salzburg. 1864 folgte die zweite Parisreise, und in diesem Jahr lernte er einige Maler der Ecole de Barbizon näher kennen, insbesondere Jules Dupré. Es schlossen sich weitere Reisen nach Schottland und England an. 1869 wurde er kunstpolitisch aktiv, indem er von der Regierung den Auftrag erhielt, in Paris und Belgien Werke hoher Qualität für die Erste Internationale Ausstellung im Münchner Glaspalast zu selektieren. Ab 1876 entstanden die meisten seiner Gemälde wegen seiner angegriffenen Gesundheit im Atelier.

Indem er die Vorgebirgswelt dem alpinen Terrain vorzog, wurde A. Lier zum Schilderer Oberbayerns, wobei ihn die Freilichtmalerei zu einem Bindeglied zwischen der Biedermeiergeneration und dem Impressionismus macht. Innerhalb der Münchner Pleinairisten wie Schleich d. Ä. und J. Wenglein nimmt er eine bedeutende Stellung ein.

Gemälde von Adolf Lier befinden sich im Städelschen Kunstinstitut in Frankfurt a. M., in der Staatlichen Kunsthalle Karlsruhe, in der Kieler Kunsthalle, in breiter Auswahl in der Münchner Neuen Pinakothek sowie im Lenbachhaus und im Museum Georg Schäfer in Schweinfurt.

Literatur:
Theodor Mennacher, Adolf Lier und sein Werk. München 1928. – Horst Ludwig u. a., Bruckmanns Lexikon. Bd. III, München 1982, S. 52–56.

77 Oberbayerischer Hochzeitstag, 1857

Öl auf Leinwand (doubliert), 81 × 112 cm
Signiert unten links: *ALier* (A und L ligiert) *München 1857*

Ein Hochzeitszug bewegt sich von einem Hang auf einer Treppenanlage nach unten. Über den Baumwipfeln ist noch der barocke Kirchturm mit Zwiebelhaube zu erkennen. Das Brautpaar in oberbayerischer Tracht führt den Zug an. Unten am Ende der Treppe stehen einige Musiker mit Blasinstrumenten, begleitet von zwei Kindern. Im Vordergrund steht neben einem Gewässer ein Hütebub mit drei Ziegen und betrachtet das Geschehen. Auf der linken Bildseite verdecken hohe Bäume mit dichtem Laub den Blick in die Ferne. Ganz rechts zeigt ein Steinbruch seine steilen Wände, die oben mit Buschwerk und kleinen Bäumen bewachsen sind. Darüber werden noch Teile des sommerlich bewölkten Himmels sichtbar.

Da das Gemälde 1857 datiert ist, dokumentiert es anschaulich die Phase A. Liers, bevor er 1861 und 1864 seine Parisreise unternommen hat. Es ist der Zeitraum, in dem er bereits die Impulse seines Freundes und Lehrers Schleich d. Ä. rezipiert und verarbeitet hat. Das bedeutet, dass er bei diesem Werk die spätromantische Tradition des fest und klar umrissenen Gegenstandes bereits verlassen hat und der konturauflösenden Wirkung des Freilichts Beachtung schenkt. Das erkennt man vor allem am Laubwerk der Bäume, die nicht nur summarisch hingetupft werden, sondern atmosphärisch die Licht - und Schattenpartien heraustreten lassen. Aber auch die Wiedergabe der Personen nimmt an diesem pleinairistischen Ansatz teil.

Bei Boetticher lautet der Titel des Gemäldes: »Steinbruch mit Kapelle an der Bieber bei Brannenburg im bayr. Hochlande.« Bei Mennacher heißt es: »Motiv bei Brannenburg«.

Provenienz:
Dresden, akad. Kunstausstellung. 1857 – Berlin, Nationalgalerie. Nachlassausstellung. 1883, Kat.-Nr. 102 – 2003 Münchner Kunsthandel.

Literatur:
Friedrich von Boetticher, Malerwerke des 19. Jahrhunderts. Bd. I,2, Dresden 1895, S. 905, Nr. 8. – Theodor Mennacher, Adolf Lier und sein Werk. München 1928, S. 56, Nr. 133.

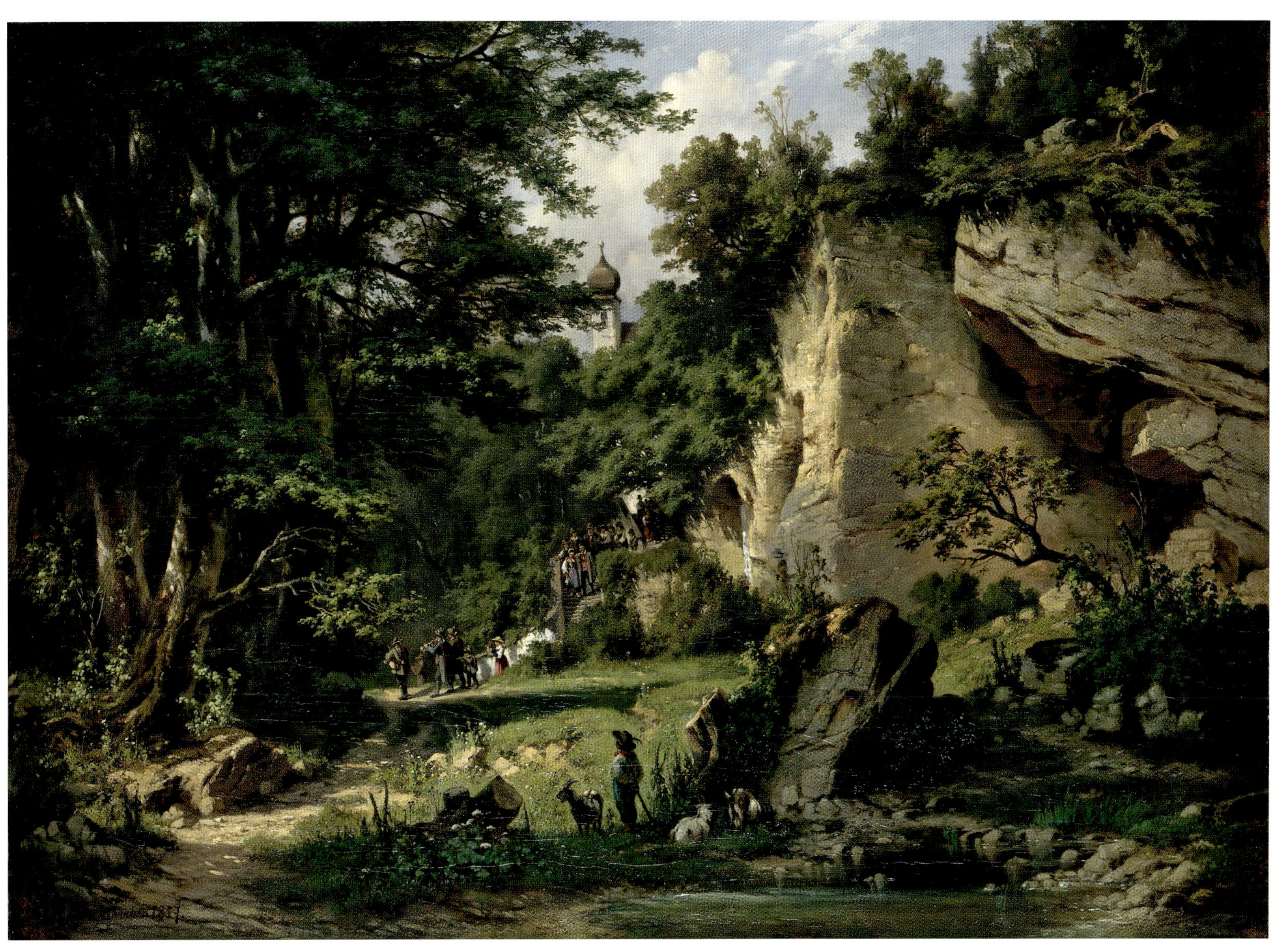

Alexander von Liezen-Mayer

1839 Raab/Györ in Ungarn – 1898 München

Nach Anfängen an der Wiener Akademie trat der Künstler Mitte der fünfziger Jahre in die Münchner Akademie ein und wurde dort Schüler von Georg Hiltensperger, Hermann Anschütz und ab 1862 von Karl Theodor Piloty. Um 1870 hielt er sich zeitweise in Wien auf und um 1880 in Stuttgart. Kurz darauf wurde er als Professor an die Münchner Akademie berufen und hatte bald einen großen Schülerkreis. Er wurde zu einem typischen Vertreter der Piloty-Schule, die das gründerzeitliche Historienbild mit authentischen Requisiten ausstattete.

Literatur:
Horst Ludwig u. a., Bruckmanns Lexikon. Bd. III, München 1982, S. 57.

78 Putti mit Blumenfüllhorn

Schwarze Kreide auf getöntem Papier. Blattgröße: ca. 56,5 × 39 cm
Signiert unten rechts: *aLiezenmayer*

Ein Putto schwebt mit einem Füllhorn, dem Sinnbild des Überflusses und ländlichen Segens, herab. Gefüllt ist es mit Blüten, die in verschwenderischer Fülle ausgeschüttet werden. Begleitet wird er von zwei anderen Putti, von denen der rechte einen palmenartigen Zweig trägt.

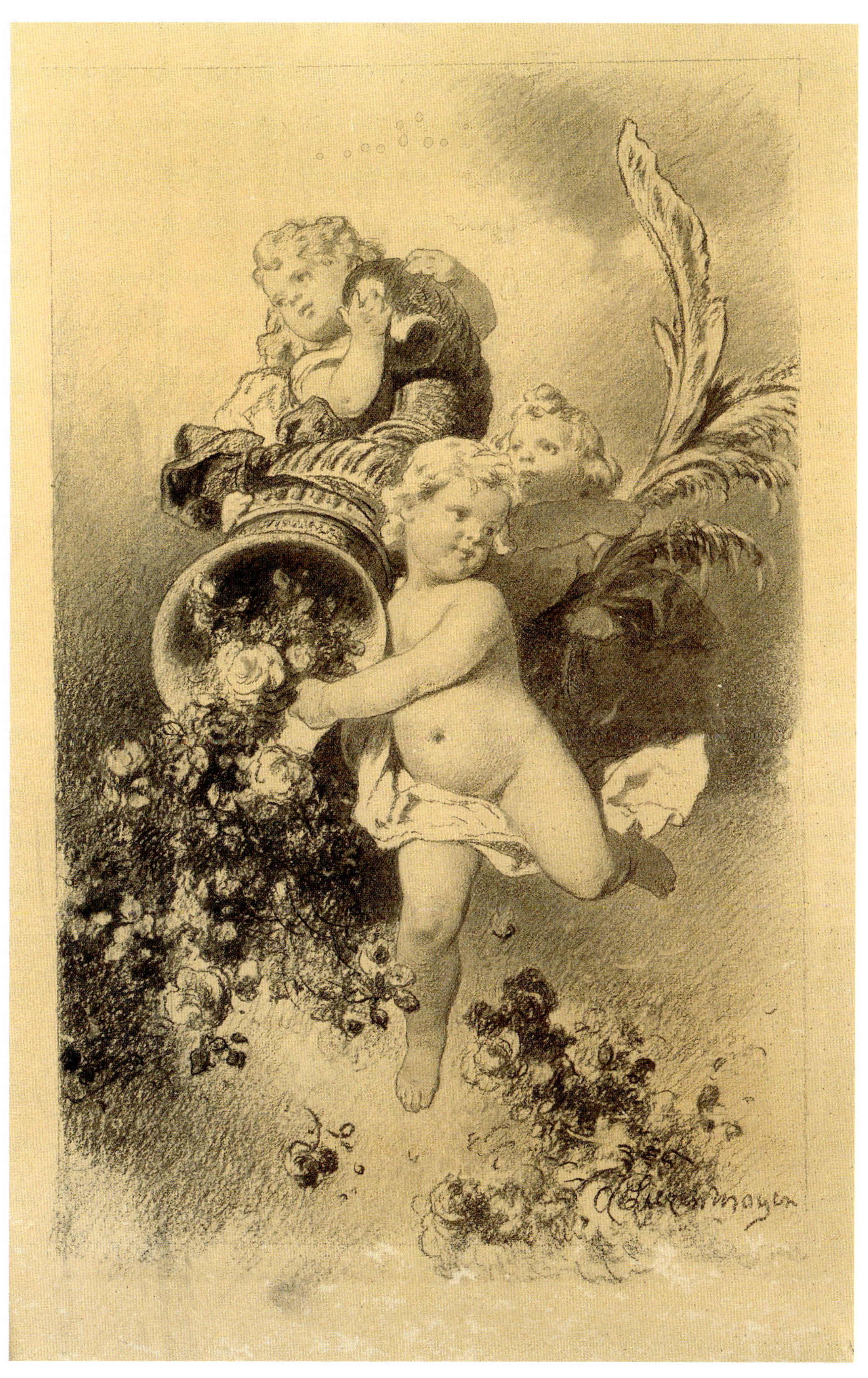

Hermann Lindenschmit

1857 Frankfurt a. M. – 1939 München

Der Künstler, Sohn von Wilhelm Lindenschmit d. J., traf zusammen mit seinem Vater 1863 in München ein. 1877 trat er in die Münchner Akademie ein und wurde dort Schüler von Alexander Strähuber, Ludwig von Löfftz und anschließend bis 1883 bei seinem Vater. Kurz darauf machte er eine Studienreise nach Italien, gefolgt von Aufenthalten im bayerischen Gebirge und in Tirol. Motivlich stellte er wie auch der Defregger-Kreis das gründerzeitliche Genrebild ins Zentrum seiner Bemühungen.

Gemälde von H. Lindenschmit befinden sich in der Münchner Neuen Pinakothek.

Literatur:
Horst Ludwig u. a., Bruckmanns Lexikon. Bd. III, München 1982, S. 58, 59.

79 Sitzende junge Frau

Bleistift auf Papier, 18,5 × 15 cm
Signiert unten rechts: *H. Lindenschmit*

Die junge Frau, in alpenländischer Tracht, sitzt auf einer Bank nach rechts gewendet. Kleidung und Körper weisen durchaus Binnenzeichnung auf, was auf eine recht detaillierte Ausführung hinweist. Die Füße dagegen wurden nur angedeutet.

80 Im Interieur

Bleistift auf Papier, 16,3 × 20,5 cm
Signiert unten rechts: *H. L.*

Das skizzenhafte Blatt zeigt eine Mutter auf einem Stuhl mit einem Kind. Eine weitere Person, ebenfalls mit einem Kind, sitzt ihr gegenüber. Dahinter wird noch ein Fenster erkennbar.

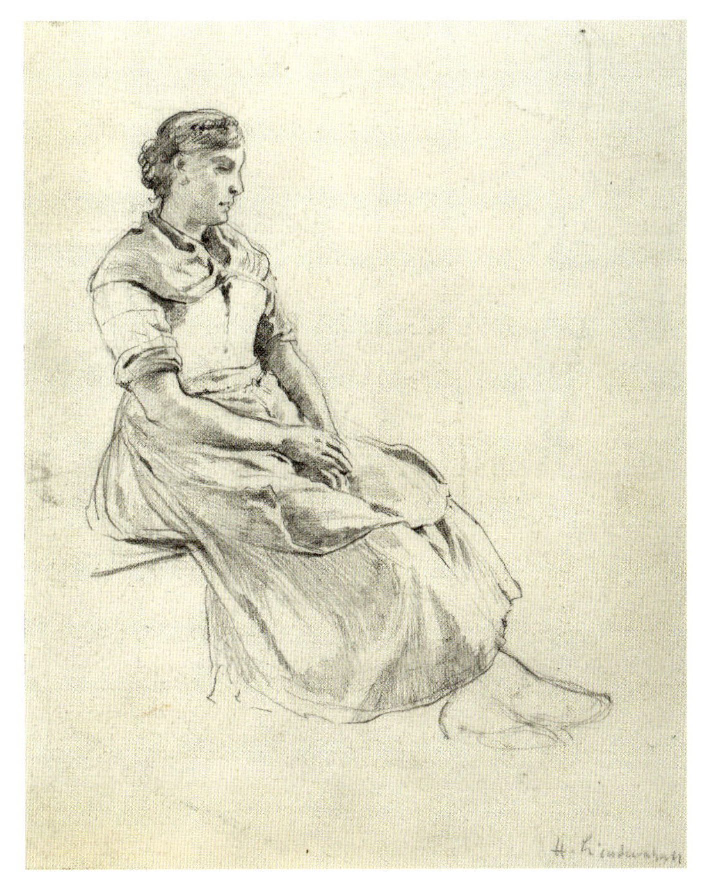

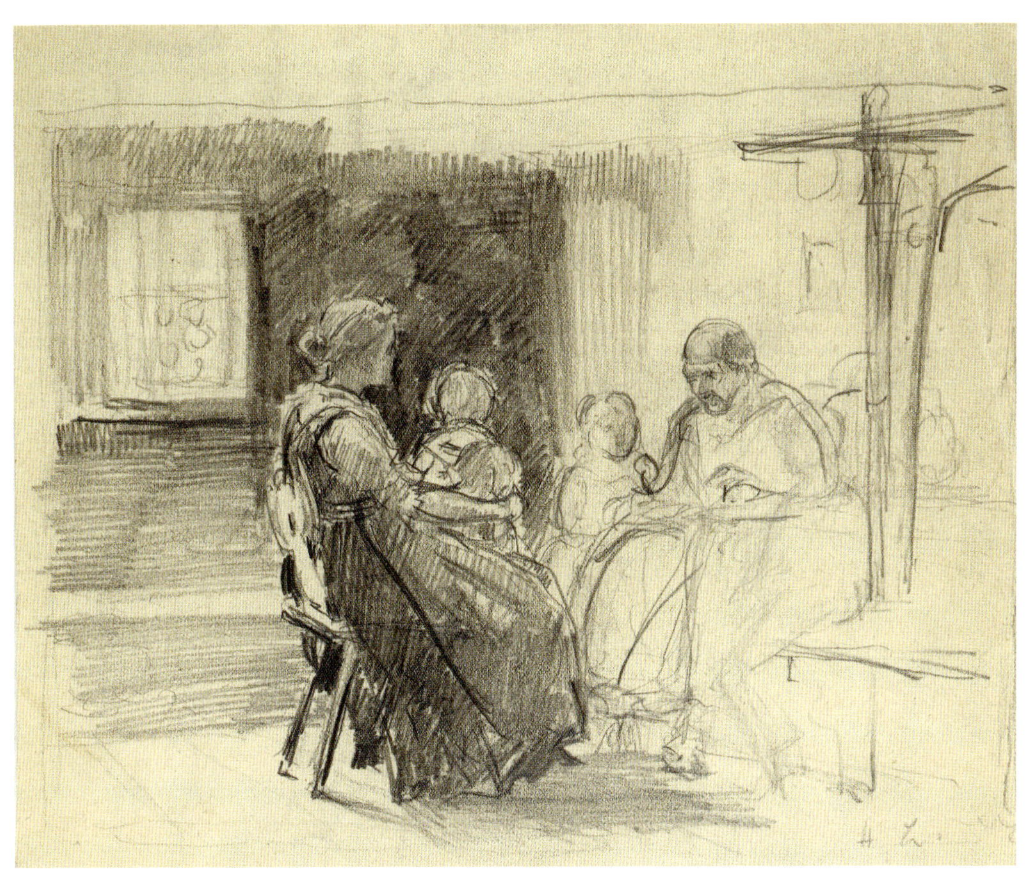

Emil Lugo

1840 Stochach – 1902 München

Der Sohn eines Juristen erhielt bereits auf dem Gymnasium im Alter von etwa 14 Jahren Zeichenunterricht wegen seines unübersehbaren Talents. 1856 konnte er die Badische Kunstschule in Karlsruhe bei Johann Wilhelm Schirmer besuchen. Durch ihn erlernte er einerseits das genaue Naturstudium, andererseits aber auch die historische (heroische) Landschaft. 1871 erhielt er ein Rom-Stipendium, wo er sich bis 1875 aufhalten konnte und dort viele Studien trieb. 1888 übersiedelte er nach München und unternahm von dort aus viele Reisen in den Schwarzwald und später an den Chiemsee.

Wie auch J. W. Schirmer stand er zeit seines Lebens in seiner Kunst zwischen der idealen und der realistischen Landschaftsauffassung. Gemälde von E. Lugo befinden sich im Augustinermuseum in Freiburg im Breisgau und in der Staatlichen Kunsthalle Karlsruhe.

Literatur:
Ausst.-Kat. Augustinermuseum, Freiburg im Breisgau. Emil Lugo. Ausstellung zum 75. Todestag. 1977.

81 Römische Villa am Morgen, 1879

Öl auf Leinwand, 111 × 89,5 cm
Signiert unten rechts: *ELugo79*
Verso: Aufkleber Sammlung Georg Schäfer, Schweinfurt. Nr. 79459514

Ein von Bäumen und Büschen bewachsener flacher Hang mit einem kleinen Feldweg führt zu einer Villa im römischen Stil, die sich oben befindet. Zu erkennen ist eine obere Terrasse mit dahinter befindlichen Loggien. Einige Zypressen überragen den Bau. Vorn am Weg steht eine junge Frau und wendet sich einem Rosenbusch zu, neben sich ein kleines Kind. Der Himmel ist sommerlich hell bewölkt. Die junge Mutter mit dem Kind sowie die römische Villa verleihen dem Tableau eine arkadisch friedliche Note, wie sie E. Lugo bisweilen bevorzugte.

E. Lugo hat zu dem Motiv mehrere Varianten geschaffen. Eine direkte Ölskizze zum vorliegenden Gemälde ist das kleine Werk (Öl auf Pappe, 28,7 × 23,5 cm) der Ausstellung von 1977, Kat.-Nr. 46.

Provenienz:
Aukt.-Kat. Neumeister, München. Bilder aus der Sammlung Georg Schäfer I. Februar 2005, Kat.-Nr. 62.

Literatur:
Mus.-Kat. Augustinermuseum. a. a. O., Kat.-Nr. 46 (mit Erwähnung des vorliegenden Gemäldes).

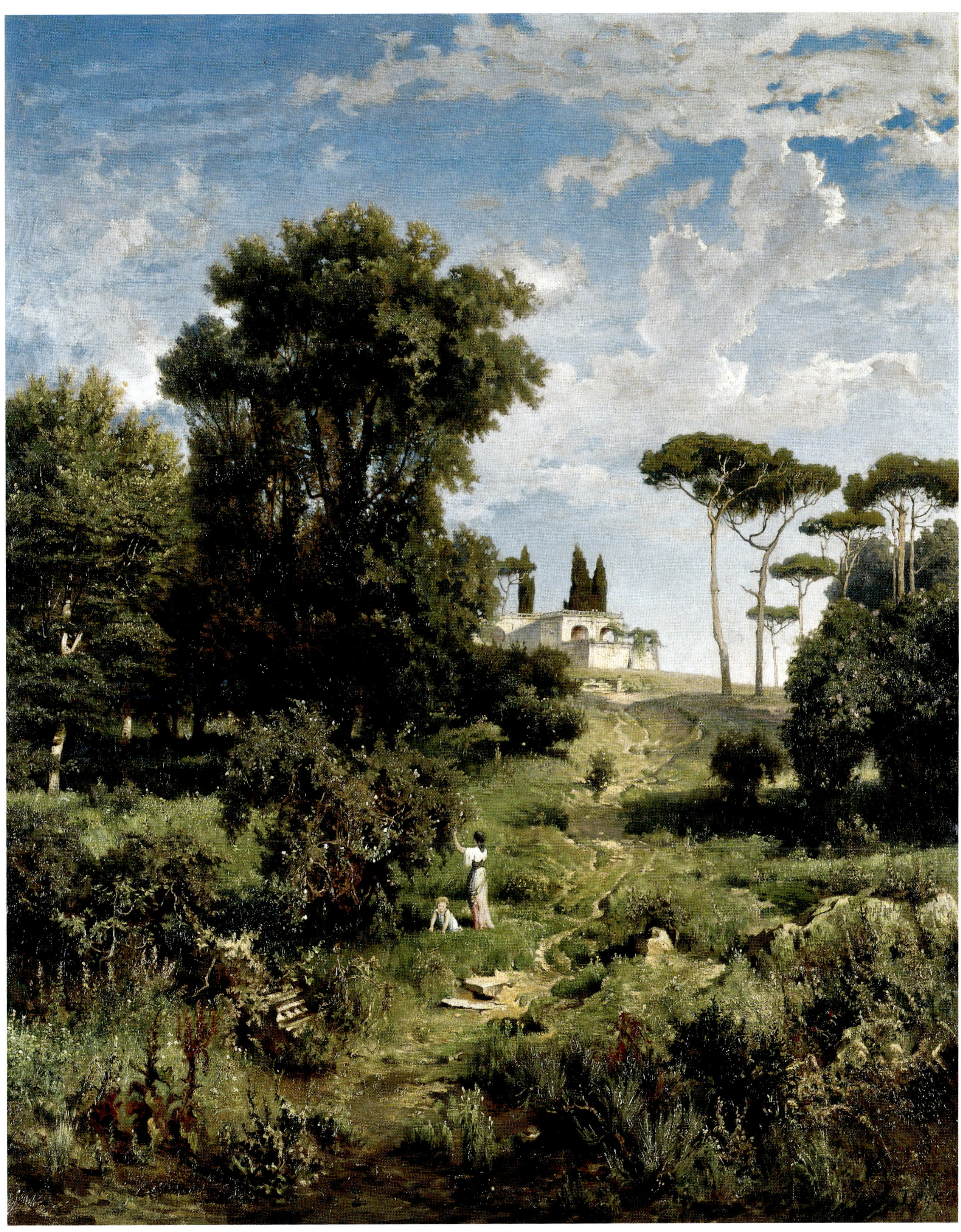

Franz Marc

1880 München – 1916 gefallen bei Verdun

Der Künstler, Sohn des Münchner Genremalers Wilhelm Marc, leistete nach dem Abitur seine Wehrpflicht ab und trat 1900 in die Münchner Akademie als Schüler von Wilhelm von Diez und Gabriel von Hackl ein. 1903 Parisreise und 1906 zusammen mit seinem Bruder Paul zu den griechischen Klöstern auf dem Berg Athos. 1909 siedelte er nach Sindelsdorf über, freundete sich 1910 mit August Macke an und stellte erstmals in München aus. 1911 lernte er Wassily Kandinsky und Gabriele Münter kennen. 1912 Herausgabe des Almanachs »Der blaue Reiter« zusammen mit Kandinsky und Ausstellung in der Galerie Thannhauser in München. In Paris Bekanntschaft mit Robert Delaunay, der ihn koloristisch sehr beeinflussen sollte. Neben Kandinsky war Marc die treibende Kraft der Künstlervereinigung »Blauer Reiter«. Man darf wohl feststellen, dass seine reife Kunst eine Synthese aus Picassos Kubismus und der Farbigkeit Delaunays darstellt. Hinzutritt das Tierbild, das er mit den genannten französischen Stilmitteln ins Kosmische einbindet.

Die hier gezeigten vier Arbeiten – um 1903 bis 1905 entstanden – zeigen den jungen Franz Marc noch ganz im Fahrwasser der Münchner Secession.

Literatur:
Franz Marc, Werkverzeichnis Bd. II. Aquarelle, Gouachen usw. Hrsg. von Annegret Hoberg und Isabelle Jansen. München 2004.

82 Entwurf zu Exlibris Daniel Pesl

Kohle auf grauem, festem Papier, 54,5 × 40 cm
Nicht signiert

Dr. Max Pesl, der mit Franz Marc befreundet war, erteilte diesem den Auftrag, für seinen Bruder Daniel, diesen Exlibris-Entwurf zu gestalten.

Wiedergegeben ist die griechische »Venus von Milo« (Louvre), die auf einem hohen Podest steht, das im unteren Bereich in Majuskeln den Hinweis enthält: EX LIBRIS DANIEL PESL. Die flächige Schwarzweiß-Kontrastierung verfremdet die antike Skulptur im Sinn des Jugendstils. Um 1903.

Literatur:
Franz Marc, Werkverzeichnis (Hoberg/Jansen) 2004. Wv.-Nr. 10.

83 Entwurf zu einem Exlibris

Kohle auf grauem, festem Papier (zwei Papiere zusammengeklebt), 63,8 × 28,5 cm
Nicht signiert

Wie auch Wv.-Nr. 10 setzt dieses Werk schwarze und weiße Flächen im Sinn der Münchner Secession ein. Vielleicht ist auch hier eine antike Skulptur wiedergegeben. Um 1903.

Literatur:
Franz Marc, Werkverzeichnis (Hoberg/Jansen), 2004, Wv.-Nr. 11.

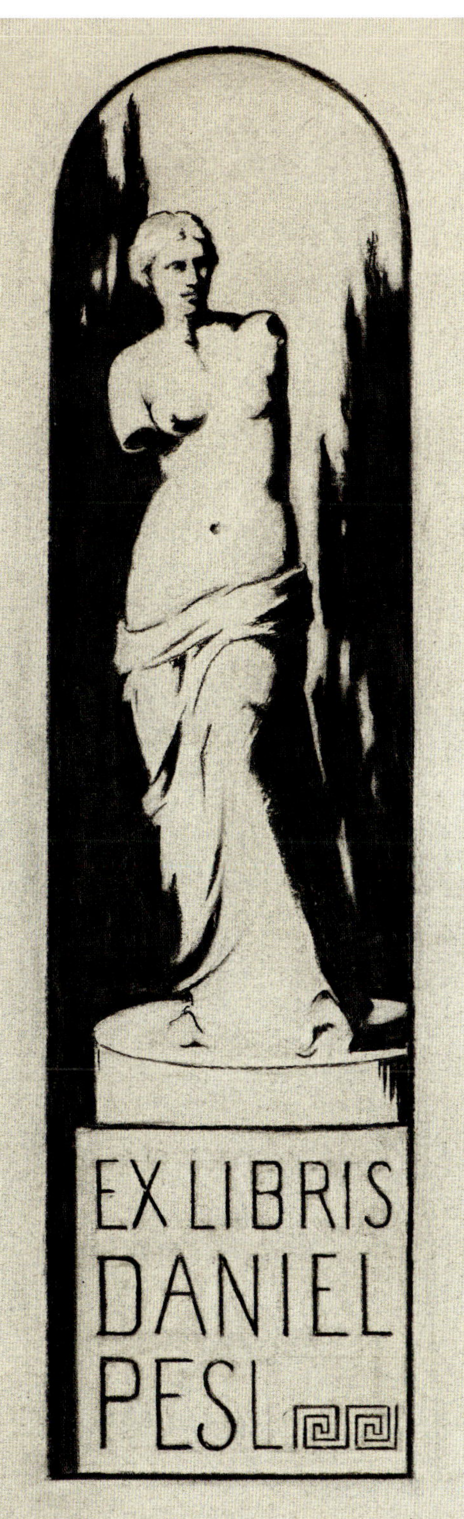
EX LIBRIS
DANIEL
PESL

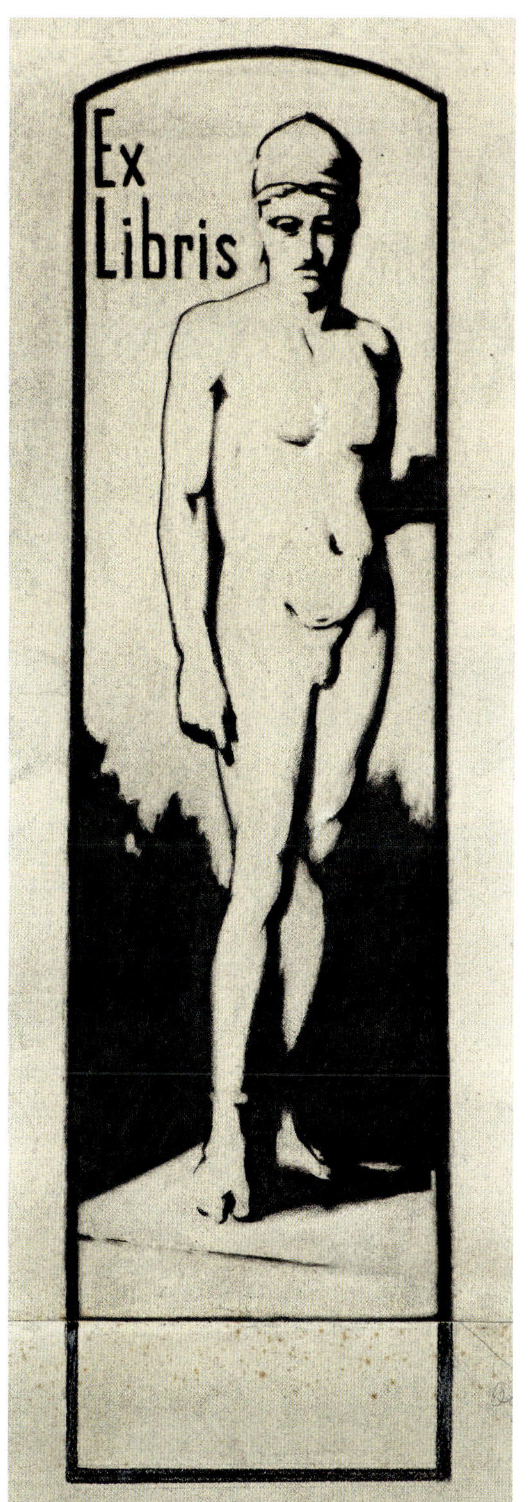
Ex
Libris

84 Entwurf zu Exlibris Paul Marc

Kohle auf grauem, festem Papier, 40,6 × 31,5 cm
Nicht signiert

Anders als bei Wv.-Nr. 10 und 11 dominiert hier die reine Linie, wie sie im Jugendstil bevorzugt eingesetzt wurde. Die junge Frau, als Halbakt wiedergegeben, hält ein aufgeschlagenes Buch über ihrem Kopf und nimmt damit direkt Bezug auf eine Bibliothek oder Büchersammlung. Man fühlt sich stilistisch etwas an Aristide Maillol erinnert. Paul Marc war übrigens der Bruder von Franz Marc. Um 1905.

Literatur:
Franz Marc, Werkverzeichnis (Hoberg/Jansen), 2004, Wv.-Nr. 21.

85 Entwurf zu Exlibris Franz Marc

Kohle auf grauem, festem Papier, 39,8 × 42,5 cm
Nicht signiert

In diesem Fall hat Franz Marc den Entwurf für sich selbst gestaltet, wie man der Inschrift entnehmen kann. Auf einen Maler soll auch die Palette hinweisen, die mit dem Baum auf der linken Bildseite verbunden ist. Eine junge Frau, unbekleidet, sitzt an einem Gewässer und schaut sehnsuchtsvoll auf die Wasserfläche. Dem Jugendstil entsprechend, dominieren Linien die Komposition. Um 1905.

Literatur:
Franz Marc, Werkverzeichnis (Hoberg/Jansen), 2004, Wv.-Nr. 22.

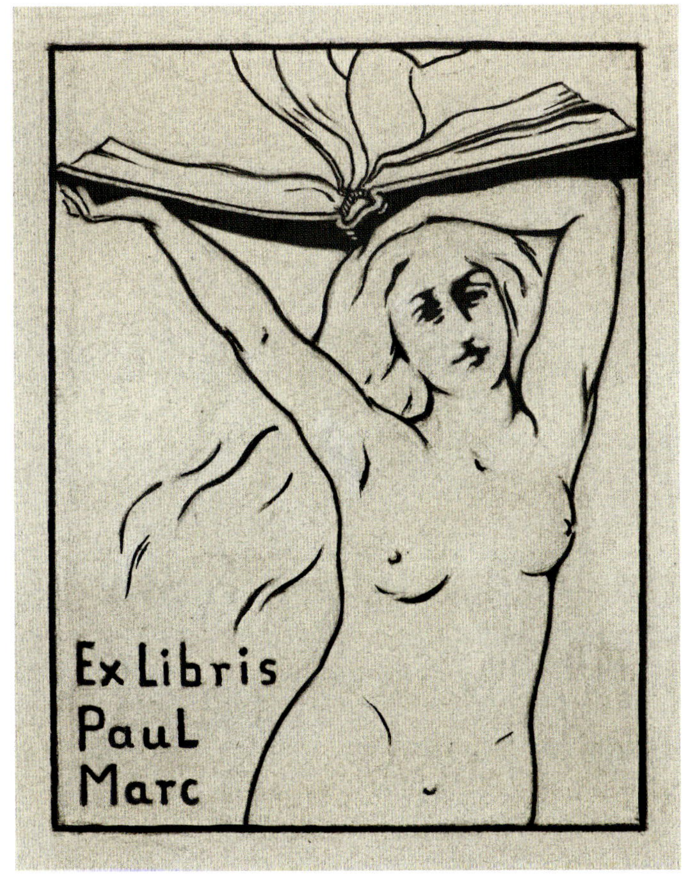
Ex Libris
Paul
Marc

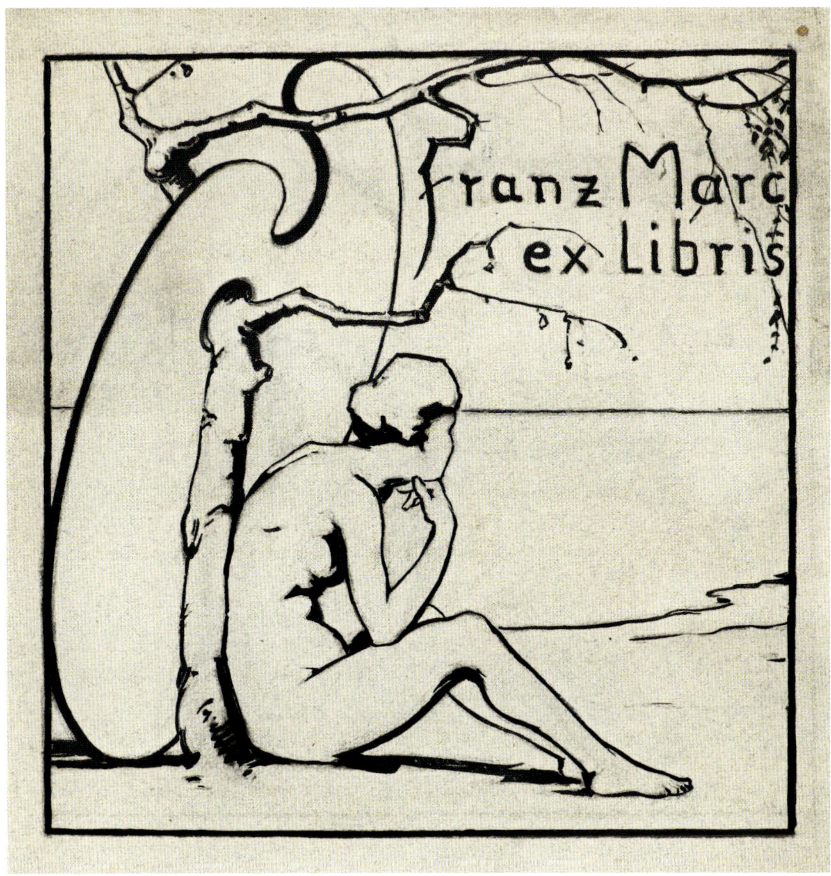
Franz Marc
ex Libris

Carl von Marr

1858 Milwaukee – 1936 München

Der Künstler begann seine Studien bei Ferdinand Schauß in Weimar, ging nach zwei Semestern nach Berlin und wurde dort Schüler von Karl Gussow. Anschließend begab er sich nach München und wurde dort Schüler von Gabriel von Max und Wilhelm Lindenschmit d. J. An der Münchner Akademie lehrte er selbst als Professor von 1890 bis 1924. Als Präsident der Münchner Künstlergenossenschaft wirkte er seit 1915 und war somit auch langjähriger Leiter der Münchner Glaspalastausstellungen. Als eines seiner Hauptwerke hat das Gemälde »Die Flagellanten« von 1889 zu gelten. C. von Marr ist als Maler zwischen Gründerzeit und Secession anzusehen, obschon er selbst der Secession nicht angehört hat. Immerhin war er seit 1897 korrespondierendes Mitglied der Wiener Secession und hat dort gelegentlich auch ausgestellt.

Werke von C. von Marr werden im Kouvoutsakis Art Institute in Athen, in der Münchner Neuen Pinakothek sowie im Münchner Lenbachhaus, im West Bend Art Museum in USA und in der Sammlung City of Milwaukee aufbewahrt.

Literatur:
Horst Ludwig u. a., Bruckmanns Lexikon, Bd. III, München 1982, S. 113–115. – Ausst.-Kat. Historisches Museum, Berlin. Vice Versa. Deutsche Maler in Amerika. Amerikanische Maler in Deutschland. 1813–1913. 1996, S. 127–135, 469.

86 Rückenansicht eines alten Mannes mit erhobener Hand, 1888

Bleistift auf Papier, 45,8 × 26,8 cm
Signiert unten rechts: *Carl Marr 88*

In der Sammlung befindet sich etwa ein halbes Dutzend Blätter zu dem Gemälde »Die Flagellanten« (Abb. des Gemäldes als Stich in: Die Kunst für Alle. V, München 1889/90). Das Gemälde wurde 1884 begonnen und 1889 vollendet. Es zeigt eine große Menschenmenge vor den Stufen einer italienischen Kirche, die sich geißelt. Auch auf den Stufen wie oben vor den Portalen ist die Menge fast unübersehbar. Zwischen den entblößten Oberkörpern der Flagellanten geben einige Priester Anweisungen. Die Flagellanten oder Geißelbrüder sind eine mittelalterliche Bruderschaft, die durch Geißelung des Körpers Sündenvergebung und Gnade erlangen wollte.

Die vorliegende Zeichnung zeigt die Rückenfigur eines alten Mannes mit entblößtem Oberkörper und erhobener Rechten. Darunter erscheint der Arm noch einmal. Die Figur bezieht sich wohl auf einen Flagellanten im ausgeführten Gemälde, der links oben neben den Portalen sich in einer großen Menschenmenge befindet und entsprechend klein erscheint. (S. zum Gemälde »Die Flagellanten« auch Thomas D. Lidtke, Carl Marr: Leben und Werk. In: Vice Versa. A. a. O., S. 130, Abb. 5.) und Ausst.-Kat. haus der Kunst, München. 200 Jahre Akademie der Bildenden Künste. München 2008, S. 204, 205. Das Gemälde befindet sich in der Sammlung der City of Milwaukee. Öl auf Leinwand, 420 × 790 cm.

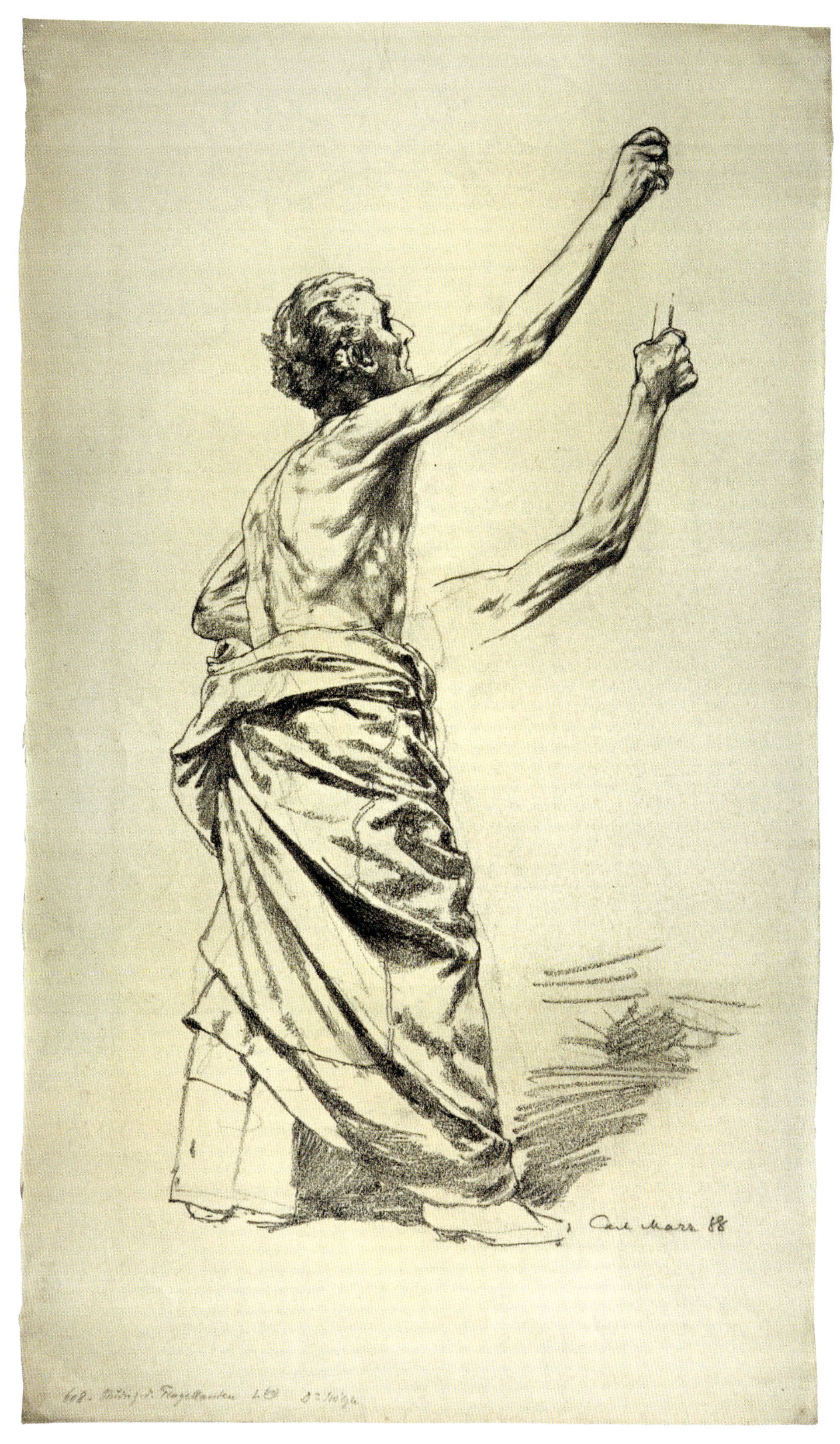

87 Zwei Figurenstudien, 1889

Bleistift auf Papier, 41 × 28 cm
Signiert unten rechts: *Carl Marr München 89.*

Die linke weibliche Gestalt, wohl eine Nonne, findet sich vielleicht auf dem Gemälde unter der Säule rechts wieder. Denn dort erkennen wir eine vergleichbare Gestalt, die ihre Hände betend vor dem Körper hält. Der charakteristische alte Mann wiederum mit dem Gehstock findet sich meiner Meinung nach auf dem Gemälde ganz rechts wieder.

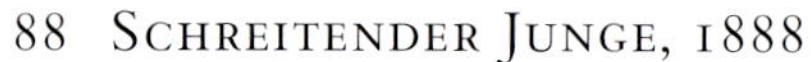

88 Schreitender Junge, 1888

Bleistift auf grauem Papier, 37,2 × 30 cm
Signiert Mitte unten: *Carl Marr 88*

Der Junge trägt eine eng anliegende Hose, darüber ein kurzes Hemd. Als Kopfbedeckung dient eine Kappe. Sein linker Arm ist nach rechts ausgestreckt.

Beim ausgeführten Gemälde erscheint ein solcher Junge auf der rechten Bildseite vor dem alten Mann auf den Stufen.

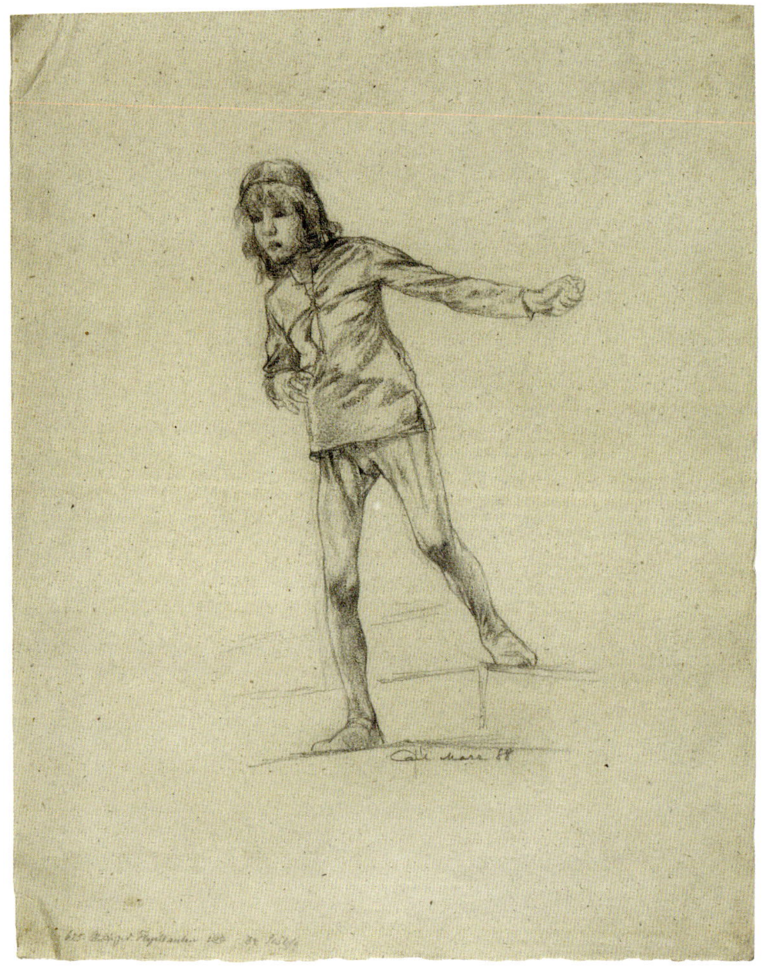

88

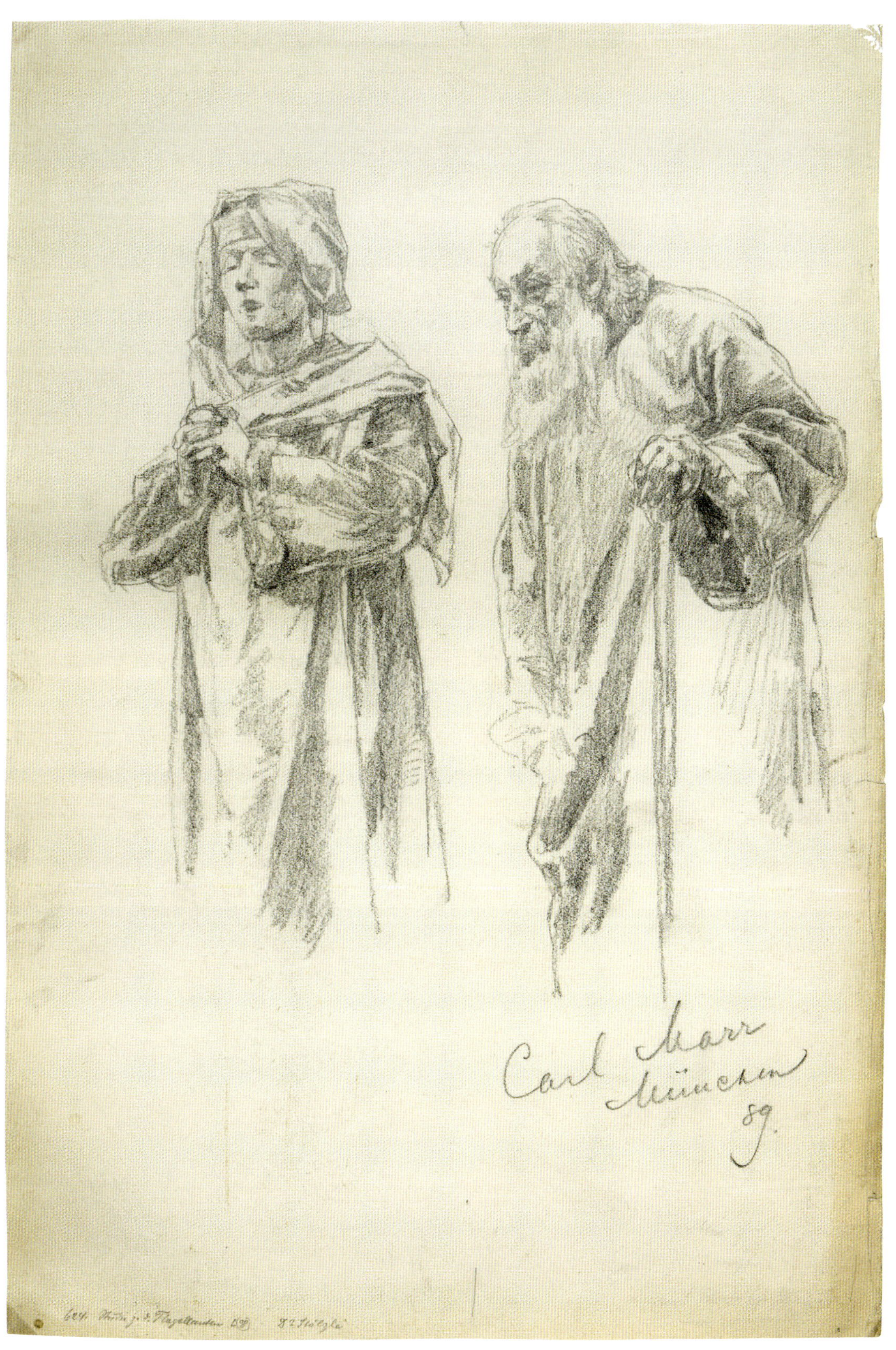
Carl Marr
München
89.

79 Acht bittende Göttinnen vor Zeus

Aquarell, weiß gehöht auf Papier, ca. 56 × 40 cm
Signiert unten rechts: *C.M.*

Zeus, der Vater der antiken Götter, sitzt auf der rechten Bildseite, den Adler neben sich. In seiner Linken hält er einen Stab, seine Rechte ist zum Kinn geführt. Gekleidet ist er in wallende Gewänder. Vor ihm in einer Reihe knien zwei Göttinnen, ihnen folgen weitere stehende Frauengestalten. Sie tragen ebenfalls weite, faltenreiche Gewänder, welche gleichwohl die Körperformen betonen und meistens schulterfrei sind. Unten, wohl auf der Erde, sind ein liegender Mann und eine liegende Frau zu erkennen.

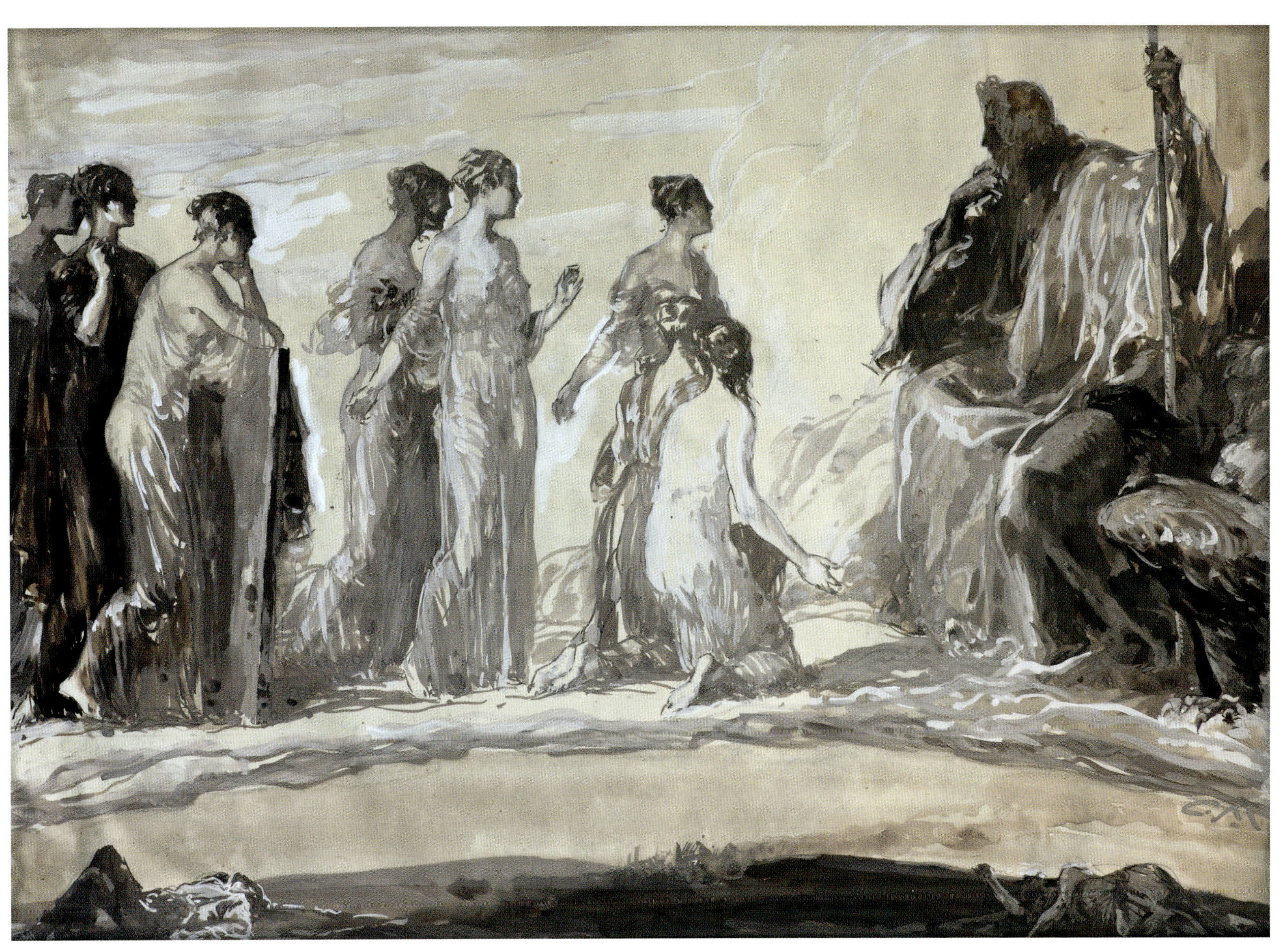

Gabriel Max

1840 Prag – 1915 München

Nach Anfängen an der Prager Kunstakademie von 1855–1858 bei Eduard von Engerth setzte G. Max bis 1861 seine Studien an der Wiener Akademie bei Carl von Blaas, Christian Ruben und anderen fort. Abschließende Studien betrieb er von 1863–1867 an der Münchner Akademie bei Piloty als Kommilitone von Defregger und Makart. Seinen ersten durchschlagenden Erfolg hatte er 1867 mit dem Werk »Märtyrerin am Kreuz«. Seit 1869 hatte er sein eigenes Atelier in München, im Sommer hielt er sich in Ammerland am Starnberger See auf.

Bereits in Prag hatte er sich mit Parapsychologie, mit dem Darwinismus und mit mystisch-religiöser Thematik befasst und fühlte sich zeitweise mehr als Wissenschaftler denn als Künstler. Er transponierte das gründerzeitliche Genre ins Spiritistisch-Allegorische, Symbolhafte oder mit seinen Affenbildern auch ins Darwinistische. So steht er auch bereits inhaltlich-formal der Secessionskunst nahe.

Gemälde von G. Max befinden sich in der Hamburger Kunsthalle, im Museum der bildenden Künste in Leipzig, in der Münchner Neuen Pinakothek und im Lenbachhaus, im Reiß-Museum in Mannheim und im Museum Georg Schäfer in Schweinfurt.

Literatur:
Kai Artinger, Der beobachtete Mensch. Gabriel Max' »Affen als Kunstrichter« und Paul Meyerheims »Affenakademie« im Kontext der Anfänge der anthropologischen Forschung. In: Münchner Jahrbuch der bildenden Kunst. München 1995, S. 163–174. – Harald Siebenmorgen, Gabriel von Max und die Moderne. In: Festschrift für Johannes Langner zum 65. Geburtstag. Münster 1997, S. 215–241.

90 Drei Affen, 1894

Öl auf Leinwand, 25,5 × 30,5 cm
Signiert oben rechts: *GvMax 27.3.94*

Gabriel Max, Mitbegründer der Münchner Secession und in vielerlei Hinsicht als Prä-Symbolist zu bezeichnen, begann schon in den frühen siebziger Jahren Affen-Motive wiederzugeben, wie z.B. »Schmerzvergessen« von 1875. Berühmt wurde sein Gemälde »Affen als Kunstrichter« von 1889 in der Münchner Neuen Pinakothek. Er war darwinistisch interessiert und somit auch an den Entwicklungsstufen der Affen bis hin zum Menschen.

Das vorliegende Werk von 1894 zeigt drei Affen nebeneinander jeweils als Brustbild. Neugierig und wohl auch etwas traurig blicken sie auf den Betrachter, wobei G. Max vor allem die menschlichen Verhaltensweisen interessierten. Die obere und untere waagerechte Leiste scheint darauf hinzudeuten, dass sie sich vielleicht in einem Käfig befinden. Der Hintergrund ist neutral dunkel. Wie stets bei seinen Gemälden ist der Farbauftrag eher kleinteilig und glatt, sodass Max die Behaarung der Tiere und andere Details veranschaulichen konnte.

Provenienz:
2005 Münchner Kunsthandel.

Literatur:
Messe-Katalog, München. 2005, S. 172.

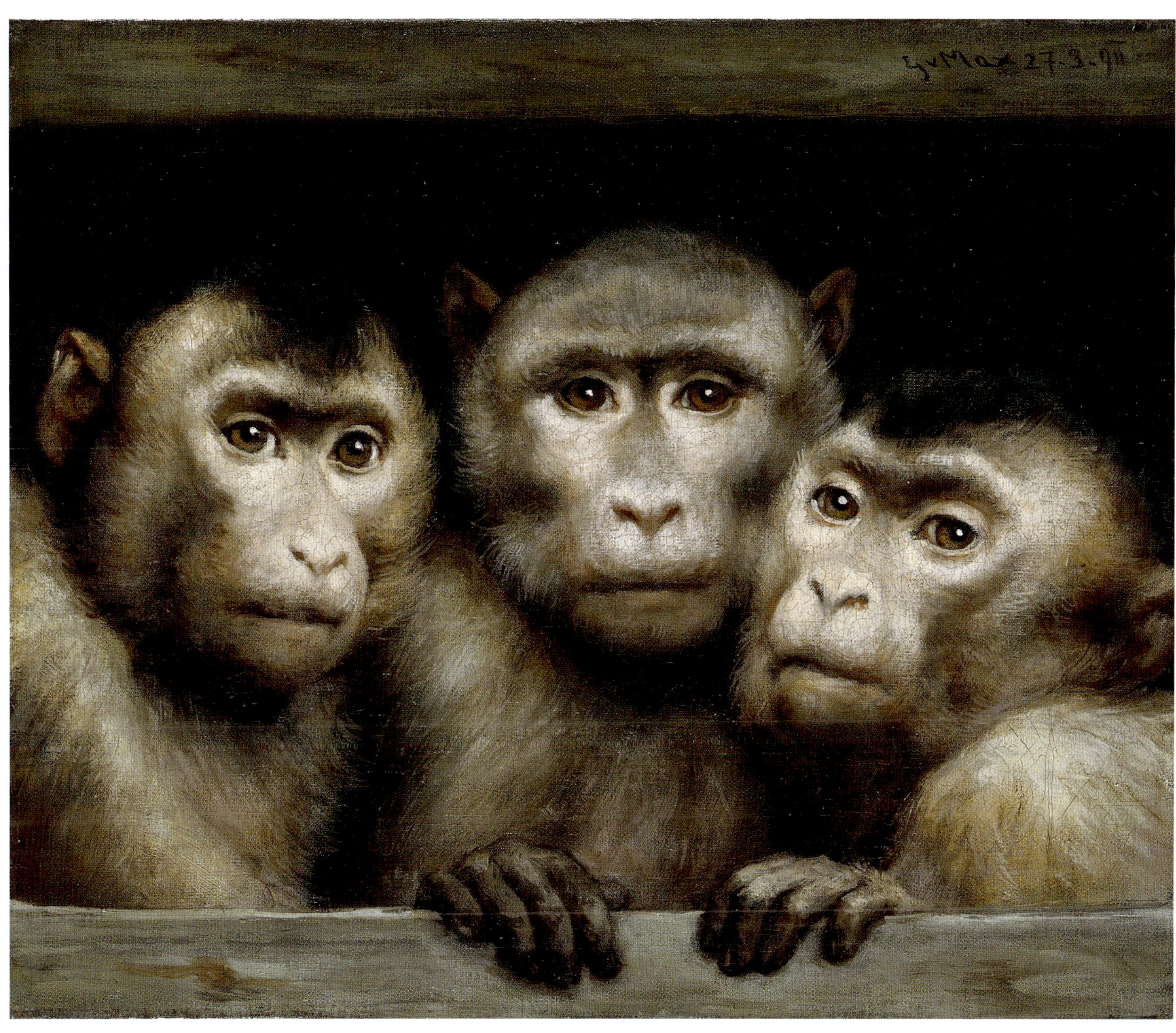

Wilhelm Melchior

1817 Nymphenburg/München – 1860 München

Der Künstler, Sohn des Georg Wilhelm und Bruder des Joseph Wilhelm Melchior, ist vor allem schwer von seinem Bruder zu unterscheiden. Beide waren sie Tiermaler und Lithographen und haben insbesondere Pferde und Rinder im Freien gemalt. Wilhelm soll an der Münchner Akademie studiert und sich um 1850 in London aufgehalten haben. Gewiss ergeben sich auch Parallelen zu dem sehr viel älteren Max Joseph Wagenbauer, der das Münchner Tierbild wesentlich beeinflusst hat.

Literatur:
Horst Ludwig u. a., Bruckmanns Lexikon. Bd. III, München 1982, S. 142–144.

91 Bauernfamilie mit ihren Tieren vor ihrem Haus, 1844

Öl auf Leinwand (doubliert), 46,5 × 40,5 cm
Signiert unten links: *W. Melchior. München 1844*

Tiere haben sich neben zwei Bäume gelagert. Deutlich sind zwei Schafe und ein Rind zu erkennen, die am Boden liegen. Zwei andere Tiere liegen vorn rechts im Schatten. Dahinter in einer tiefen Blickachse sind weitere Schafe auszumachen. Am Horizont wird eine Ortschaft mit einem gotischen Kirchturm erkennbar. Neben den Bäumen vorn bei den Tieren steht das Bauernpaar. Die Frau hält ein Kind in ihren Armen. Der Mann ist ihr zugewendet und ist von hinten sichtbar. Dahinter steht das Haus mit einem schadhaften Strohdach. Der leicht bewölkte Himmel ist von der tief stehenden Sonne hellrot-gelblich verfärbt. Vergleichbare Szenerien hat Paulus Potter im 17. Jahrhundert in die holländische Malerei eingeführt. Auffällig ist hier ein gewisses Maß an Buntfarbigkeit, wie sie auch Heinrich Bürkel liebte, ein Münchner Zeitgenosse Wilhelm Melchiors. Der Farbauftrag selbst ist ziemlich kleinteilig, um die Details mitteilen zu können, aber nicht ängstlich und im zulässigen Rahmen mit Temperament und Verve ausgeführt. Das Besondere sind die Lichthöhungen der Baumstämme, frei und lebendig gestaltet. Überhaupt wird der Lichtführung alle Aufmerksamkeit geschenkt. Sehr traditionell und angelehnt an die Kompositionsprinzipien des 17. Jahrhunderts ist die dunkle Zone vorn rechts, die als Repoussoir eingesetzt wird, um den anderen Partien eine Tiefenräumlichkeit zu ermöglichen.

Provenienz:
Aukt.-Kat. Neumeister, München. Juni 2002, Kat.-Nr. 799 mit Abb.

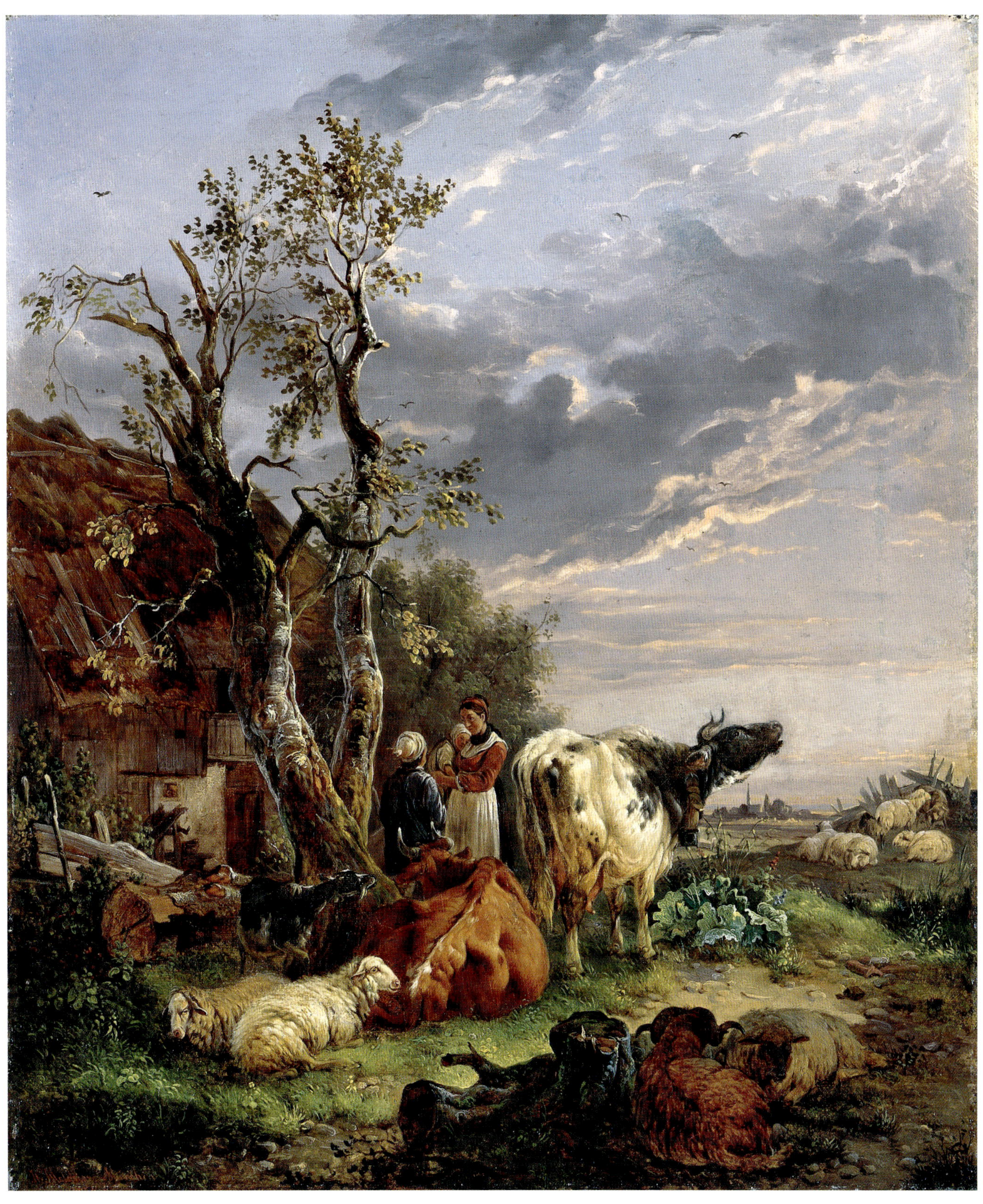

Johann Georg Meyer von Bremen

1813 Bremen – 1886 Berlin

Der Künstler trat 1833 in die Düsseldorfer Akademie als Schüler von Karl Sohn und Wilhelm von Schadow ein. Nach einigen Studienreisen nach Hessen, Bayern und in die Schweiz bezog er 1841 in Düsseldorf sein eigenes Atelier, in dem er bis 1852 tätig blieb. In dem Jahr übersiedelte er nach Berlin, wo er zum Professor ernannt wurde.

Die künstlerischen Anfänge Meyers von Bremen sind noch ganz von dem Nazarener Schadow geprägt, thematisch wie auch stilistisch. Von ihm übernahm er den geschlossenen Umriss der Figuren, die Betonung der Plastizität und der Umgreifbarkeit sowie eine strenge Lichtführung, bei der die Schattenbildung die Suggestion von Körperhaftigkeit der Objekte betont. Später wandte er sich ganz der Alltagsschilderung zu mit Szenen aus familiären Bereichen.

Gemälde des Künstlers befinden sich in der Alten Nationalgalerie Berlin, in der Bremer Kunsthalle und im Westfälischen Landesmuseum in Münster.

Literatur:
Lexikon der Düsseldorfer Malerschule, 1819–1918. Bd. II, München 1998, S. 391–393.

92 Lesender Knabe, 1852

Öl auf Leinwand (doubliert), 20,8 × 16,4 cm
Signiert unten links: *Meyer von Bremen.1852.*

Ein Junge mit blondem, gelocktem Haar, das bis auf die Schultern fällt, ist mit Schularbeiten beschäftigt. Er sitzt auf einem Stuhl an einem Holztisch, schräg nach vorn gerückt. In den Händen hält er ein dickes Buch, nachdenklich schaut er nach oben. Neben ihm auf dem Tisch liegen ein Schreibheft und ein weiteres Buch. Ebenfalls befinden sich dort ein Tintenfass und eine Schreibfeder. Hinter ihnen verdeckt ein Vorhang eine Art Schranknische. Links daneben sind noch Krüge zu erkennen.

Mit äußerster Akribie werden alle Details mitgeteilt, wie einzelne Haarsträhnen oder auch die Federstruktur. Das Licht fällt von vorn auf den Jungen, so dass sich auf der linken Gesichtshälfte Verschattungen ergeben.

Provenienz:
2003 Münchner Kunsthandel.

Literatur:
Friedrich von Boetticher, Malerwerke des 19. Jahrhunderts. Bd. II,1, Dresden 1898, Nr. 30 (dort mit den Maßangaben: 19 × 15 cm).

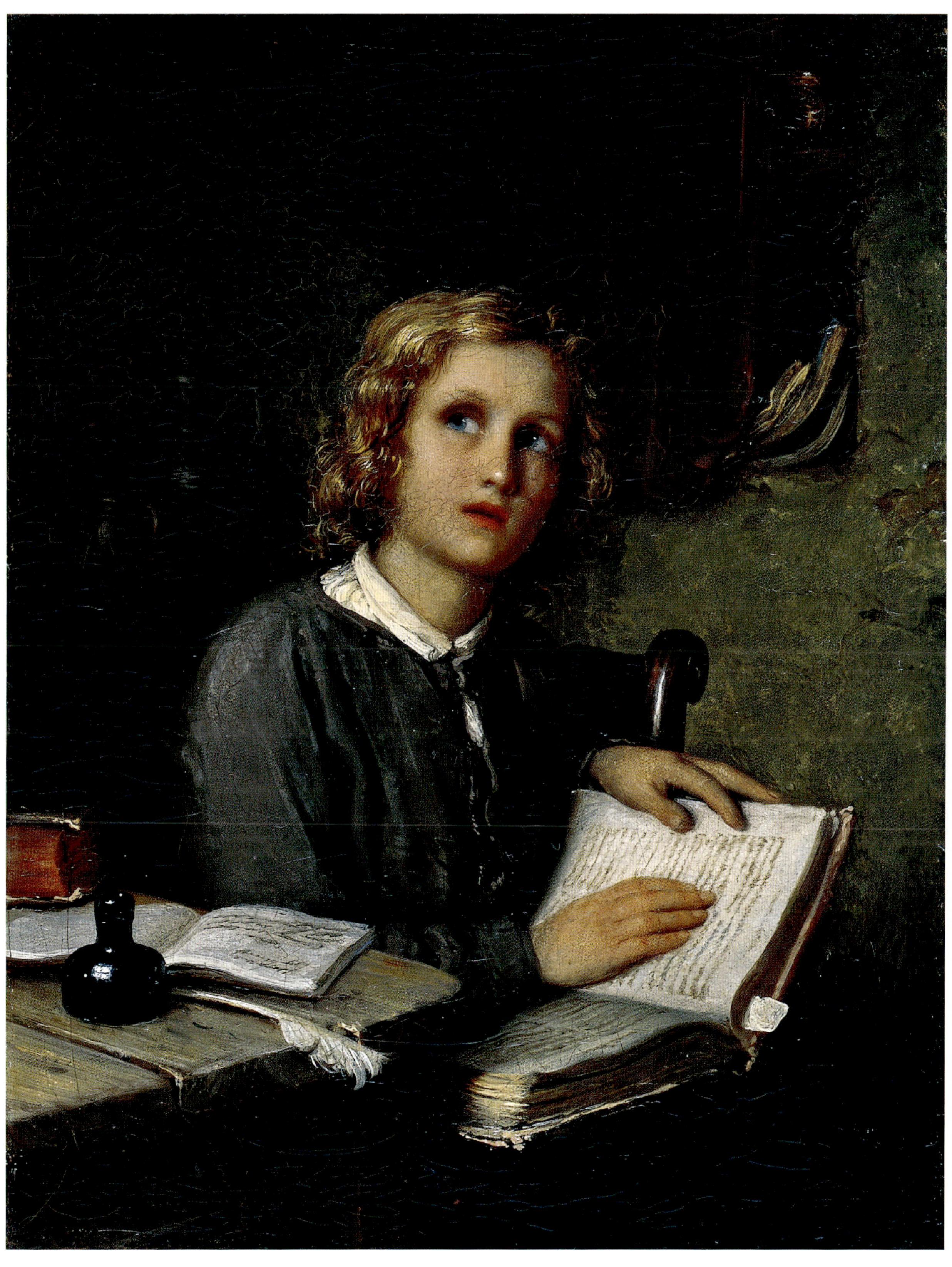

Antonio Montemezzo

1841 San Paolo di Piane – 1898 München

A. Montemezzo, Sohn eines Apothekers, studierte seit 1858 an der Kunstakademie in Venedig und beendete dort seine Studien 1867. Gegen Ende seiner Akademiezeit hatte der Freilichtmaler Domenico Bresolin den größten Einfluss auf ihn. Um 1860 hielt er sich darauf in Wien auf und begab sich 1872 nach München, wo er bis zu seinem Tod verblieb.

Der Künstler entwickelte sich zu einem Tiermaler, der meist Gänse mit der Hüterin in bewegungsreicher Aktion zeigt. Hierin folgte er den Vorgaben der Münchner Tiermaler wie Braith, Voltz oder Mali und bezog die Errungenschaften der Freilichtmaler in seine Kompositionen ein. Er bevorzugte eine bewegte Pinselführung und einen temperamentvollen Duktus und eine summarische Formgebung.

Literatur:

Eugenio Bucciol, Antonio Montemezzo. Ein italienischer Maler der Münchner Schule. Oderzo 1988.

93 Gänseliesel am Bach, 1877

Öl auf Holz, 28,5 × 44,5 cm
Ein waagerechtes Brett, allseitig abgefast, Stärke: ca. 2 cm
Signiert unten links: *A.D. Montemezzo. München.77.*
Verso befindet sich noch eine Skizze mit mehreren Figuren in einer Landschaft.

Ein Mädchen sitzt auf einer Brücke, die über einen Bach führt und beschäftigt sich gerade mit zwei Gänsen, die sich ihr schnatternd nähern. Andere Gänse in der näheren Umgebung sind auf Futtersuche. Dahinter werden einige Bäume und Buschwerk erkennbar. Ganz rechts wird noch der Himmel als schmaler Streifen sichtbar. Der mittelbreite Farbauftrag ist durchaus glatt, stellenweise aber leicht pastos, wie es typisch für den Meister ist. A. Montemezzo hat dieses Bildmotiv öfter variiert.

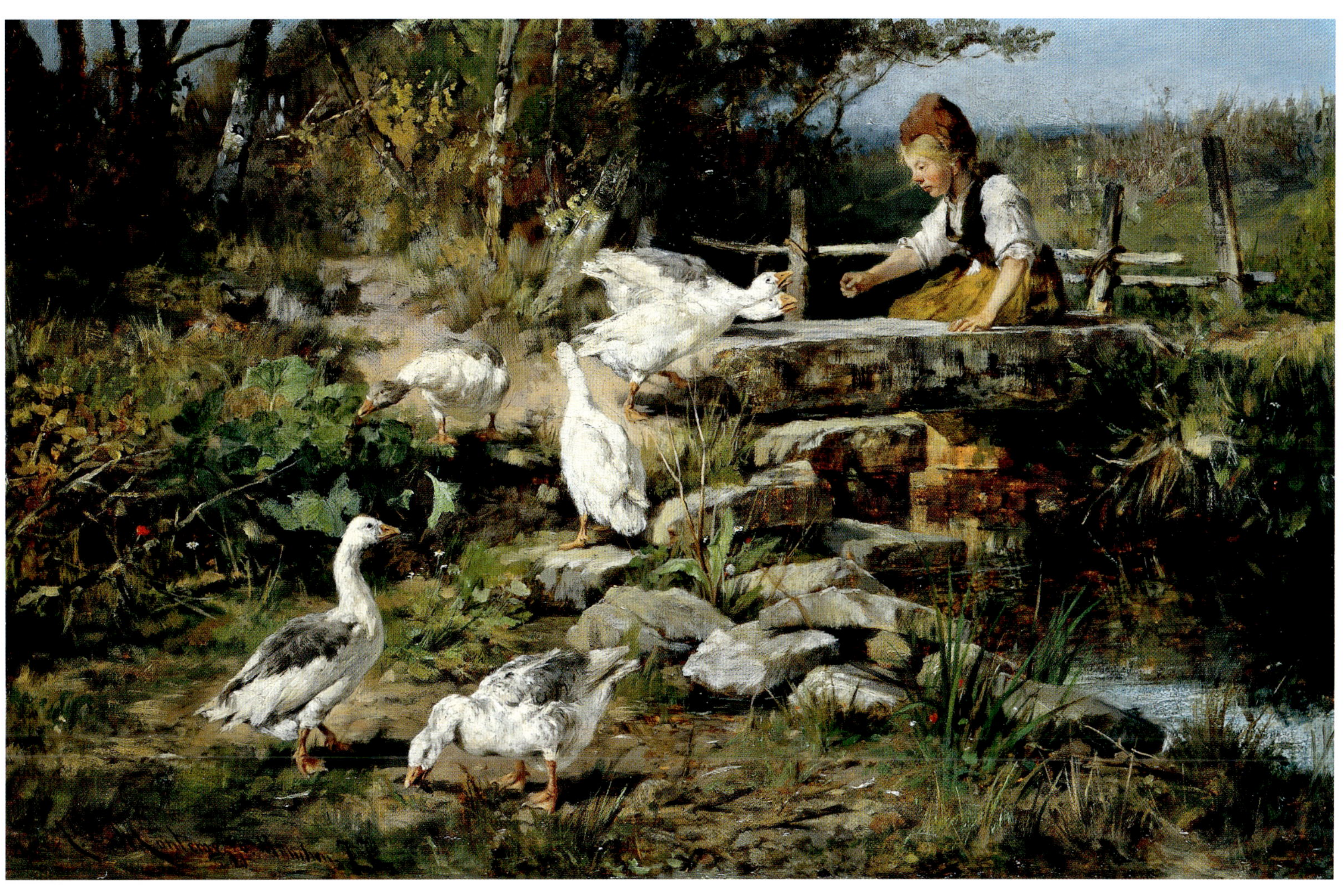

Franz Xaver Nachtmann

1799 Obermais/Niederbayern – 1846 München

Zunächst Schüler Christian Matthias Adlers, besuchte F. X. Nachtmann die Münchner Akademie von 1814 bis 1819. Darauf war er von 1820 bis 1825 an der Nymphenburger Porzellanmanufaktur als Blumen- und Früchtemaler tätig. Es folgte die Phase der Bildnismalerei (Miniaturen und Aquarelle). Doch sein eigentliches Spezialgebiet wurde die Wiedergabe von höfischen Interieurs in der Gouache- und Aquarelltechnik, z. B. verschiedener Ansichten der Münchner Residenz oder des Tegernseer Schlosses, authentisch und dokumentarisch.

Ansichten von F. X. Nachtmann bewahren die Museen Georg Schäfer in Schweinfurt sowie der Wittelsbacher Ausgleichsfonds in München und die Stiftung Preußische Schlösser und Gärten in Potsdam-Sanssouci.

Literatur:
Horst Ludwig u. a., Bruckmanns Lexikon. Bd. III, München 1982, S. 213, 214.

94 Schreibkabinett der Königin Therese von Bayern in der Münchner Residenz, 1836

Aquarell und Gouache auf Papier, 20,7 × 27,7 cm
Signiert unten rechts: *FNachtmann 1836*

Der Philhellene Ludwig I. erteilte 1825 bei Regierungsantritt seinem Architekten Leo von Klenze den Auftrag, einen neuen Trakt der Münchner Residenz zu errichten. 1835 konnte der Palast bezogen werden. Statt kostbarer Spiegel, Vertäfelungen und Stoffe sollten Wandmalereien wie in der Antike die Räume schmücken. Klenze entwarf nicht allein das System der Wanddekorationen im pompejanischen Stil, sondern auch das weiß-gold gefasste Mobiliar im zweiten Empire-Stil.

Das Programm der Wandmalereien umfasste im Erdgeschoss einen Zyklus nach dem Nibelungen-Lied von Julius Schnorr von Carolsfeld. Es folgten die Gemächer des Königs mit Szenen aus antiken Werken. Räume der Königin waren deutschen Dichtern gewidmet. Im Schreibkabinett der Königin wurden Friedrich von Schillers Werke präsentiert. Ausgeführt wurden die Wandmalereien von Philipp von Foltz und Ludwig Lindenschmit d. Ä. in der Technik der Wachsmalerei.

Im Gewölbe oben erkennen wir Szenen aus »Wilhelm Tell«, der »Braut von Messina« und »Kampf mit dem Drachen«. Darunter: »Der Gang nach dem Eisenhammer«, »Der Handschuh«, »Der Graf von Habsburg« sowie »Der Taucher«.

Die Gruppierung der Möbel folgt dem System eines großen Tisches in der Raummitte und an der Fensterseite zwei bis drei Möbel. Die großen Türflügel in Gold und Weiß sind zum Schlafsaal geschlossen. Auffällig ist der große Ofen vorn rechts, denn der Monarch wünschte keine offenen Kamine als Ausdruck französischer Raumgestaltung.

Das Aquarell entstand 1836, ein Jahr nach der Fertigstellung der neuen Residenz. Im selben Jahr entstand eine weitere Version im Besitz des WAF (Wittelsbacher Album), die sich nur wenig von der vorliegenden Fassung unterscheidet. Eine dritte Variante aus dem Jahr 1838 bewahrt die Stifung Preußischer Schlösser und Gärten in Potsdam-Sanssouci.

Provenienz:
2004 Münchner Kunsthandel.

Literatur (auch zu den Varianten):
Hans Ottomeyer (Hrsg.), Wittelsbacher Album. Interieurs königlicher Wohn- und Festräume 1799 – 1848. München 1979. Abb. 25 (Potsdamer Aquarell). – Ausst.-Kat. Münchner Stadtmuseum. Biedermeiers Glück und Ende. Die gestörte Idylle 1815 – 1848. München 1987. Kat.-Nr. 55.1.222, S. 461 – 463 (Potsdamer Aquarell). – Brigitte Langer u. a., Möbel des Empire, Biedermeier und Spätklassizismus. München 1997, S. 192 (Aquarell des WAF). – Mus.-Kat. Bayerische Verwaltung der staatlichen Schlösser, Gärten und Seen. Pracht und Zeremoniell – Die Möbel der Residenz München. Hrsg. von Brigitte Langer. München 2002 – 2003. Kat.-Nr. 102, S. 260 (Potsdamer Aquarell).

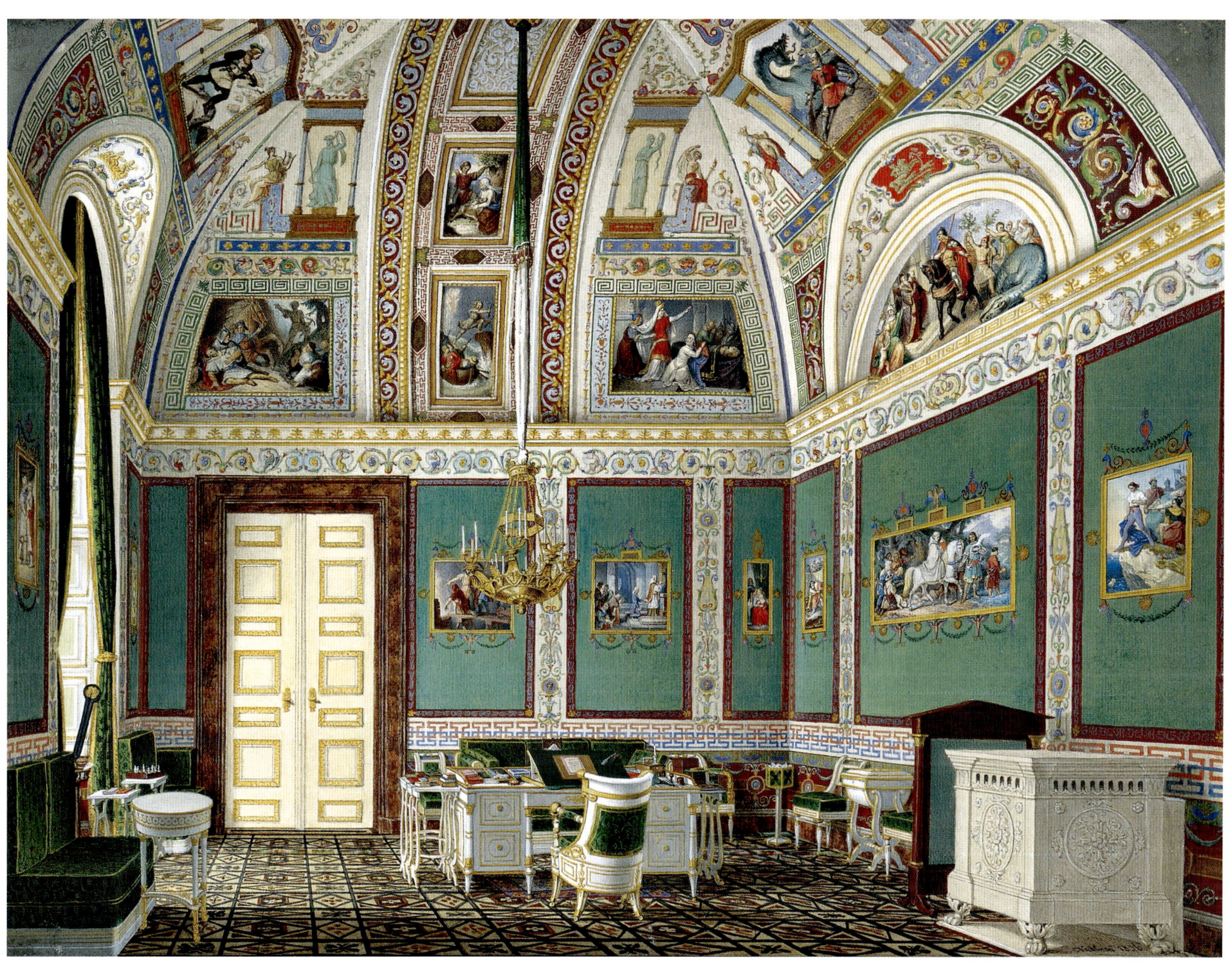

Michael Neher

1798 – München – 1876

Der Künstler, Sohn des aus Biberach an der Riß stammenden Malers Bernhard Neher d. Ä., wurde 1813 Schüler der Münchner Akademie bei Matthias Klotz und Angelo I. Quaglio. Als Ausstattungsleiter des Münchner Hoftheaters wurden seine Schüler bei der Anfertigung der Dekorationen hinzugezogen, so auch M. Neher. Dieser hielt sich 1817 und von 1819-1825 in Italien auf. In Rom lebte er seit 1823 und wurde dort von Heinrich Maria Hess zum Architekturmaler ausgebildet. Aus Italien brachte er eine Fülle von Zeichnungen und Skizzen mit, die als Grundlage für seine Gemälde mit italienischen Motiven dienen sollten. Er schuf auch Wandmalereien auf Schloss Hohenschwangau und wurde Konservator des Münchner Kunstvereins. Sein eigentliches Spezialgebiet sollten aber die exakt gemalten Architekturveduten aus Bayern, Schwaben und Böhmen werden, die er gern mit kleinen Staffagefiguren belebte. Dabei bevorzugte er Kirchenanlagen. Er war aber auch als Genre- und Bildnismaler tätig und in seiner Frühzeit sehr von der Kunst der Nazarener beeinflusst. Gemälde von M. Neher bewahrt die Niedersächsische Landesgalerie in Hannover, das Museum der bildenden Künste in Leipzig, die Münchner Neue Pinakothek sowie das Lenbachhaus und das Museum Georg Schäfer in Schweinfurt.

Literatur:
Horst Ludwig u. a., Bruckmanns Lexikon. Bd. III, München 1982, S. 217–219.

95 Blick auf den Magdeburger Dom St. Mauritius, 1855

Öl auf Leinwand, 67,5 × 88 cm
Signiert unten rechts: *M.Neher.1855.*
Verso auf dem Keilrahmen ein Aufkleber mit dem königlichen Wappen Ludwigs I.

Wiedergegeben ist der Blick auf die ehemalige erzbischöfliche Kathedrale aus dem 13. Jahrhundert. Man erkennt den geosteten Chor mit Umgang und Kapellenkranz der dreischiffigen basilikalen Anlage. Dahinter erhebt sich das einschiffige Querhaus mit einem Dachreiter als Vierungsturm. Als westlicher Abschluss ist die Doppelfront von hinten zu sehen, namentlich mit ihren beiden Türmen und den Krabben. Links neben der Kirche erhebt sich das Domkonsistorium der seit der Reformation evangelischen Kirche. Zu ihm führt eine freistehende Treppe hinauf, an deren Basis drei Kinder spielen. Davor befindet sich ein einfacher Brunnen mit einem Trog und einem Wasserspeier, der an einer erhöhten Plattform mit blühenden Stockrosen und einem Lattenzaun steht. Hinter der Treppe ergibt sich eine Sichtachse auf Teile der Stadt mit ihren Bürgerhäusern.

Der Domplatz zeigt Besucher, die aus der Kirche strömen, eine Gruppe hält sich vor dem Chor auf. Die Frauen tragen lange Kleider mit Hauben. Ein Herr trägt einen Zylinder, ein Junge spielt mit einem Hund. Rechts daneben im Mittelgrund unter Bäumen werden zahlreiche weitere Personen sichtbar. Der Himmel ist weiß und grau-braun bewölkt, weist aber auch blaue Stellen auf.

Provenienz:
König Ludwig I. von Bayern – Bis 1925 Neue Pinakothek, München – 1925 Übergabe an den WAF – 1937 Verkauf an Privat – Aukt.-Kat. Neumeister, München. März 2007. Kat.-Nr. 684 mit Abb.

Literatur:
Friedrich von Boetticher, Malerwerke des 19. Jahrhunderts. Bd. II,1. Dresden 1941, S. 134, Nr. 42. – Das Gemälde wurde 1855 auf der Pariser Weltausstellung präsentiert.

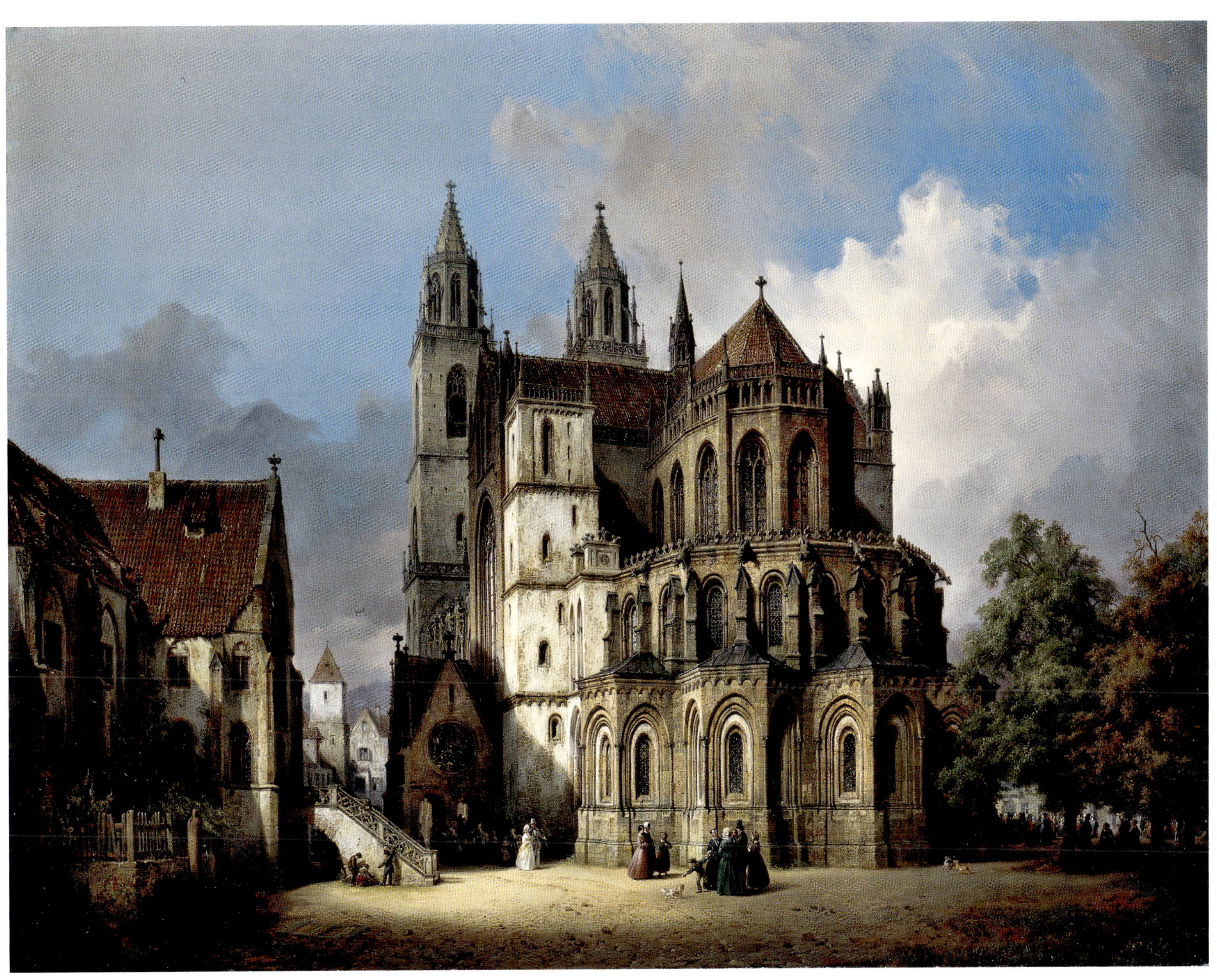

Julius Noerr

1827 München – 1897 Starnberg

Seine künstlerische Ausbildung erhielt J. Noerr bei Feodor Dietz und bei Johann Gottfried Steffan. Wesentliche Impulse rezipierte er auch durch Ed. Schleich d. Ä., durch den sich seine Naturbeobachtung verstärkte. Mit Hugo Kauffmann begab er sich nach Prien am Chiemsee und gehörte dort zum Künstlerkreis der Bären und Löwen. Die landschaftlichen Reize des Starnberger Sees entdeckte er erst später.

Als Landschaftsmaler kombinierte er gern Personen und Tiere mit dem Gelände, sodass gelegentlich auch narrative Elemente überwiegen. Mit seinen landschaftlichen Hintergründen zeigt er auch gewisse Einflüsse der Freilichtmaler.

Die Dachauer Gemäldegalerie sowie die Münchner Neue Pinakothek bewahren Werke von ihm.

Literatur:
Horst Ludwig u. a., Bruckmanns Lexikon. Bd. III, München 1982, S. 230, 231.

96 Fischer mit einem Einbaum am Ufer, 1876

Öl auf Holz, 20,8 × 32,5 cm
Ein waagerechtes Brett, allseitig abgefast, Stärke: ca. 0,5 cm
Signiert unten rechts: *JNoerr.1876* (J und N ligiert)

Solche Einbäume wurden von den Fischern des Chiemsees im 19. Jahrhundert gern benutzt. Sie waren massiv und aus einem Baumstamm gefertigt. Das Boot hat hier am Ufer angelegt und der Fischer ist dabei, mit dem Korb voller Fische auszusteigen. Unter einer Bootshütte links daneben schwimmen noch andere Kähne. Dort befinden sich auch noch weitere Personen. Auf einer Landzunge dahinter verstellen Büsche und Bäume den Blick auf die Chiemgauer Berge. Diese werden auf der rechten Bildseite hinter der Wasserfläche des Sees erkennbar.

Die verschwimmenden Mittel- und Hintergründe zeigen J. Noerr als einen Landschaftsmaler, der durchaus pleinairistisch gestimmt ist. Sogar die Vordergrundszenerie weist ihn als einen Maler aus, der weiche Übergänge bevorzugte und das Freilicht als Weichzeichner benutzt.

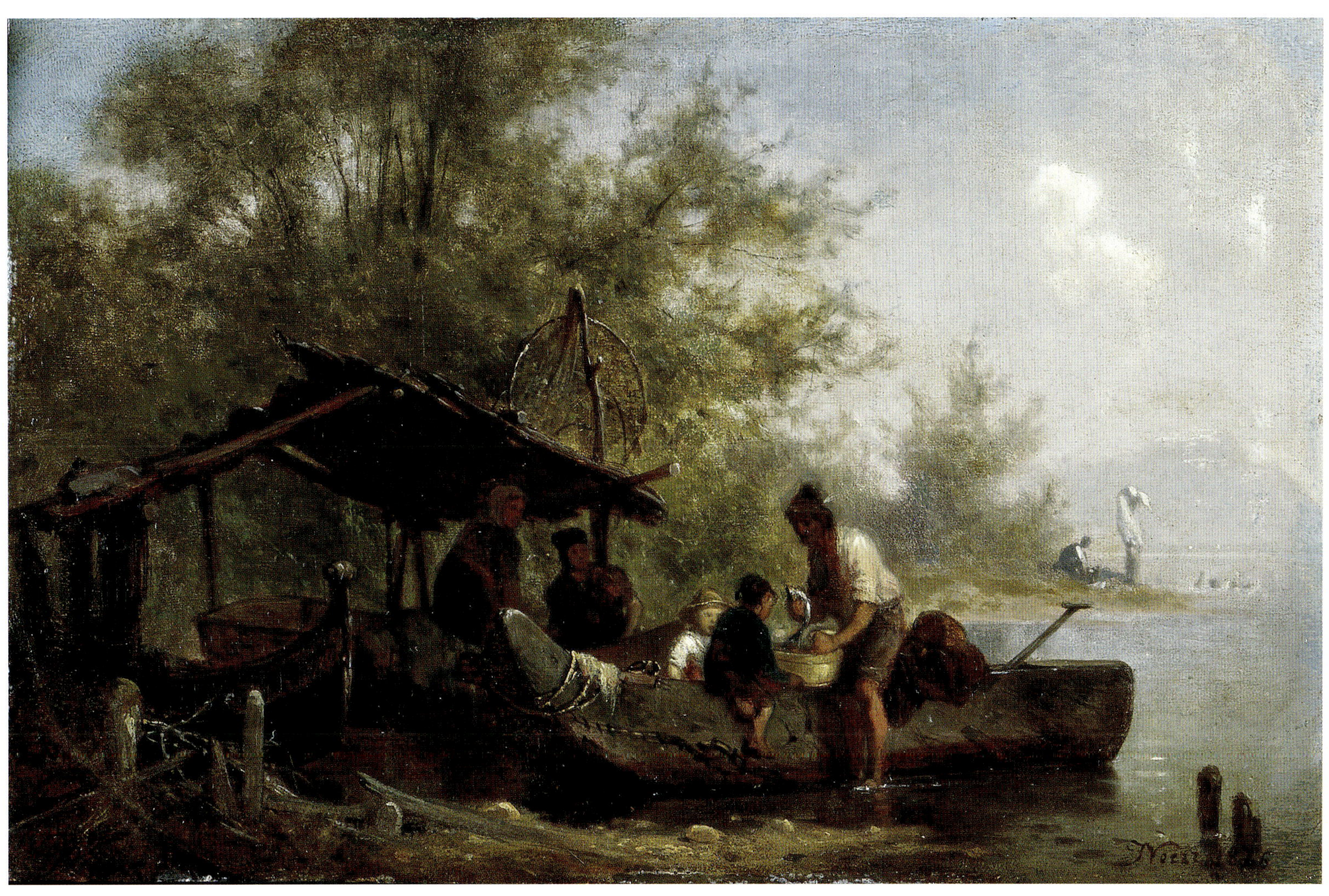

Anna Peters

1843 Mannheim – 1926 Stuttgart-Sonnenburg

Die Künstlerin, Tochter des Landschaftsmalers Pieter Francis Peters (1818–1903) und Schwester der Pietronella, erhielt erste malerische Unterweisung bei ihrem Vater. Später hat sie auch Einflüsse ihres Onkels Christian Mali aufgenommen, der als Tiermaler tätig war. Von der Gesellschaft wurde es damals noch am ehesten akzeptiert, wenn eine Frau sich als Malerin auf die Wiedergabe von Blumen spezialisierte. Diesen Weg hat A. Peters wohl auch deshalb eingeschlagen.

Die Darstellung üppiger Blumensträuße wurde so eines ihrer Hauptgebiete, die sie bisweilen auch mit Früchten kombinierte oder auch nur Früchtestillleben malte. Sie hat zwar mit Akribie gearbeitet und die Flora botanisch korrekt wiedergegeben, ihr Farbauftrag konnte gelegentlich aber etwas großteiliger und in den entsprechenden Grenzen temperamentvoller werden. Es gibt auch einige Landschaften von ihr. Zusammen mit Sally Wiest gründete sie 1893 den »Württembergischen Malerinnen-Verein«.

Die Städtischen Sammlungen in Biberach an der Riß bewahren Gemälde von Anna Peters.

Literatur:

Gert K. Nagel, Schwäbisches Künstlerlexikon. München 1986, S. 92, 429–434. – Thomas Maier/Bernd Müllerschön, Die schwäbische Malerei um 1900. Stuttgart 2000, S. 135.

97 Blumenstillleben mit Weintrauben

Öl auf Leinwand, 72,5 × 57,5 cm
Signiert unten rechts: *Anna Peters*

Wiedergegeben ist ein sehr üppiger Blumenstrauß auf einer Platte. Er kombiniert große bunte Blüten mit Gräsern, Zweigen und Früchten. Unten rechts sind die blauen Blüten einer Winde zu erkennen und auf der linken Seite die roten Blüten einer Fuchsie. Blaue und weiße Weintrauben mit dem entsprechenden Laub liegen links neben der Vase. Der Hintergrund ist hell neutral und unräumlich.

Zu dem leicht temperamentvollen Farbauftrag passt es durchaus, dass einige Blüten pastos gemalt sind und Teile des Vordergrundes großflächig lasierend hingestrichen sind.

Provenienz:
Juni 2002, Münchner Kunsthandel.

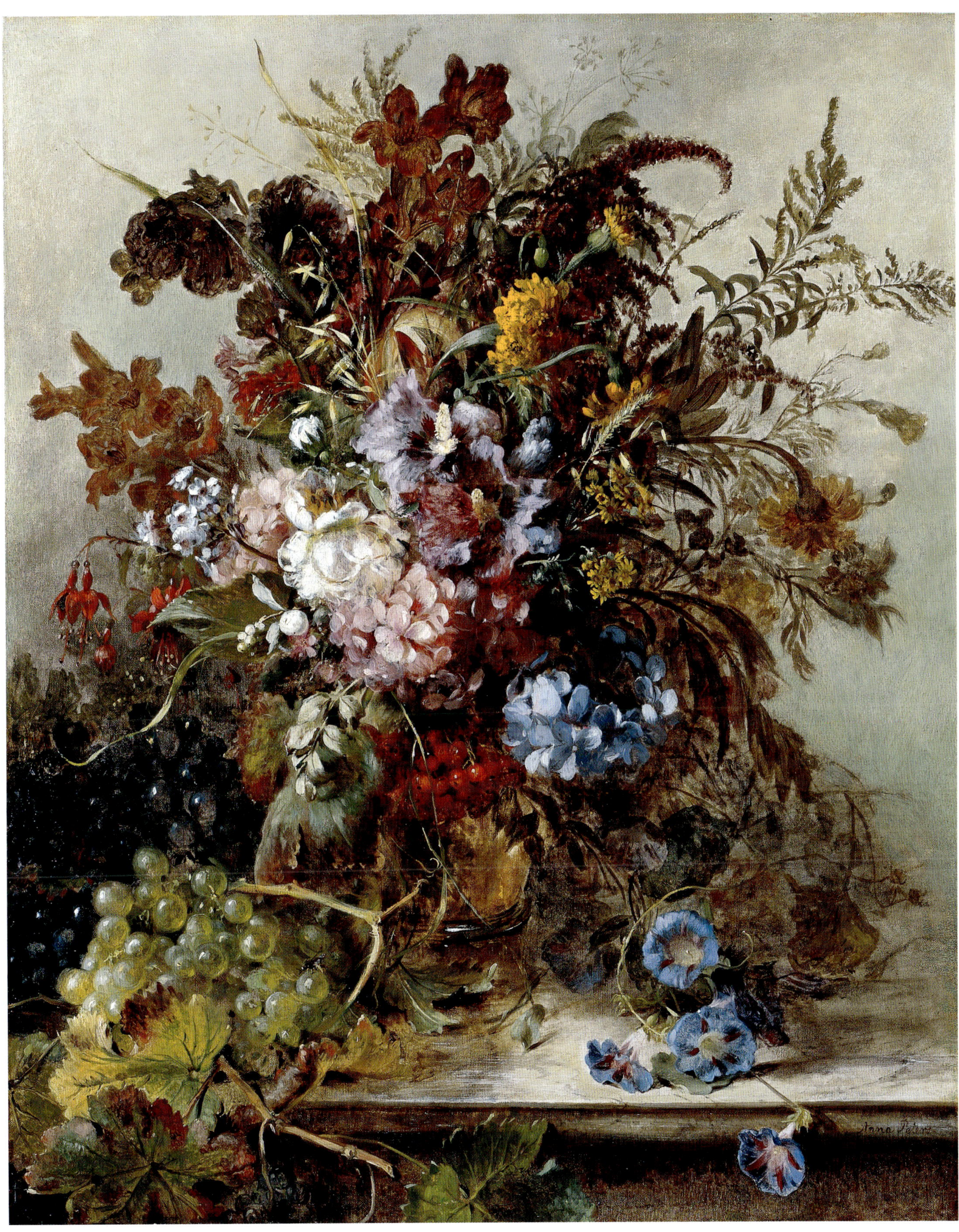

98 Früchtestillleben an einer Hausecke

Öl auf Leinwand, 79 × 61 cm
Signiert unten links: *Anna Peters.*

An einer Hausecke am Boden in einem geflochtenen Korb liegen verschiedene Früchte. Links sind Äpfel und Birnen zu unterscheiden. Daneben sind eine Orange und Ananas zu erkennen, rechts daneben wiederum ein Granatapfel. Oben liegen blaue und weiße Weintrauben. Links vorn am Boden wächst Löwenzahn, zu erkennen an den gelben Blüten. Darüber wird ein Fenster erkennbar. Links an der Hauswand steht ein Lattenzaun und lässt eine Blickachse zu, die bis zu den Bergen reicht. Darüber steht ein aufgehellter Himmel.

Auch hier zeigt sich wieder ein durchaus temperamentvoller Farbauftrag mit leichten pastosen Höhungen. Einige Teile des Vordergrundes wurden lasierend aufgetragen. Eine solche Kombination des Stilllebens im Freien neben Häusern gibt es öfters von ihr.

Provenienz:
September 2002, Münchner Kunsthandel.

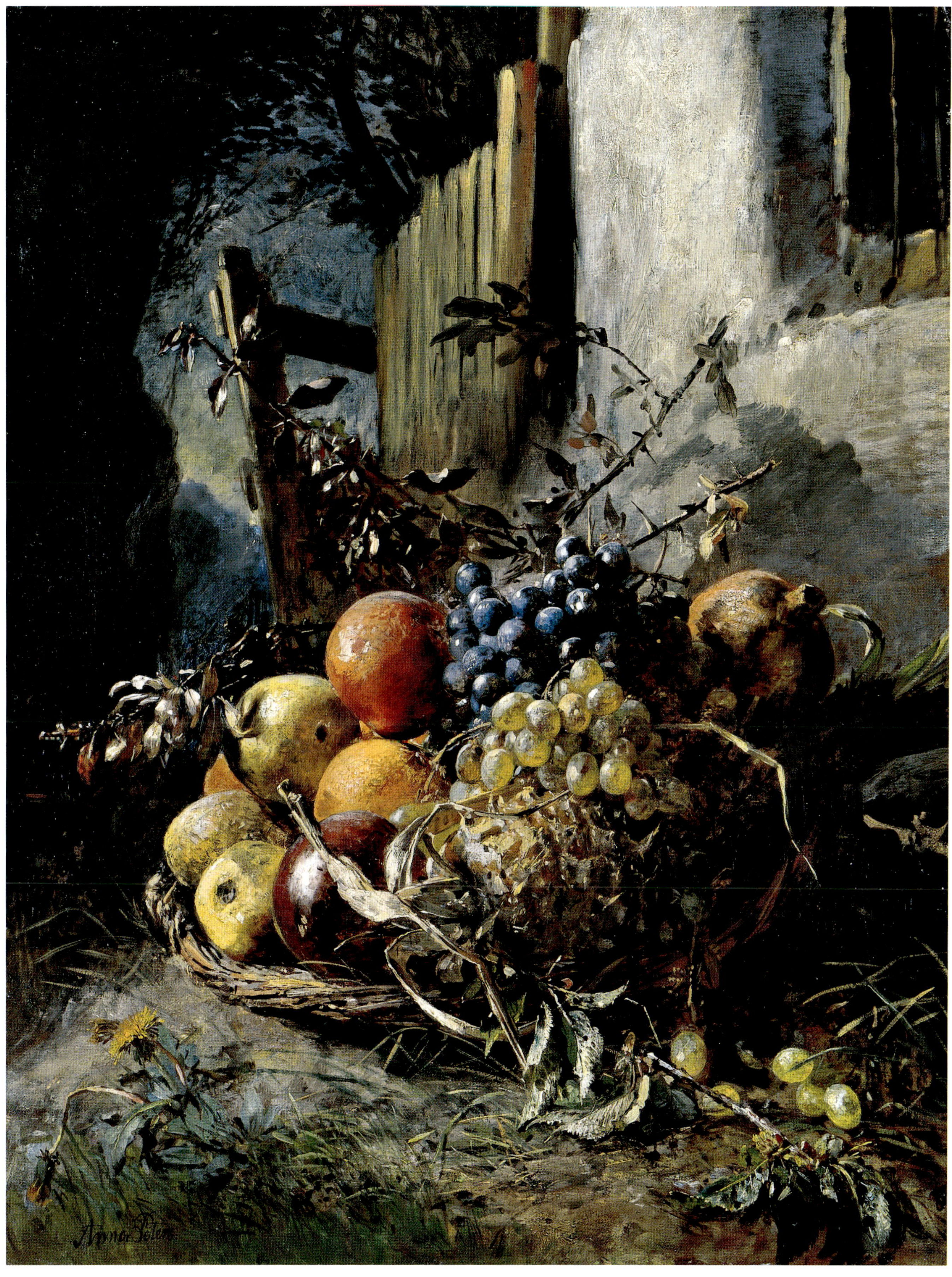
Anna Peters

Franz Xaver Petter

1781 – Wien – 1866

Seine künstlerische Ausbildung erhielt F. X. Petter an der Wiener Akademie bei J. B. Drechsler und S. Wegmayr. 1814 wurde er zum Korrektor der Blumenzeichenschule ernannt, und 1832 wurde er als Professor der Manufakturzeichenschule berufen und 1835 akademischer Rat dieser Schule an der Wiener Akademie. Er war der Vater des Malers Theodor Petter und spezialisierte sich ganz auf die Blumenstilllebenmalerei, die er äußerst kleinteilig und akribisch ausführte.

Literatur:
Heinrich Fuchs, Die österreichischen Maler des 19. Jahrhunderts. Bd. III, Wien 1973, K 82 und S. 235, 236.

99 Blumen- und Früchtestillleben mit einem Vogel, 1819

Öl auf Leinwand (doubliert), 42 × 54,5 cm
Signiert Mitte unten: *F. Petter. 1819*
Verso: Ein Aufkleber Sammlung Georg Schäfer, Schweinfurt.
Nr. 74192386
Ein Aufkleber Christie's 1923
Ein Aufkleber Romantik und Realismus in Österreich.
Schloss Laxenburg. 1968

Auf einer dicken, in der Mitte angewinkelten Tischplatte liegen weiße und blaue Weintrauben mit ihren Zweigen, Blättern und Ranken. Dazu sind Pfirsiche, Zwetschgen und Äpfel, diese wiederum mit einem Zweig und Blättern, zu erkennen. Mehrere Blüten der weißen Ackerwinde und eine blaue Blüte sind geöffnet. Bekrönt wird das Arrangement oben auf weißen Weintrauben von einem schwarz-grauweißen Vogel, und umflattert wird es von zwei Schmetterlingen. Drei Ameisen krabbeln auf dem vorderen Pfirsich herum. Davor befinden sich noch ein paar Wassertropfen – mit den entsprechenden Details und Reflexen. Der Hintergrund ist dunkel neutral.

Provenienz:
Sechziger Jahre Schweinfurt, Sammlung Georg Schäfer – Aukt.-Kat. Christie's Düsseldorf. Januar 2000, Kat.-Nr. 9 – Aukt.-Kat. Neumeister, München. Dezember 2007, Kat.-Nr. 794.

Literatur:
Ausst.-Kat. Schloss Laxenburg. Romantik und Realismus in Österreich. Gemälde und Zeichnungen aus der Sammlung Georg Schäfer, Schweinfurt, 1968, Kat.-Nr. 123.

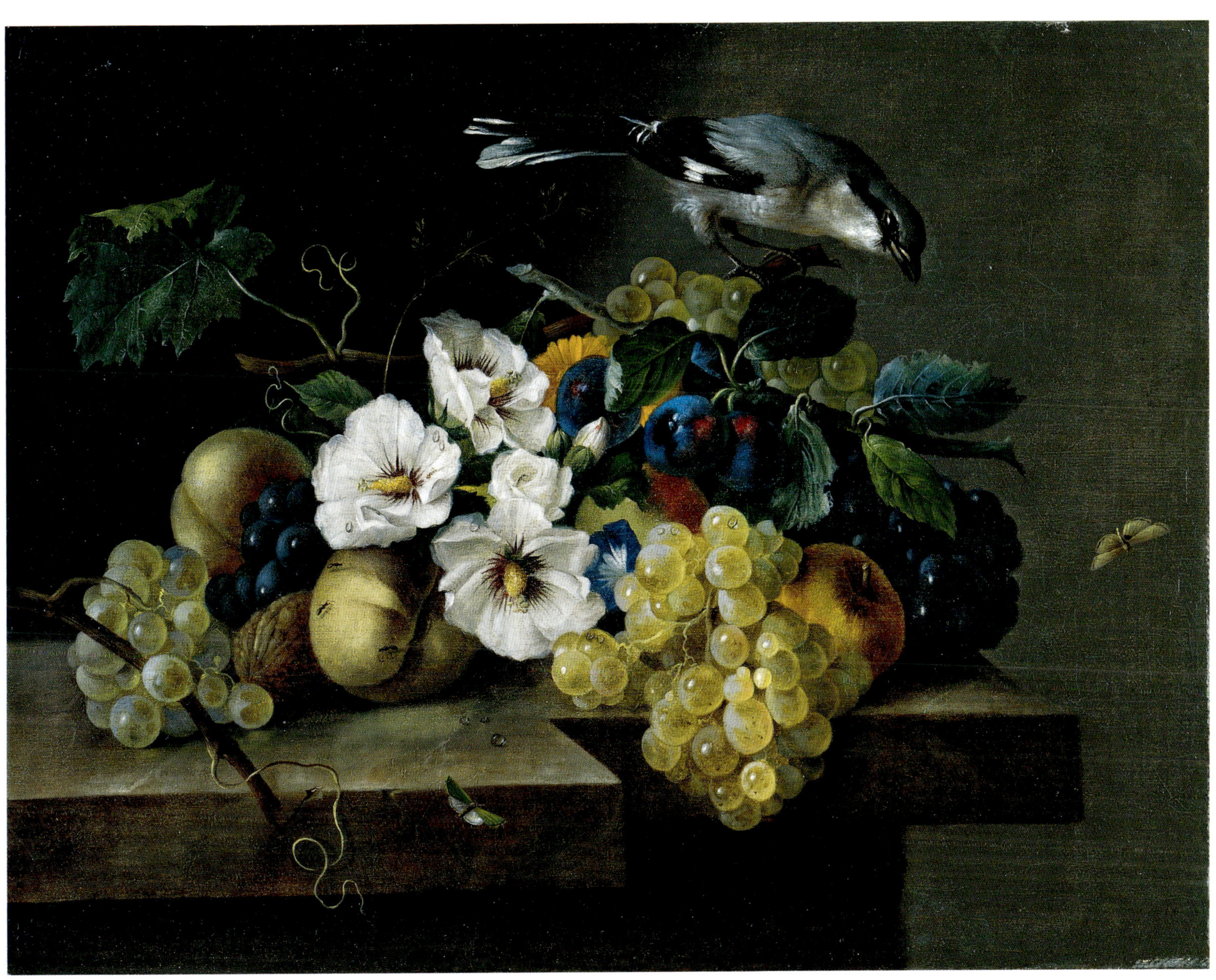

Karl Theodor Piloty

1824 München – 1886 Ambach am Starnberger See

Der Künstler, Sohn des Lithographen Ferdinand Piloty d. Ä. (Lithographieanstalt Piloty & Löhle), der anspruchsvolle Reproduktionswerke von Gemälden der Alten Pinakothek publiziert hatte, erhielt seinen ersten Zeichenunterricht bei seinem Vater. 1840 trat er in die Münchner Akademie ein, zunächst als Schüler von Heinrich Maria Hess und Clemens Zimmermann, später als Meisterschüler von Julius Schnorr von Carolsfeld. Den in koloristischer Askese erzogenen jungen Piloty beeindruckten die 1843 in München gezeigten Gemälde der belgischen Historienmaler Louis Gallait und dessen »Abdankung Karls V.« sowie Edouard de Bièfve und dessen «Kompromiss des niederländischen Adels zur Abwehr der Inquisition« und sollten ihn auch für die Zukunft beeinflussen. 1844 nach dem plötzlichen Tod des Vaters musste Karl Theodor Piloty die Akademie verlassen, um in der Lithographieanstalt seines Vaters zu arbeiten. 1847 konnte er an der Akademie bei Karl Schorn weiterstudieren, es entstanden erste Genrebilder, und er erhielt erste Bildnisaufträge, die er unter allgemeinem Beifall der Kritik ausführte.

Doch erst mit seinem 1855 entstandenen Gemälde »Seni vor der Leiche Wallensteins« begründete sich schlagartig sein Ruhm, und er wurde bereits ein Jahr später als Professor an die Münchner Akademie berufen, deren Direktor er 1874 wurde. Seine Vielzahl großformatiger Historienbilder, meist vordergründig requisitenreich inszeniert, sind Meilensteine gründerzeitlicher Historienmalerei aus dem Bereich der deutschen, der griechisch-römischen, aber auch der englischen und italienischen Geschichte. Seine didaktischen Qualitäten wurden schon zu Lebzeiten gerühmt, und so wurde er zum Mittelpunkt und Magnet an der Akademie mit Zulauf von Studenten aus Mitteleuropa, Ost- und Südosteuropa sowie aus Übersee. Aus seiner Schule gingen vor allem deutsche Genremaler wie Defregger, Grützner, G. von Max, Lenbach, aber auch Griechen wie Gysis oder Lytras hervor.

Gemälde von Piloty befinden sich im Kouvoutsakis Art Institute in Athen, im Stadtmuseum Bautzen, in der Niedersächsischen Landesgalerie Hannover, in der Münchner Neuen Pinakothek, Schack-Galerie und im Lenbachhaus, im Germanischen Nationalmuseum in Nürnberg und im Museum Georg Schäfer in Schweinfurt.

Literatur:
Friedrich von Boetticher, Malerwerke des 19. Jahrhunderts. Bd. II,1, Dresden 1898, S. 272–276. – Horst G. Ludwig, Piloty und seine Schule. Aufsatzreihe in: Weltkunst. Ab 1. April 1979 und achtziger Jahre. – Claudia Härtl-Kasulke, Karl Theodor Pilotys Weg zur Historienmalerei 1826–1855. München 1991. – Ausst.-Kat. Neue Pinakothek, München. Großer Auftritt. Piloty und die Historienmalerei. Hrsg. von Reinhold Baumstark und Frank Büttner. München 2003.

100 Die Amme

Öl auf Holz, 29,5 × 35,5 cm
Ein senkrechtes Brett. Stärke: ca. 1,5 cm
Signiert unten rechts: *C Piloty.*
Verso: Klebezettel: Eigentum S.K.H. Prinz Carl von Bayern
ein Aufkleber Sammlung Georg Schäfer, Schweinfurt. Nr. 43092586

Im Verzeichnis bei Boetticher (Nr. 5) und in anderen Kritiken wird die Inhaltlichkeit des Gemäldes erklärt. Bei Boetticher heißt es: »Die Amme, welche mit dem fremden Säugling im Arm, verzweifelnd an der Wiege des eigenen kranken Kindes kniet.«

In einem alpenländischen Interieur sitzt eine junge Frau neben ihrem eigenen Kind, das auf einem Kissen auf einem Korb liegt. Sie umfängt sein Köpfchen liebevoll mit ihrem rechten Arm, um ihm mental zu helfen. In der Linken hält sie das gut gedeiende Pflegekind. Dahinter wird ein Kachelofen mit gemauertem Sockel und darüber befindlichen grünen glasierten Kacheln sichtbar. Rechts in einer diagonalen Blickachse nach links wird ein Schrank mit Küchengeräten erkennbar. Vor einem Fenster mit Butzenscheiben steht die »Kostfrau« (Bertha Piloty, 1898, S. 3 f.), die Metall putzt. Ein kleiner Junge mit einem sommerlichen Hut in seiner Linken steht ganz rechts. Die Lichtquellen sind nicht immer bestimmbar, so bei der Hauptszene mit der Amme, die in vollem Licht erscheint. Die »Kostfrau« hingegen steht verschattet im Gegenlicht vor dem Fenster mit den Butzenscheiben. Jedenfalls wird der kastenartige Bühnenraum durchlichtet, sodass das Lokalkolorit partiell hell aufleuchtet und andererseits vom Licht verschluckt wird. Die Buntfarbigkeit eines Heinrich Bürkel oder Peter von Hess wird hier vermieden.

Gerade bei der Amme mit ihren Textilien ist der Pinselstrich breit, pastos und skizzenhaft. Hier geht es nicht

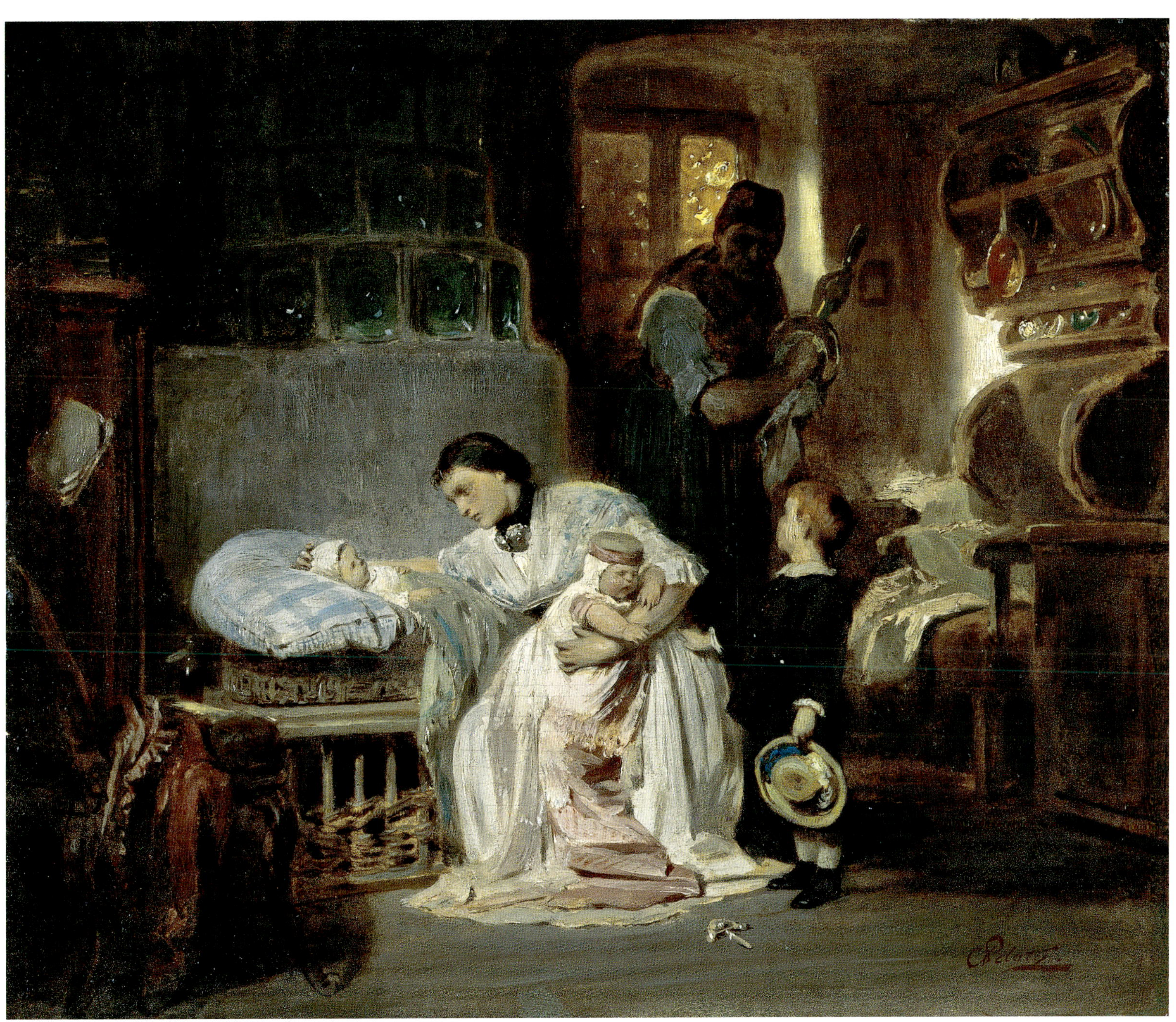

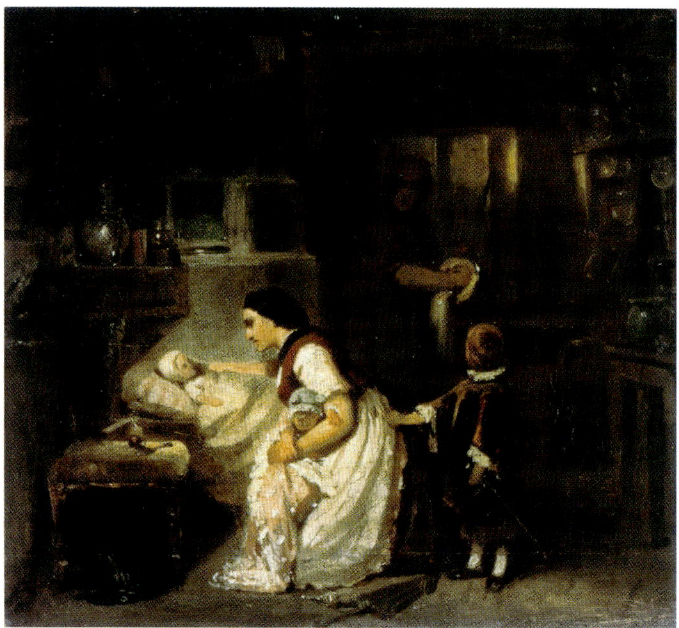

Abb. 100a

um Detailgenauigkeit, sondern um allgemeine Angaben für die spätere Ausführung. Nur das Gesicht der Amme erscheint recht detailliert.

Vorarbeiten und Endfassung:
Wie bei Piloty üblich, gibt es zu diesem Werk Vorarbeiten und auch eine vollendete Ausführung. Claudia Härtl-Kasulke zeigt in ihrer Dissertation von 1991 eine Zeichnung mit einem Engadiner Innenraum in Zernez vom 2. September 1846 (S. 40, Abb. 15). Allerdings wurde der dort gezeichnete Kachelofen in den späteren Ölarbeiten abgewandelt.

Eine andere Zeichnung bei Härtl-Kasulke (S. 37, Abb. 14) beschränkt sich im Wesentlichen auf die sitzende Amme mit Kind und die stehende Figur vor dem Fenster im Hintergrund.

Eine weitere Bleistiftzeichnung dort (S. 42, Abb. 17, oder auch Druckgraphik) weist detailreich auf eine ausgeführte Fassung hin: »Die Amme am Bett ihres sterbenden Kindes«. Von der hier zitierten Ausführung bei Pietsch unterscheidet sich jene Arbeit nur wenig. Gravierend ist die Position der »Kostfrau« dort, die an anderer Stelle vor dem Butzenscheibenfenster steht.

Eine Ölskizze, weniger ausgeführt als das vorliegende Werk, zeigt zwar Unterschiede im Detail, doch wesentliche Übereinstimmungen mit unserer Komposition: »Ölskizze zur ›Amme‹« (Abb. 100 a) (Abb. in: Ausst.-Kat. Piloty, 2003, S. 73. Vielleicht identisch mit dem Werk bei Härtl-Kasulke: »Amme am Bett ihres Kindes«. Öl auf Leinwand, 39,6 × 44,1 cm, S. 105, dort werden noch weitere Fassungen angegeben).

Jedenfalls fällt stark auf, dass diese Skizze noch ein Rembrandt-Helldunkel aufweist, das Piloty in seiner späteren Fassung und auch in seiner nachfolgenden Historienmalerei aufgibt. Gewiss ließ sich Piloty durch die belgisch-französische Historienmalerei beeinflussen, die er Ende der vierziger Jahre auf seinen Studienreisen kennengelernt hatte. Hinzukamen noch Impulse durch den englischen Genremaler David Wilkie und dessen Werk »Testamentseröffnung« von 1820, das von Ludwig I. 1826 für die Münchner Neue Pinakothek erworben worden war. Z. B. taucht der Junge dort links hier bei Piloty seitenverkehrt wieder auf.

Auch der Einfluss von Karl Schorn, Pilotys letztem Lehrer an der Akademie, sollte nicht übersehen werden, der durch Pathossteigerung an das Mitgefühl des Betrachters appelliert, was sich auch bei diesem Werk findet.

Eine ausgeführte Fassung des Gemäldes hat Ludwig Pietsch 1911 im Daheim-Kalender publiziert (Abb. S. 58, Text S. 62): »Die Amme« (Abb. 100 b). Vergleicht man das vorliegende Werk mit jener Abbildung dort, zeigt sich deutlich, dass es sich bei unserem Werk nicht um ein ausgeführtes Gemälde handelt, sondern um eine vorbereitende Skizze oder Fassung. Das dokumentiert sich hier bei der Gewandbehandlung, aber auch an den Gesichtern und vielen anderen Einzelheiten. Jene Fassung bei Pietsch unterscheidet sich von unserer Fassung im Wesentlichen dadurch, dass die »Kostfrau« eine andere Position vor den Butzenscheiben einnimmt und die Teller im Hängeschrank anders angeordnet sind.

Friedrich Pecht, der umfassende Chronist der Münchner Kunst im 19. Jahrhundert, äußerte sich zu diesem Werk (ausgeführte Fassung), indem er gleichzeitig den belgisch-französischen Einfluss bei Piloty kritisierte, folendermaßen: »Zurückgekehrt muß er seinem Schwager und Freund Schorn dessen ›Sündenfall‹ vollenden helfen, da dieser langsam dem Tod entgegengeht. Dann entsteht, angeregt durch eine Erzählung seiner Schwester, die ›Amme‹, die mit dem gesunden fremden Kind ihr eigenes besuchend, dasselbe bei einer sogenannten Engelmacherin am Sterben trifft und darob verzweifelt. Überzeugend wahr empfunden und überaus edel, wenn auch mit auffallend schwärzlichem Kolorit wiedergegeben, hatte das rührende Bild einen großen Erfolg. Der Maler, welcher kurz zuvor Antwerpen und Paris besucht hatte, ist hier schon ganz selbständig, die nationale Emfindung aber ist und bleibt schwach bei ihm, seine Ideale liegen bei der belgisch-französischen Kunst.« (S. 220)

1853 war das Bild in Venedig und im Münchner Kunstverein ausgestellt, wo es Aufsehen erregte.

Literatur (zum vorliegenden Werk und zu weiteren Fassungen): Ausgestellt im Münchner Kunstverein 1853 – Illustrierte Zeitung. Leipzig. 30. April 1853 – Friedrich Pecht, Karl von Piloty – Eine Skizze. In: Westermann's Illustrirte Deutsche Monatshefte. Jg. 26. April 1882, S. 116. – Ders. Geschichte der Münchener Kunst im 19. Jahrhundert. München 1888, S. 220. – Bertha Piloty, Lebenserinnerungen, unveröffentlichtes maschinengeschriebenes Manuskript. Maderno 1898. – Friedrich von Boetticher, Malerwerke des 19. Jahrhunderts. Bd. II,1. S. 273, Nr. 5, 6. – Ludwig Pietsch, Karl von Piloty. In: Daheim-Kalender. München 1911, Abb. S. 58, Text S. 62. – Claudia Härtl-Kasulke, Karl Theodor Pilotys Weg zur Historienmalerei 1826–1855, München 1991, S. 31–38; S. 39–43; S. 104, 105. – Ausst.-Kat. Neue Pinakothek, München. Großer Auftritt. Piloty und die Historienmalerei. München 2003, S. 73, 74. – Aukt.-Kat. Neumeister, München. Sonderauktion. Bilder aus der Sammlung Georg Schäfer II. 25. Februar 2005, Kat.-Nr. 612.

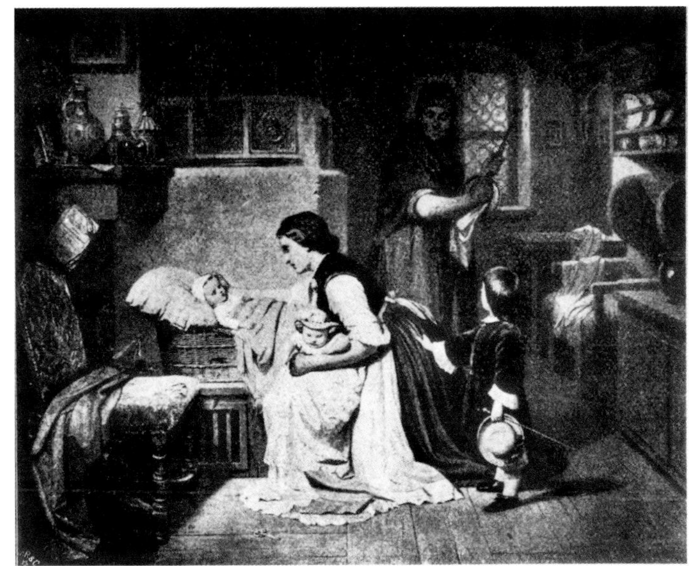

Abb. 100b

101 Illustration zu einem Gedicht von Franz von Kobell

Bleistift auf Papier, 32,5 × 13 cm
Signiert unten rechts: *CPiloty* (C und P ligiert)

Der Titel der Illustration erscheint zwischen einem Jagd- und einem Geschirr- und Bierfassstillleben. Gut zu lesen ist dort: Gedichte (folgende Zeile unleserlich) von Franz v. Kobell. Franz von Kobell (1803 – München – 1882) war ein Mineraloge und bekannter Mundartdichter (oberbayerische und Pfälzer Mundart).

Nach Art einer Bild-Erzählung aufgebaut, wie sie im Biedermeier von Moritz von Schwind oder E. N. Neureuther praktiziert wurde, dokumentiert sie Pilotys anfängliche Verbindung mit der Formenwelt des Biedermeier. Oben in einer Pflanzen- und Blumenrahmung sitzt ein junges Liebespaar, einander umfassend. Unten, nicht ganz so detailliert, erscheint es noch einmal, fast in derselben Haltung.

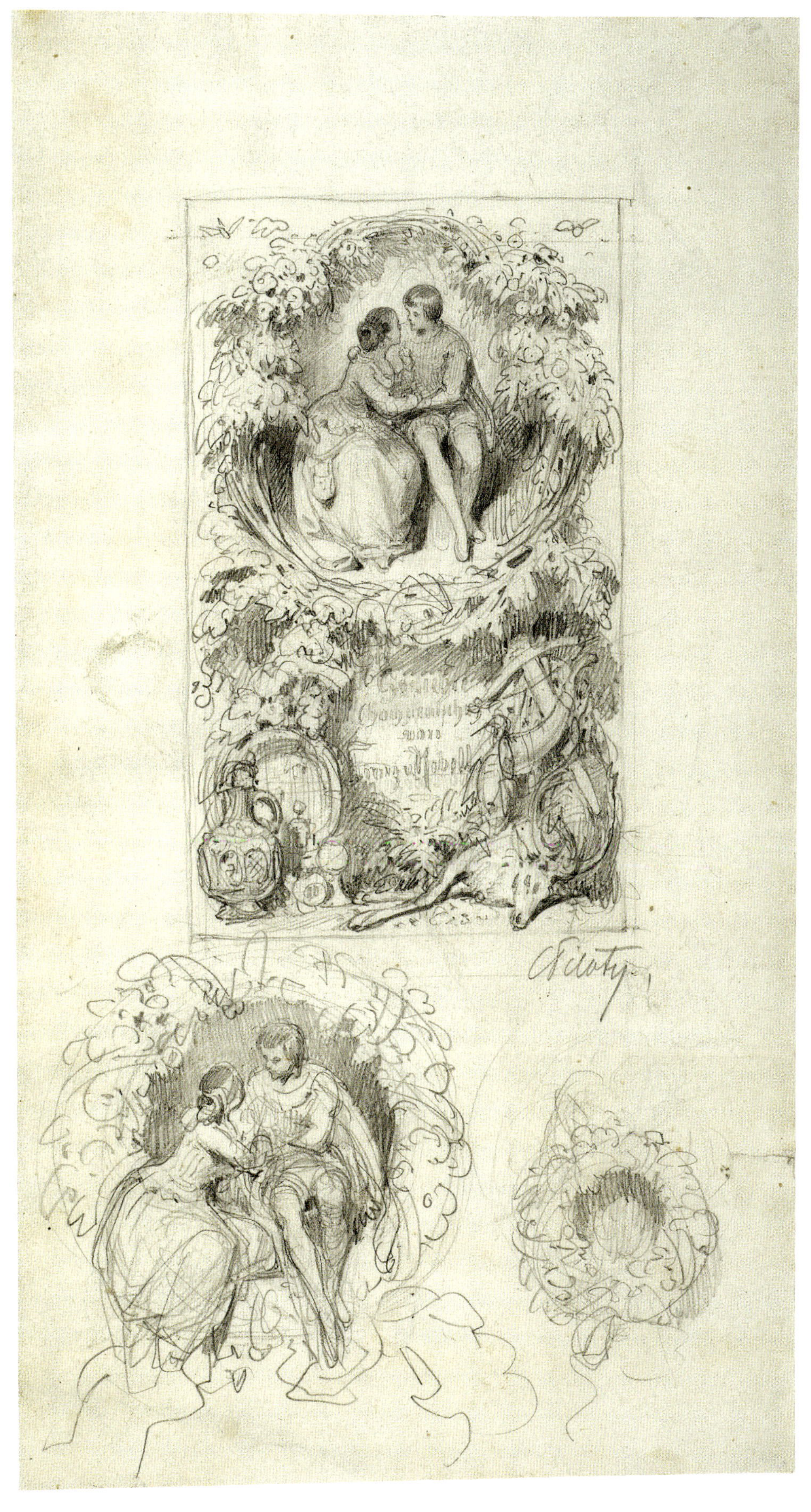

Felix Possart

1837 – Berlin – 1928

Der Künstler, Bruder des Schauspielers Ernst von Possart, erhielt in Berlin seine Ausbildung bei dem Genremaler Carl Schönau und bei dem Landschaftsmaler August Nothnagel. Darauf ließ er sich als Staatsbeamter pensionieren und arbeitete Anfang der achtziger Jahre bei Hermann Gude und Franz Skarbina und unternahm während dieser Zeit wiederholt Studienreisen nach Spanien. Er war vor allem als Landschafts- und Architekturmaler tätig.

Gemälde von Felix Possart befinden sich im Museum Georg Schäfer in Schweinfurt.

Literatur:
Thieme-Becker, Allgemeines Künstler-Lexikon. Bd. XXVII, Leipzig 1933, S. 295. – Irmgard Wirth, Berliner Malerei im 19. Jahrhundert. Berlin 1990, S. 414.

102 Auf der Lagune von Venedig, 1881

Öl auf leinwandstrukturierter Pappe, 25,5 × 40,5 cm
Signiert unten links: *Venedig Possart. 1881.*
Verso: Hinweis auf Maler und Titel.

Auf der Lagune von Venedig hat eine Gondel an einer Duckdaube festgemacht. Links daneben schwimmt ein Segelschiff mit zwei farbigen Segeln. Dahinter befinden sich weitere verschiedenartige Boote. Von der Stadt selbst wird nichts sichtbar. Ein Dunstschleier im Hintergrund verbirgt alles. Die Spiegelungen der Schiffe auf dem Wasser sind besonders beachtet.

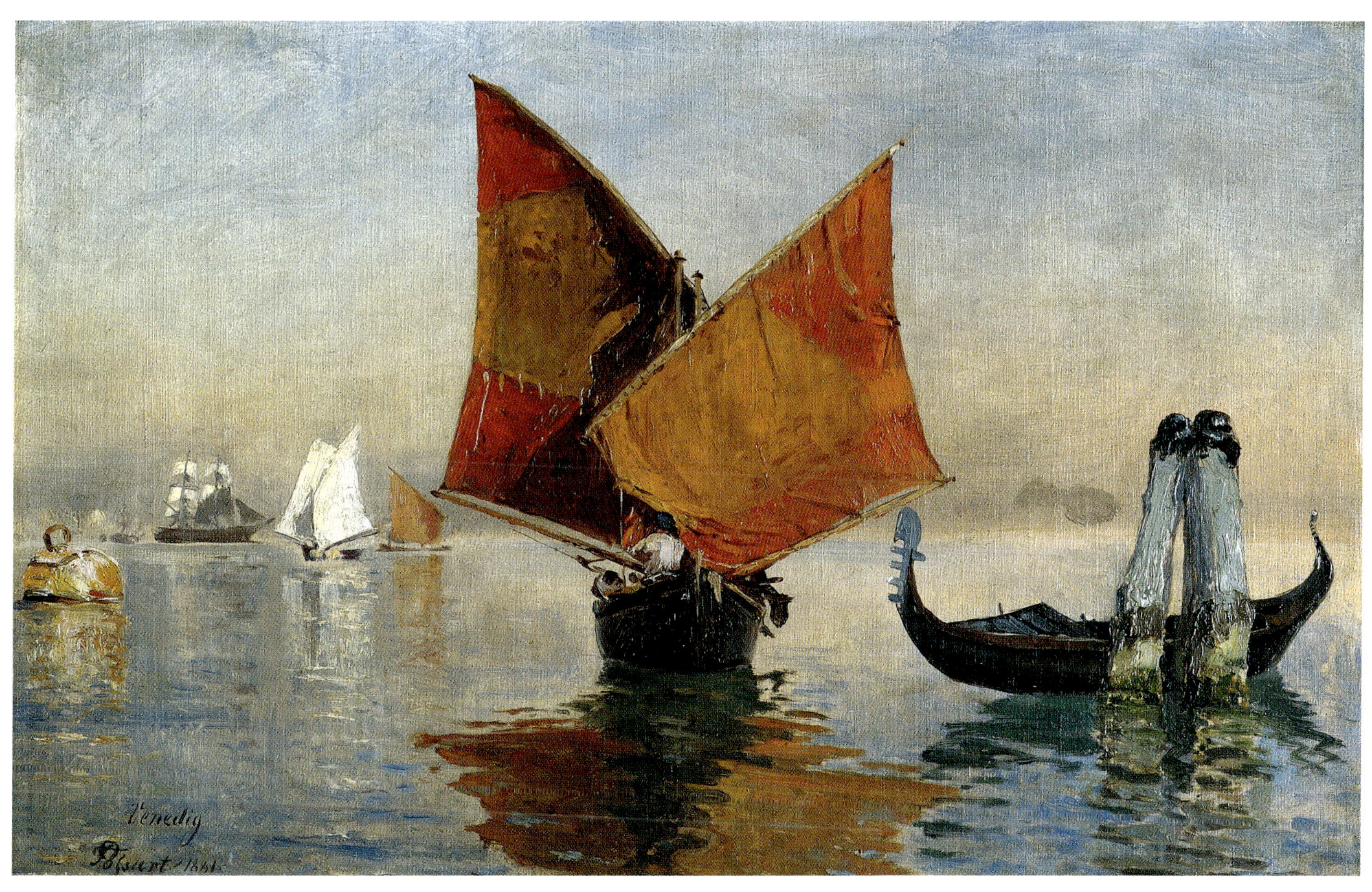
Venedig

Domenico II Quaglio

1787 München – 1837 Hohenschwangau bei Füssen

Der Künstler stammt aus der berühmten Malerfamilie der Quaglios aus Oberitalien, die Ende des 18. Jahrhunderts in München ansässig wurden. Seine Brüder waren Angelo I. Lorenzo II und Simon Quaglio. Die Grundlagen seiner künstlerischen Ausbildung erhielt er bei seinem Vater Giuseppe und war darauf als Theatermaler am Münchner Hoftheater tätig. Zusammen mit Stieler, Peter von Hess und Friedrich von Gärtner wurde er 1823 zum Mitbegründer des Münchner Kunstvereins. Seit 1819 widmete er sich ganz der Architektur- und Vedutenmalerei und wurde so zum Begründer des Architekturbildes. Zu diesem Zweck bereiste er Mitteleuropa und hielt ganz systematisch Bauwerke wie Kirchen, Burgen und Paläste in Skizzen und Zeichnungen fest. Im Auftrag des Kronprinzen Maximilian von Bayern war er seit 1833 mit der Wiederherstellung der Burg Hohenschwangau beschäftigt.

In der ersten Hälfte des 19. Jahrhunderts war er der bedeutendste Münchner Vedutist und dokumentierte mit seinen Gemälden das Aussehen der bayerischen Landeshauptstadt vor dem Einsetzen der Bautätigkeit Ludwigs I. Auch seine Architekturbilder der wichtigsten gotischen Dome sind baugeschichtliche Zeugnisse aus jener Zeit.

Gemälde von Domenico Quaglio befinden sich in der Alten Berliner Nationalgalerie, im Frankfurter Städel, in der Hamburger Kunsthalle, in der Münchner Neuen Pinakothek, im Münchner Lenbachhaus sowie im Museum Georg Schäfer in Schweinfurt.

Literatur:

Brigitte Trost, Domenico Quaglio. 1787–1837. Monographie und Werkverzeichnis. München 1973.

103 Refektorium eines Nonnenklosters, 1825

Öl auf Leinwand, 62 × 83 cm
Signiert unten rechts: *Dominic Quaglio. 1825.*
Verso auf dem Keilrahmen: Ein alter Aufkleber des bayerischen Königshauses von 1823 mit der Nr. 145
Ein Aufkleber der Sammlung Georg Schäfer, Schweinfurt

Aktuell wird das im Titel aufgeführte Refektorium gewiss nicht benutzt. Denn es enthält weder Tische noch Stühle, weshalb es als Speisesaal wohl nicht in Frage kommt. Der große Innenraum wird durch drei rundbogige Fenster erhellt und zusätzlich durch eine große Bogenöffnung. Zwischen den Fenstern steht eine große Madonnenfigur als Himmelskönigin, bekrönt mit Zepter und Weltkugel. Vor ihr kniet eine Nonne. Eine weitere Maria als Himmelskönigin steht in einer Ecke. Der Raum, in der Mitte durch einen Pfeiler gestützt, wird durch weitere Nonnen belebt, die mit einem kleinen Mädchen beschäftigt sind. Neben ihnen befindet sich ein Korb mit Blumen. Gartengeräte und Rettich liegen am Boden.

Eine flache Holzdecke bildet den oberen Abschluss. Rechts ergibt sich eine Blickachse durch einen Kreuzgang mit Kreuzgratgewölben, der einen Blick auf den Innenhof zulässt, der als Klostergarten genutzt wird. Ganz links über einer Treppe hängt ein Madonnenbild.

Das Werk zeigt einen großen Detailreichtum, was D. Quaglio als Vedutist ja auch angestrebt hat. Der Farbauftrag ist kleinteilig und die Bildoberfläche glatt.

Provenienz:
19. Jahrhundert königl. Sammlung in München. Sammlung des Hauses Wittelsbach in München (1823) – Aukt.-Kat. Neumeister, München. Sammlung Georg Schäfer. Februar 2005. Kat.-Nr. 622 (mit Abb.).

Literatur:

Brigitte Trost, Domenico Quaglio. a. a. O., S. 130, Wv.-Nr. 141 a, Abb. 205.

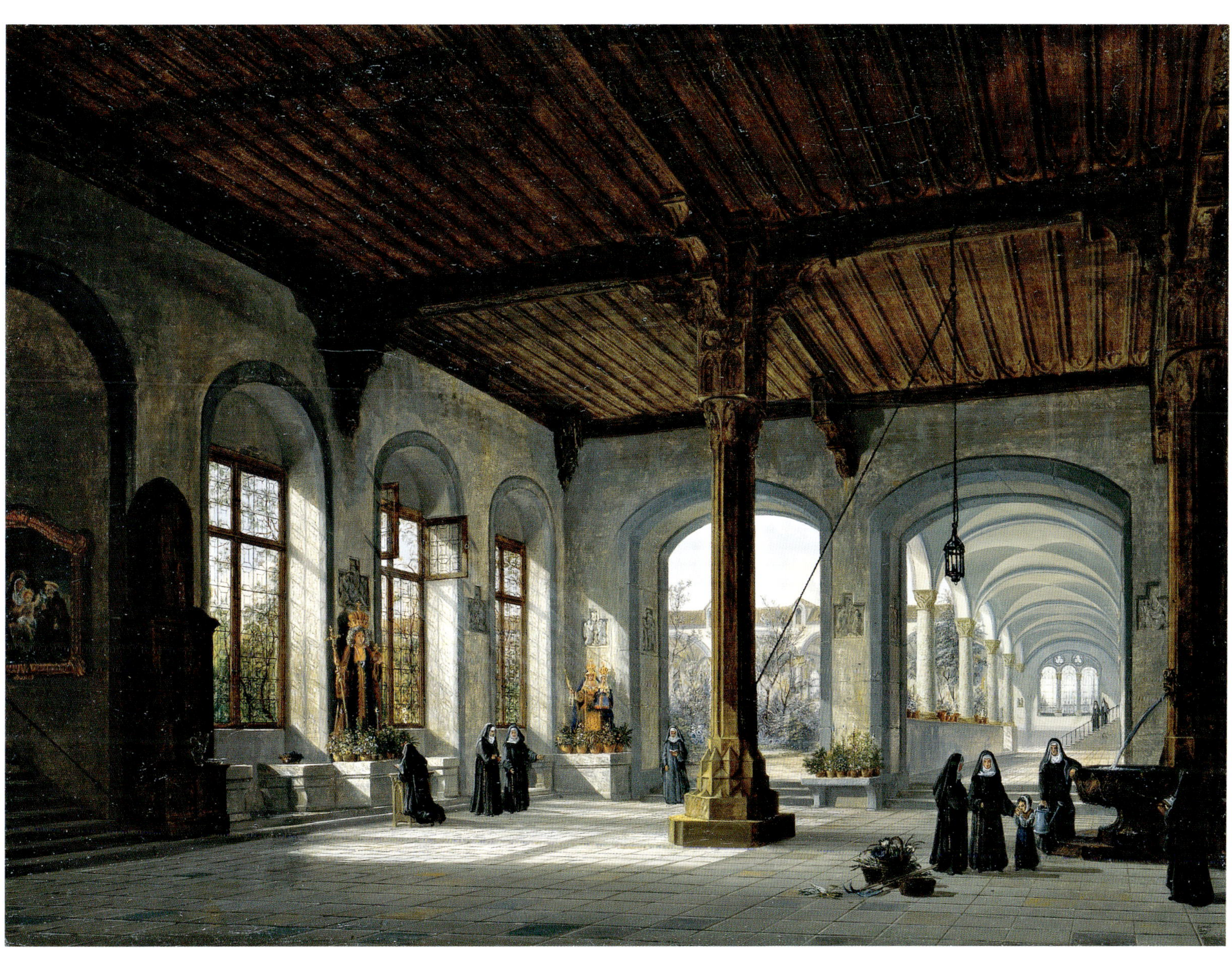

Karl Raupp

1837 Darmstadt – 1918 München

Nach Anfängen in Darmstadt bei dem Landschaftsmaler August Lucas begab sich der junge Künstler 1856 an das Städelsche Kunstinstitut in Frankfurt a. M. und bildete sich bis 1858 bei Jakob Becker weiter. Darauf trat er 1860 in die Münchner Akademie als Schüler Karl Theodor Pilotys ein und studierte bei ihm bis 1866. Danach lehrte er von 1868–1879 als Professor an der Nürnberger Kunstgewerbeschule und von 1880–1914 an der Münchner Akademie. Den Chiemsee lernte er 1869 kennen, hielt sich darauf in den Sommermonaten immer wieder an diesem großen bayerischen Gewässer auf und wurde so zum Begründer der Malerkolonie in Frauenwörth. Diese enge Verbindung zum Chiemsee brachte ihm auch den Namen des »Chiemsee-Raupp« ein. In dem von ihm geschriebenen »Handbuch der Malerei« (4. Auflage 1904) legte er sein theoretisches und technisches Wissen nieder.

Er blieb zwar der gründerzeitlichen Tradition des Genrebildes verpflichtet, indem er die narrativen Elemente in seiner Kunst beibehielt, bereicherte sie aber im Lauf der Zeit mit pleinairistischen Elementen. Von seinen zahlreichen Schülern seien nur Joseph Wopfner und Carl Seiler genannt.

Gemälde von K. Raupp befinden sich in den Städtischen Kunstsammlungen in Biberach an der Riß, in den Städtischen Kunstsammlungen in Kassel, in der Münchner Neuen Pinakothek und im Westfälischen Landesmuseum für Kunst und Kulturgeschichte in Münster.

Literatur:
Ausst.-Kat. Torhalle auf Frauenchiemsee. Gedächtnisausstellung Karl Raupp. 1988.

104 Ein Wetter kommt

Öl auf Leinwand, 117,5 × 91 cm
Signiert unten links: *C. Raupp München 82* (?)
Auf der Rückseite der Leinwand befindet sich ein Stempel der Münchner Leinwand-Fabrik A. Schutzmann.

Bisweilen liebte es Karl Raupp, seine Überfahrten auf dem Chiemsee dramatisch in Szene zu setzen. Denn die Wetterlagen auf dem See sind unberechenbar, und oft genug geraten die Bootsfahrer in »Seenot«. Hier scheint eine Anwohnerin des Chiemsees von der »Krautinsel« zurückzukehren, die wohl hinten links erkennbar wird. Ganz rechts am Horizont wird wohl das Schloss Herrenchiemsee als breiter, heller Bau sichtbar. Der Himmel ist fast schwarz und zeigt somit das Unwetter und den aufkommenden Sturm an, den auch der Flug der Möwen veranschaulicht. Aber auch die Wellen selbst, die fast Bootshöhe erreichen, verweisen auf das Unwetter.

Auch im Boot spiegelt sich das Unwetter. Die junge Frau, heroisch den Horizont überschneidend, hat kräftig das Ruder gepackt, um den Elementen zu trotzen. Die kleine Tochter hat sich vorn zusammengekauert und hält ihre Katze auf dem Schoß. Die Großmutter hockt auf dem Boden und hält ebenfalls ein Ruder, um damit zu steuern.

Die Farbe wurde relativ dick und großteilig aufgetragen, vor allem bei der Gischt und bei der Kleidung der Personen, während die Gesichter der jungen Frau mit ihrer kleinen Tochter kleinteilig herausgearbeitet und somit genau charakterisiert werden. Die Physiognomie der Großmutter hingegen erscheint etwas großflächiger und veranschaulicht so auch ihre Falten und Spuren des Alters.

Variante:
Als Variante zum vorliegenden Gemälde lässt sich das Werk »Dramatische Überfahrt« (Abb. in: Aukt.-Kat. Ruef, München. 1982, Kat.-Nr. 1372) betrachten. Es zeigt zusätzlich im Hintergrund noch ein zweites Boot.

Provenienz:
1883 Oberststallmeister Maximilian Graf von Holnstein in München – 2003 Münchner Kunsthandel.

Literatur:
Illustrierte Zeitung. 1883 mit Abb. – 1884 Kupferstich für Münchner Kunstverein – Ausst.-Kat. Glaspalast, München. 1883. Internationale Kunstausstellung. Kat.-Nr. 1627. – Friedrich von Boetticher, Malerwerke des 19. Jahrhunderts. Bd. II, 1. Dresden 1898, S. 365, Nr. 21 (dort mit dem Text »Ein Wetter kommt, Motiv vom Chiemsee. Die im Kahn stehende j. Schifferin eine alte Frau u. ein kleines Mädchen, das eine Katze hält, übersetzend«).

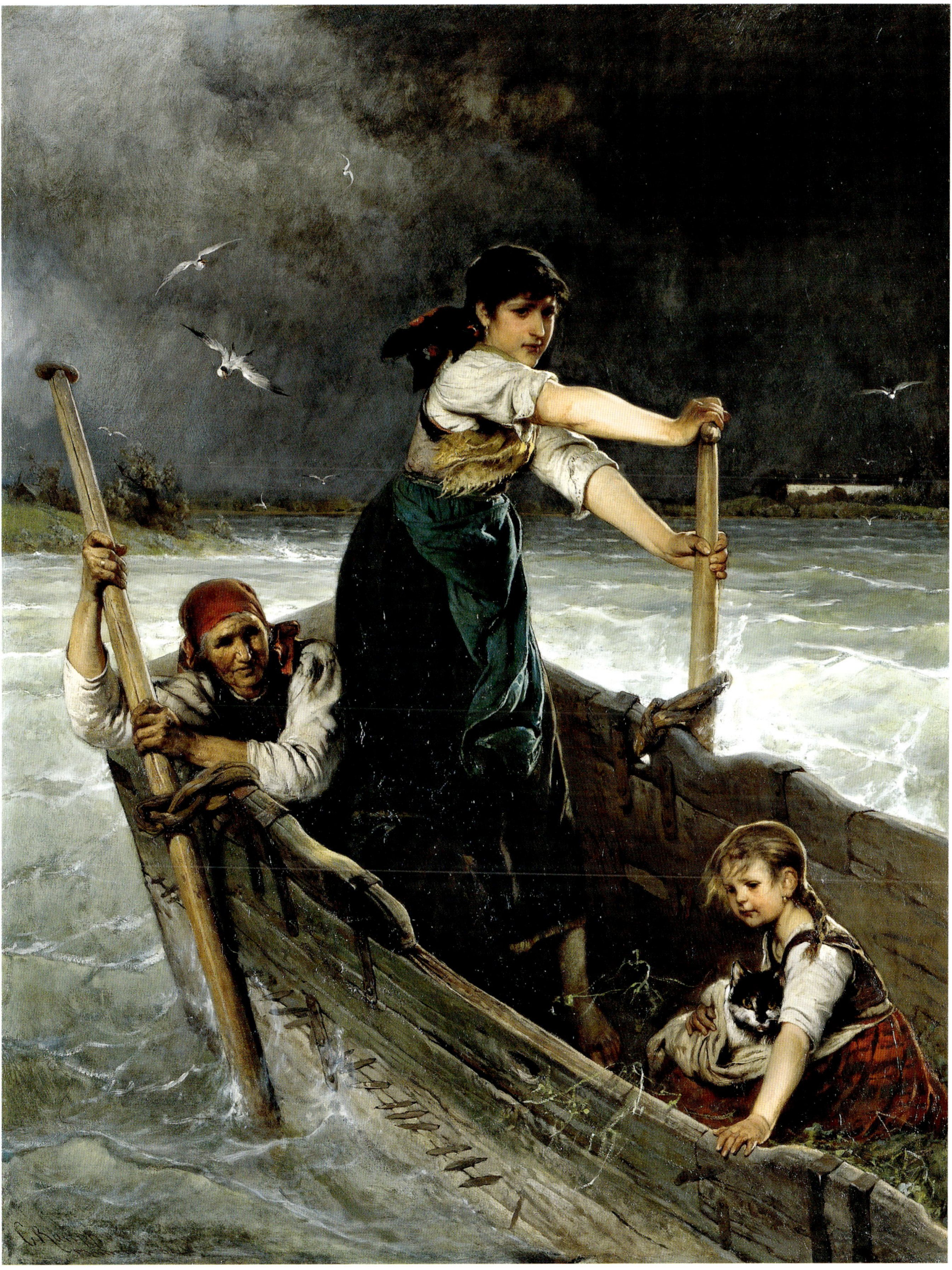

105 Mutter und Kind in einem Boot

Aquarell auf Malkarton, ca. 27,5 × 42 cm

Wie bekannt, hat K. Raupp besonders gern den Chiemsee und die Bewohner jener Landschaft in seiner Kunst thematisiert. Hier zeigt er eine Mutter mit ihrer kleinen Tochter in einem Ruderboot. Sie betrachten einige Seerosen, die sich in der Nähe der Uferzone befinden, von etwas Schilf umgeben. Den Hintergrund bilden die Chiemgauer Berge mit einem darüber stehenden hellen Himmel. Ähnliche Szenen hat K. Raupp auch gern in Öl ausgeführt.

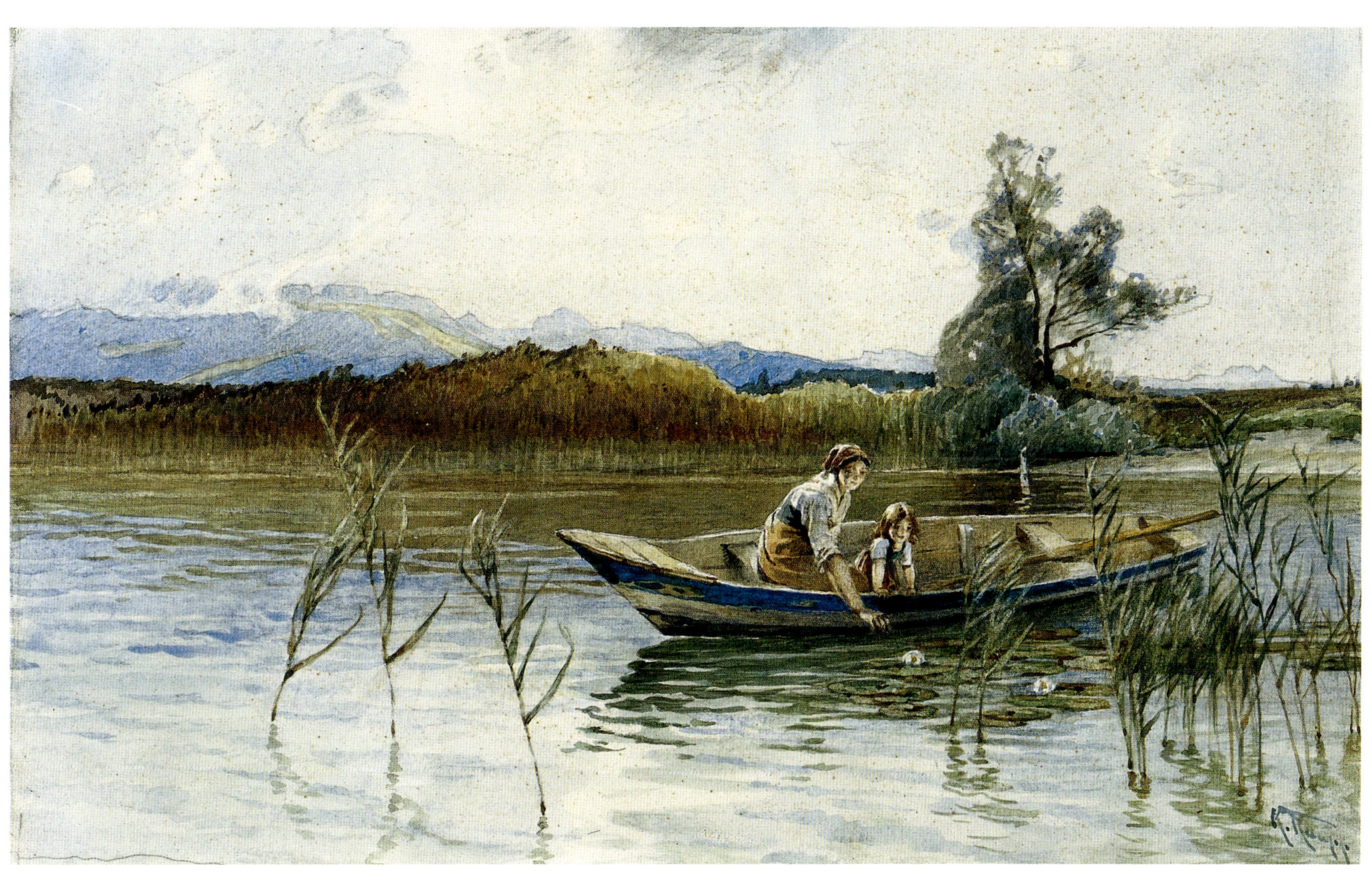

Rudolf Reschreiter

1868 München – 1938

Über den Künstler ist nicht viel bekannt. Er erscheint auch nicht in den älteren einschlägigen Lexika wie Thieme-Becker oder Vollmer. Er lebte und arbeitete in München und hat vor allem das Hochgebirge in Gouachen festgehalten.

Literatur:
Horst Ludwig u. a., Bruckmanns Lexikon. Bd. III, München 1982, S. 354.

106 Blick auf den Eibsee

Gouache auf Malkarton, ca. 34,5 × 50 cm
Signiert unten rechts: *R. Reschreiter M*
Verso: Handschriftlicher Hinweis auf das Motiv des Werkes sowie Angabe des Todesdatums von R. Reschreiter mit 7. August 1938.

Der Eibsee, am nördlichen Fuß der Zugspitze in den bayerischen Alpen gelegen, liegt 973 Meter über dem Meeresspiegel. Er ist nicht ganz so beliebt wie der Königssee im Berchtesgadener Land, wurde aber doch von den Münchner Malern auch gern gemalt, z. B. von Carl Rottmann und später von Carl Millner und anderen Künstlern. Von der Uferzone aus, die gleichzeitig als Repoussoir dient und Felsgestein und Fichten aufweist, geht der Blick auf die glatte Wasserfläche, die vorn leicht gekräuselt ist und hinten glatte weiße Streifen zeigt. Dahinter erhebt sich das Zugspitzmassiv, von einem hellen Himmel überfangen.

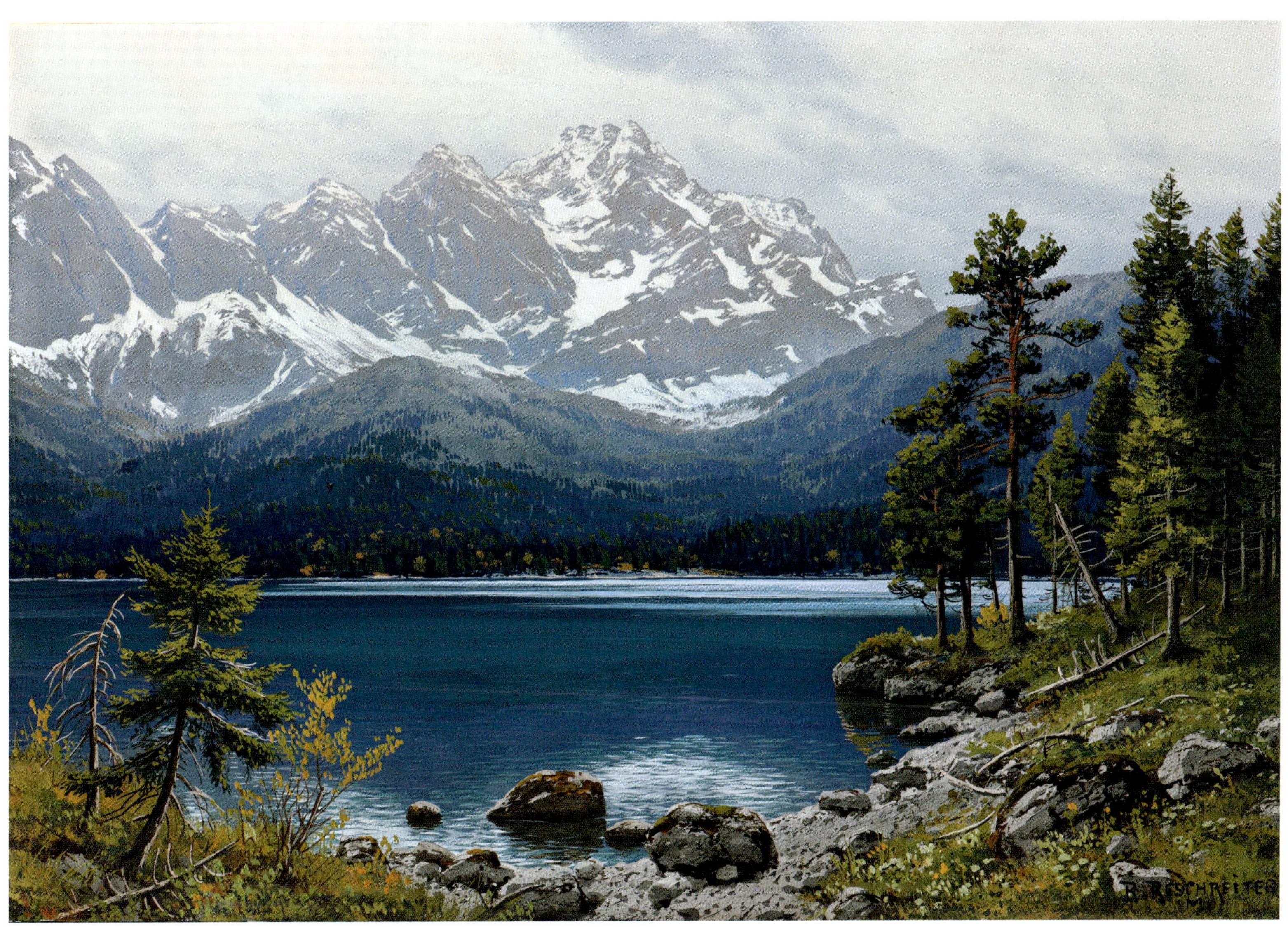
R. RESCHREITER
M.

107 Blick auf den Marmolada-Gletscher

Gouache auf Malpappe, ca. 36 × 50 cm
Signiert unten links: *R. Reschreiter. Mchn.*

Der Gletscher befindet sich in der Marmolada, der höchsten Erhebung der Südtiroler Dolomiten auf der Grenze zwischen Südtirol und Italien. Hier nimmt er etwa ein Drittel der vorderen Bildfläche ein, bestehend aus Eis und Schnee. Dahinter erheben sich die Dolomiten, sehr steil und bizarr.

Bei solchen Alpenveduten kam es dem Künstler durchaus auf topographische Genauigkeit an mit dem entsprechenden Wiedererkennungseffekt. Eine leichte Dramatisierung des Panoramas ergibt sich durch die Wolkenformation sowie durch den Hochnebel auf der linken Bildseite.

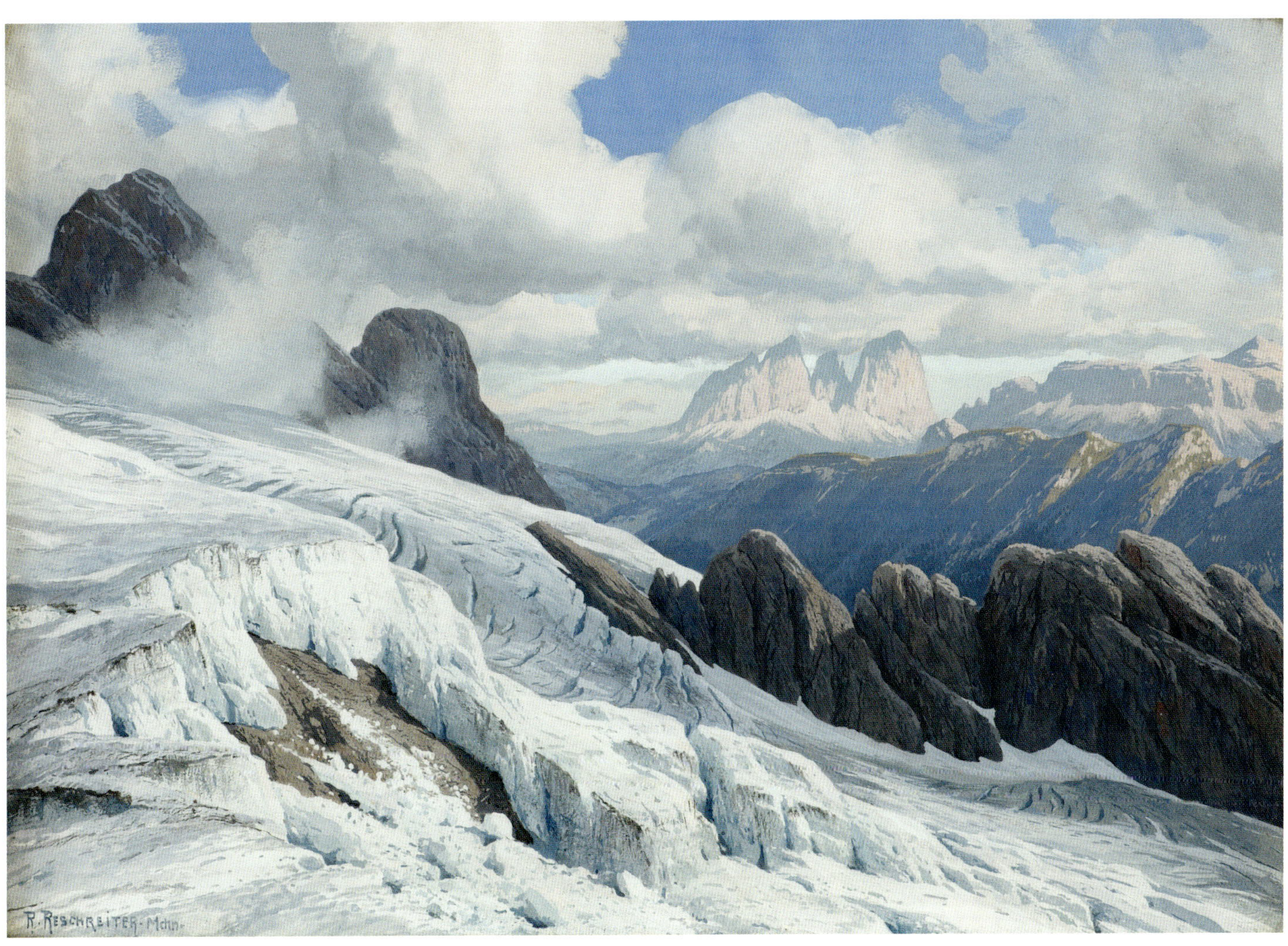
R. RESCHREITER · Mchn.

Franz Roubaud

1856 Odessa – 1928 München

In der Schwarzmeerstadt in gutbürgerlichen Verhältnissen aufgewachsen, begann er schon in jungen Jahren eine Beziehung zu Pferden, auf denen er bald reiten konnte. Auch machte sich bald sein Zeichentalent bemerkbar, das von seinen Eltern durchaus gefördert wurde. 1877 begab sich Roubaud nach München, um dort bei K. Th. Piloty, W. von Diez und O. Seitz zu studieren. 1881 ging er nach Südfrankreich, um die Heimat seines Vaters kennenzulernen. Noch im selben Jahr kehrte er nach München zurück und hatte dort Kontakt mit den Polenmalern Josef von Brandt und Alfred von Wierusz-Kowalski, die ihn auch in seiner Motivwahl wesentlich beeinflussten. 1883 und 1884 finden wir ihn auf Entdeckungsreisen im Kaukasus, die ihn so nachhaltig prägen sollten, dass er in der Folgezeit fast ausschließlich die kaukasischen Völker mit ihren Kriegszügen, Volks- und Reiterszenen malte. Wiedergaben von Kurden, Tschetschenen und Tscherkessen kamen hinzu. 1885 erhielt er von der russischen Regierung den Auftrag, für eine Ruhmeshalle in Tiflis einen Bilderzyklus von 17 Schlachten aus der russisch-kaukasischen Geschichte zu schaffen. Eine Folge solcher Schlachtenbilder sollte auch sein Panorama-Bild (Kampf um Achulgko) von 1890 werden, das auch in München gezeigt wurde und später in weiteren russischen Städten. 1911 zog es ihn wieder nach München zurück und er widmete sich hier ganz seiner Malerei.

Als Orientmaler hat er fast ausschließlich den kaukasischen Raum thematisiert, doch anders als seine genannten polnischen Malerkollegen wandelte er sich zunehmend zum Impressionisten und favorisierte nicht nur die raschen Reiterbewegungen, sondern vor allem auch das leuchtende Kolorit, die temperamentvolle Pinselschrift sowie starke Helldunkelkontraste.

Gemälde von F. Roubaud befinden sich im Panorama-Museum in Moskau, in der Münchner Neuen Pinakothek, im Kunstmuseum Odessa, im Museum Sevastopol (Krim) sowie im Russischen Museum in St. Petersburg.

Literatur:
Horst Ludwig u. a., Bruckmanns Lexikon. Bd. III, München 1982, S. 396–399. – Hans-Peter Bühler, Jäger, Kosaken und polnische Reiter. Josef von Brandt, Alfred von Wierusz-Kowalski, Franz von Roubaud und der Münchner Polenkreis. Hildesheim. u. a. 1993. – Siegfried Weiß, Wilde Kaukasier. In: Weltkunst. 7, 2005, S. 70, 71.

108 Fahnenreiter-Aufbruch, 1888

Öl auf Leinwand, 150 × 95 cm
Signiert unten rechts: *F Roubaud 1888*
Verso: Leinwandstempel der Münchner Malerbedarfsfirma Hermann & Schachinger. Der gleiche Stempel befindet sich noch zweimal auf dem Keilrahmen.

Es könnte sich hier um einen Tschetschenen handeln. Die Tschetschenen stammen aus dem nördlichen Kaukasus und sind im Allgemeinen Muslime. Sie sind auch daran zu erkennen, dass sie als Kopfbedeckung einen Turban tragen. So verhält es sich auch mit dem vorderen Bannerträger, der auf einem Braunen reitet und einen weißen Turban trägt. In seiner Rechten hält er eine rote Fahne, die sich leicht im Wind bauscht. Sein Gesicht wird von einem dunklen Bart geziert. Als Kleidung dient ein hellbrauner, etwas über die Knie reichender Mantel. Hinter ihm erscheint eine große Menge weiterer Reiter, meist bewaffnet, die ebenfalls Fahnen in Händen halten. Darüber steht ein heller blauer Himmel. Dem impressionistischen Ansatz entsprechend, ist der Farbauftrag breitpinselig und bewegt und beim Mantel des vorderen Bannerträgers pastos. Andere Teile sind nur noch leicht pastos aufgetragen. Auffällig ist der Himmel, der partiell so strukturiert ist, dass stellenweise die Leinwand durchschimmert.

Das Motiv des Bannerträgers hat F. Roubaud mehrfach beschäftigt. Bisweilen erscheint er dramatisiert und reitet in vollem Galopp auf den Betrachter zu. Beispiele: »Reitender Bannerträger«, Abb. in: Aukt.-Kat. Neumeister, München. November 2005, Kat.-Nr. 991. Oder: Tscherkessenreiter mit roter Fahne«. In: Aukt.-Kat. Karl & Faber, München. Kat.-Nr. 157. S. auch Hans-Peter-Bühler, a. a. O., Abb. 148.

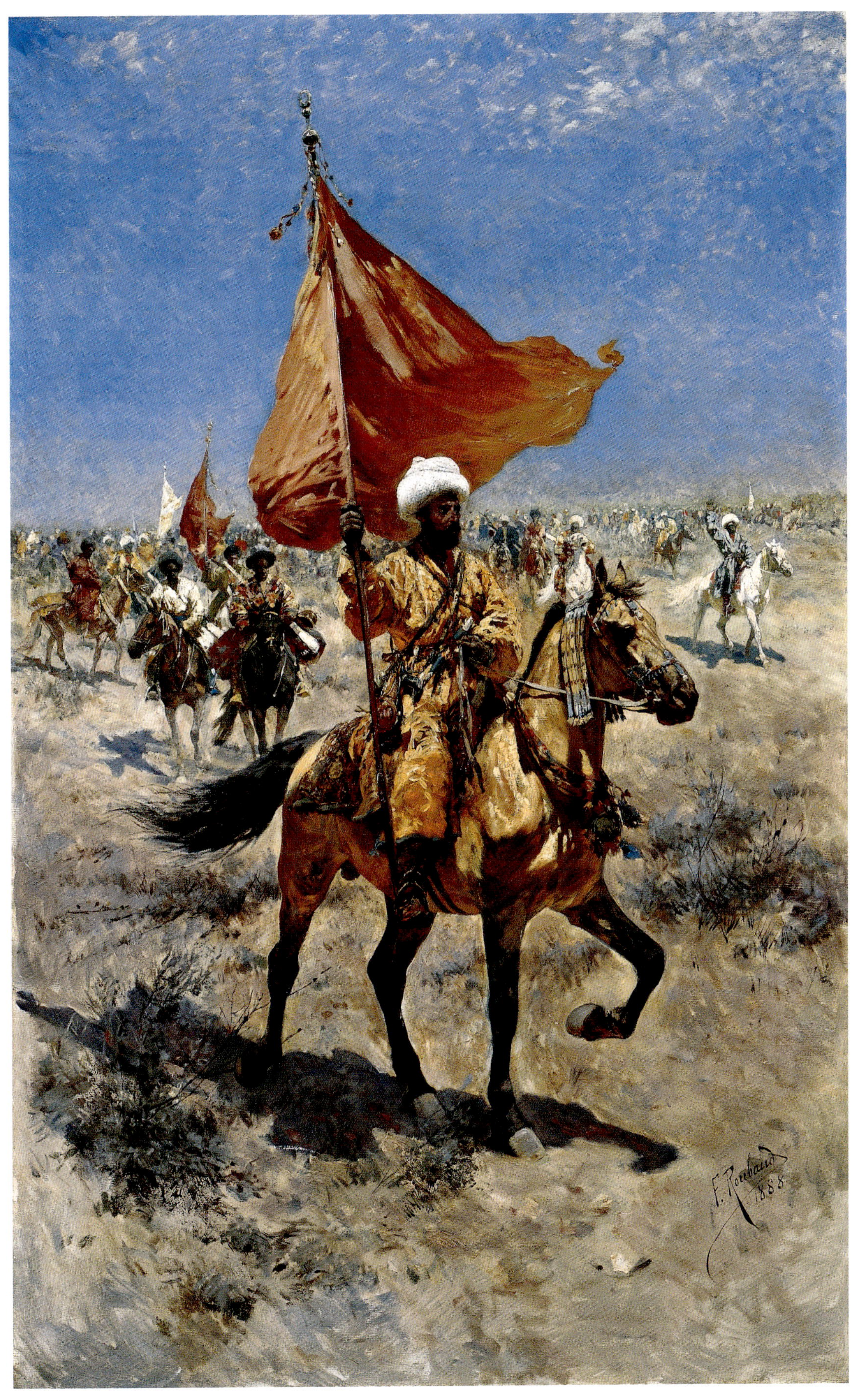
F. Roubaud
1888

Felix Schlesinger

1833 Hamburg – 1919 München (nicht 1910 Hamburg)

Nach Anfängen in seiner Hamburger Heimatstadt hielt er sich anschließend zu Studienzwecken in Antwerpen, Paris und Düsseldorf auf. In Düsseldorf studierte er bei Rudolf Jordan und hielt sich von 1861 bis 1863 in Frankfurt a. M. auf. Danach traf er wohl in der Isarmetropole ein und entwickelte sich hier zu einem Genremaler, der häufig Kinderszenen malte und sie mit Kaninchen in Verbindung setzte. Er bevorzugte einen kleinteiligen Farbauftrag, der bei den Textilien oder beim Ambiente etwas großteiliger werden kann. Das Lübecker Museum Behnhaus bewahrt von ihm ein Gemälde.

Literatur:
Horst Ludwig u. a., Bruckmanns Lexikon. Bd. IV, München 1983, S. 58–60.

109 Zwei Kinder mit Kaninchen in einem Stall

Öl auf Holz, 36,9 × 40,5 cm
Ein waagerechtes Brett, Stärke: ca. 1 cm, mit zwei senkrechten Einschubleisten
Signiert unten links: *F. Schlesinger*
Verso: Ein Aufkleber der Münchner Malrequisiten Fabrik Richard Wurm.

Ein Mädchen und ein kleiner Junge sitzen in einem Stall auf einer Holztreppe. Das Mädchen trägt einen roten Rock, dazu eine bräunliche Schürze. Der Bub ist barfüßig, eine Pudelmütze dient als Kopfbedeckung. Er hat noch auf dem Schoß zwei Kaninchen, die er aufmerksam liebkost. Rechts neben der Treppe befinden sich noch zwei weitere Kaninchen. Das Interieur, in der linken Bildecke recht dunkel, erhält von vorn Licht, sodass die Gestalten gut beleuchtet sind.

Die Neigung zu einer gewissen Buntfarbigkeit ist nicht zu verkennen, doch herrschen bereits die tonalen Abstufungen vor und der Einsatz eines weicheren Farbauftrages, wie er sich in seiner etwas späteren Phase findet.

Provenienz:
Aukt.-Kat. Neumeister, München. September 2003, Kat.-Nr. 547.

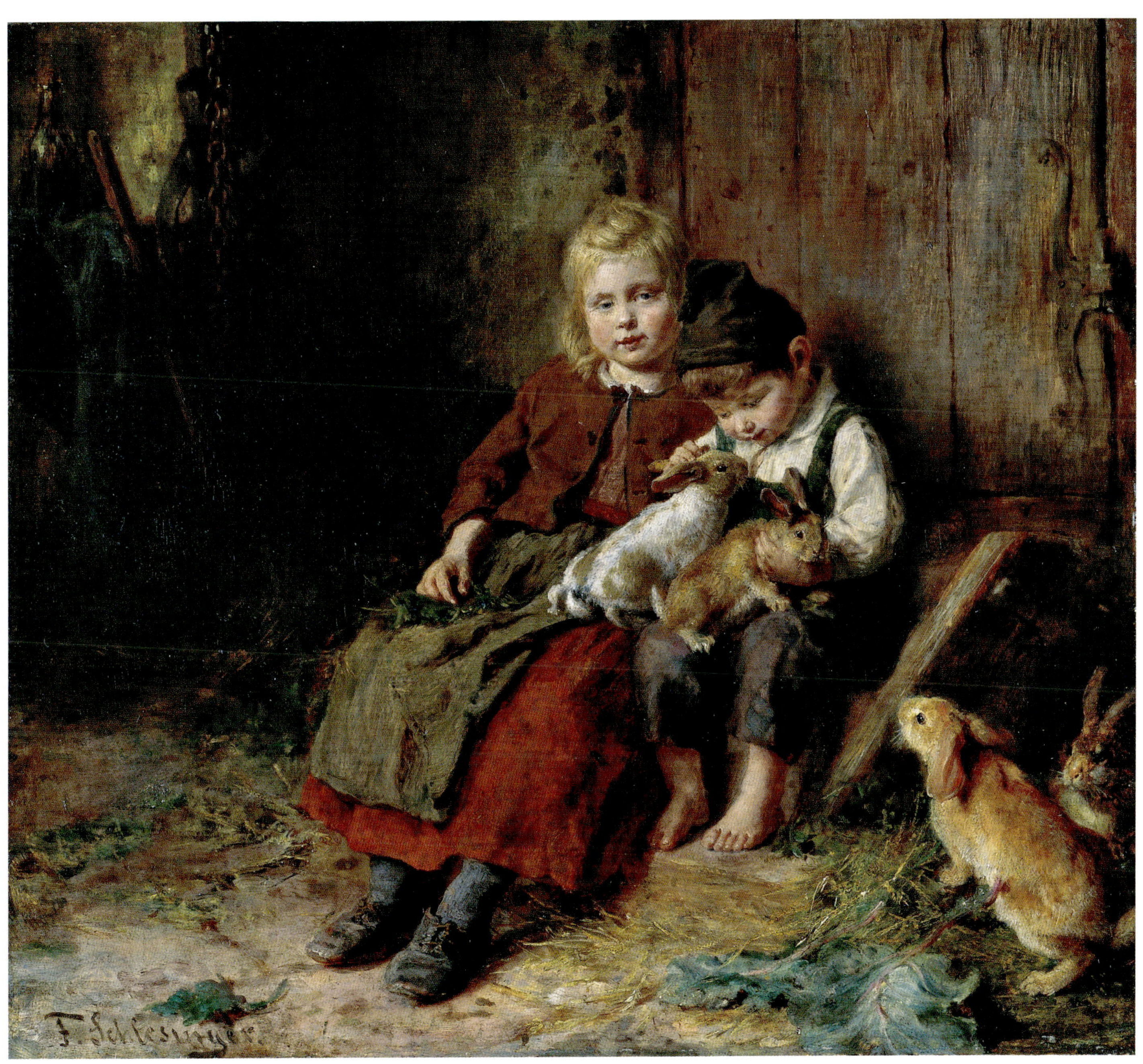
F. Schlesinger.

Gustav Schönleber

1851 Bietigheim – 1917 Karlsruhe

Der Künstler, Sohn eines Textilkaufmanns und Versicherungsvertreters, begann nach der Gymnasialzeit 1866 eine Maschinenbaulehre und trat 1869 in das Stuttgarter Polytechnikum ein. Dort entdeckte ein Zeichenlehrer seine Begabung für Landschaften und empfahl ihm, 1870 nach München zu gehen, um in der privaten Malschule Adolf Liers die Malerei zu erlernen. 1873 konnte er bei Lier seine Studien abschließen und wurde bereits 1880 als Lehrer für Landschaftsmalerei an die Karlsruher Kunstschule berufen. Dort hatte er bald einen großen Schülerkreis und unternahm zahlreiche Studienreisen nach Italien und Holland, die ihn thematisch und stilistisch beeinflussten. Besonders die holländischen Kollegen wie H.W. Mesdag, A. Mauve und J. Maris vermittelten ihm manche Impulse, dazu die Meister der Ecole de Barbizon.

G. Schönleber lässt sich der Münchner wie auch der Karlsruher Malerei gleichermaßen zuordnen. Von seiner Freilichtmalerei mit den genauen Naturbeobachtungen zeugen auch seine vielen Venedigveduten, die durch pittoreske Segelschiffe belebt werden.

Werke von G. Schönleber befinden sich in der Berliner Nationalgalerie, in der Bremer Kunsthalle, im Städelschen Kunstinstitut in Frankfurt, der Staatlichen Kunsthalle in Karlsruhe sowie in der Münchner Neuen Pinakothek.

Literatur:

Renate Müller-Gruber, Gustav Schönleber. Monographie und Werkverzeichnis. Karlsruhe 1990.

110 Fischerboote auf der Adria vor Venedig, 1875

Öl auf Leinwand (doubliert), 75 × 119,5 cm
Signiert unten rechts: *G. Schönleber. München.1875*
Verso auf Keilrahmen: Sammlung Georg Schäfer, Schweinfurt
36095871

Vorn rechts liegen große Segelkähne vor Anker, die von kleineren Ruderbooten umgeben sind. Es ist ein reges Treiben, und man tauscht Waren aus. Auf der linken Bildseite liegen noch weitere Boote und geben den Blick auf die Silhouette von Venedig frei, die am Horizont erscheint. Rechts daneben ist wohl die kleine Insel S. Giorgio Maggiore. Die verschatteten Teile rechts kontrastieren mit dem hellen Wasser und dem lichtdurchfluteten Himmel.

Das Gemälde entstand 1875 in München, kurz nachdem G. Schönleber seine Studien bei A. Lier abgeschlossen hatte, und dokumentiert den pleinairistischen Stil jener Maler, die das Tageslicht und seine konturauflösende Wirkung genau beobachteten und bildbestimmend werden ließen. Bei den Personen vorn in den Booten ist gut wahrzunehmen, dass G. Schönleber dem Detail keine Aufmerksamkeit schenkt, vielmehr der summarischen Form unter der Wirkung des Freilichts.

Besonders aus den siebziger Jahren gibt es eine Reihe verwandter Arbeiten G. Schönlebers mit Venedig-Ansichten. Ich nenne: »Fischerflotte bei Murano« von 1876 in der Bremer Kunsthalle oder »Fischerboote vor Chioggia« von 1878 in Privatbesitz.

Provenienz:
Aukt.-Kat. Neumeister, München. Sammlung Georg Schäfer. Februar 2005, Kat.-Nr. 678.

Literatur:

Josef August Beringer, Gustav Schönleber. Karlsruhe 1924, S. 16, 122. – Renate Müller-Gruber, Gustav Schönleber. a. a. O., Wv.-Nr. 141, S. 132.

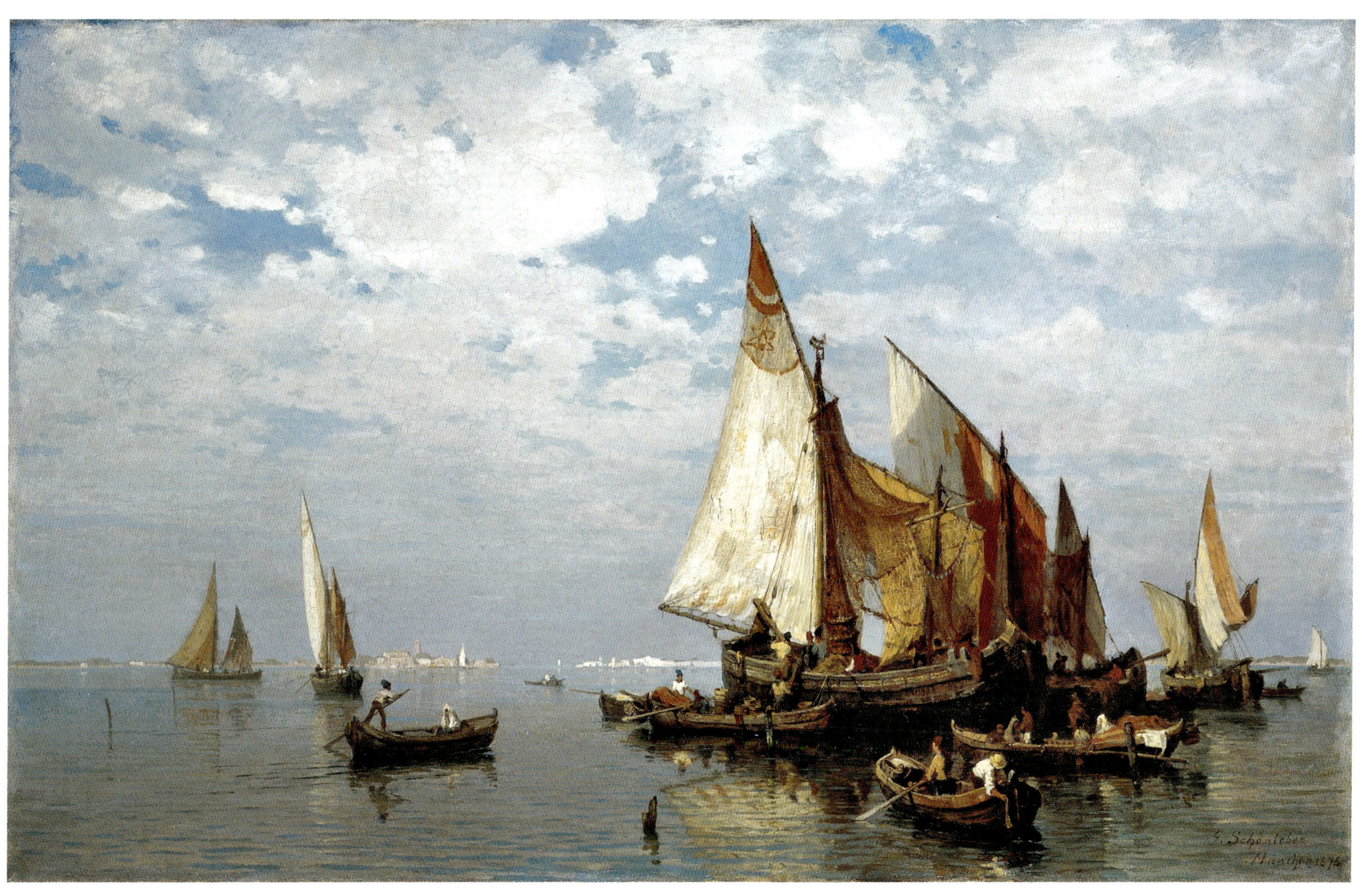

Ludwig Sckell

1833 Schloss Berg am Starnberger See – 1912 Pasing/München

L. Sckell, Sohn des bedeutenden Gartenarchitekten Friedrich Ludwig von Sckell, war auch der Vater des Landschaftsmalers Louis Skell, der das »c« im Nachnamen weggelassen hat, um Verwechslungen mit seinem Vater zu vermeiden. Seine künstlerische Ausbildung erhielt er bei Richard Zimmermann, 1861 machte er München zu seinem festen Wohnsitz. Seine Hauptmotive stammen aus Oberbayern und dem Hochalpenland, dabei hat er besonders häufig den Hohen Göll und den Blick auf den Watzmann visualisiert.

Die Münchner Freilichtmaler wie Schleich d. Ä. haben ihn durchaus beeinflusst. Gleichwohl neigte er zu detaillierteren Angaben der Objektwelt als die Pleinairisten. Besonders seine Vordergründe weisen oft zeichnerische Elemente auf. Der Vordergrundzone antwortet im Allgemeinen ein weiträumiges flaches Gelände, das durch eine hohe Gebirgskette im hinteren Teil abgeschlossen wird.

Gemälde von L. Sckell befinden sich im Kunstmuseum Basel, im Münchner Stadtmuseum und in der Neuen Pinakothek sowie im Museum Georg Schäfer in Schweinfurt.

Literatur:

Horst Ludwig u. a., Bruckmanns Lexikon. Bd. IV, München 1983, S. 133–135.

111 Eremit vor Felsenwaldkapelle

Aquarell auf Papier, ca. 35 × 22 cm
Signiert unten rechts: *L. Sckell*
Verso befindet sich ein Aufkleber mit dem Hinweis auf die Weinmüller-Aktion vom 26. IX. 1968.

Ein Einsiedler in brauner Kutte sitzt vor einer Waldkapelle, die in einen Felsen gehauen scheint. Die Eingangstür und zwei kleine Fenster sind wohl gemauert. Der Eremit sitzt rechts vor der geöffneten Holztür, neben sich einen Raben. Ein kleiner Zaun umfriedet dort wachsende Blumen. Dahinter wird die Behausung des Einsiedlers erkennbar. Eine leicht geschwungene Treppe führt zu seiner Klause. Felsgeröll im Vordergrund wird von einigen Pflanzen überwuchert. Weitere Bäume und Sträucher bilden einen recht üppigen Wald.

L. Sckell, uns vor allem durch seine oberbayerischen Gebirgslandschaften bekannt, greift hier ein Motiv auf, das von Ludwig Richter in seiner Druckgraphik und von Moritz von Schwind gern in seiner Malerei thematisiert wurde. Erwähnt seien die beiden Gemälde Schwinds in der Münchner Schack-Galerie: »Die Waldkapelle« und »Einsiedler in Felsengrotte«.

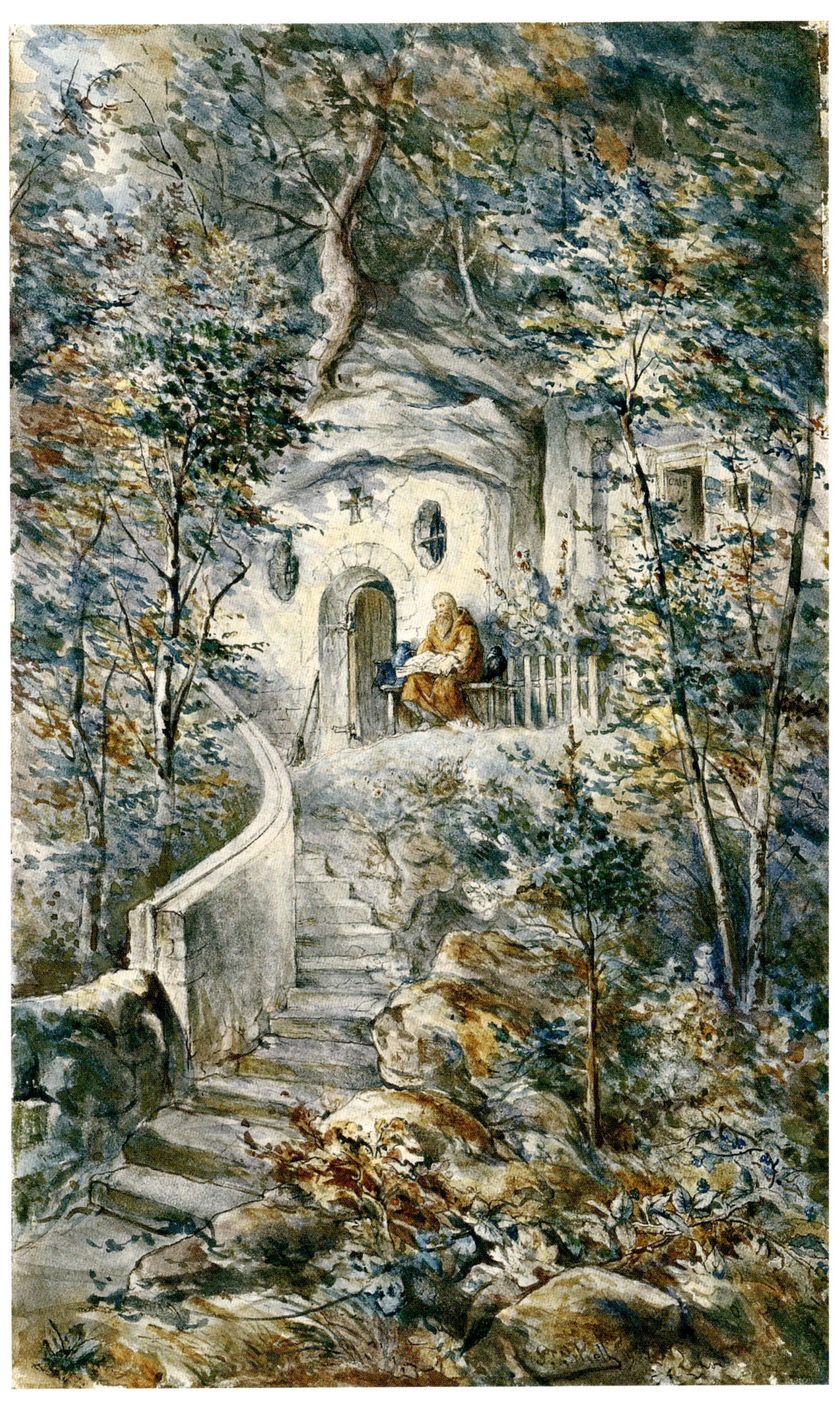

August Seidel

1820 – München – 1904

Carl Rottmann wurde auf die Frühwerke August Seidels aufmerksam und nahm ihn als Schüler an, bis es 1841 zum Bruch kam. Darauf bildete er sich autodidaktisch in der Umgebung Münchens und ließ sich nach eigenem Bekenntnis durch den englischen Maler John Constable und durch die holländische Landschaftsmalerei des 17. Jahrhunderts anregen. Durch seine Freundschaft mit den Münchner Freilichtmalern wie Schleich d. Ä. und Lier nahm er auch die Impulse der Pleinairisten auf. 1863 begab er sich nach Paris und lernte dort die Ecole de Barbizon kennen.

August Seidel ist den Landschaftsmalern zuzurechnen, welche von vornherein die klassizistischen Bildvorstellungen wenig beachteten und stattdessen die Wiedergabe atmosphärischer Vorgänge und den eher wie zufällig gewählten Bildausschnitt betonten. Dieser Rottmann-Schüler gehört wegen seines breitflächigen malerischen Vortrages und seiner summarischen Formgebung zu den progressiven Malern seiner Zeit.

Gemälde von August Seidel bewahren die Städtischen Sammlungen von Biberach an der Riß, die Münchner Neue Pinakothek sowie das Lenbachhaus in München.

Literatur:
Horst Ludwig u. a., Bruckmanns Lexikon. Bd. IV, München 1983, S. 139–141.

112 Blick auf ein Bergpanorama, 1859

Öl auf Malkarton, 13,5 × 30 cm
Signiert unten links: *A. S. 59.*

Das Werk stammt von dem knapp vierzigjährigen Künstler und dokumentiert schon seinen ausgeprägten Stil der mit dem breiten Pinsel aufgetragenen Farbe, der pauschalen Formgebung unter Beachtung der Veränderung der Lokalfarbe unter dem Einschluss atmosphärischer Vorgänge wie dem Dunst in der Ferne und kräftiger Schlagschatten. Auch die hohen Cirruswolken sind genau beobachtet. Darunter erhebt sich das Bergpanorama mit den recht markant herausgearbeiteten Höhenzügen. Einige Busch- und Baumgruppen verstellen den weiteren Blick in die Ferne. Den Vordergrund nimmt ein Gewässer mit einer felsigen Uferzone ein, an der ein Mann als Rückenfigur mit einem roten Gewandteil erkennbar wird, der sich auf einen Stab stützt. Ganz links in der Bildtiefe sieht man eine weitere Person.

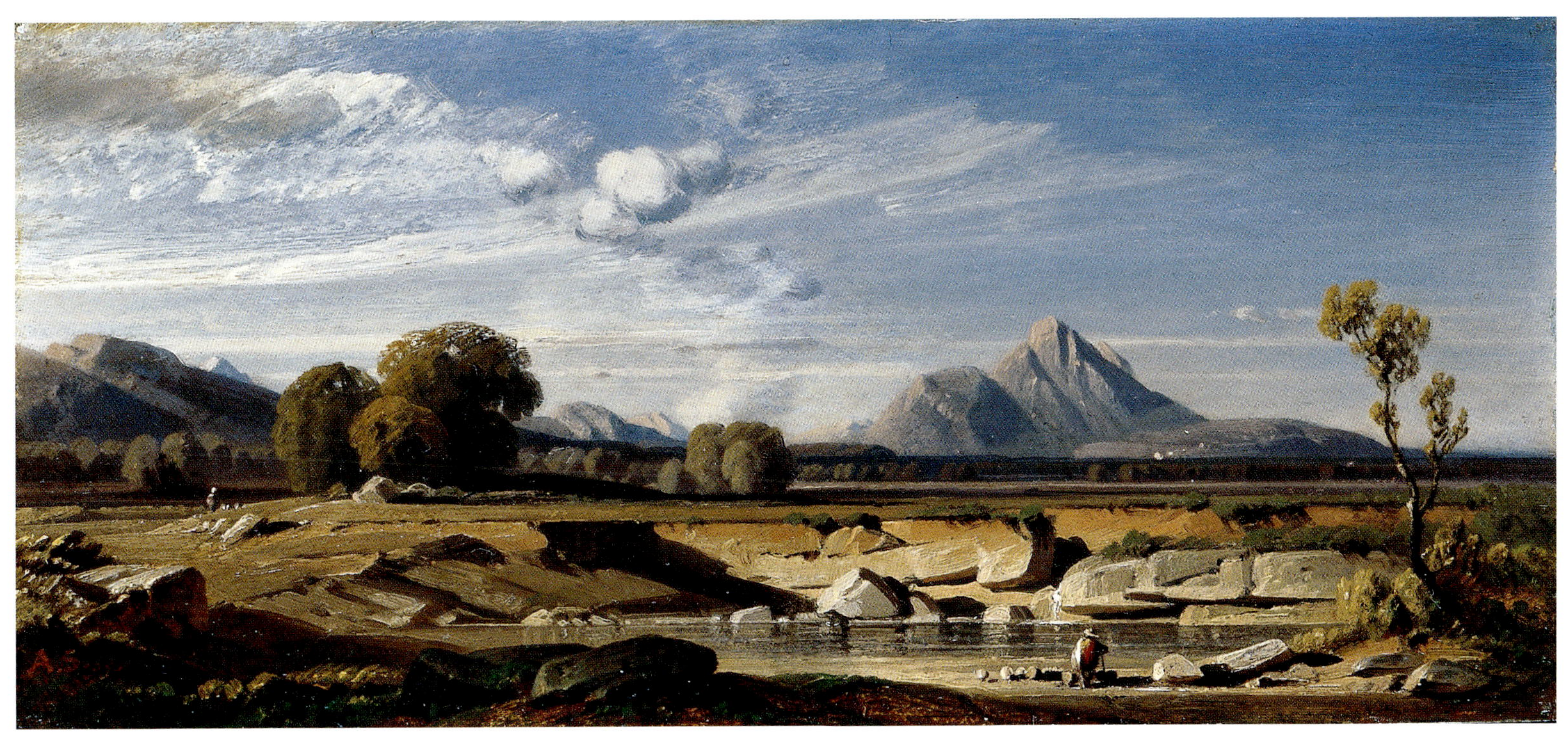

Franz Xaver Simm

1853 Wien – 1918 München

F. X. Simm, Sohn eines Wiener Kirchenmalers, erhielt von 1869–1876 seine Ausbildung an der Wiener Akademie bei Eduard von Engerth und kurzfristig bei Anselm Feuerbach. 1876 erhielt er ein zweijähriges Romstipendium, verblieb in der Ewigen Stadt jedoch bis 1881 und lernte dort auch die Malerin Marie Mayer kennen, die er in Bozen 1881 heiratete. Darauf ging er mit ihr nach Tiflis, um das Treppenhaus des kaukasischen Museums mit mythologischen Wandbildern zu schmücken. 1882 nahm das Ehepaar seinen festen Wohnsitz in München und erwarb 1893 in Klobenstein bei Bozen in Südtirol den Ansitz Schönegg, wo dann stets die Sommermonate verbracht wurden.

Kleinformatige Genrebilder aus der Zeit des Barock und des Empire bilden das Zentrum seines Schaffens. Er schuf aber auch Historienbilder, Porträts und Fresken und war jahrelang als Illustrator für die »Fliegenden Blätter« tätig und hat daneben eine Goethe-Ausgabe illustriert.

Gemälde von F. X. Simm befinden sich im Art Center Milwaukee in USA, im Lenbachhaus in München und im Kunsthistorischen Museum in Wien im Archäologischen Saal (Deckengemälde).

Literatur:

Horst Ludwig u. a., Bruckmanns Lexikon. Bd. IV, München 1983, S. 158–161.

113 Unterredung mit einem Kardinal

Öl auf Holz, 44,4 × 35 cm. Mit zwei waagerechten Einschubleisten
Signiert unten rechts: *FS*
Verso: Stempel mit dem Hinweis, dass es sich um ein Original von Franz Simm handele, bestätigt von Maria Th. Simm.

Ein Kardinal, sehr skizzenhaft angedeutet, befindet sich in einem Interieur, in roter Robe gewandet. Vor ihm auf einem barocken Sessel sitzt eine elegante Dame mit pelzverbrämter dunkler Jacke, dazu mit einem hellen, weiten Kleid. In der Linken hält sie ein Schriftstück, sie ist dem Geistlichen zugewendet, um ihm etwas zu erklären, der allerdings recht hochmütig nach oben blickt. Eine Stehlampe im Hintergrund verbreitet etwas Licht. Rechts hinter der ersten Dame steht eine zweite, verschattet, die linke Hand auf die Sessellehne gelegt.

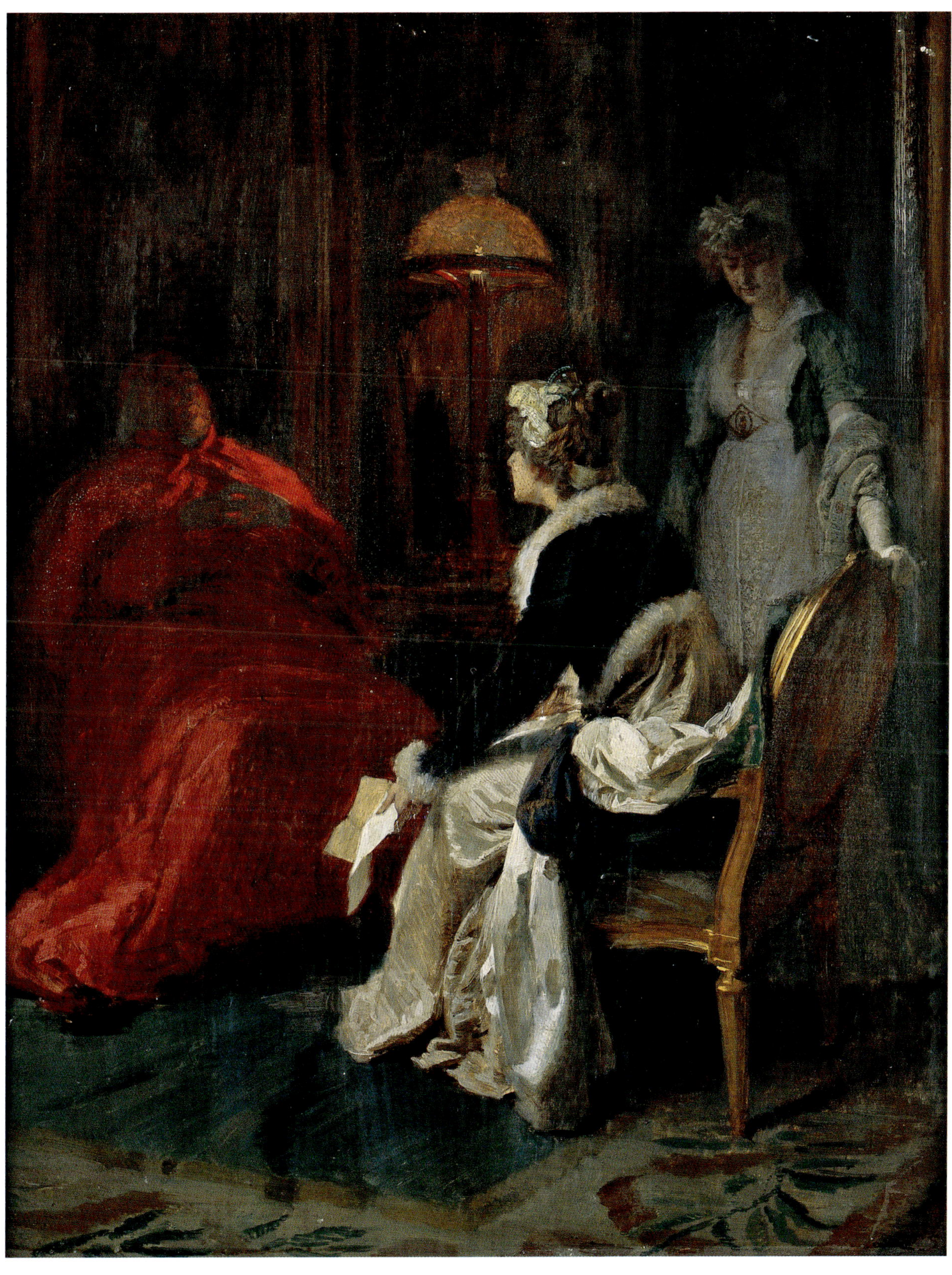

114 Studie zu ›Fatale Situation‹

Öl auf Malkarton, 26,3 × 14,5 cm
Signiert unten links: *FSimm*
Verso: Handschriftlich Titelangabe
Ein Aufkleber mit Hinweis auf diese Sammlung und auf den Titel mit der Datierung von 1896 sowie Hinwies auf Auktion Weinmüller, München 16. März 1972
Ein Aufkleber von Winsor & Newton, einer Malutensilien-Fabrik in London
Ein Stempel von Robert Simm mit Hinweis auf Original von Franz Simm.

Eine junge Dame, modisch elegant gekleidet, hat eine sitzende Stellung eingenommen, die nicht weiter zu verorten ist. Ihre lange Schleppe hängt weit nach unten und ist faltenreich drapiert. Ihr Blick ist ängstlich nach unten gerichtet. Auch eine Räumlichkeit ist nicht angegeben. Das ausgeführte Gemälde ist mir nicht bekannt.

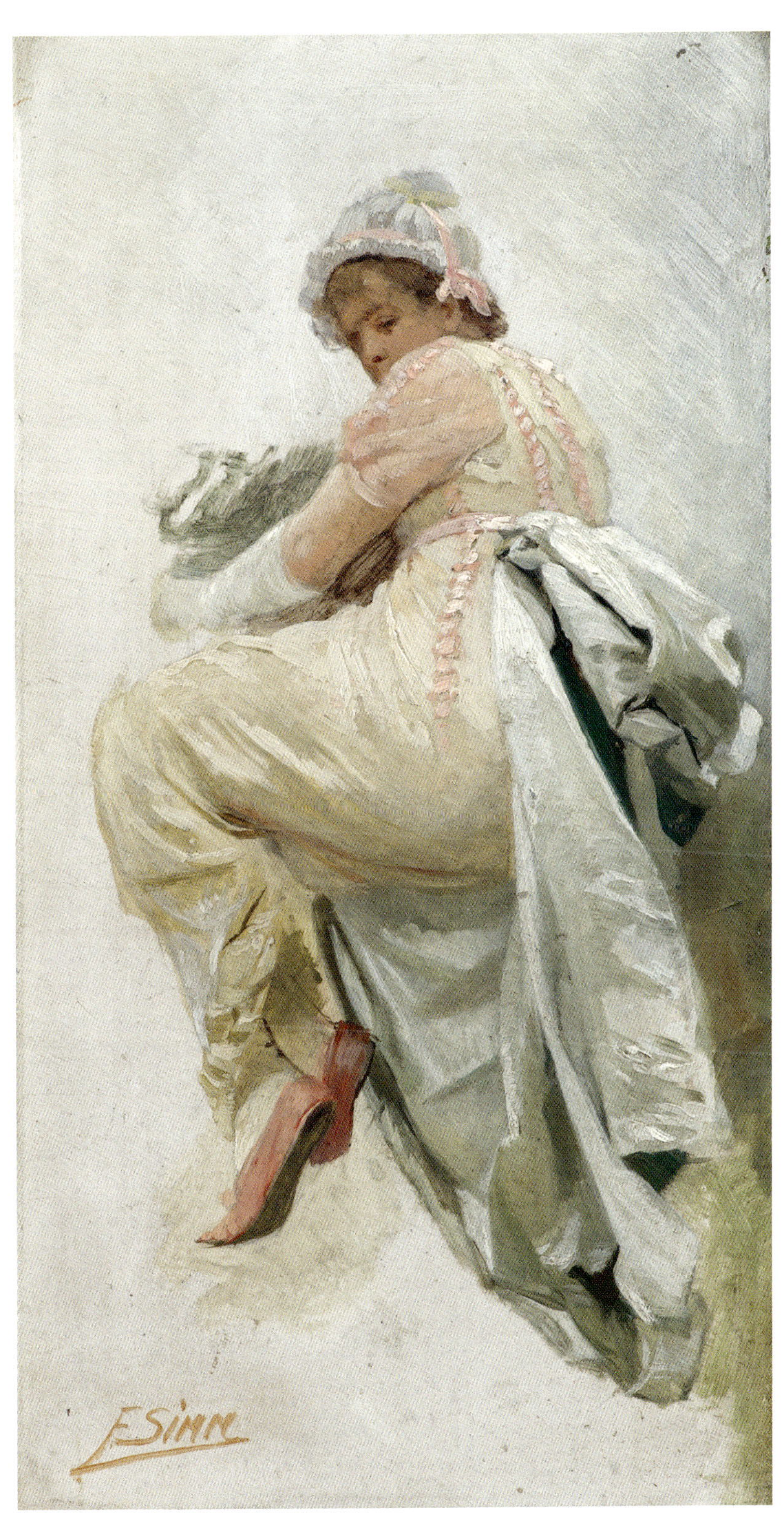
F. Simm

115 Begegnung

Schwarze Tusche, weiß gehöht auf Papier, 56 × 43 cm
Signiert unten rechts: *FX Simm* (F und X ligiert)

Im Alpenländischen begegnen sich ein Bursche und ein junges Mädchen auf einer schmalen Brücke. Das Mädchen schaut schamhaft nach unten und nestelt an ihrer Schürze, während der junge Mann ihr herausfordernd über die Schulter blickt. Unten rechts erscheint noch bei Nacht ein Haus mit erleuchtetem Fenster. Die Tusch-Zeichnung illustriert ein Gedicht von M. Sachse, das zusammen mit dem Werk von F. X. Simm in den »Fliegenden Blättern« erschien (S. 54, wohl um 1908). Das gleichnamige Gedicht lautet:

»Ein Bursche und ein Mädchen trafen sich
Am schmalen Holzsteg, wo das starke Wehr
Den Fluß durchschneidet, …«

Das Gedicht endet mit der Frage, ob am Abend im Schäferhaus des Mädchens am Ende des Dorfes wohl wieder ein Licht brennen wird.

Solche erotischen Anspielungen sind nicht nur bei der gründerzeitlichen Genremalerei sehr häufig, sondern auch bei der entsprechenden Gedichtkunst.

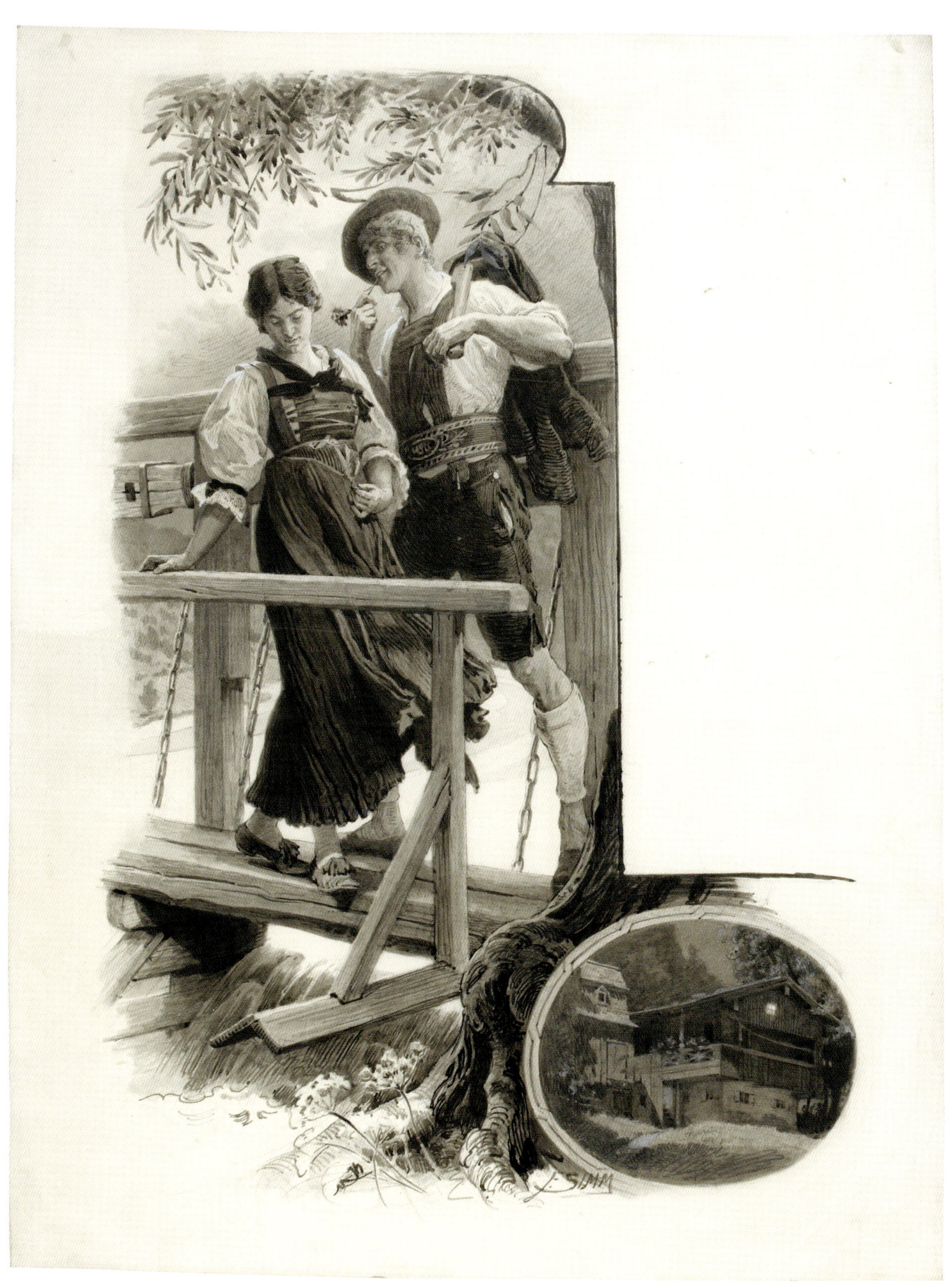
F. SIMM

Johann Sperl

1840 Buch bei Nürnberg – 1914 Bad Aibling

Nach Anfängen in der Allgemeinen Kunstanstalt in Nürnberg wurde J. Sperl von 1856–1858 in der Lithographischen Anstalt von Pacher in Nürnberg zum Lithographen ausgebildet. Es folgten Zeichenkurse in der Nürnberger Kunstgewerbeschule bei August von Kreling von 1858–1863. Im Herbst 1865 trat er in die Münchner Akademie als Schüler von Hermann Anschütz ein und lernte dort auch Wilhelm Leibl kennen, mit dem er zeit seines Lebens eng verbunden blieb. Ab Frühjahr 1866 studierte er zusammen mit Leibl und anderen Mitgliedern des Leibl-Kreises bei Arthur von Ramberg. Danach Studienaufenthalte in Graßlfing und 1873 in Betzingen bei Reutlingen. Nach dem Tod Rambergs beendete er im Januar 1875 sein akademisches Studium. Er besuchte Leibl häufig in Unterschondorf und freundete sich auch mit Max Liebermann an. 1884 siedelte er endgültig nach Bad Aibling zu W. Leibl über. Seit 1885 begann die Landschaftsmalerei in Sperls Werk zu überwiegen. 1891 mieteten beide Freunde in Kutterling ein gemeinsames Atelier und 1893 ein gemeinsames Haus. Im Januar 1900 starb Leibl, und 1911 ging Sperl wieder nach Bad Aibling.

In seiner Kunst ging J. Sperl vom gründerzeitlichen Genrebild aus, bereicherte es aber bereits durch einen neuen Kolorismus und durch die Technik der Nass-in-Nass-Malerei, die er von seinem Freund Leibl übernommen hatte. Seit den achtziger Jahren wandte er sich zunehmend der Landschaft zu, seine Gartenbilder mit blühenden Pflanzen sind Höhepunkte in diesem Fach. Es gibt auch Gemeinschaftsarbeiten beider Freunde.

Gemälde von J. Sperl befinden sich im Städelschen Kunstinstitut in Frankfurt a. M., in der Hamburger Kunsthalle, in der Niedersächsischen Landesgalerie in Hannover, in der Münchner Neuen Pinakothek und im Stadtmuseum sowie im Lenbachhaus, im Germanischen Nationalmuseum in Nürnberg, in der Städtischen Galerie in Rosenheim und in der Stuttgarter Staatsgalerie.

Literatur:
Eugen Diem, Johann Sperl. Ein Meister aus dem Leibl-Kreis. München 1955. – Werner Moritz, J. Sperl. 1840–1914. Rosenheim 1990.

116 Nach der Kirche, 1879

Öl auf Leinwand (doubliert), 97 × 70,5 cm
Signiert unten rechts: *J. Sperl München 1879.*

Das 1879 datierte Gemälde entstand noch in der Berblinger Zeit (1878–1881), wo sich Leibl und Sperl auf Vermittlung des Pfarrers Blank gemeinsam aufhielten. W. Leibl malte dort in der Nähe von Aibling sein berühmtes Werk »Drei Frauen in der Kirche« und J. Sperl fand hier zu seinen bayerischen Themen, obschon noch das vorliegende Bild fränkisch gestimmt ist. Denn die Tracht dort ist durchaus noch nicht bayerisch. Der junge Mann mit seiner Fellmütze, seiner Jacke und seinen Kniebundhosen verweist noch nicht auf Oberbayern. Ebenso sind die beiden jungen Frauen vor ihm mit ihren turbanartig drapierten Kopftüchern auch in Franken anzusiedeln. Die alte Frau, die auf der rechten Bildseite am Marterl sitzt, erinnert ein wenig an die alte Frau auf dem Bild Leibls »Drei Frauen in der Kirche«, was nicht verwundern muss, da Sperl die Entstehung jenes Gemäldes hautnah miterlebt hat.

Die weiteren Figuren auf der Treppe und dem abschüssigen Weg sind als Hintergrundpersonen verschattet, perspektivisch verkleinert und nicht so detailliert ausgeführt. Hinter ihnen wird die weiß getünchte Dorfkirche sichtbar, von Baumkronen partiell verdeckt.

Eine Skizze zum vorliegenden Werk gibt es im Museum Georg Schäfer in Schweinfurt (Öl auf Leinwand, 32 × 25 cm). Man kann sie auch als Kompositionsentwurf auffassen, da sie als Entwurf mit der vorliegenden Arbeit sehr übereinstimmt (Wv.-Nr. 72).

Provenienz:
Aukt.-Kat. Sotheby's New York. 22. Mai 1986. Kat.-Nr. 336.

Literatur:
Friedrich von Boetticher, Malerwerke des 19. Jahrhunderts. Bd. II, 2, Dresden 1901, S. 783, Nr. 9. Dort werden Ausstellungen genannt. – Eugen Diem, Johann Sperl. Ein Meister aus dem Leibl-Kreis. München 1955, Nr. 16. – Werner Moritz, J. Sperl. 1840–1914. Rosenheim 1990, Wv.-Nr. 71, Abb. S. 69.

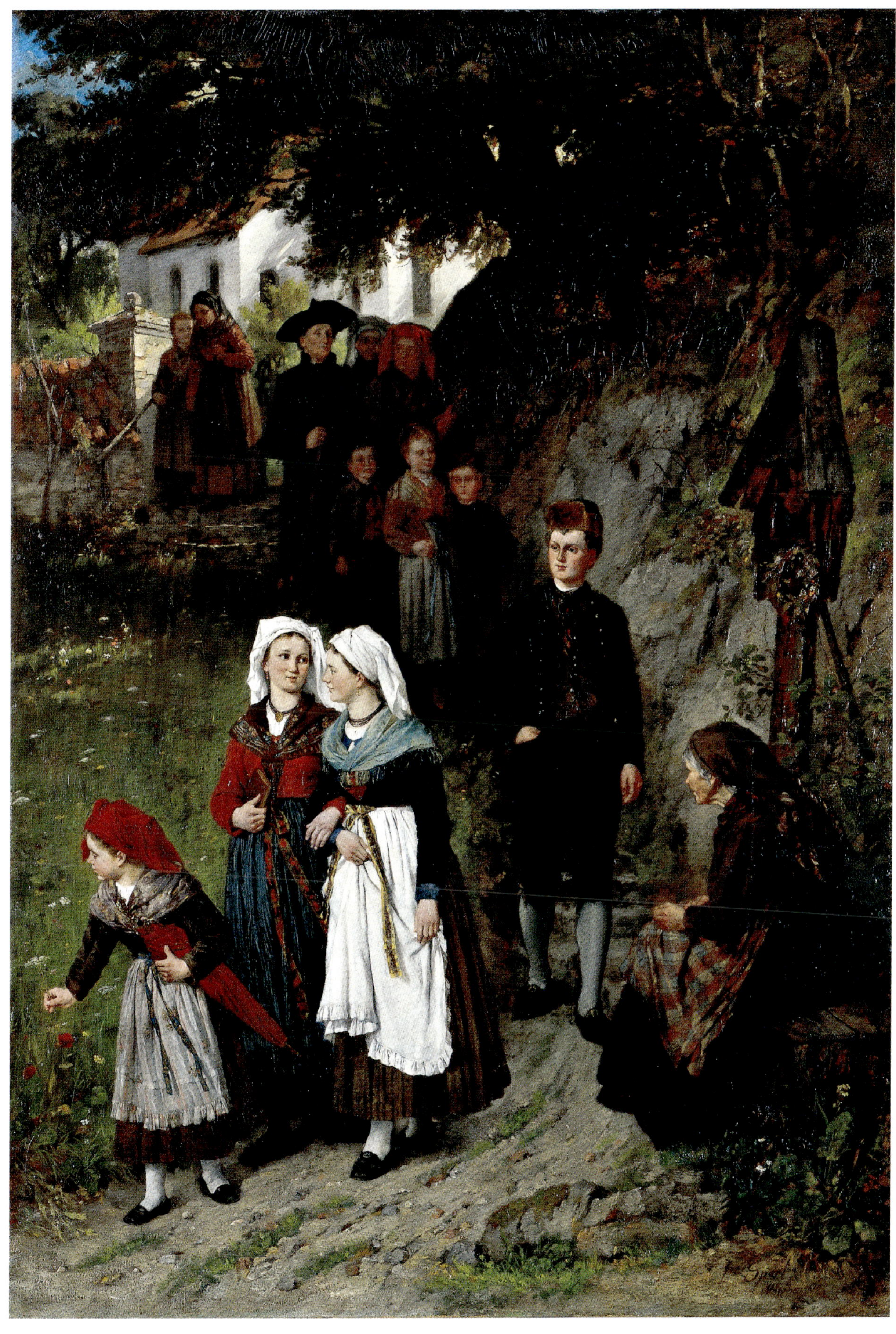

117 Sommertag

Öl auf Leinwand (doubliert), 44,5 × 56 cm
Signiert unten links: *Sperl München*

Das Gemälde wird im Allgemeinen – so auch von Moritz – um 1881/82 datiert. Es ist der Zeitpunkt, in dem J. Sperl zwischen Bad Aibling, Kraiburg und München pendelte und sich die Freundschaft zu W. Leibl zu verfestigen begann. Unter dessen Einfluss löste er sich Ende der siebziger Jahre von seinen fränkischen Landschaften und Trachten und wendete sich dem bayerischen Oberland zu. Zwar hatte er bereits in den siebziger Jahren auch Kinderszenen thematisiert, aber zum Zeitpunkt der Entstehung des vorliegenden Gemäldes entdeckte er das Motiv von Kindern mit Gänsen für sich (z. B. Wv.-Nr. 78, 91 und 94). So ist das Bild auch in einen Werkzusammenhang mit jenen Gemälden zu stellen.

Hier zeigt er zwei kleine Mädchen vorn an einer fließenden Quelle, unter der ein Krug steht, der gerade mit Wasser gefüllt ist. Das rechte Mädchen hält ihren Krug noch schräg in Händen. Einige Gänse, von denen eine aus dem Gewässer trinkt, stehen dabei. Dahinter auf der leicht abschüssigen Wiese steht ein Junge, in der linken Hand eine Gerte. An dem Haus im Hintergrund sitzt eine Frau mit zwei weiteren kleinen Kindern. Die Wiese, auf der noch einige Hühner ihre Nahrung suchen, ist mit wenigen Blumen bewachsen, ganz rechts werden weiße blühende Schafgarben erkennbar.

Mit relativ breitem Pinsel wird die Szenerie ins Bild gesetzt, wobei der Leiblsche Farbauftrag beachtet wird. Das bedeutet, dass die einzelnen Pinselzüge das Bildobjekt aufbauen, aber ohne vorgegebene Linie, sie ist ein Ergebnis der Malerei selbst. Allerdings wurde das Inkarnat relativ kleinteilig aufgetragen, um die Physiognomien besser herausarbeiten zu können. Sehr typisch für Sperl ist es auch, bei der Wiesendarstellung so vorzugehen, dass das Grün allgemein die Wiese markiert, während Blüten und Gräser leicht zeichnerischen Charakter erhalten. Es überrascht auch nicht eine gewisse Pastosität beim Farbauftrag. »Der Kindergarten« (Wv.-Nr. 98) der Münchner Neuen Pinakothek, nur kurze Zeit später entstanden, ist das Hauptwerk Sperls aus diesem Zeitraum.

Provenienz:
Aukt.-Kat. Weinmüller, München. Oktober 1973, Kat.-Nr. 1097, Taf. 101. – Kunstmesse München, 2005.

Literatur:
Horst Ludwig u. a., Bruckmanns Lexikon. Bd. IV. 1983, S. 174, Abb. 267. – Werner Moritz, J. Sperl. Rosenheim 1990, Wv.-Nr. 86.

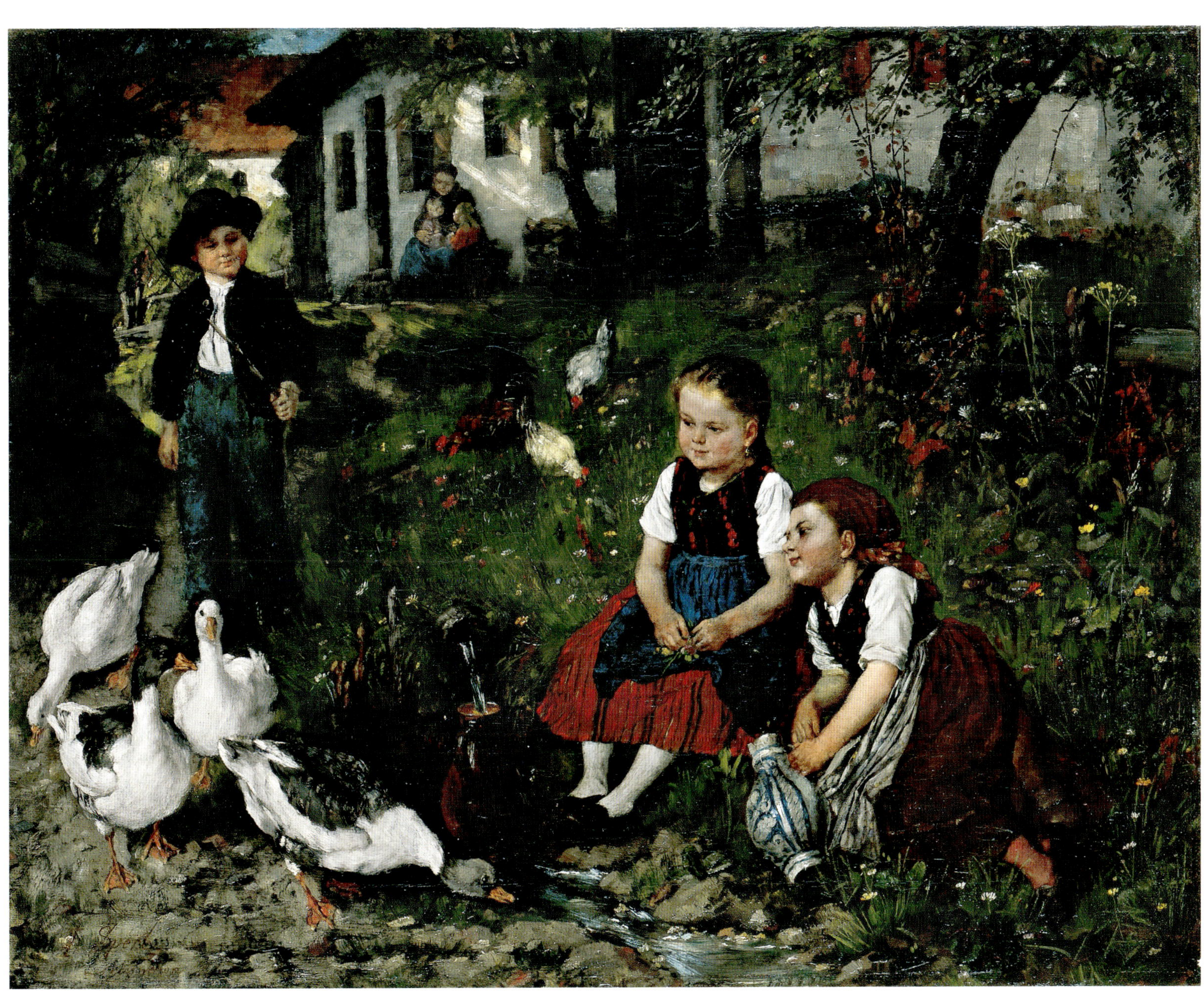

118 Blumenstillleben in Glasvase, 1887

Öl auf Leinwand, 37,5 × 20,4 cm
Signiert unten rechts: *Sperl 1887*

Die Signatur befindet sich rechts hinter der heruntergefallenen roten Blüte, die neben dem Glasfuß liegt: dunkelbraun auf dunklem Grund, deshalb schwer auffindbar und lesbar.

Gelegentlich lautet der Titel auch: »Sommerstrauß in einer Glasvase«. In einer Glasvase mit Stiel befindet sich ein recht üppiger Blumenstrauß. Es lassen sich roter Mohn, blaue Kornblumen sowie Päonien und Margariten erkennen, mit den entsprechenden Blättern. Die Vase steht auf einer dunklen Platte. Der Hintergrund ist dunkelbraun neutral, aber so dünn lasiert, dass sich die Struktur der Leinwand abzeichnet. Die Blumen und Blätter dagegen weisen einen deckenden, leicht körperhaften Farbauftrag auf, der minimal pastos ertastbar bleibt. Wie bei einigen holländischen Blumenstillleben des 17. Jahrhunderts werden die bunten Blüten mit einem recht dunklen Grund kontrastiert, wodurch sich ihre Leuchtkraft verstärkt.

In diesem Zeitraum von etwa 1887 bis ca. 1890 hat J. Sperl mehrere Blumenstillleben geschaffen, zum Teil noch üppiger als den vorliegenden Strauß.

Provenienz:
Sammlung Georg Schäfer, Schweinfurt – Aukt.-Kat. Neumeister, München. Sammlung Georg Schäfer. Februar 2005. Kat.-Nr. 719 und Abb., S. 351.

Literatur:
Eugen Diem, Johann Sperl. Ein Meister aus dem Leibl-Kreis. München 1955, Nr. 36, S. 53. – Ausst.-Kat. Städtische Galerie, Rosenheim. Johann Sperl. Gedächtnisausstellung zum 150. Geburtstag. 1990. Nr. 50, S. 54. – Werner Moritz, J. Sperl. Rosenheim 1990, Wv.-Nr. 159, Abb. S. 103.

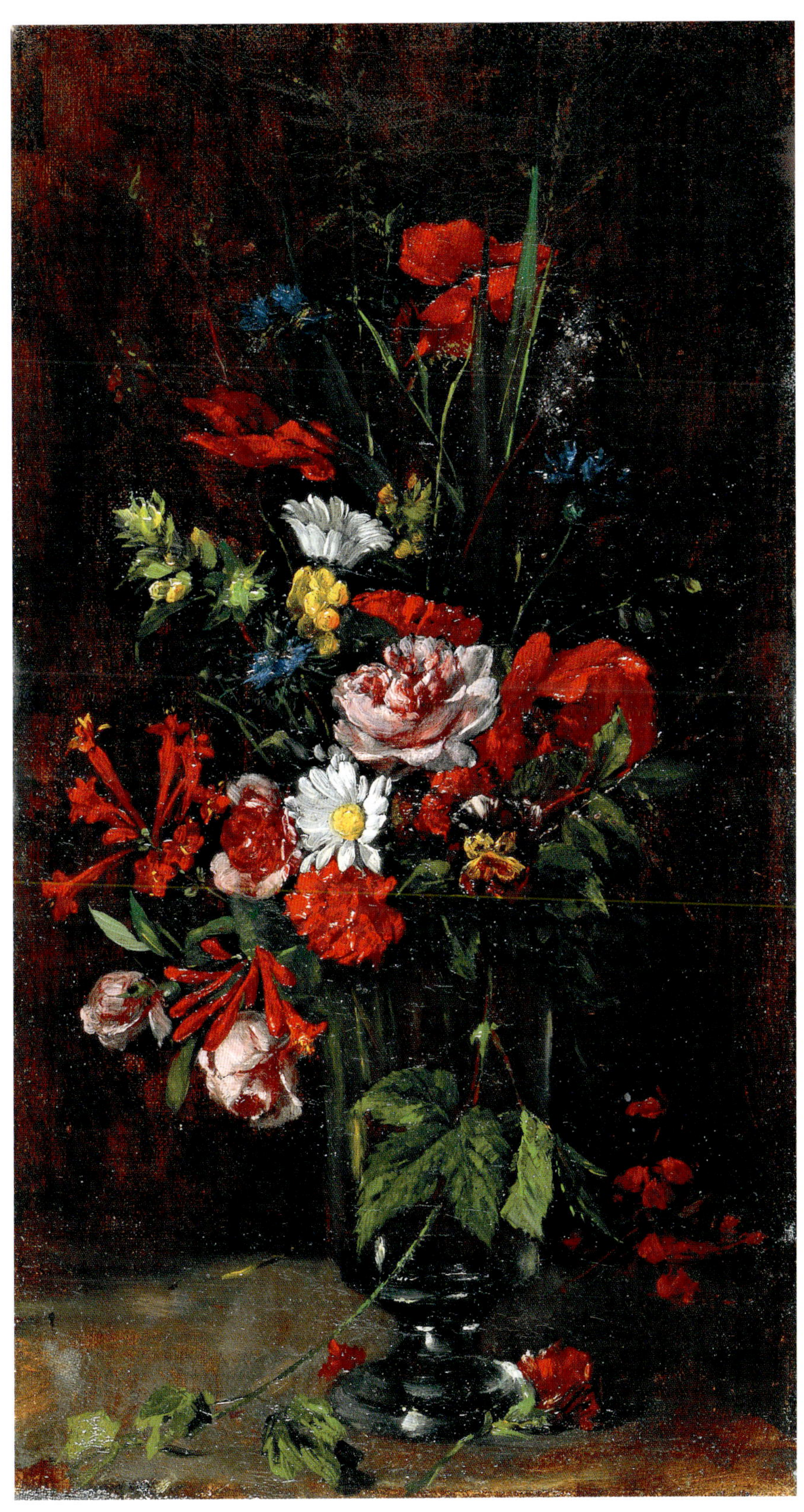

Carl Spitzweg

1808 – München – 1885

Carl Spitzweg, aus einer angesehenen Kaufmannsfamilie stammend und zeit seines Lebens wohlhabend, war ursprünglich zum Apotheker bestimmt. Schon während des Pharmaziestudiums Anfang der dreißiger Jahre trat er mit jungen Malern in Verbindung und bildete sich durch Studienreisen in der Münchner Umgebung mit B. Stange, H. Dyck und L. Quaglio autodidaktisch. Darauf führten ihn Studienreisen auch nach Italien, und er betätigte sich als Illustrator für die »Fliegenden Blätter«. Entscheidend für seine künstlerische Entwicklung wurde seine Freundschaft mit Schleich d. Ä., mit dem er seit 1848 immer wieder das Schloss Pommersfelden mit dessen Galerie besuchte, um dort die Niederländer des 17. Jahrhunderts zu kopieren. Er nahm auch Impulse aus Prag auf. 1851 erfolgte mit Schleich d. Ä. eine Reise nach Paris und London, und er hatte dabei die Gelegenheit, die Schule von Barbizon kennenzulernen. Diese Reise prägte nachhaltig sein weiteres Schaffen und bildete auch die Grundlage für seine späteren Werke mit der flüssigen Pinselschrift und der Wiedergabe der atmosphärischen Vorgänge. Fortan wurde die Beschäftigung mit der Landschaft eines seiner zentralen Anliegen. Einen anderen Schwerpunkt bildet die Genremalerei, oft humoristisch pointiert, im Interieur, im weiten Gelände oder in der Stadt. Auch in seinen späteren Jahren setzte er seine Studienreisen durch Oberbayern oder auch in die weitere Umgebung fort.

In seiner Spätzeit mit ihren Ehrungen beteiligte sich C. Spitzweg auch wieder an öffentlichen Ausstellungen und wurde so bald zu einem populären und volkstümlichen Maler. Die eigentliche Breitenwirkung seiner Kunst setzte aber erst zu Beginn des 20. Jahrhunderts ein. Die begrenzte Welt des Kleinbürgers war eine seiner humoristischen Ansätze, die jedoch die kritische Schärfe meiden und durch die Ausweitung in die Natur einen versöhnlichen Charakter annehmen. Er kannte durchaus die aktuellen Strömungen der Zeit, insbesondere die pleinairistischen Tendenzen, die seine Bildwelt nachhaltig strukturierten.

119 Friede im Lande

Öl auf Leinwand, 33,5 × 56,5 cm
Signiert unten links: *S* im Rhombus

Ein Soldat in rot-weißer Uniform sitzt auf einer Mauer und strickt an einem blauen Strumpf, von Schmetterlingen umflattert. Seine Kopfbedeckung hat er abgelegt. Das Gewehr mit aufgesetztem Bajonett lehnt rechts daneben. Eine große Kanone mit Fahrgestell steht neben dem Soldaten, gerichtet ist sie nach rechts. Ein kleiner Vogel sitzt auf dem Rohr. Ein paar Grashalme hängen aus der Öffnung, sodass man davon ausgehen kann, dass der Vogel dort sein Nest eingerichtet hat und deshalb schon lange daraus nicht mehr geschossen wurde. Dahinter führen ausgetretene Stufen zu einem runden Pulverturm, partiell von Buschwerk bewachsen. Es hebt sich sehr fein gegen den Himmel ab und wurde von Spitzweg genau markiert. Links von dem Rundturm führt eine Brücke zu einem von Bäumen umstandenen Haus. Davor verläuft die Festungsmauer, bereits leicht schadhaft, mit einem dazugehörigen bayerischen Schilderhaus. Hinter dieser Festungsmauer erhebt sich das Hochgebirge. Vorn auf der schadhaften Mauer wachsen Gräser und Buschwerk, die von Spitzweg genau und detailreich bezeichnet sind. Lichthöhungen sind an diesen Stellen leicht körperhaft aufgesetzt.

Ganz rechts neben dem Mauerwerk ergibt sich eine Blickachse auf das unten liegende Städtchen mit dem leicht hügeligen Gelände. Darüber steht ein sommerlich bewölkter Himmel, der auf der rechten Bildseite leicht verdunkelt ist.

Nicht nur der Himmel wird atmosphärisch inszeniert, auch die verblauenden Hügelketten werden pleinairistisch im Sinn der Schleich-Tradition interpretiert. Ebenso steht es mit der Festungs-Vegetation, die teils sehr genau und spitzpinselig aufgetragen wurde, teils aber auch, wie um den Festungsturm herum, großteiliger und eher summarisch erscheint. Doch gerade dieser Ansatz der Freilichtmalerei mit der genauen Wiedergabe atmosphärischer Vorgänge sowie des allgegenwärtigen Freilichts in Verbindung mit der pointiert wiedergegebenen Situation eines »strickenden Soldaten« und einer Kanone, die als Nistplatz

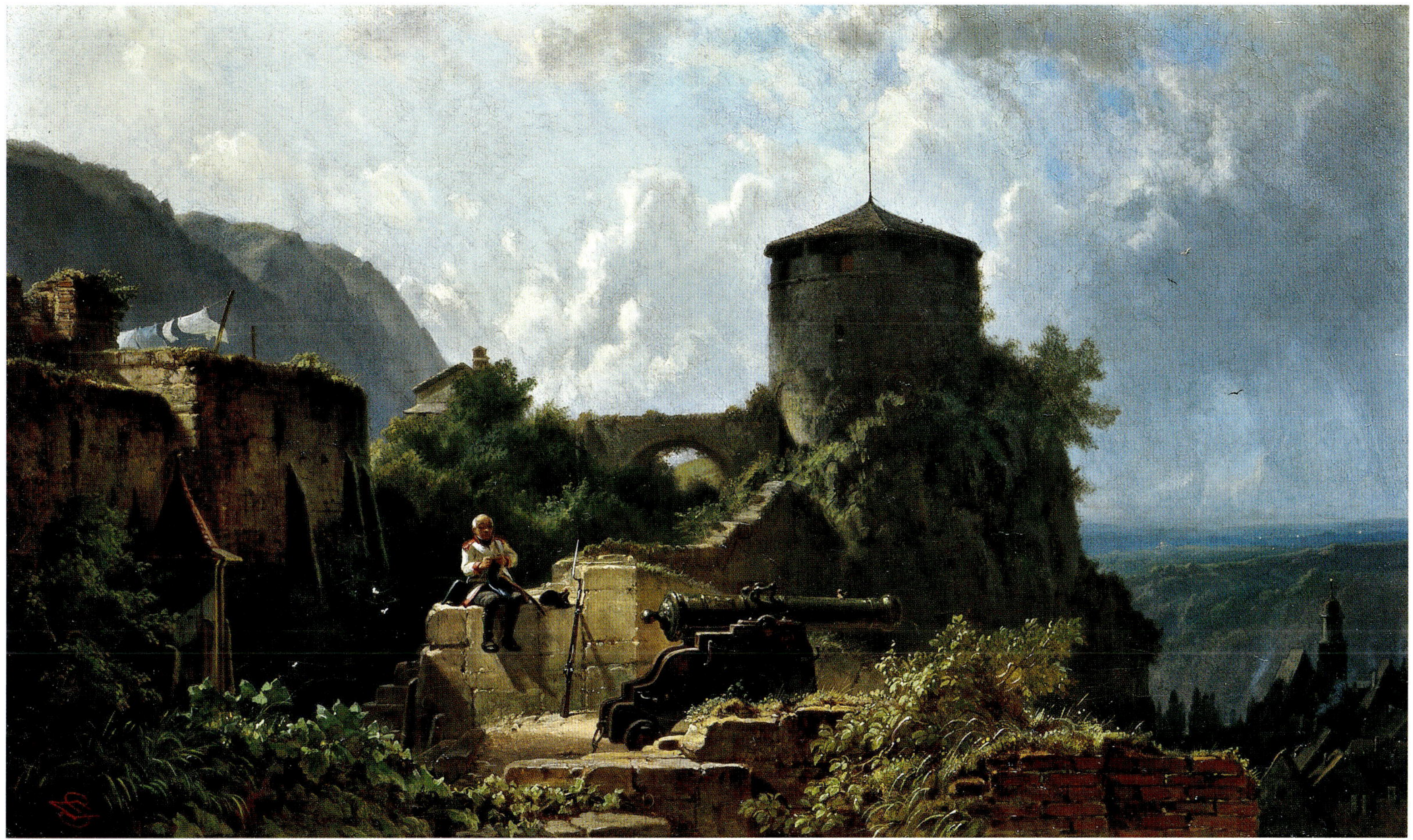

eines Vogels dient, erhebt das Gemälde zu einem absoluten Meisterwerk.

Auf Grund der Signatur-Form und stilistischer Hinweise datiert Wichmann das Gemälde in die Zeit um 1850–1855 (S. 411).

Zu dem strickenden Wachtposten und analogen Werken hat Carl Spitzweg eine Reihe von Varianten geschaffen (s. dazu Wichmann, Wv.-Nr. 986–998).

Literatur:
Siegfried Wichmann, Carl Spitzweg. Verzeichnis der Werke, Gemälde und Aquarelle. Stuttgart 2002, Wv.-Nr. 994. – Ausst.-Kat. Haus der Kunst, München. Carl Spitzweg und die französischen Zeichner Daumier, Grandville, Gavarni und Doré. 1985/86, S. 466, Kat.-Nr. 422. – Ausst.-Kat. Pfäffikon/München 2002/03. Carl Spitzweg. Reisen und Wandern in Europa und der glückliche Winkel. Kat.-Nr. 50 mit Abb.

120 Der verliebte Provisor

Öl auf Nadelholz, 31,7 × 26,5 cm
Signiert unten links: *S* im Rhombus
Nach Wichmann von fremder Hand später nachgezogen und durch die Restaurierung nur leicht in Mitleidenschaft gezogen, ist aber deutlich sichtbar und entspricht der Handschrift des Malers (S. Wichmann, der verliebte Provisor. Reihe für vergleichende und angewandte Kunstgeschichte. Starnberg 1990, S. 2). Der pfeilförmige Rhombus ist typisch für die Spätzeit des Malers, ebenso wie die satt gezogenen Schlaufen in diesem Zeitraum der siebziger Jahre häufig bei ihm anzutreffen sind.
Verso: Ein undeutlicher Stempel, wohl mit dem Münchner Kindl. Zwei Aufkleber: Nr. 294 und Hinweis: Spitzweg. Der verliebte Provisor. 33 × 28 cm. Nr. 1400. Gal. Heinemann München. Ein Nachlassstempel von H. Koch, einem Spitzeweg-Sammler aus Deidesheim.

Ein Platz im Vordergrund mit einem Brunnen weist rechts eine lange Blickachse durch eine verschattete Gasse zu einer Kirche auf. Links wird der Platz durch ein Apothekerhaus begrenzt, das sich nach vorn im rechten Winkel fortsetzt. Der Provisor, eine veraltete Form für einen in einer Apotheke angestellten Apotheker, steht rechts neben dem Eingang und ist mit einem großen Mörser beschäftigt und hält dabei einen langen Klöppel (Stab) in der Rechten. Er ist dem Betrachter zugewendet, dreht aber den Kopf nach rechts, um der vorübergehenden jungen Frau nachblicken zu können. Auf dem Kopf trägt sie einen Waschzuber und ist mit einem roten Rock und einer weißen Schürze bekleidet. Diese Nachblick-Szene ist das eigentliche Zentrum des Bildes. Sie ist auch entsprechend herausgearbeitet – der Apothekerangestellte dunkel vor hellem Grund, die junge Frau hell und leuchtend vor dunklem Grund. Der Brunnen rechts daneben mit Mittelsäule ist noch mit vier Wasserspeiern versehen und zeigt oben eine Heiligenfigur mit Bischofsstab und Bischofsmütze. Der Eingang über der Apotheke ist mit dem Wort »Apotheke« gekennzeichnet. Aus dem darüber befindlichen Stockwerk schaut eine Frau, neben sich einen Storch als Zeichen der Storchen-Apotheke. Rechts daneben befindet sich ein zweistöckiger Erker, wie man ihn im Inntal findet. Der linke Teil der Hauswand ist verschattet und zeigt dort eine sitzende Frau auf einer Bank.

Da Spitzweg gern die Motive seiner Gemälde aus vielen Örtlichkeiten zusammensetzt, lässt sich auch für dieses Werk keine bestimmte Lokalisierung finden. Apotheken und speziell eine Storchen-Apotheke werden bei Wichmann im Werkverzeichnis unter Wv.-Nr. 345 ff. aufgeführt.

Licht und Schatten werden von Spitzweg sorgfältig für die Komposition eingesetzt, um so auch Akzente setzen zu können. Durch diese Lichtregie werden nicht allein die zwei Personen deutlich markiert, auch die von der Sonnen beleuchtete Apotheken-Hauswand wird so ins Blickfeld gerückt. Zudem ging es Spitzweg auch um atmosphärische Akzente. So wird der Tiefenraum durch ein spezifisches Farbspektrum gekennzeichnet, aber auch die Wasserreflexe im Vordergrund oder die Spiegelungen an den Fensterscheiben zeugen von seinem sensibilisierten Farbsinn. Umrisse oder auch Binnenzeichnungen werden nicht besonders herausgearbeitet, stattdessen ist die gesamte Objektwelt in ein vibrierendes Freilicht gehüllt, welches das Lokalkolorit abmildert und einem Gesamtton annähert. Bei diesem Spätwerk verbindet sich also der anekdotisch-erzählerische Ansatz mit den pleinairistischen Tendenzen der Zeit, die ihm von Schleich d. Ä. und der Ecole de Barbizon nahegebracht worden sind.

Wichmann datiert das Werk um 1878. Das Bild wurde von Spitzweg in sein Verkaufsverzeichnis unter der Nummer 359 im Jahr 1878 eingetragen. Es trug damals den Titel: »Apotheke« oder auch »Provisor poussiert Magd«. Eduard Grützner, der mit Spitzweg befreundet war, hatte es erhalten, um es zu veräußern. Das gelang ihm, und er konnte schon 1878 das Werk für 300 Gulden an den Architekten Bürkel (Bürklein?) verkaufen.

Provenienz:
1878 Eduard von Grützner, München – 1878 Architekt Bürkel, München – Hermann Koch, Deidesheim – 1935 Galerie Heinemann, München 1987, Neumeister, München. Kat.-Nr. 794 – 1988 Christie's, London. Kat.-Nr. 69.

Literatur:
Günther Rönnefahrt, Carl Spitzweg. Beschreibendes Verzeichnis seiner Gemälde, Ölstudien und Aquarelle. München 1960, Nr. 827. – Siegfried Wichmann, Verzeichnis der Werke. Gemälde und Aquarelle. Stuttgart 2002, Wv.-Nr. 1534, S. 551–553. – Siegfried Wichmann, Spitzweg. Der verliebte Provisor. Reihe für vergleichende und angewandte Kunstgeschichte. 1990.

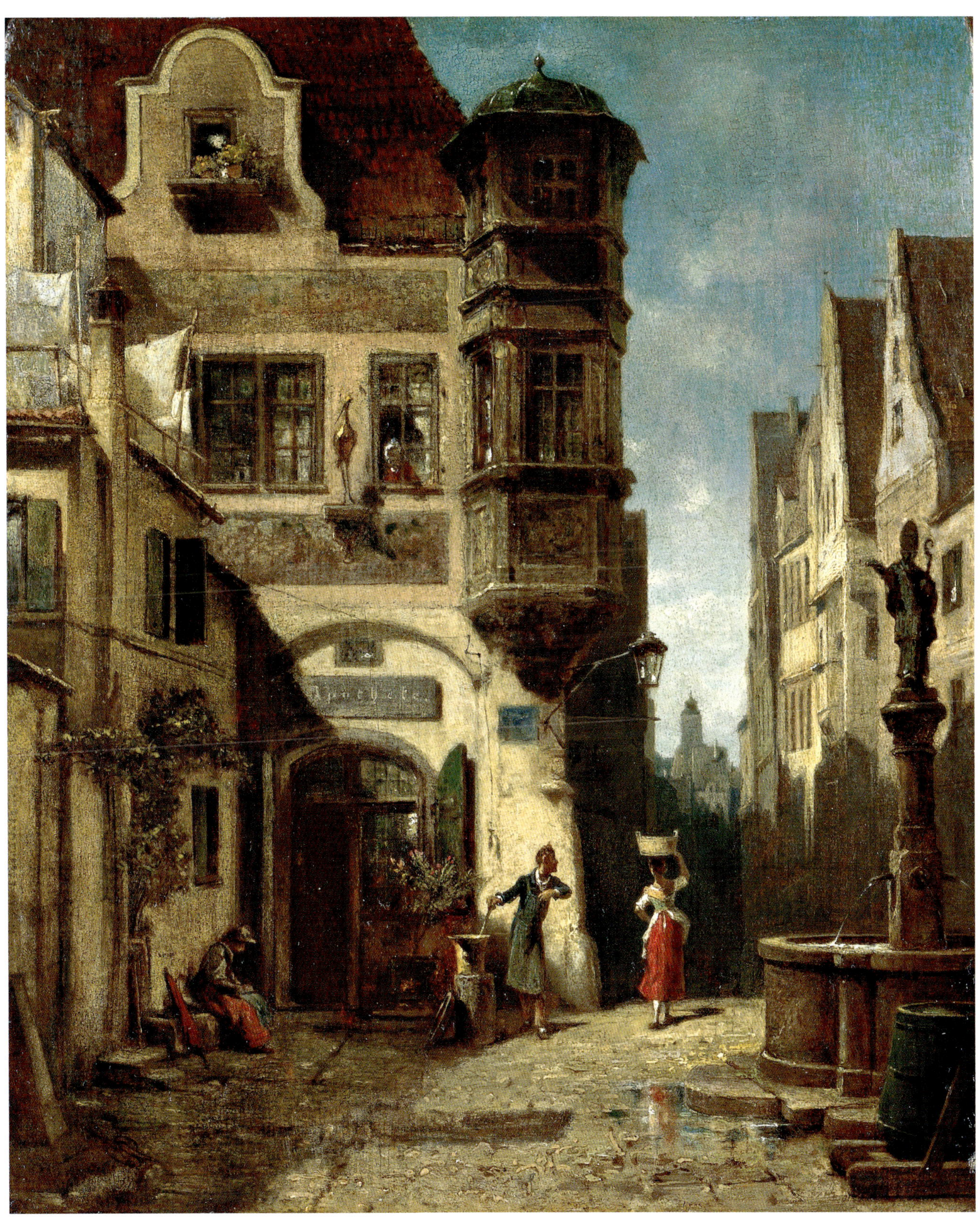

121 Mönch tabakschnupfend nach der linken Seite sehend, 1842

Öl auf Holz, 26,3 × 22,5 cm
Ein senkrechtes Brett, Stärke: ca. 1,5 cm
Signiert unten links: *S*, im Rhombus *1842*

Ein alternder Mönch steht in seiner loggienhaften Klause und blickt einer jungen Frau nach und nimmt dabei eine Prise aus seiner Tabaksdose. Der Mönch trägt eine braune Kutte und hat vor einer Art Brüstung einige Kakteen abgestellt, die ihn von dem alltäglichen Leben abschirmen. Auf der linken Bildseite ragt ein Rosenbusch von draußen herein. Die junge Frau kommt von der Feldarbeit und trägt in der Rechten einen Sonnenschirm, in der Linken einen Rechen. Das Gelände, dem sie sich zuwendet, weist im Hintergrund einen recht steilen Höhenzug auf. Der sich neigende Tag zeigt bereits einen gelblich verfärbten Himmel.

Das datierte Gemälde gehört zu den Frühwerken Spitzwegs – »Der arme Poet« entstand nur drei Jahre früher – und zeigt noch nicht die differenzierte von der Freilichtmalerei gekennzeichnete Landschaftsauffassung. Auch die Figuren dokumentieren in der Herausarbeitung der plastischen Werte noch den Frühstil.

Das Werk ist dem Kreis der Nachblickbilder zugehörig, die Spitzweg zeitweise favorisiert hat. Dabei sind es nicht nur Geistliche, die entsagend und sehnsuchtsvoll jungen Frauen nachblicken, sondern auch Förster und Jäger.

Das Bild erscheint im eigenhändigen Verkaufsverzeichnis der Werke Spitzwegs unter der Nr. 35. Bereits 1842 war es in Mannheim ausgestellt und wurde dem dortigen Kunstverein zum Verkauf angeboten, was aber nicht zustande kam. Über den Mannheimer Kunstverein gelangte das Gemälde schließlich an einen privaten Interessenten.

Im Museum Schäfer in Schweinfurt befindet sich ein Aquarell, das recht genau mit dem vorliegenden Gemälde übereinstimmt. Dort allerdings trägt die junge Frau in der Rechten eine Kanne (Wv.-Nr. 180).

Das Gemälde »Liebessehnsucht« (Einem Mädchen nachblickender Mönch), um 1840 datiert, ist ebenfalls als Variante zum vorliegenden Gemälde aufzufassen (Wv.-Nr. 179).

Provenienz:
Mannheim, Jacob Lacroix. – Aukt.-Kat. Neumeister, München. Juli 2008, Kat.-Nr. 81.

Literatur:
Siegfried Wichmann, Carl Spitzweg und die französischen Zeichner. Daumier-Grandville-Gavarni-Doré. Haus der Kunst München 1985/86. – Ulrich Nieß, Die trügerische Idylle – Spitzweg und der Mannheimer Kunstverein. Mannheim 1997, S. 47.

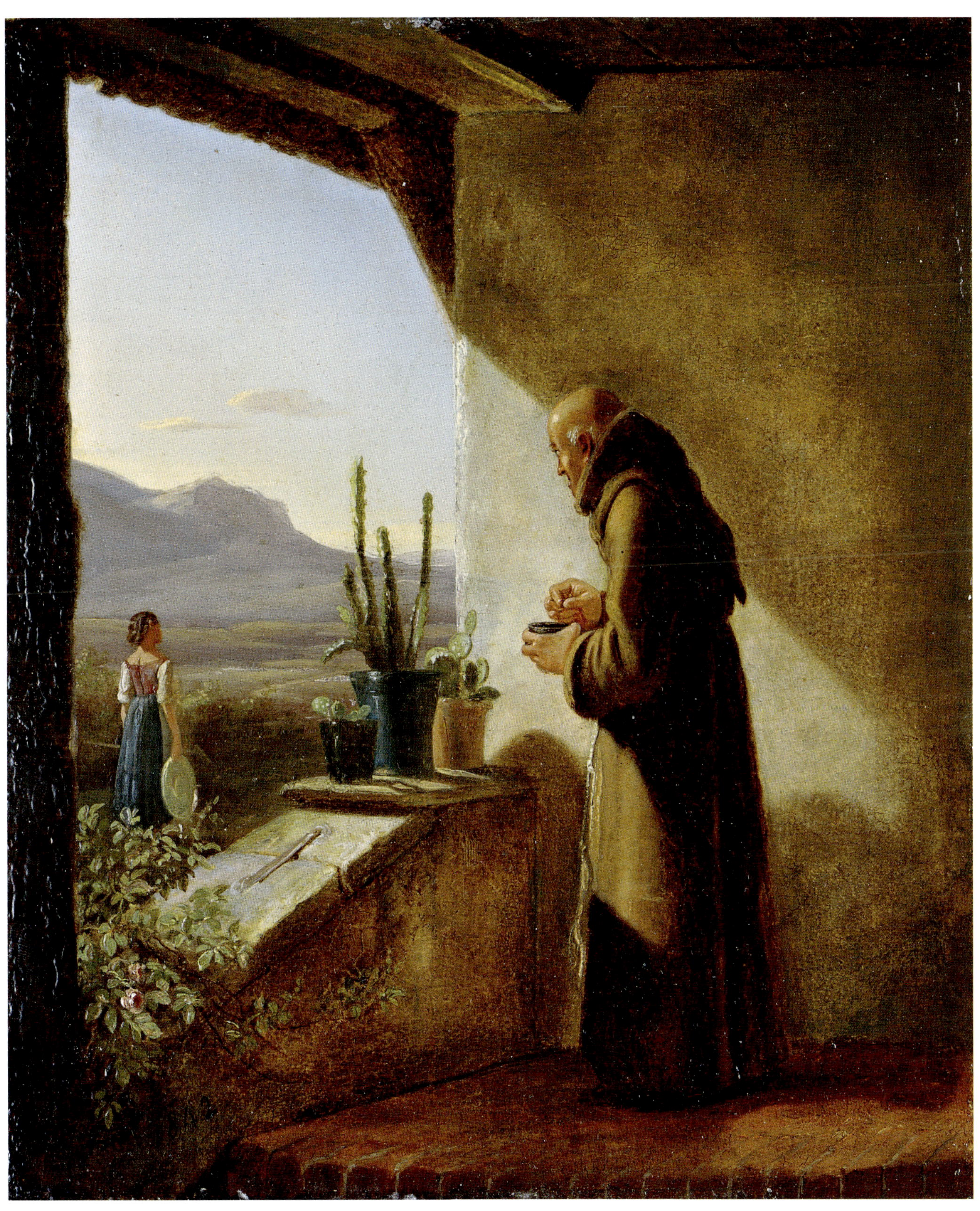

122 Der Schreiber, eine Feder spitzend

Öl auf Leinwand, 39,5 × 21,8 cm
Signiert unten rechts: *S*, im Rhombus
Es ist der Typus des pfeilförmigen und sehr gestreckten Rhombus aus der Spätzeit Spitzwegs, um 1880, anzusetzen. Da Spitzweg, wie Wichmann in seiner Dokumentation feststellt, seine Gemälde gelegentlich nachsigniert hat, könnte das Gemälde selbst auch einige Jahre früher entstanden sein.
Die Leinwand ist auf einen Keilrahmen der Zeit aufgezogen, der nicht verplattet ist, sondern rechtwinklig gefügt. Auf der unteren Querleiste des Keilrahmens befindet sich die schablonierte Nr. NN 536. Die obere Querleiste trägt die Nr. 1607. Auf der Rückseite der Leinwand etwa in der Mitte befindet sich ein Zollstempel mit Löwenemblem und einer Frau, wohl aus Süd-Amerika.

In einem hohen Raum, von einem bogenförmigen Fenster mit Butzenscheiben erleuchtet, steht ein älterer Schreiber. Er ist nach links gewendet und gerade dabei, eine Feder zu spitzen. Hinter ihm befindet sich der Schreibtisch mit einem großen Tintenfass und Spritzern an der Wand. Daneben steht die biedermeierliche Schreibtischlampe. Davor, etwas schräg gestellt, befindet sich der grün gepolsterte Sessel. In der Ecke links ist ein roter Schirm abgestellt. Darüber hängt eine grüne Pendeluhr. Ganz rechts, vom Bildrand angeschnitten, wird noch eine Landkarte an der Wand sichtbar.

Hier kontrastiert das von außen einfallende Tageslicht, das sehr hell ist, mit halb verschatteten und dunkel verschatteten Teilen. An der gegenüberliegenden Wand schafft es eine Fülle von Gelbvariationen und an den Butzenscheiben Reflexe. Weiterhin lässt es den dunklen Anzug des Schreibers in Farbstufen von Blau-grau bis zum tiefen Schwarz erscheinen. Aber auch die Hände des Mannes sowie sein Gesicht erhalten durch das geführte Licht erst ihre plastischen Werte.

In seiner Dokumentation zu diesem Gemälde führt Wichmann drei Zeichnungen auf, die exakt oder auch im weiteren Sinn als Vorarbeiten zu dem Gemälde gelten können (S. 28–33). Weiterhin führt er in seinem Werkverzeichnis von 2002 mehrere Varianten zum Bild auf (Wv.-Nr. 599–603), wovon auf das Werk »Der Schreiber« (Wv.-Nr. 603) der Münchner Neuen Pinakothek besonders verwiesen sei, weil es etwa 20 Jahre früher als das vorliegende Werk entstanden ist.

Provenienz:
Wohl Verkaufsverzeichnis Nr. 108 – Carlos Fürst Auersperg – Aukt.-Kat. Christie's, London. 13.10.1994, Kat.-Nr. 20.

Literatur:
Sigfried Wichmann, Carl Spitzweg. Der Schreiber. Dokumentation. Starnberg / München 1994. – Siegfried Wichmann, Carl Spitzweg. Verzeichnis der Werke. Gemälde und Aquarelle. Stuttgart 2002, Wv.-Nr. 601.

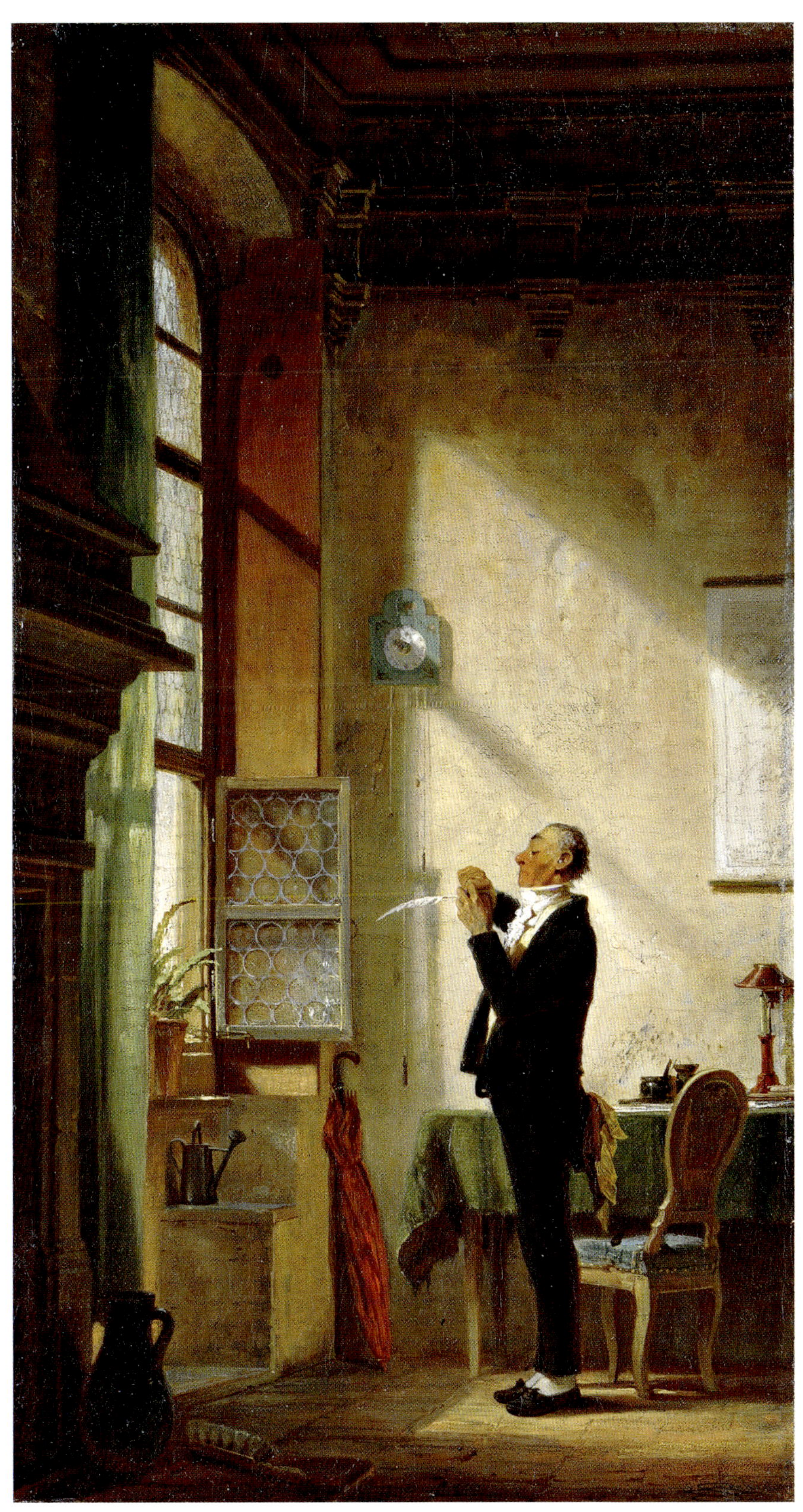

123 Ansicht von Salzburg

Öl auf Karton, 20,2 × 28 cm
Nicht signiert

Die Festung Hohensalzburg bildet den markanten Mittelpunkt jenseits der Salzach. Von dem am linken Ufer gelegenen Altstadtteil sind nur wenige Häuser erkennbar. Sehr deutlich allerdings wird eine kleine Holzbrücke sichtbar, die sich über den Fluss spannt und die beiden Teile der Stadt miteinander verbindet. Erst 1877 wurde jene Brücke durch eine neuzeitliche größere Anlage ersetzt. Die tief stehende Sonne hat Teile des Himmels bereits gelb-rötlich verfärbt, der durch wenige Wolken akzentuiert wird. Den Hintergrund bilden die Salzburger Berge. Die Stadt selbst wird durch den Fluss geteilt, der blau getönt den Mittelgrund einnimmt. Den Vordergrund bildet ein flaches Gelände, teilweise von Buschwerk durchsetzt und in flüssiger summarischer Form hingestrichen.

Bereits in den dreißiger und vierziger Jahren hatte Spitzweg Salzburg mit seiner Umgebung zu Studienzwecken aufgesucht. In Briefen und Tagebuchaufzeichnungen hatte Spitzweg seine Eindrücke von dieser Stadt dokumentiert. Auch im Jahr 1837 hielt er sich im Salzburger Land auf, wohl in Begleitung seines Malerfreundes Eduard Schleich d. Ä., der ihn in seinem pleinairistischen Ansatz bestärkte. Namentlich die dünne, flüssige Peinture konnte er von Schleich d. Ä. übernehmen. Diesbezüglich hat er sich beim vorliegenden Werk auch ganz in die Fußstapfen seines Freundes begeben.

Ein weiterer Impulsgeber für diese leicht skizzenhafte Malerei waren die englischen und französischen Freilichtmaler in Rom, die Spitzweg dort 1832 kennengelernt hatte.

Auch noch in späteren Jahren hat er seine Genrebilder, die im Freien spielen, gern mit peinairistischen Elementen durchsetzt und wurde so auch zu einem genauen Beobachter atmosphärischer Vorgänge und der Licht- und Schattensituation im Freien. Die vorliegende Salzburg-Ansicht, um 1837–40 entstanden, dokumentiert bereits in relativ früher Zeit Spitzwegs Interesse an der Freilichtmalerei und den Einfluss, den er durch Schleich d. Ä. erfahren hat.

Dieses kleine Werk zeichnet sich dadurch aus, dass es in breitem und bewegtem Duktus lasierend eine Pinselspur legt. Nur die Burg selbst ist leicht deckend gemalt, alle anderen Teile lassen fast durchweg den Malgrund durchschimmern, was der Peinture etwas Improvisierendes und Leichtes verleiht. Gerade die sichtbare Pinselspur, bei der partiell noch die Borstenspur erkennbar bleibt und gestalterisch eingesetzt wird, wurde von Schleich d. Ä. perfekt ausgebildet und eingesetzt. Aber auch Spitzweg selbst konnte sich temporär jener Malerei anschließen.

Literatur:
Siegfried Wichmann, Carl Spitzweg. Ansicht von Salzburg um 1840. Dokumentation. Starnberg / München 1997. – Siegfried Wichmann, Carl Sitzweg. Verzeichnis der Werke. Gemälde und Aquarelle. Stuttgart 2002, Wv.-Nr. 143.

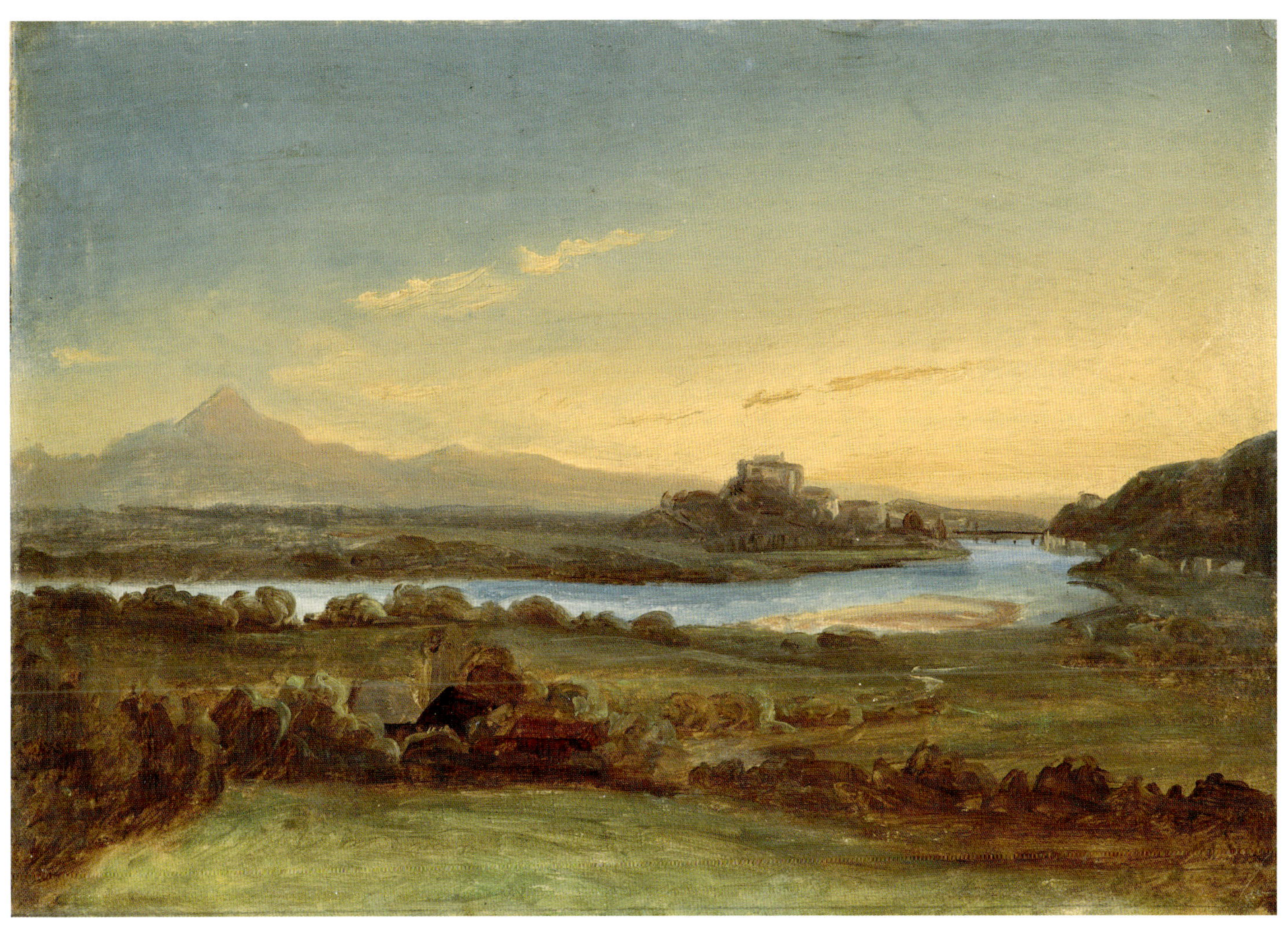

Adolf Stademann

1824 – München – 1895

Der Sohn des Zeichners Ferdinand Stademann erhielt seine erste künstlerische Ausbildung bei dem Landschafts- und Architekturvedutisten Carl August Lebschée und weiterhin bei dem Landschaftsmaler Moritz Lotze. Er begann mit stimmungsvollen Nachtbildern, die das Erbe Schleichs d. Ä. aufnehmen. Darauf spezialisierte er sich auf Winterlandschaften, stets von Figuren belebt, wie sie die holländische Malerei des 17. Jahrhunderts in die Malerei eingeführt hatte. Eine gewisse Gleichförmigkeit muss man seiner Motivwahl attestieren, doch überzeugt er immer wieder durch seine individuell persönliche Handschrift, die mit bewegter Peinture die Komposition schafft.

Gemälde von A. Stademann befinden sich im Aargauer Kunsthaus in Aarau, im Städelschen Kunstinstitut in Frankfurt a. M., in der Karlsruher Kunsthalle, in der Münchner Neuen Pinakothek und Schack-Galerie sowie im Münchner Stadtmuseum und in der Stiftung Oskar Reinhardt in Winterthur.

Literatur:
Horst Ludwig u. a, Bruckmanns Lexikon. Bd. IV, München 1983, S. 195–197.

124 Winterlandschaft mit Kopfweiden

Öl auf Mahagoni (allseitig abgefast), 12 × 22,1 cm
Signiert unten links: *A. Stademann*

Hinter einer Eisfläche wachsen vorne links auf einer kleinen Landzunge Kopfweiden. Auf der rechten Bildseite ist ein Mann mit einem Hund zu erkennen. Rechts dahinter ist ein Wäldchen mit einem vorgelagerten Haus zu sehen. Ein Höhenzug schließt die Komposition nach hinten ab. Darüber steht ein grau verhangener winterlicher Himmel, der stellenweise die trübe Sonne sehen lässt.

Mit dieser temperamentvollen Pinselschrift, die auch leicht pastos die Farbe aufträgt, hat A. Stademann eine große Anzahl analoger Werke geschaffen.

Provenienz:
2007 aus dem Münchner Kunsthandel.

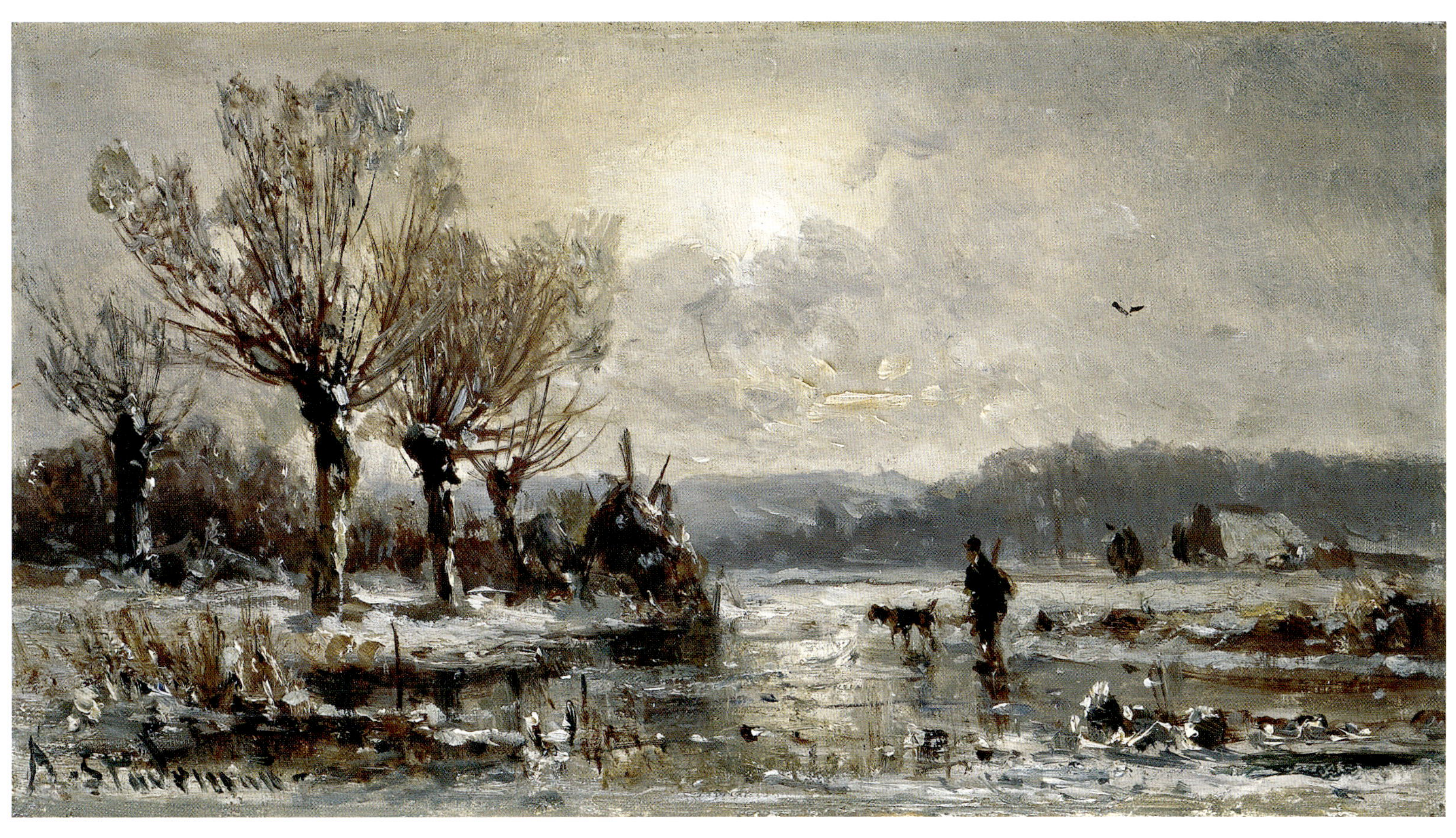

Edward Jakob von Steinle

1810 Wien – 1886 Frankfurt a. M.

Seit 1823 besuchte E. J. von Steinle die Wiener Akademie bei Leopold Kupelwieser. Auf dessen Anraten begab er sich 1828 nach Rom und schloss sich dem Kreis der Nazarener um Overbeck und Cornelius an. 1833 nach Wien zurückgekehrt, hielt er sich dort bis 1838 auf und malte vorwiegend Altarblätter. 1838 treffen wir ihn in München an, wo er Mitarbeiter bei Peter von Cornelius bei der Freskierung der Ludwigskirche wurde. 1839 siedelte er nach Frankfurt über und erhielt im Städel ein Atelier. In den späteren vierziger Jahren Ausmalung des Kölner Doms. 1850 erhielt er einen Ruf als Professor für Historienmalerei am Städelschen Kunstinstitut in Frankfurt a. M. Dort lernte er auch den Kunstsammler Adolf Friedrich Graf Friedrich von Schack kennen, der einige Werke von ihm erwarb.

Gemälde von ihm werden in der Münchner Schack-Galerie und im Städel in Frankfurt bewahrt.

Literatur:

Thieme-Becker, Allgemeines Künstler-Lexikon. Bd. XXXI, Leipzig 1937, S. 572 ff. – Mus.-Kat. Schack-Galerie, München. Vollständiger Katalog, Textband. München 1969, S. 426–434.

125 Kinderkopf

Rötel auf Holz, 41 × 41 cm
Eingezeichnet in eine Vierpassform mit vier Spitzen. Lackiert
Verso befindet sich ein handgeschriebener Aufkleber: *an Luise Matti Josepa's Tochter / Zeichnung von E.v. Steinle*
Hauptteile des Gesichts und des Oberkörpers mit Bleistift markiert.

Diese ungewöhnliche Arbeit zeigt ein Kinderköpfchen in leichter Unteransicht, das schräg ins Bild gesetzt ist. Es weist durchaus auch Binnenzeichnung auf und ist nicht nur umrissbetont, wie man es bei einem Nazarener erwarten könnte.

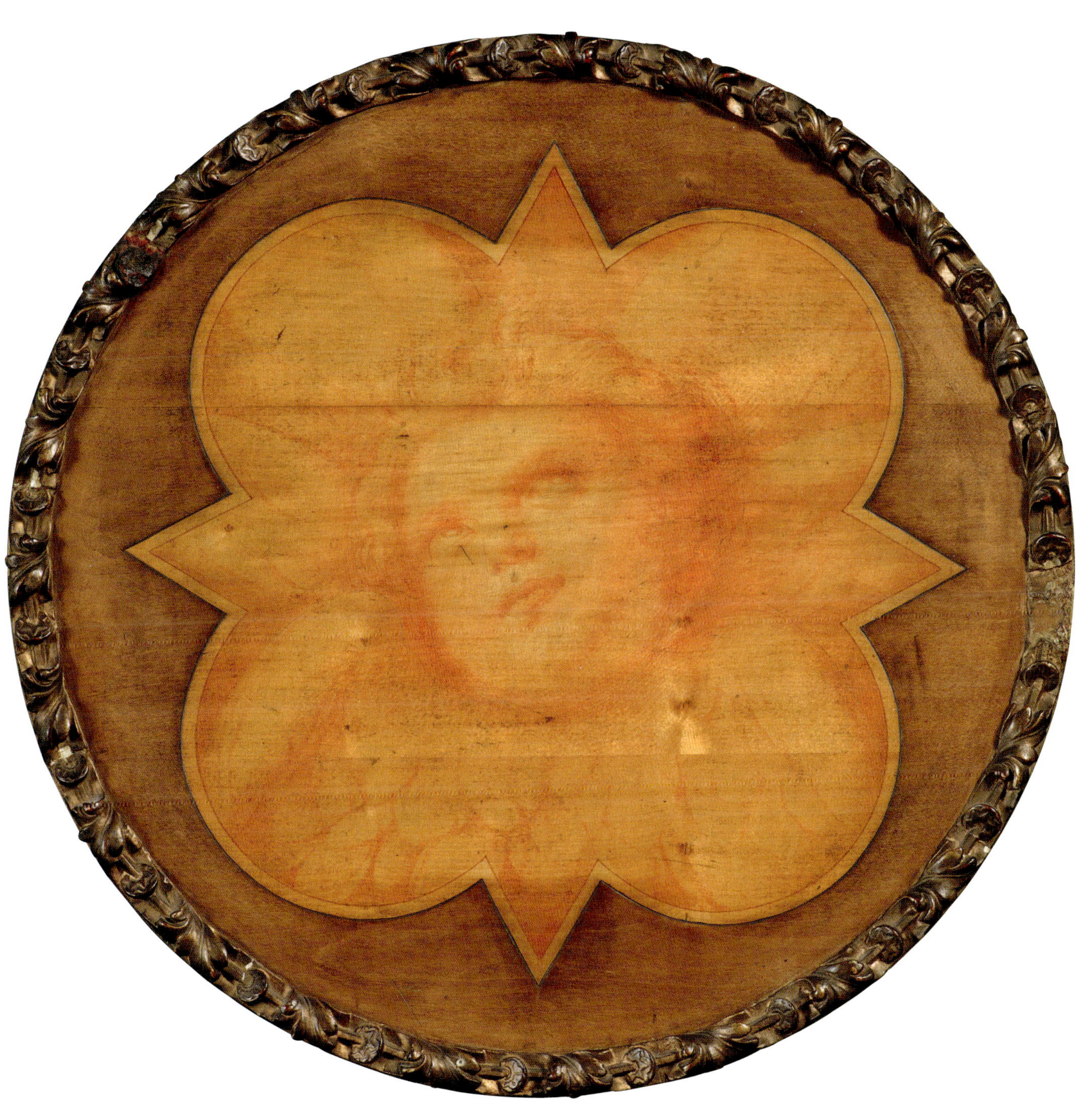

Otto Strützel

1855 Dessau – 1930 München

In Dessau, der damaligen Hauptstadt des Herzogtums Anhalt geboren, war Otto Leopold Strützel das zweite Kind eines Schneidermeisters. Zunächst erhielt der Heranwachsende von einem benachbarten Lithographen einige Aufträge und konnte 1871 die Kunstschule in Leipzig besuchen. Nach dem Wehrdienst wechselte er 1879 zur Düsseldorfer Akademie über und wurde dort Schüler von Carl Irmer und E. G. Dücker. 1883 stellte er das Gemälde »Sommertag am Weiher« im Münchner Glaspalast aus, das ihm die Anerkennung und Bekanntschaft mit Heinrich von Zügel einbrachte. Diesen konnte er noch im selben Jahr zu einem Studienaufenthalt in dessen Württemberger Heimat nach Murrhardt begleiten und so manchen Impuls von dem erfahrenen Tiermaler erhalten. Auch Dachau wurde bereits zeitweise aufgesucht sowie zusammen mit Hugo Mühlig die Schwalm in Hessen. 1885 verlegte er seinen festen Wohnsitz nach München und heiratete die Schwedin Maria Ahlström. O. Strützel gehörte zwar zu den Gründungsmitgliedern der Münchner Secession, stellte aber wenig später wieder bei der Münchner Künstlergenossenschaft im Glaspalast aus.

Als impressionistischer Tiermaler (etwa Heinrich von Zügel vergleichbar) war er ein genauer Beobachter der Natur sowie ein Kenner der Anatomie von Schafen und Rindern. Doch mied er im Allgemeinen die extrem summarische Formgebung sowie den temperamentvollen und schnellen Pinselduktus.

Literatur:
Horst Ludwig, Der Münchner Impressionist Otto Strützel. 1855–1930. Monographie und kritisches Verzeichnis seiner Ölgemälde, Ölstudien und Ölskizzen. München 1990. – Ausst.-Kat. Neue Pinakothek, München. Otto Strützel. Ein Münchner Impressionist. 1990.

126 Kinder mit Schafen unter blühenden Bäumen, 1886

Öl auf Leinwand (doubliert), 60 × 90 cm
Signiert unten rechts: *Otto Strützel.1886 München*
Auf dem Keilrahmen befindet sich ein Aufkleber mit dem eigenhändigen Hinweis Strützels: »Frühling« *Mark 1000 Otto Strützel München Adalbertstrasse 74 II.*

Eine Schafherde mit Lämmern befindet sich in flacher Landschaft unter blühenden Apfelbäumen. Rechts neben einem solchen Baum steht ein kleiner Junge mit einer Peitsche. Links neben ihm sitzen zwei kleine Mädchen, die sich mit einem Dackel beschäftigen, der zu ihnen hochschaut. Am Horizont erkennt man weitere Bäume sowie einige Dächer. Über der Szenerie steht ein blauer Himmel mit einigen hellen Wolken.

Das datierte Gemälde entstand ein Jahr, nachdem Otto Strützel seinen festen Wohnsitz nach München verlegt und einige Jahre, nachdem er die Bekanntschaft mit Zügel gemacht hatte. Die Anregung zu einer Schafherde hatte er gewiss von Zügel übernommen, doch hat er das Motiv ganz eigenständig gestaltet. Namentlich die Kombination mit der Kindergruppe, die man als selbständiges Motiv werten kann, zeigt die Erfindungskraft O. Strützels. Das helle Sonnenlicht mit seinen dunklen Schatten, welches das Lokalkolorit verwandelt, wurde vom Künstler speziell thematisiert. Dabei konnte es ihm nicht um die Wiedergabe der Details gehen, wohl aber um die charakteristische Darstellung einer solchen Szene im Freien. Apfelblüte und Bodenvegetation werden pauschal markiert, suggerieren aber gleichwohl den blühenden Frühling. Eine Variante dazu zeigt etwa diese Szenerie, zusätzlich noch mit einem pflügenden Bauern kombiniert (Wv.-Nr. 463 »Frühling«).

Provenienz:
Aukt.-Kat. Neumeister, München. Juni 2007. Kat.-Nr. 865 (dort mit dem Titel »Frühlingsidylle«).

Literatur:
Horst Ludwig, Der Münchner Impressionist Otto Strützel, a. a. O., Wv.-Nr. 460, S. 172.

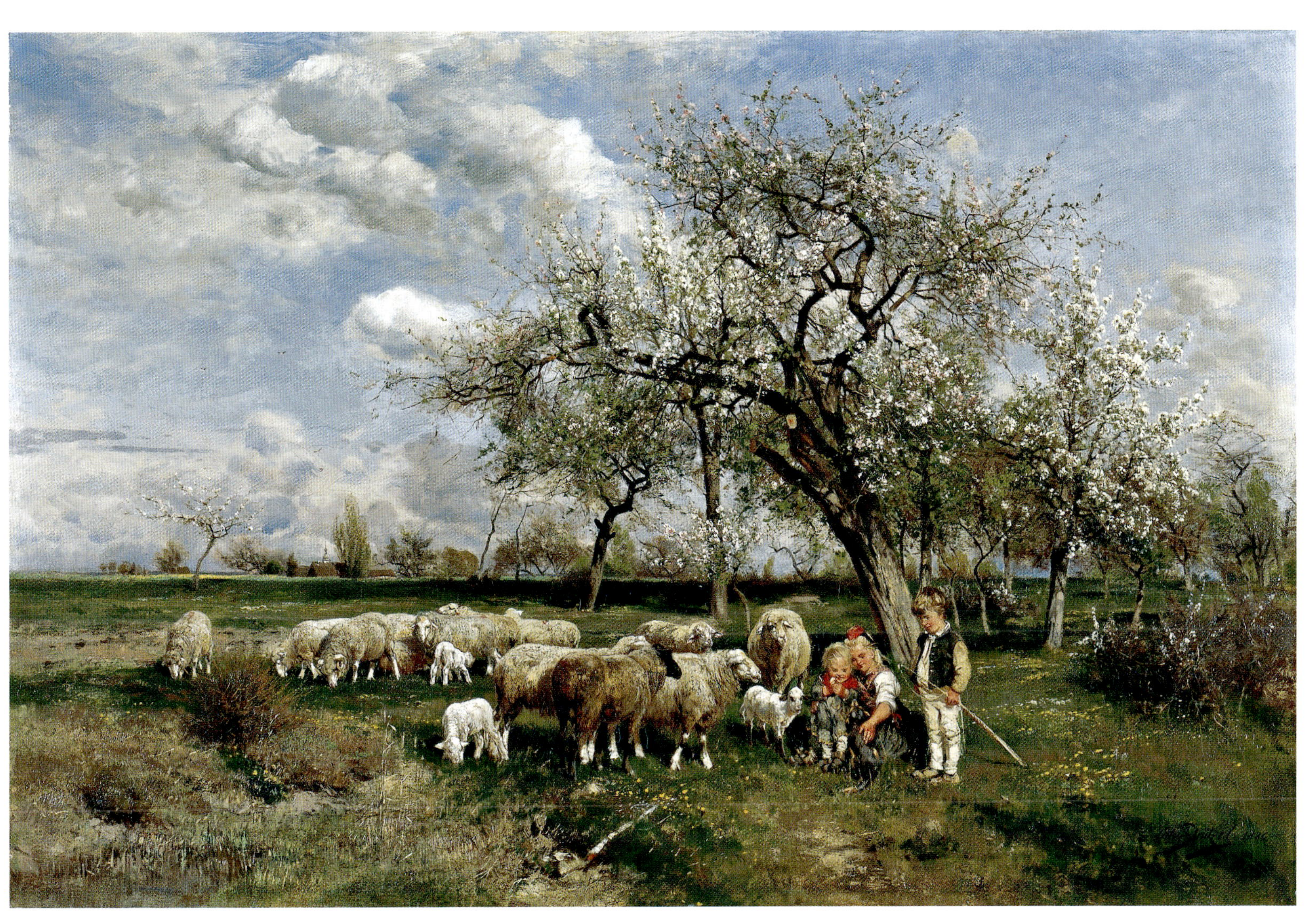

Aleksander von Swieszewski

1839 Warschau – 1895 München

Zunächst studierte der Künstler von 1855–1856 an der Warschauer Kunstschule bei Christian Breslauer. Darauf begab er sich nach München und studierte dort von 1864–1869 an der Münchner Akademie bei Fritz Bamberger. Er nahm dort seinen festen Wohnsitz und war vor allem als Landschaftsmaler tätig, der die Errungenschaften der Pleinairisten eher vernachlässigte und stattdessen akribische Veduten mit topographischen Details bevorzugte. Die Warschauer Nationalgalerie bewahrt Gemälde seiner Hand.

Literatur:
Horst Ludwig u. a., Bruckmanns Lexikon. Bd. IV, München 1983, S. 239.

127 An der Isar bei München

Öl auf Holz, 16 × 32 cm
Ein waagerechtes Brett, allseitig abgefast, Stärke: ca. 1 cm
Signiert unten links: *A. Swieszewski.*

Die Isar fließt von Süden nach Norden, gewissermaßen auf den Betrachter zu, während im Hintergrund das Wettersteingebirge mit dem Zugspitzabfall sichtbar wird. Am linken Steilufer befindet sich Pullach mit seiner Pfarrkirche Hl. Geist aus dem späten 15. Jahrhundert. Gegenüber von Pullach am diesseitigen Ufer wird Grünwald mit Resten der Burg Grünwald sichtbar (13. Jahrhundert). Links daneben führt ein Weg zum Isarufer, auf dem eine Frau mit rotem Schirm wandelt, rechts neben sich ein kleines Mädchen mit blauem Rock. Am Ufer selbst, weiter unten, wird noch eine zweite Frau sichtbar. Der mittelgroße Farbauftrag ist leicht körperhaft und weist somit ein minimales Relief auf.

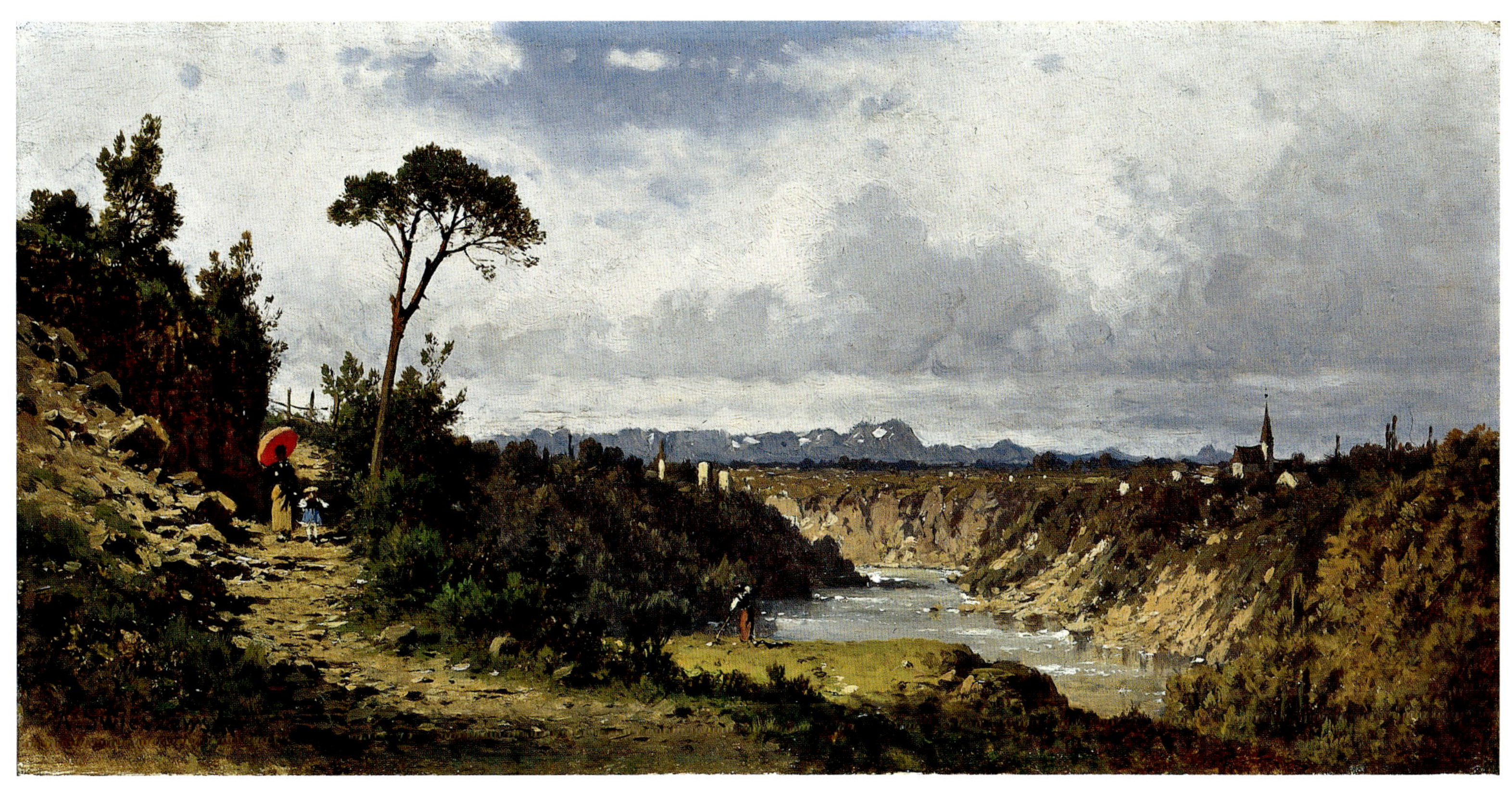

Hans Thoma

Bernau 1839 – Karlsruhe 1924

Nach Anfängen als Lithograph und Anstreicher in Basel besuchte H. Thoma von 1859–1866 die Kunstschule in Karlsruhe als Schüler von Wilhelm Schirmer, Ludwig des Coudres und Hans Canon. Seine frühen Werke stießen dort auf Ablehnung – bei seinen Lehrern wie auch in der Öffentlichkeit. 1867 wandte er sich nach Düsseldorf und befreundete sich dort mit Otto Scholderer, mit dem er 1868 eine Reise nach Paris unternahm. Die dortige Begegnung mit dem Werk von Gustave Courbet wurde für ihn von entscheidender Bedeutung (»Das war etwas Ganzes, war für mich die Malerei.«). Es folgte ein Aufenthalt in München (1870–1873), der ihn mit Arnold Böcklin und dem Leibl-Kreis zusammenführte. 1874 erste Italienreise und anschließend zwei Jahre in Frankfurt. 1875 kehrte er nach München zurück und lernte dort seine spätere Frau, die Malerin Bonicella Berteneder kennen, die er 1877 in Frankfurt heiratete. In Frankfurt sollte er sich bis zum Jahr 1899 aufhalten. In diesen über zwanzig Jahren konnte er wesentliche Teile seines Œuvres schaffen. In diesem Zeitraum lernte er auch Henry Thode kennen (1889), der zum unermüdlichen Förderer H. Thomas werden sollte. 1890 gelang ihm der künstlerische Durchbruch mit einer Ausstellung im Münchner Kunstverein. Die Ehrungen sollten fortan nicht mehr abreißen. So wurde er 1890 zum Ehrenmitglied der Münchner Akademie ernannt und 1899 wurde er als Professor an die Karlsruher Kunstschule berufen. 1901 wurde er Ehrenmitglied der Berliner Secession. Als letzte große Ehrung konnte ihm Ludwig Justi in der Berliner Nationalgalerie eine repräsentative Gemäldeausstellung ausrichten.

Hans Thomas Werk ist durchaus widersprüchlich. Lange Zeit galt er als deutscher Maler schlechthin, wobei man gern seine avantgardistischen Elemente aus dem Leibl-Kreis übersah oder später auch seine prä-symbolistischen Tendenzen. Neben seiner Malerei hinterließ er auch ein großes druckgraphisches Werk.

Gemälde von H. Thoma befinden sich in der Berliner Nationalgalerie, im Kunstmuseum in Düsseldorf, im Museum Folkwang in Essen, im Städelschen Kunstinstitut in Frankfurt a. M., in der Hamburger Kunsthalle, in der Niedersächsischen Landesgalerie in Hannover, in der Staatlichen Kunsthalle in Karlsruhe, im Museum der bildenden Künste in Leipzig, im Landesmuseum Mainz, in der Münchner Neuen Pinakothek sowie im Lenbachhaus, im Westfälischen Landesmuseum in Münster, in der Staatsgalerie Stuttgart sowie im Ulmer Brotmuseum.

Literatur:
Henry Thode. Des Meisters Gemälde in 874 Abbildungen. Stuttgart und Leipzig 1909. – Ausst.-Kat. Augustinermuseum, Freiburg im Breisgau. Hans Thoma. Lebensbilder. 1989.

128 Bauernmädchen (Agathe)

Öl auf leinwandstrukturierter Malpappe mit Leinwand hinterlegt, 64 × 50 cm
Signiert unten rechts: *HTh* (ligiert)
Links daneben Spuren einer alten Signatur (H. Thoma).

Da Hans Thoma das Gemälde aus Verärgerung darüber, dass es von den Professoren der Kunstschule in Karlsruhe abgelehnt worden war, an den Mitstudenten Heinrich Vosberg (1833–1891) verschenkt hatte, konnte es Karl Malsch 1904 erwerben (von der Witwe von Heinrich Vosberg). Das Monogramm führte Hans Thoma am 1. April 1912 aus (lange nach Vollendung des Gemäldes).

Auf dem Keilrahmen befindet sich der Rest eines Karlsruher Aufklebers mit dem handschriftlichen Titel: »Mädchenbildnis«.

Die jüngere Schwester des Künstlers, Agathe (1848–1928), der er als Kunststudent in Karlsruhe ausführliche und liebenswürdige Briefe geschrieben hatte, sitzt auf einem besonnten Hang. Ihr Oberkörper ist so diagonal ins Bild gesetzt, dass ihr Profil nach rechts erscheint. Ihr glattes braunes Haar ist hinten zu einem Zopf geflochten, dazu trägt sie eine braune Weste und ein weißes Hemd mit gepufften Oberarmen. Ein rotes Tuch wallt ihr von der linken Schulter nach unten. Im Schoß hält sie einen rot getönten Blumenstrauß. Helles Sonnenlicht lässt Oberkörper und Gesicht aufleuchten. Schlagschatten im Inkarnat, am Oberkörper und an der rechten Hand verdeutlichen die Intensität des Freilichtes. Gleichzeitig dokumentieren sie auch ein stilistisches Merkmal: den direkten und offenen Umgang mit der Freilichtmalerei, wie wir ihn auch vom frühen Lenbach aus den sechziger Jahren

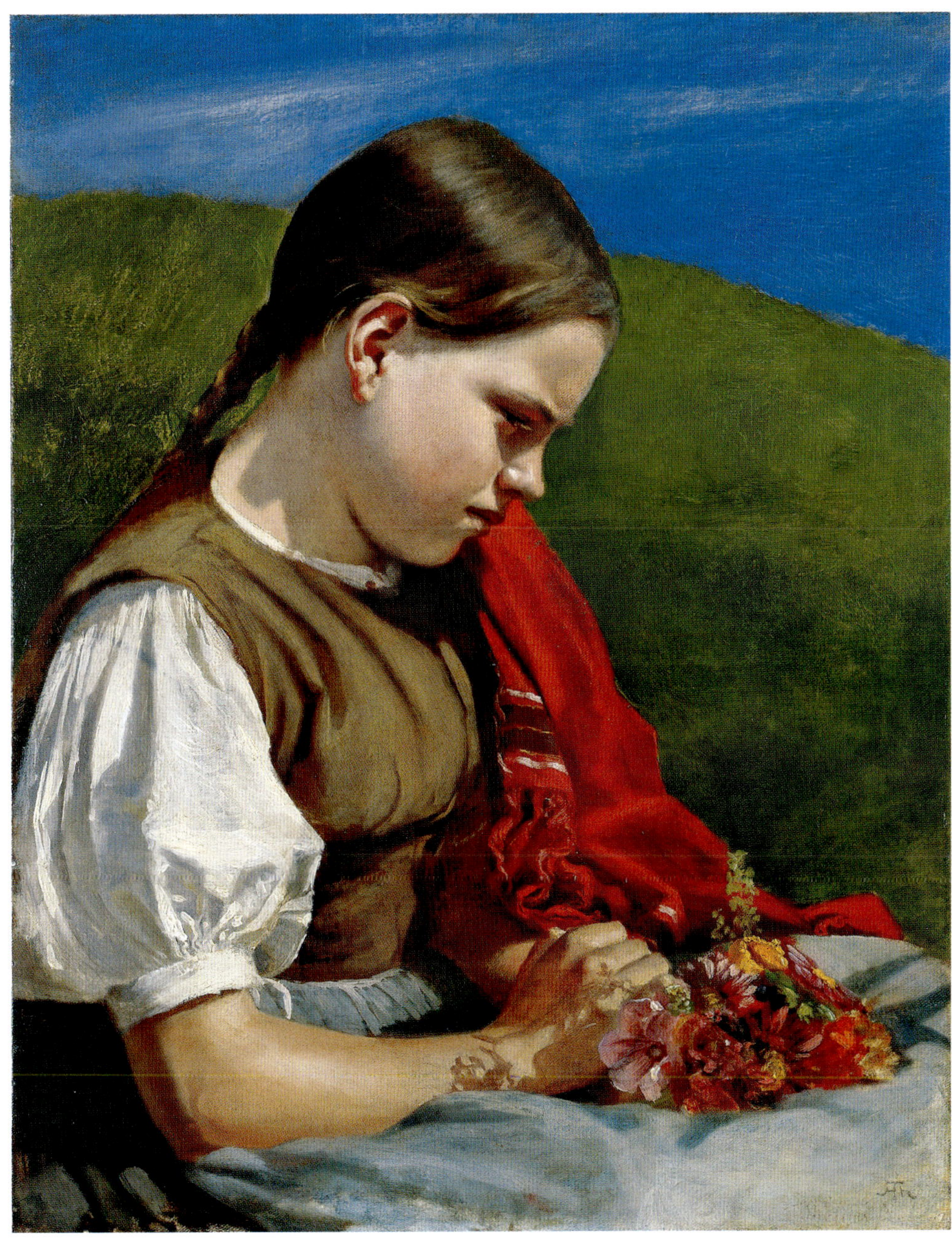

kennen. Also noch vor H. Thomas Parisreise im Jahr 1868 suchte der junge Künstler bereits Motive im hellen Sonnenlicht, um die Verwandlung der Objektwelt ungeschönt im Licht des Alltags wiedergeben zu können.

Stilistisch mit dem vorliegenden Werk sehr verwandt ist das Gemälde »Schwarzwaldlandschaft mit Bauernmädchen« (Abb. im zit. Katalog von 1989, Kat.-Nr. 8), um 1866 entstanden. Ein weiteres Gemälde mit der Darstellung der Schwester Agathe ist das Werk »Agathe mit weißem Hemd« von 1869 der Staatlichen Kunsthalle Karlsruhe (Abb. im zit. Katalog von 1989. Kat.-Nr. 11).

Provenienz:
Aukt.-Kat. Winterberg, Heidelberg. 5. Mai 2007. Kat.-Nr. 628 mit Abb.

Literatur:
Henry Thode, Thoma. Des Meisters Gemälde in 874 Abbildungen. Stuttgart und Leipzig 1909, S. 9 (dort 1864 datiert). – Ausst.-Kat. Augustinermuseum, a. a. O., Kat.-Nr. 5.

Fritz von Uhde

1848 Wolkenburg/Sachsen – 1911 München

Nach dem Besuch der Gymnasien in Zwickau und Dresden trat Uhde 1866 in die Dresdener Akademie ein, was ihn nicht befriedigte, sodass er noch im selben Jahr Soldat bei einem sächsischen Garderegiment wurde. Während des Deutsch-Französischen Krieges diente er als Leutnant und Ordonnanzoffizier. 1877 nahm er seinen Abschied und wollte auf Anraten H. Makarts bei K. Th. Piloty in München studieren. Er wurde jedoch abgewiesen, ebenso von W. von Diez und W. Lindenschmit d. J. In München lernte er 1879 den ungarischen Maler Mihály Munkácsy kennen, der ihn nach Paris einlud und von dem er künstlerisch viel übernehmen konnte, wie sein 1880 entstandenes Gemälde »La Chanteuse« dokumentiert.

1882 Holland-Reise und Bruch mit Munkácsy. Er wandte sich helleren Farben und thematisch dem einfachen Leben zu. Auch seine religiöse Malerei beginnt, die biblischen Szenen in die bayerische Gegenwart zu versetzen. 1892 wurde er Gründungsmitglied der Münchner Secession, deren Präsident er 1901 wurde. Durch seine Erneuerung der religiösen Malerei sowie auch durch seinen ausgereiften Impressionismus gilt F. von Uhde als Begründer der neuzeitlichen Malerei in Deutschland.

Gemälde von Uhde befinden sich in der Gemäldegalerie Neuere Meister in Dresden, in der Hamburger Kunsthalle, in der Niedersächsischen Landesgalerie Hannover, im Wallraf-Richartz Museum in Köln, im Oberen Belvedere in Wien sowie im Museum Oskar Reinhart in Winterthur.

Literatur:
Hans Rosenhagen, Uhde. Des Meisters Gemälde in 285 Abbildungen. Stuttgart und Leipzig 1908. – Ausst.-Kat. Kunsthalle, Bremen. Fritz von Uhde. Vom Realismus zum Impressionismus. 1998/99.

129 Bildnis eines alten Mannes, 1878

Öl auf Leinwand (doubliert), 74,5 × 60,5 cm.
Die Leinwand ist rupfenartig strukturiert.
Signiert oben rechts: *FU 78*

Wiedergegeben ist ein alter Mann als Brustbild von vorn. Er trägt ein sehr dunkles Obergewand, das am Brustausschnitt ein rotes Textil aufweist. Den Kopf hat er leicht nach rechts gedreht. Sein Gesichtsausdruck ist wach und ernst. Das graue, schüttere Haar ist in die Stirn gekämmt und reicht bis über die Ohren. Der Hintergrund ist sehr dunkelbraun unräumlich.

Das 1878 datierte Gemälde entstand noch vor der Bekanntschaft mit Munkácsy, der ihn ja bekanntlich sehr beeinflusst hat. Es ist der Zeitpunkt, an dem er vor allem autodidaktisch malte und auch schon im Kunstverein ausstellte. Anlässlich einer Ausstellung von 1878 im Münchner Kunstverein schrieb ein Kritiker: »Im Uebrigen bedarf sein großes Talent eben noch der Abklärung, doch darf man wohl Tüchtiges von ihm erwarten.« (Zit. nach Ausst.-Kat. a. a. O., S. 191.)

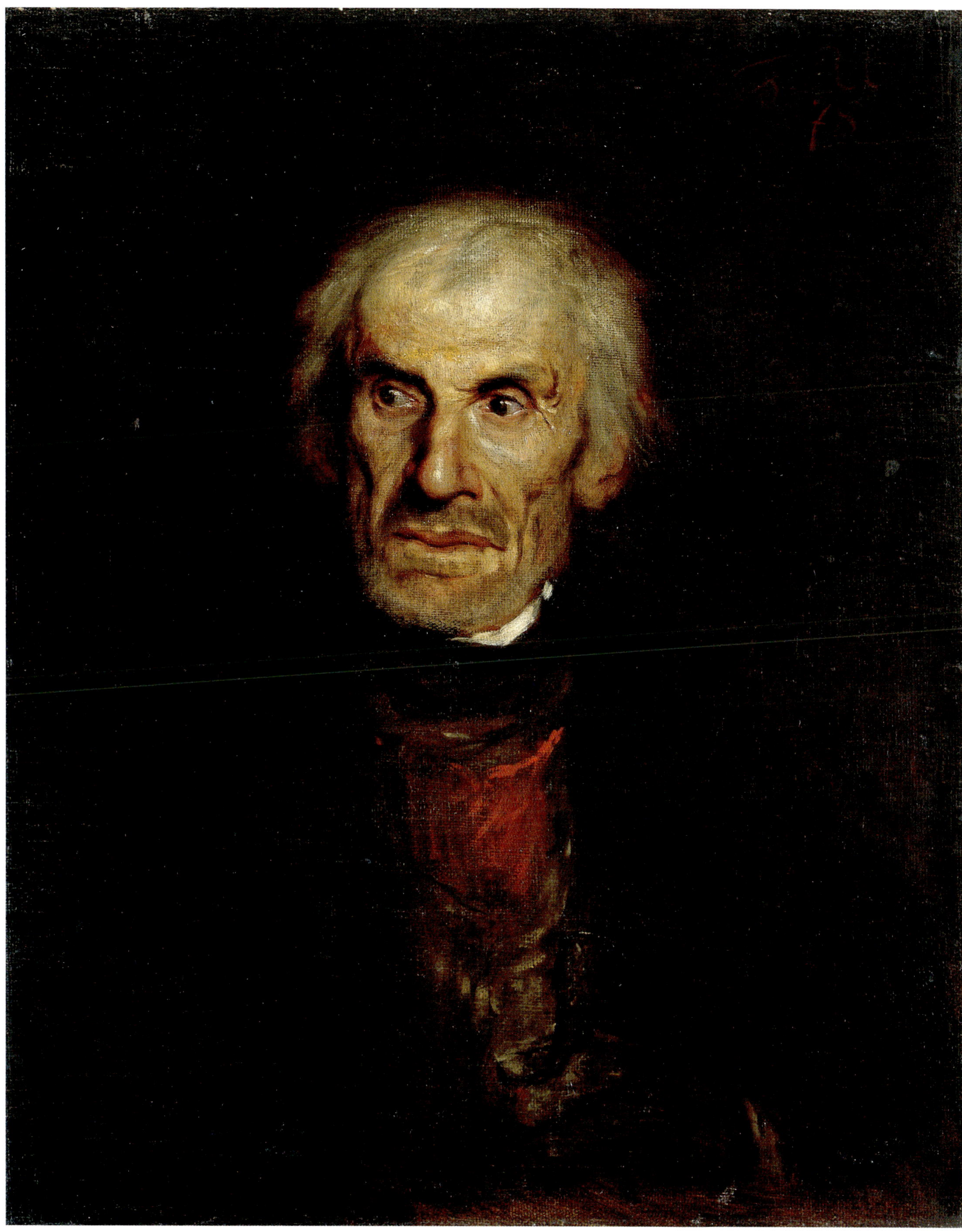

Franz Richard Unterberger

1838 Innsbruck – 1902 Neuilly-sur-Seine

Der Maler, Sohn des Kunsthändlers Franz Ignaz Unterberger, trat als Österreicher 1853 in die Münchner Akademie ein und studierte dort bei Clemens Zimmermann und Julius Lange. 1857 begab er sich nach Mailand und bezog ein Jahr später dort die Accademia di Belle Arti. Es folgten Aufenthalte in Düsseldorf, wo er sich den Achenbach-Brüdern anschloss und mit ihnen den Norden erkundete. Seit den frühen sechziger Jahren war er an der Wiener Akademie als Professor tätig. Er hielt sich zeitweise auch in Brüssel auf und verbrachte die Sommermonate meist in Neuilly. Auch Italien wurde zunehmend entdeckt, und schon bald favorisierte er italienische Motive (v. a. Neapel).

Als Landschaftsmaler liebte er spektakuläre Veduten, die er in einer Art Prä-Impressionismus wiederzugeben pflegte. Gemälde von ihm bewahren das Rheinische Landesmuseum Bonn sowie das Tiroler Landesmuseum Ferdinandeum in Inssbruck.

Literatur:
Sybille-Karin Moser, F. R. Unterberger und die salonfähige Landschaftsmalerei im 19. Jahrhundert. Innsbruck, Wien 1986.

130 Reiter mit Rinderherde in der Campagna

Öl auf Leinwand (doubliert), 66,8 × 138,4 cm
Signiert unten rechts: *FRUnterberger* (nicht leicht lesbar)

Wiedergegeben ist eine Rinderherde mit einem Reiter in der weiten Campagna-Landschaft, die am Horizont von flachen Gebirgszügen abgeschlossen wird. Im Vordergrund stürmt eine viel Staub aufwirbelnde Rinderherde an das Ufer eines Sees, der als Tränke dient. Die Tiere werden von einem Reiter mit Hund begleitet und beaufsichtigt. Am jenseitigen Steilufer werden noch andere Rinder erkennbar. Dahinter erhebt sich eine breite blaue Gebirgskette, über der ein strahlend blauer Himmel steht mit einigen weißen Wolken am Horizont.

Große Teile der Farbe wurden recht pastos mit einem Spachtel auf das Bild aufgetragen, aber auch der Pinsel kam stellenweise zum Einsatz.

Provenienz:
Aukt.-Kat. Koller, Zürich. März 2007. Kat.-Nr. 3173.

Literatur:
Sybille-Karin Moser, F. R. Unterberger. a. a. O., S. 197, Nr. 164.

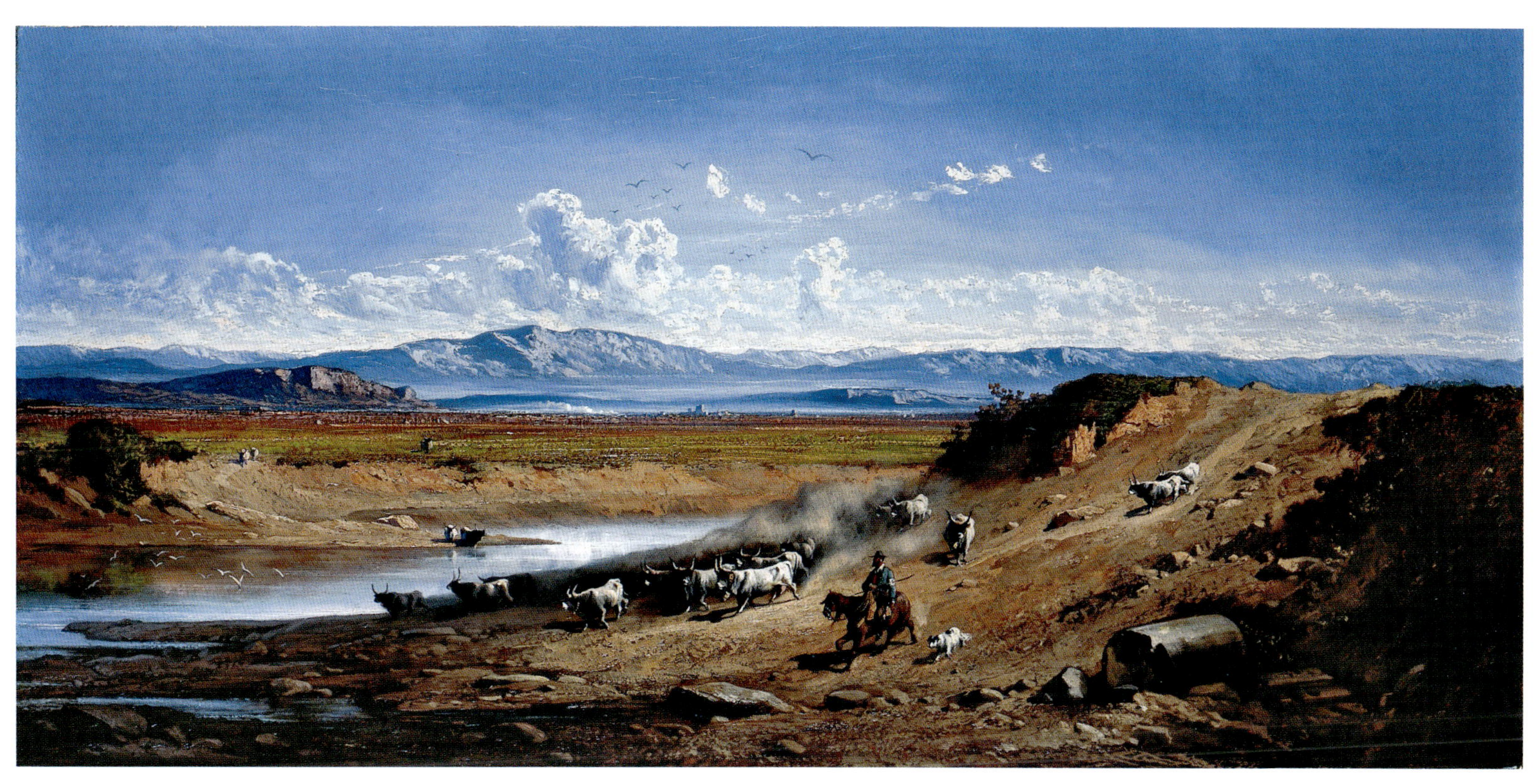

Benjamin Vautier

1829 Morges am Genfer See – 1898 Düsseldorf

1847 wurde er von Jules Hébert in Genf in die Malerei eingeführt und bildete sich auf der Zeichenakademie beim Abendakt weiter. Schließlich wurde er um 1851 Schüler von Wilhelm von Schadow an der Düsseldorfer Akademie. Darauf trat er in das Atelier von Rudolf Jordans ein und unternahm im Sommer 1853 eine Reise nach Genf und in das Berner Oberland, wo er den Maler Karl Girardet kennenlernte, der ihn auf die heimatliche Landschaft und auf das dortige bäuerliche Leben aufmerksam machte. Nach einem Aufenthalt 1856–1857 in Paris kehrte B. Vautier wieder nach Düsseldorf zurück und war bald sehr erfolgreich mit den Schilderungen des bäuerlichen Lebens in der Schweiz und im Schwarzwald. Gern verglich man seine Genremalerei mit der Kunst von Ludwig Knaus, übersah dabei nicht die größere koloristische Begabung von Knaus, betonte aber immer wieder auch die Fähigkeit Vautiers zur persönlichen Charakterisierung der Personen.

Gemälde von B. Vautier befinden sich im Kunstmuseum Bern und Düsseldorf, im Museum der bildenden Künste in Leipzig, in der Münchner Neuen Pinakothek sowie im Kunsthaus Heylshof in Worms.

Literatur:

Thieme-Becker, Allgemeines Künstler-Lexikon. Bd. XXXIV, Leipzig 1940, S. 141, 142. – Ute Demmel, Die deutsche Genremalerei im 19. Jahrhundert. Diss. Heidelberg 1967, S. 302 ff.

131 Im Kreuzgang, 1874

Öl auf Leinwand (doubliert), 78,5 × 98,5 cm
Signiert unten rechts: *B Vautier. Dsf. 74.*

In einem Kreuzgang einer Klosterschule mit Doppelsäulen, die auf der linken Bildseite erkennbar werden, befinden sich größere und kleinere Mädchen vor der geschlossenen Eingangstür. Rechts daneben, verschattet, steht eine Nonne. Vorn links hat ein kleines Mädchen aus labil aufgerichteten Brettchen eine Art Haus errichtet. Ein weiteres Mädchen versucht, mit ausgebreiteten Armen größere Mädchen davon abzuhalten, den Aufbau vielleicht zu zerstören. Frontal zum Betrachter stehen zwei Freundinnen, von denen eine strickt und eine zweite mit Brustkreuz ihren rechten Arm um die Strickende gelegt hat. Dahinter werden noch andere spielende kleine Mädchen sichtbar. Teile des oberen Kreuzgratgewölbes werden gerade noch wahrnehmbar. Neben den Säulen des Kreuzganges sieht man die Vegetation des Klostergartens.

Als Schadow-Schüler ist es durchaus typisch für B. Vautier, dass er den kleinteiligen Farbauftrag seines Lehrers beibehält und ebenso die glatte Bildoberfläche, um Details der Objektwelt mitteilen zu können, so wie man es auch hier bei diesem Bild findet.

Provenienz:
1987 Galerie Paffrath, Düsseldorf – Aukt.-Kat. Koller, Zürich. März 2003. Kat.-Nr. 3115.

Literatur:

Friedrich von Boetticher, Malerwerke des 19. Jahrhunderts. Bd. II, 2. Dresden 1901, S. 914, Nr. 52.

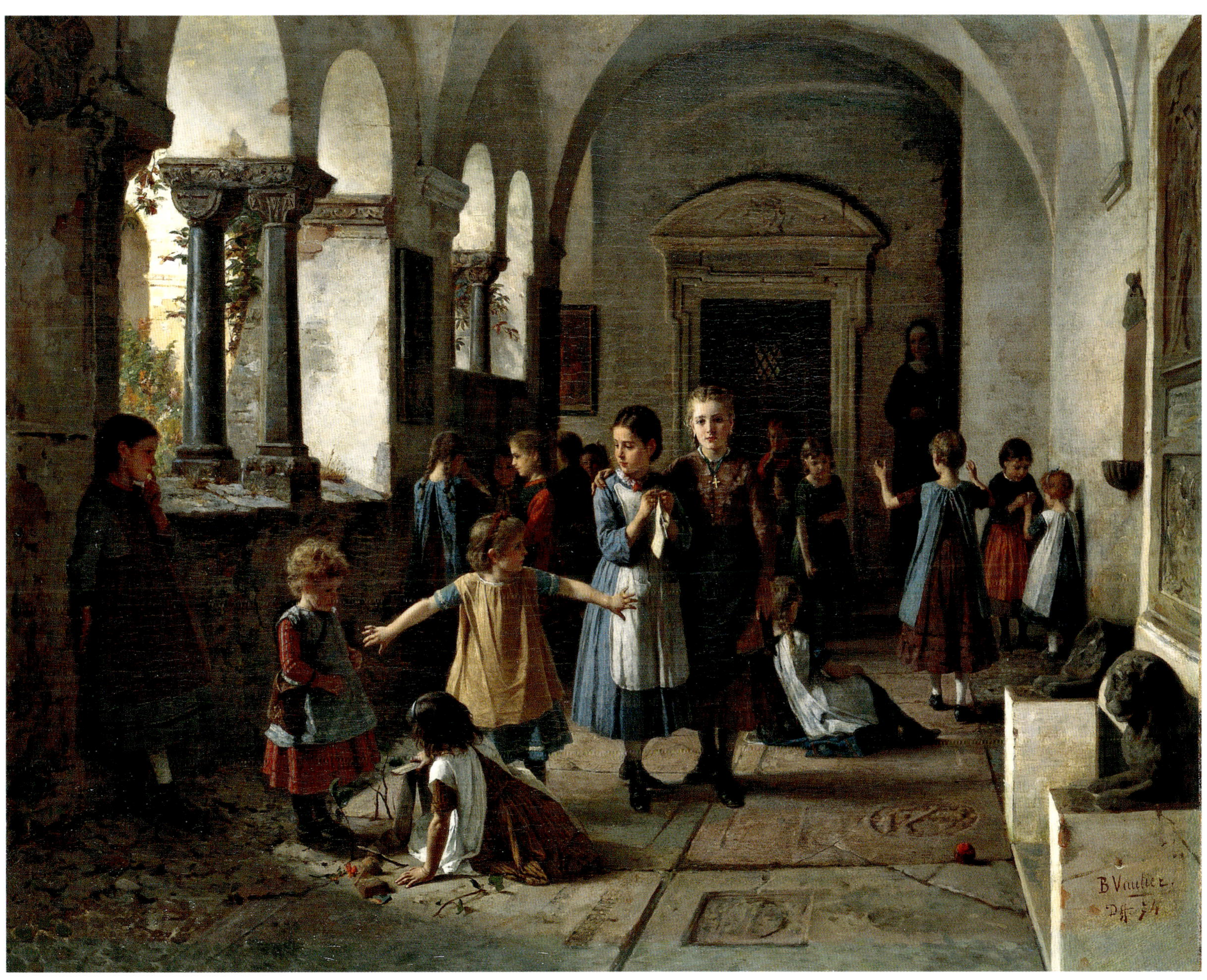

132 Junge Schwarzwälderin, 1881

Bleistift auf Papier, 27 × 20,6 cm
Signiert Mitte links: *BVautier* (B und V ligiert) *81*

Es ist durchaus typisch für die Zeichenkunst B. Vautiers, dass er nicht allein sehr exakt Einzelheiten notiert, sondern auch die Binnenzeichnung zur Intensivierung des Details einsetzt. Hier besonders deutlich beim Mieder und beim Schleier. Die junge Frau ist sitzend wiedergegeben, den Kopf hat sie auf die Rechte gestützt. Als Kopfbedeckung trägt sie eine Kappe mit reicher Spitze, die bis in die Stirn fällt. Die Bluse ist hoch geschlossen. Das Ambiente und andere Teile des Gewandes sind nur angedeutet.

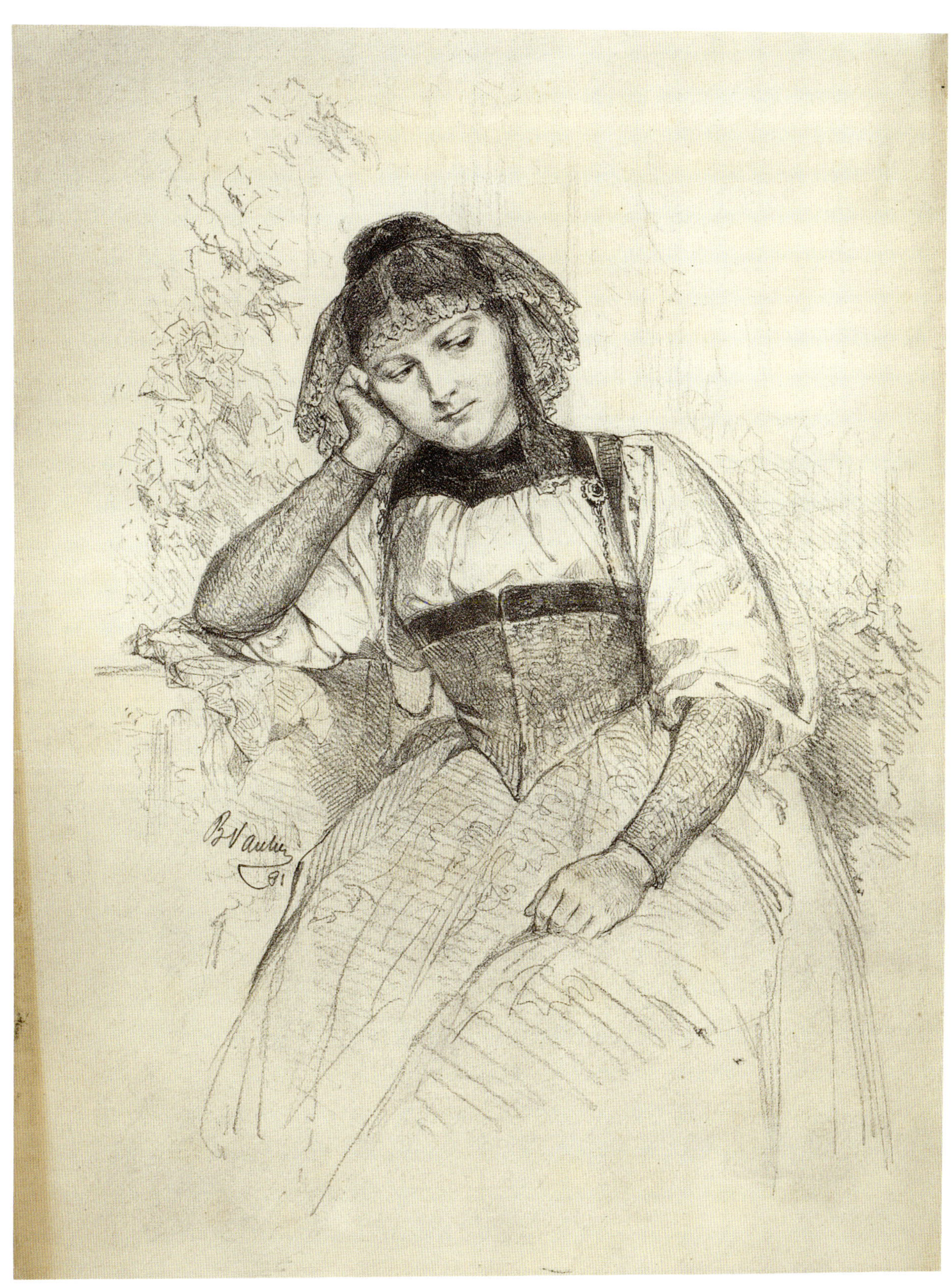

Hermann Vogel

1854 Plauen – 1921 Krebes

Der Künstler, Sohn des Baumeisters und Malerdilettanten Wilhelm Vogel, war von 1874–1875 an der Dresdener Akademie und bildete sich darauf autodidaktisch. Nach einer Italienreise in den späteren siebziger Jahren ließ er sich in Loschwitz bei Dresden nieder, zuletzt auf einem Landsitz in Krebes. H. Vogel war vor allem als Illustrator für die »Fliegenden Blätter« tätig, wobei er sich an seine Vorbilder Moritz von Schwind und Ludwig Richter anlehnte. Später arbeitete er auch für Spamers »Weltgeschichte« und für Schalks »Deutsche Heldensagen« sowie in den neunziger Jahren für den Verlag Braun & Schneider in München.

Zeichnungen von ihm befinden sich im Hermann-Vogel-Haus in Krebes/Plauen.

Literatur:
Thieme-Becker, Allgemeines Künstler-Lexikon. Bd. XXXIV, Leipzig 1940, S. 482.

133 Märchenillustration, 1890

Bleistift auf Papier, 28,5 × 22,3 cm
Signiert unten rechts: *Herm. Vogel Pl. 90*

Gewiss handelt es sich hier um eine Vorlage für die »Fliegenden Blätter«, worauf auch der Hinweis: »Linien bleiben fort« unten rechts hindeutet. Wie auch bei H. Vogels Vorbildern üblich, wird Vegetation (hier der Baum) so eingesetzt, dass sich dadurch Raum- und Zeiteinheiten ergeben, welche die fortlaufende Erzählung gliedern. Das Motiv des Waldes übrigens wurde von Schwind und Richter sehr häufig in ihren Bildwelten verwendet. Auch die alte Reisigsammlerin oben links oder das junge Jägerpaar auf der rechten Bildseite gehören zum festen Repertoire jener genannten Biedermeier-Illustratoren. H. Vogel übernahm solche Formen und Bildinhalte und perpetuierte sie bis zur Jahrhundertwende.

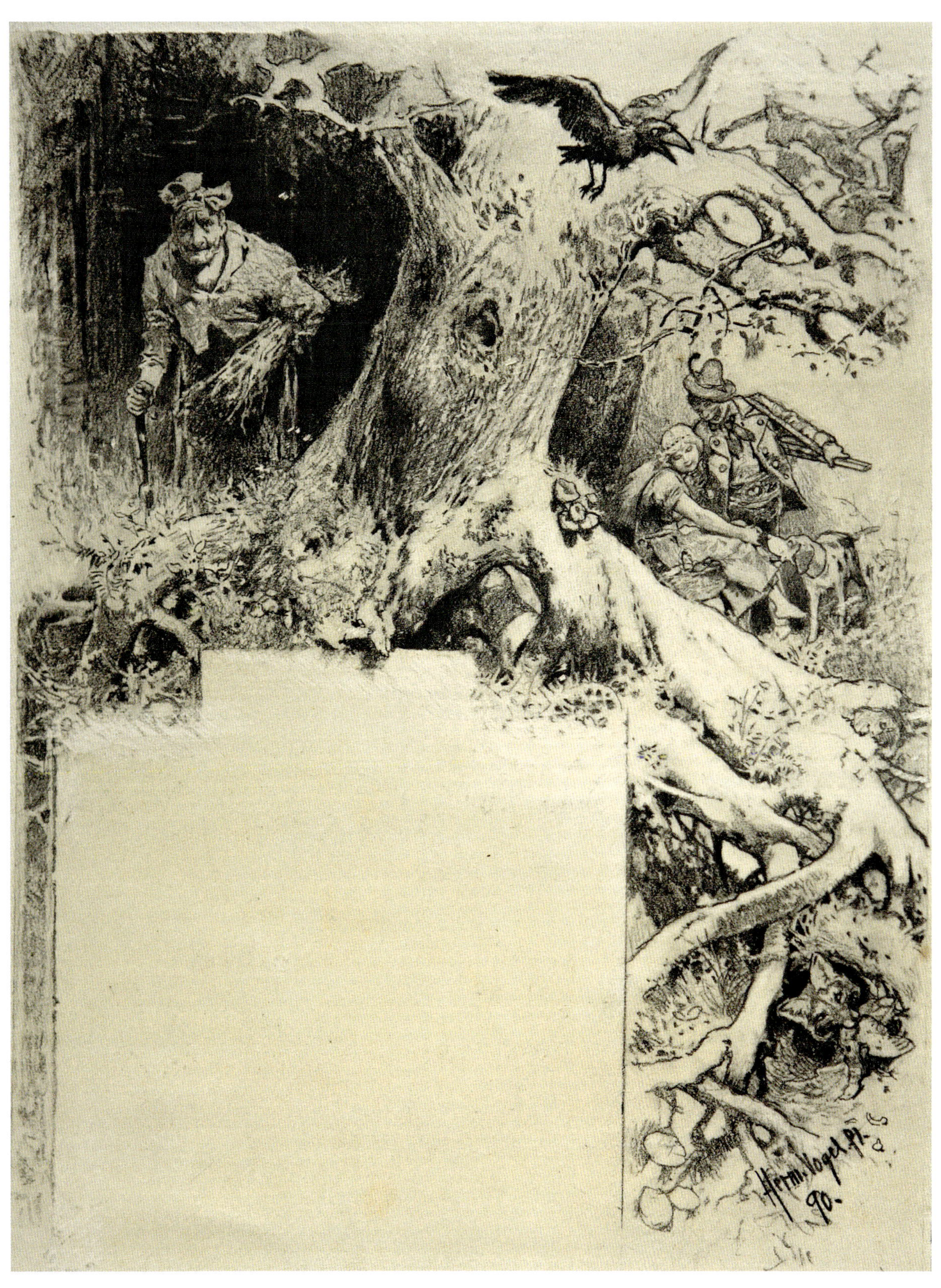
Herm. Vogel Pl.
90.

134 Ende vom Lied, 1889

Feder auf Papier, 22,5 × 13,5 cm
Signiert unten links: *Herm. Vogel. 89*

Nach Art der Biedermeier-Illustratoren werden hier zwei Handlungsabläufe, die zeitlich und räumlich getrennt sind, auf einem Blatt zusammengebracht. Verständlich wird der Inhalt erst durch das beigefügte Gedicht, das im Druck hinzugefügt ist. So ist die vorliegende Zeichnung die Vorlage für eine Illustration in den »Fliegenden Blättern« (S. 24). Das Gedicht lautet vollständig:

»Ende vom Lied
Ich wallte im Mondschein durch blühenden Hag,
Umrauscht von süß duftenden Zweigen,
in Duft und in Zauber die Welt vor mir lag,
Gehüllt in ein nächtiges Schweigen.
Und plötzlich ertönte ein lieblicher Schall,
Ein schmelzendes Jubelgekose,
Gar herrlich besang die Frau Nachtigall
Ihre alte Flamme, die Rose.
Ihr Lied erklang mir im Busen tief,
Wollt's drucken lassen – was find ich?
(als gezeichnetes Schild)
das uralte Nachtigall-Rosenmotiv
Nichtverwendbar!
Wir danken verbindlich!«

So wird hier ein spätromantisches Nachtigall-Rosenlied so parodiert, dass es für die Zukunft auch nicht mehr verwendbar wird. Diese Kombination eines Nachtgedichtes mit einer Printmedienkritik ist äußerst überraschend und auch witzig!

135 Man muss sich zu helfen wissen, 1896

Feder auf Papier, 22,7 × 8,5 cm
Signiert unten links: *H. Vogel. 96.*

In diesem Fall sind die beiden Szenen nicht durch Ort und Zeit getrennt. Das Geschehen zeigt oben den gefangenen Ritter, der seinen Kollegen, der unten vorbeireitet, mit einem Eisenhandschuh bewirft, um so aus der Burg befreit zu werden. Die Zeichnung ist eine Vorlage für die »Fliegenden Blätter« (S. 128), in denen das dazugehörige Gedicht mit abgedruckt wird.

136 Kinderstube im Märchenstyl, 1902

Feder auf Papier, 22 × 28 cm
Signiert unten rechts: *H. Vogel. Pl. 1902*

In der Bildmitte oben erscheint ein Lebkuchenhaus. Davor spielt sich die eigentliche Szene mit den Kindern, einer vorlesenden Großmutter und einem geflügelten Dackel ab. Vor der Großmutter sitzen einige Kinder in einem Phantasiegefährt mit Glasscheiben.

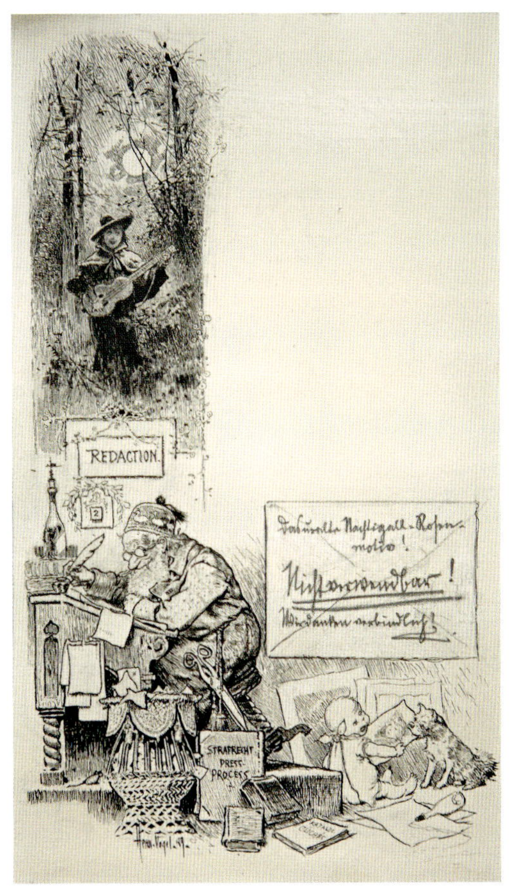

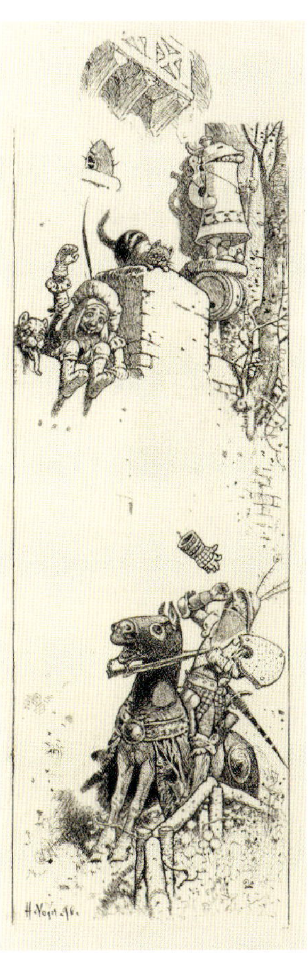

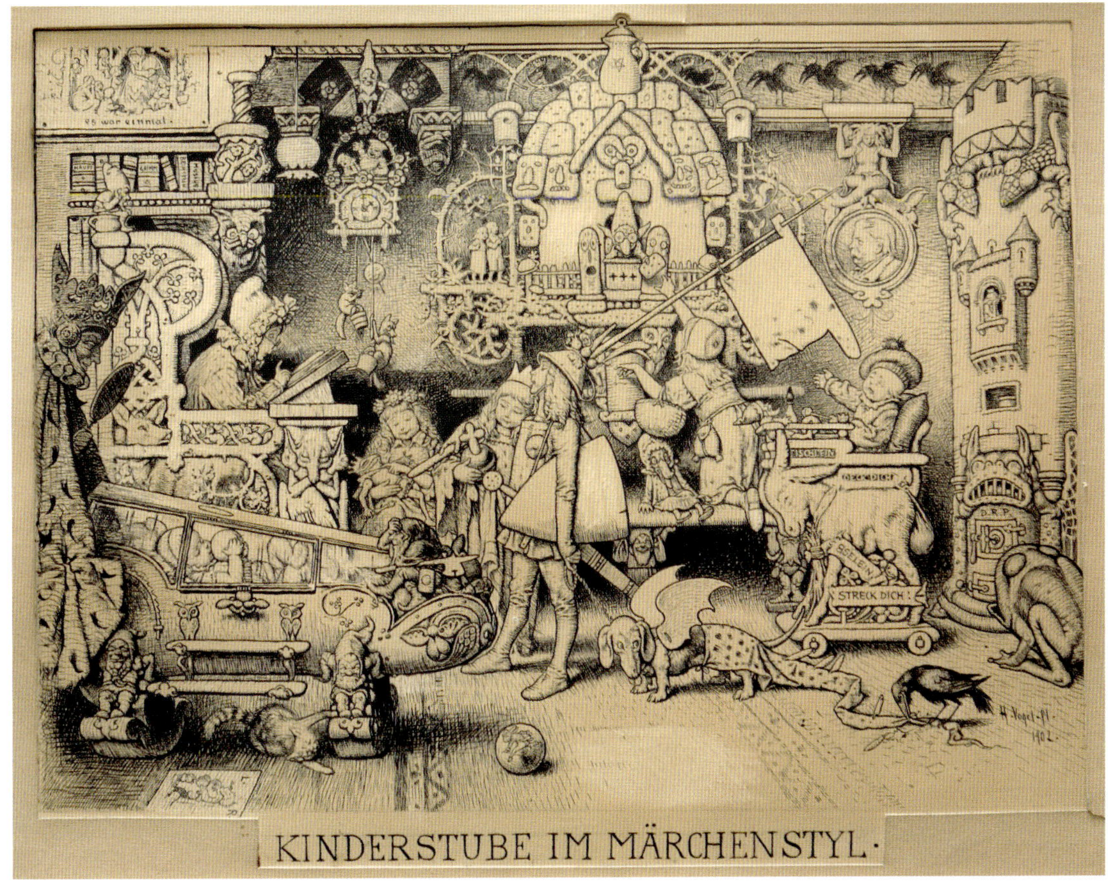

KINDERSTUBE IM MÄRCHENSTYL·

Adalbert Waagen

1833 München – 1898 Berchtesgaden

Adalbert Waagen studierte seit 1855 an der Münchner Akademie bei Albert Zimmermann und folgte ihm 1859 nach Mailand. 1860 kehrte er nach München zurück, und da er ohnehin die Wiedergabe der Bergwelt in seiner Kunst favorisierte, nahm er 1868 in Berchtesgaden seinen festen Wohnsitz.

Im Zentrum seiner Arbeiten steht die Darstellung der alpinen und hochalpinen Gebirgswelt. Dabei beherrschte er sowohl die heroisch spätromantische Komposition – wie wir sie von Carl Millner kennen – wie auch die intime Landschaftsmalerei. In seinen nicht studienhaften Tableaus bevorzugte er den kleinteiligen Farbauftrag und die geschlossene plastische Form sowie eine gewisse Idealität in Wetterlage und Lichtführung.

Literatur:
Horst Ludwig u. a., Bruckmanns Lexikon. Bd. IV, München 1983, S. 315, 316.

137 Blick in das Etschtal

Öl auf Leinwand, 13 × 21,5 cm
Signiert unten rechts: *A. Waagen*
Verso auf dem Keilrahmen handschriftlich schwer lesbar: … »Südtirol« und »Waagen«.

Hinter einer flachen Mauer im Vordergrund dehnt sich ein flaches Tal mit einer Ortschaft und einem Flusslauf (Etsch) bis zu einem hohen Gebirgszug, der das Tal umstellt. Ganz links ist noch ein mehrgeschossiges helles Haus mit mindestens fünf Fensterachsen zu erkennen, von Bäumen und Buschwerk umgeben.

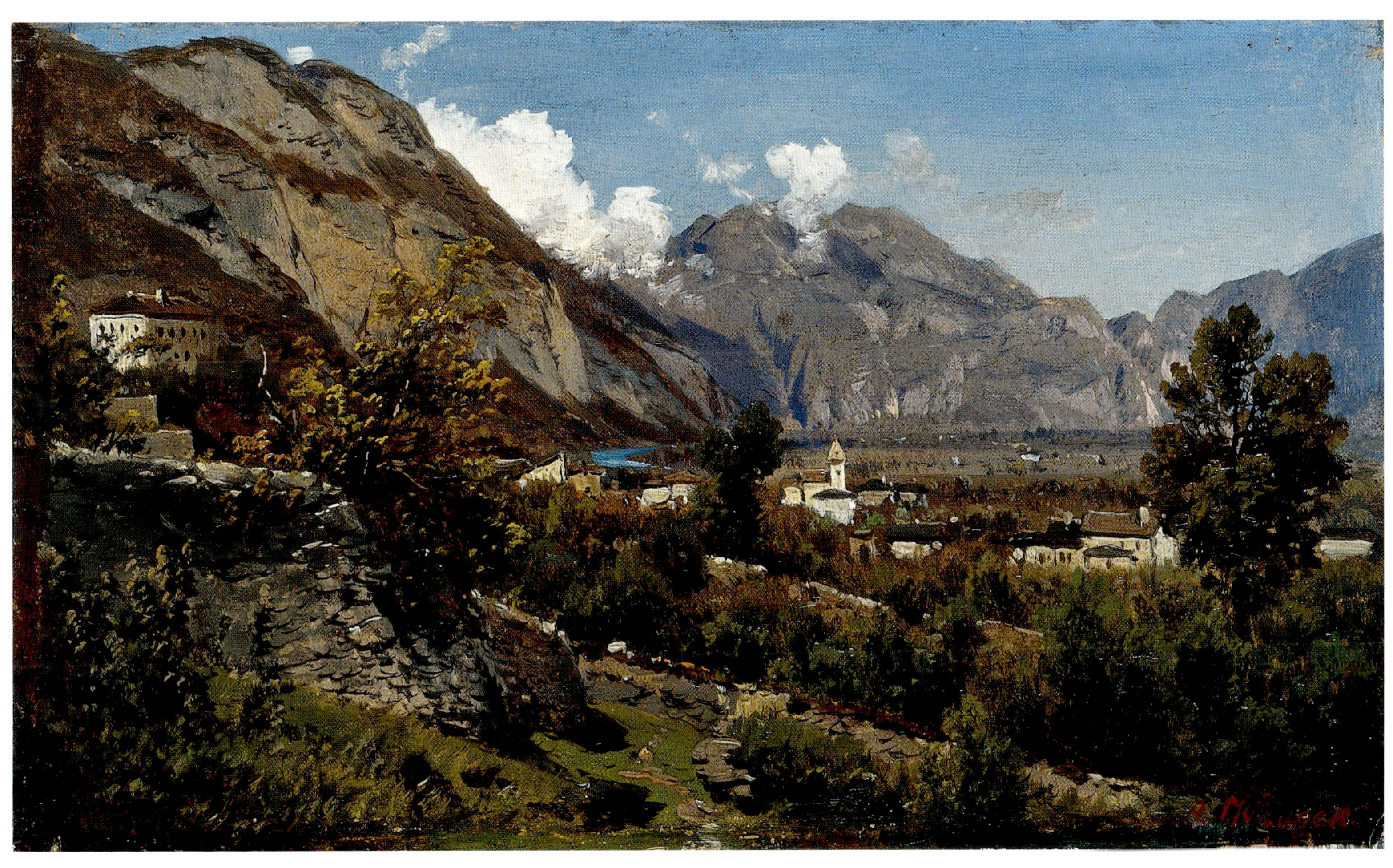

Max Joseph Wagenbauer

1775 Grafing – 1829 München

Seine Ausbildung erhielt M. J. Wagenbauer zunächst auf der Zeichenschule bei J. J. Dorner d. Ä. in München; um die Jahrhundertwende beschäftigte er sich mit Landschaftsaquarellen in klassizistischer Tradition. Nach dem Militärdienst um 1800 erhielt er vom Kurfürsten ein Stipendium. Als Gegenleistung wurden Gemälde erwartet. 1802 wurde er zum Hof- und Kabinettszeichner ernannt und 1815 zum Inspektor der Kgl. Gemäldegalerie. Seit 1810 verlegte er sich mehr und mehr auf die Ölmalerei und erhielt dazu auch Aufträge von König Max I. Joseph, was ihn zu topographischen Studien anregte.

Wagenbauer gehört zu den importanten Tier- und Landschaftsmalern in München im frühen 19. Jahrhundert. Er schuf eine Synthese aus Terrain und Tierstaffage, bevorzugte den geschlossenen Umriss und die plastische Herausarbeitung der Objekte. Weiterhin wird das Licht so geführt, dass sich besonnte und verschattete Teile des Geländes ergeben, wodurch die Landschaftsformation im Wechsel harmonisiert wird.

Literatur:
Barbara Heine, Max Joseph Wagenbauer. München 1972.

138 Pastorale Landschaft mit Rindern

Öl auf Holz (parkettiert), 22 × 19,5 cm
Signiert unten links: *MJW* (mögliche Datierung schwer lesbar).
Verso: Drei Aufkleber
1. Galerie Heinemann, München
2. mehrzeiliger handschriftlicher Hinweis auf M. J. Wagenbauer
3. Hinweis auf M. J. Wagenbauer

Wiedergegeben ist ein Gelände mit hohen Laubbäumen, unter denen ein Bauer sitzt, der zwei Rinder und eine Ziege beaufsichtigt. Die beiden Kühe sind direkt dem Betrachter zugewendet, die Ziege erscheint von der Seite nach links. An diesen verschatteten Teil, der mit den hohen Bäumen rechts eine Art Repoussoir bildet, schließt sich ein flaches Gelände mit einem Gewässer an, das von einer hohen Bergkette hinterfangen wird. Besonders die Baumkronen erscheinen äußerst detailliert mit akribisch besonnten und verschatteten Blättern, welche zusammen mit den Zweigen und Ästen volumenreiche Wipfel bilden. Im Ganzen ist der Farbauftrag eher kleinteilig und glatt, nur einige Teile im Vordergrund, wie der Baumstumpf und der Boden, sind etwas großteiliger nur angedeutet.

Provenienz:
2005 Münchner Kunsthandel.

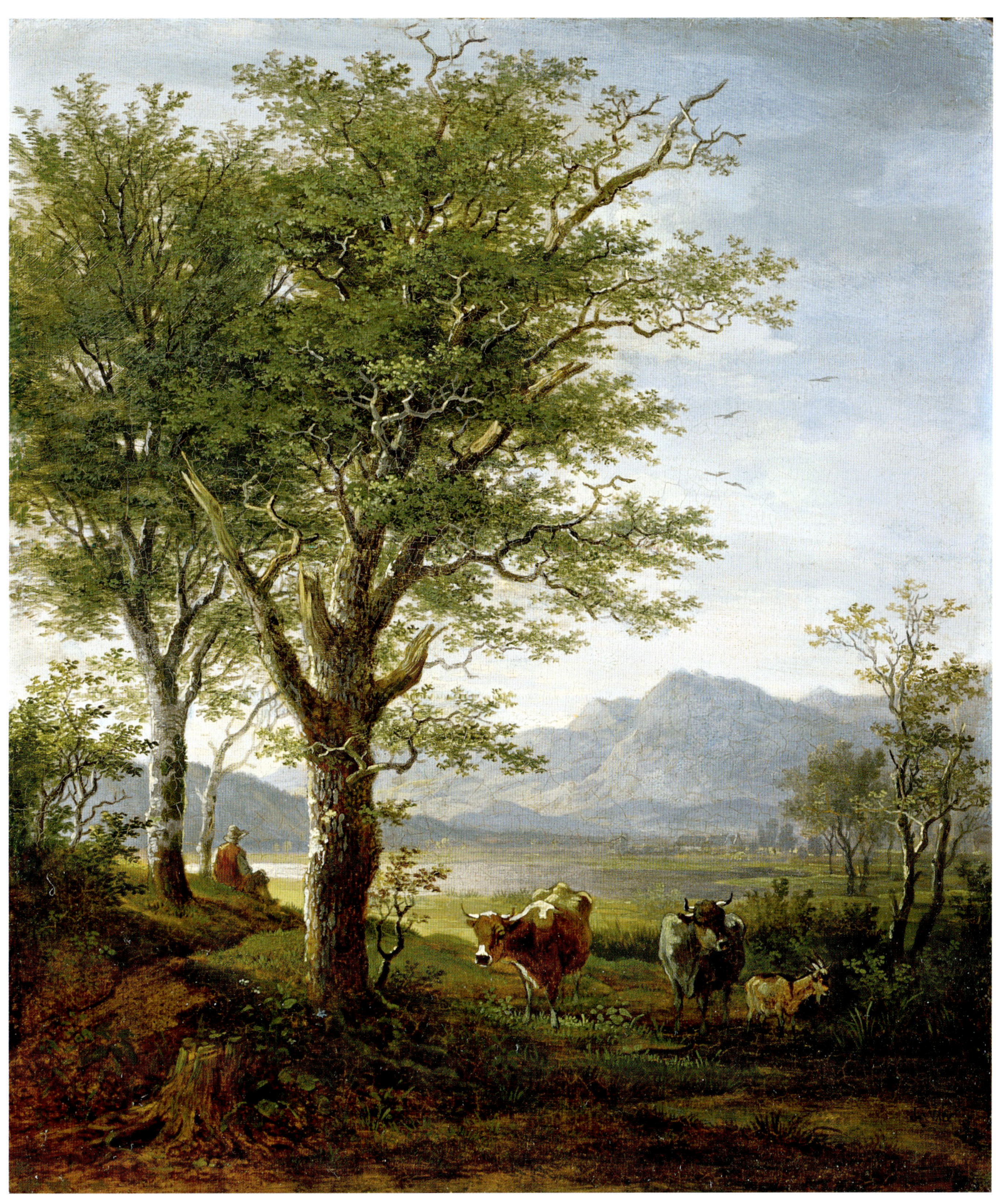

Ferdinand Georg Waldmüller

1793 Wien – 1865 Helmstreitmühle bei Baden in Österreich

Mit mehreren Unterbrechungen erhielt F. G. Waldmüller seine künstlerische Ausbildung an der Wiener Akademie von 1807–1813 und verdiente sich seinen Lebensunterhalt durch Kolorieren von Kupferstichen. Aufenthalte in Agram. Seit seiner Heirat 1814 mit der Sängerin Katharina Weidner war er finanziell abgesichert und folgte ihr über mehrere Stationen 1817 nach Wien. 1825 unternahm er eine Italienreise und besuchte 1826/27 Dresden und Leipzig. Porträtaufträge erhielt er seit 1827 von der kaiserlichen Familie. 1829 wurde er Kustos der Graf Lambertschen Sammlung, die der Akademie angeschlossen war. Unzufrieden mit den Lehrmethoden der Akademie, geriet er in einen Konflikt mit den Professoren und wurde 1857 in den vorzeitigen Ruhestand geschickt. Mit einer großen Verkaufsausstellung 1856 in London hatte er so großen Erfolg, dass er den Plan einer Weiterreise nach USA aufgeben konnte. Gleichwohl gingen seine Aufträge stetig zurück und er starb in einer finanziell bedrängten Lage.

F. G. Waldmüller ist *der* Exponent der Wiener Biedermeiermalerei, dessen emailhaft gemalten Porträts und Landschaften seiner Frühzeit sich seit den vierziger Jahren Genreszenen aus der ländlichen Bevölkerung anschlossen. Seine in der frühen Phase bei seinen Landschaften entwickelte Freilichtmalerei führte nicht zur Auflösung der Objektwelt, sondern zu einer Aufhellung der Palette.

Gemälde von F. G. Waldmüller befinden sich im Nationalmuseum in Agram, im Museum der Schönen Künste in Belgrad, in der Berliner Nationalgalerie, im Schlesischen Museum in Breslau, im Museum der Schönen Künste in Budapest, im Goethe-Museum in Frankfurt a. M., in der Neuen Galerie in Graz, in der Staatlichen Kunsthalle Karlsruhe, in der Münchner Neuen Pinakothek, in der Eremitage in St. Petersburg, in der Österreichischen Galerie des 19. und 20. Jahrhunderts in Wien, in der Stiftung Oskar Reinhart in Winterthur und im Von der Heydt-Museum in Wuppertal.

Literatur:
Bruno Grimschitz, Ferdinand Georg Waldmüller. Leben und Werk. Salzburg 1957. – Rupert Feuchtmüller, Ferdinand Georg Waldmüller. Wien und München 1996.

139 Bildnis des Herrn Carl Damian Schroff

Öl auf Holz (parkettiert), 29 × 24 cm
Nicht signiert
Verso: Hinweis auf die Jubiläumsausstellung Altwiener Kunst, München, sowie Hinweis auf Waldmüller und Prof. Schroff.

Wiedergegeben ist der sitzende Carl Damian Schroff nach rechts. Angetan ist er mit einer dunkelblauen Jacke und einer braunen Hose. Das weiße Halstuch wird von einer Nadel zusammengehalten. Unter der Jacke wird noch eine braune Weste mit Stehkragen sichtbar. Er trägt eine Nickelbrille und hat den Kopf so nach rechts gewendet, dass er im Dreiviertelprofil erkennbar wird. Sein volles gewelltes Haar ist braun, sein Blick ist auf den Betrachter gerichtet. Die Beine sind übereinandergeschlagen, die Hände sind übereinandergelegt und in der Linken hält er ein Buch, dessen Seite er mit dem Zeigefinger markiert. Er sitzt auf einem Biedermeierstuhl mit grünem Bezug, auf dem der Rockschoß seiner Jacke aufliegt. Der Hintergrund wirkt ungegenständlich, wird durch das Licht aber so erhellt, dass die Brauntöne von einem hellen Ton bis zu einem dunklen Braun verlaufen und so eine Wand suggerieren. Das Licht kommt von links, trifft voll auf das Gesicht und verschattet partiell die linke Gesichtshälfte.

Es handelt sich hier um eine extreme Feinmalerei, bei der alle Pinselspuren getilgt sind, nur in der Schrägsicht lassen sich einige Farbstrukturen erkennen, vor allem bei der Kleidung des Dargestellten.

Über den Dargestellten selbst ist mir nichts bekannt. Es gibt allerdings in der Stiftung Oskar Reinhardt in Winterthur zwei Porträts mit der Wiedergabe von Steffan Schroff: »Bildnis Steffan Schroff im blauen Rock«, 1830, Öl auf Leinwand, 30 × 24 cm; »Bildnis Steffan Schroff im Pelzmantel«, 1832, Öl auf Holz, 29 × 24 cm.

Proveninez:
Auktion Pisko 1911, Nr. 105 – Sammlung Oskar Bondy – Dr. Otto Kallir, New York.

Literatur:
Arthur Roessler und Gustav Pisko (Hrsg.), Ferdinand Georg Waldmüller. Sein Leben, sein Werk und seine Schriften. 2 Bde., Wien 1907, S. 54 mit Abb. – Bruno Grimschitz, Ferdinand Georg Waldmüller. Salzburg 1957, S. 303, Wv.-Nr. 301.

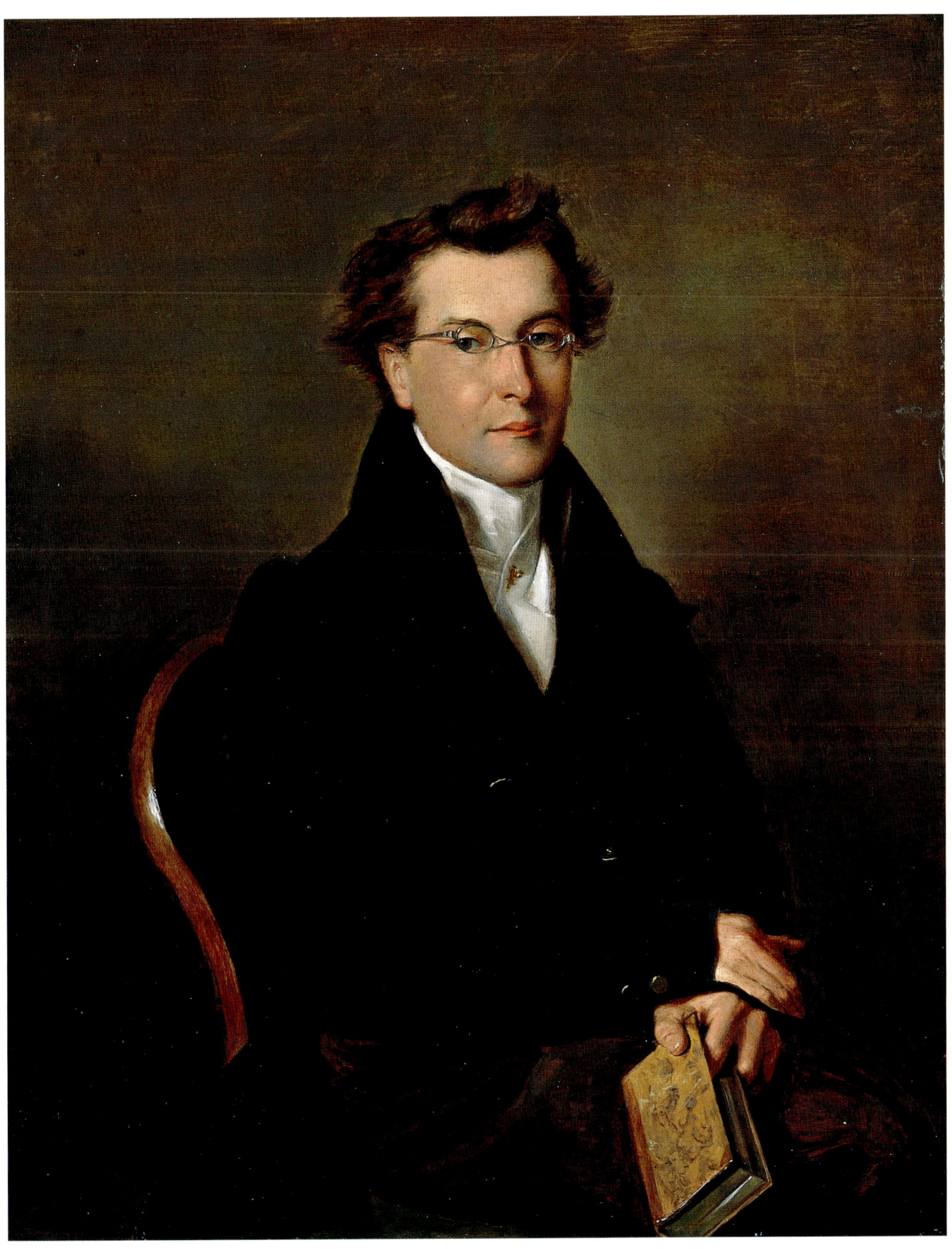

Willibald Wex

1831 Karlstein – 1892 München

Geboren wurde W. Wex in Karlstein bei Bad Reichenhall, also im Berchtesgadener Land, das für die spätere Motivwahl des Künstlers von Bedeutung werden sollte. Er wurde zunächst Forstmann, wandte sich aber bald der Malerei zu und studierte bei Richard Zimmermann an der Münchner Akademie. 1858 nahm er in München seinen festen Wohnsitz, wurde Mitglied des Münchner Kunstvereins und war bald auf Ausstellungen dieses Vereins sowie im Glaspalast vertreten.

Er war der Vater des Landschaftsmalers Adalbert Wex. Wie auch Carl Millner, der die Majestät der Bergwelt in ideal-typischer Weise präsentierte, bemühte sich W. Wex um diese klassizistisch-romantische Tradition. Das bedeutet, dass er sich in seiner Kunst durchaus an den topographischen Gegebenheiten orientierte, sie aber durch seine Komposition noch zu erhöhen suchte. Das geschah durch seine harmonische Gewichtung, durch schönlinige Umrisse, durch ein gelenktes Freilicht und durch einen glatten Farbauftrag.

Literatur:
Horst Ludwig u. a., Bruckmanns Lexikon. Bd. IV, München 1983, S. 369, 370. – Horst Ludwig, Karl Millner und sein Umkreis. In: Weltkunst. 1. Juli 1987, S. 1831, 1832.

140 Blick auf Oberammergau

Öl auf Holz, 19,5 × 35 cm
Ein waagerechtes Brett, allseitig abgefast, Stärke: ca. 1 cm, zwei senkrechte Einschubleisten
Signiert unten links: *W. Wex*
Verso betitelt und Hinweis auf W. Wex
Ein Aufkleber: Sammlung Georg Schäfer, Schweinfurt 1429

Wiedergegeben ist der Blick auf Oberammergau im Ammertal in Oberbayern. Vorn auf einem gewundenen Wiesenweg, der in der Bildtiefe zur Ortschaft führt, befinden sich einige Spaziergänger. Dahinter erstreckt sich Oberammergau mit der weithin sichtbaren barocken Kirche St. Peter und Paul aus der ersten Hälfte des 18. Jahrhunderts. Hinterfangen wird die Gemeinde von dem Kofel, einem steilen Felsen, der markant den Höhenzug gliedert. Links daneben erhebt sich die Notkarspitze, bereits leicht verschwimmend. Ein hell bewölkter blauer Himmel schließt das Bild nach oben ab.

Provenienz:
Sammlung Georg Schäfer, Schweinfurt – Aukt.-Kat. Neumeister, München. Februar 2005, Kat.-Nr. 831.

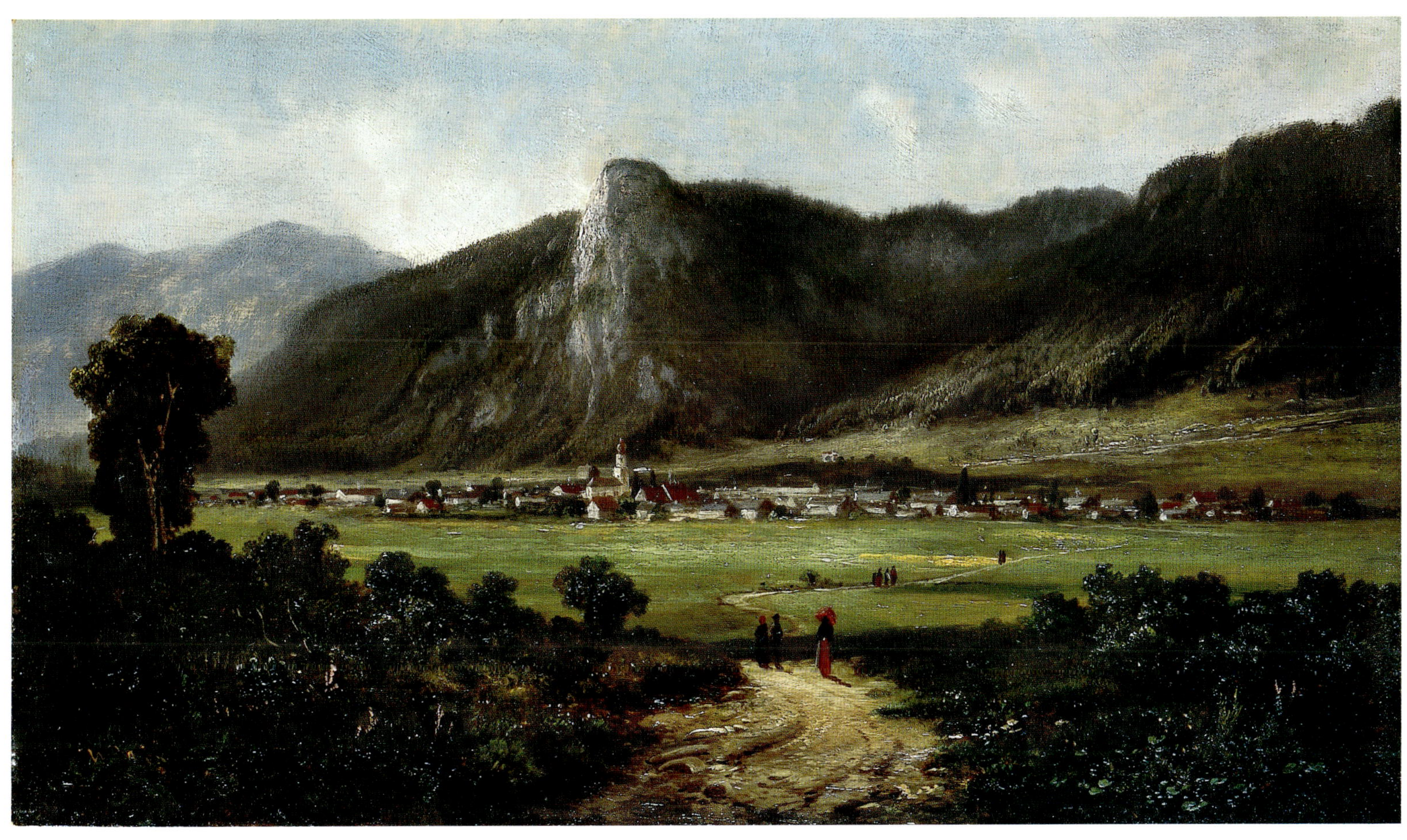

Ludwig Willroider

1842 Villach/Kärnten – 1910 Bernried

Der Sohn eines Stadtbaumeisters erhielt erste künstlerische Anregungen bei seinem Bruder Josef und wandte sich 1868 nach München, um an der Akademie zu studieren. Doch wesentliche Impulse erhielt er von den Malerfreunden Schleich d. Ä. und A. Lier, sodass er selbst zu den späteren Freilichtmalern der Münchner Schule zu zählen ist. Ab 1873 hielt er sich regelmäßig im Schloss Viktring bei Klagenfurt auf. 1879 erster großer Erfolg bei der Teilnahme an der Internationalen Kunstausstellung im Münchner Glaspalast. 1883 wurde er zum Ehrenmitglied an der Münchner Akademie ernannt. 1884 unternahm er eine Reise nach Rom und Neapel und erhielt 1886 den Professorentitel.

In seinen Landschaften überwiegt das »paysage intime«, bei dem summarisch, mit flottem Duktus und relativ breitpinselig Terrain und Himmel wiedergegeben werden.

Gemälde von L. Willroider befinden sich in den Städtischen Sammlungen in Biberach an der Riß, in der Kärnter Landesgalerie in Klagenfurt, in der Münchner Neuen Pinakothek und im Lenbachhaus, im Westfälischen Landesmuseum in Münster, in der Städtischen Galerie in Rosenheim, im Museum der Stadt Villach und im Von der Heydt-Museum in Wuppertal.

Literatur:

Ausst.-Kat. Galerie an der Stadtmauer, Villach. Josef Willroider. Ludwig Willroider. Gedächtnisausstellung des Kulturamtes der Stadt Villach. 1995/96.

141 Bachlandschaft, 1904

Öl auf Leinwand, 89 × 115 cm
Signiert unten links: *Ludwig Willroider. München. 1904*

An einem Bachlauf, der sich von vorn in die Bildtiefe erstreckt, steht am linken Ufer – sehr klein – ein Storch. Am diesseitigen Ufer verläuft ein unregelmäßiger, flacher Bretterzaun. Dahinter verdeckt Buschwerk den Blick in die hinteren Bildgründe. Am jenseitigen Ufer verstellen ebenfalls hohe Bäume den Blick auf den Hintergrund. Über der Szenerie steht ein hell bewölkter Himmel.

Es ist durchaus typisch für den Freilichtmaler Willroider, dass er in diesem Fall die Himmelszone mit breitem Strich partiell recht pastos und temperamentvoll strukturierte. Auch der Geländebereich wurde eher durchaus summarisch angedeutet. Ebenso steht es mit den Baumkronen, von denen einzelne Blattpartien in der Art Corots, teilweise locker hingestreut, hervorgehoben werden.

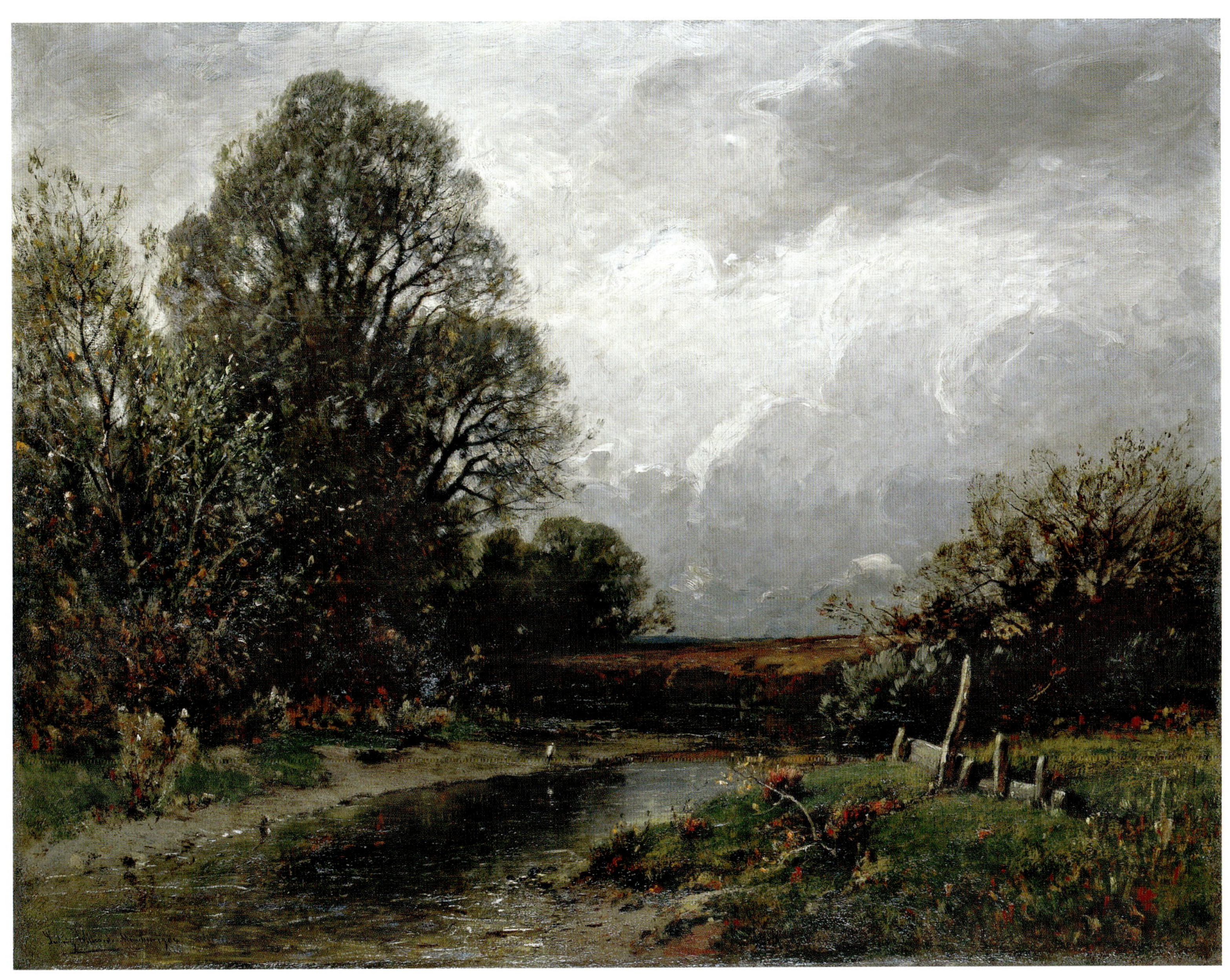

Johann Amandus Wink

1754 Rottenburg am Neckar – 1817 München

Der Künstler war der Sohn des späteren fürstbischöflichen Hofmalers Johann Chrysostomos Wink in Eichstätt und Neffe des Christian Wink, der seit 1769 in München Hofmaler war. Die Forschung nimmt eine Schülerschaft bei Peter Jacob Horemans an. J. A. Wink war fast ausschließlich als Blumen- und Früchtestillebenmaler tätig, wobei der Klassizismus keinen Eingang in sein Werk gefunden hat. Deshalb kann man ihn als Repräsentanten der nachbarocken Tradition im ausgehenden 18. Jahrhundert ansehen.

Werke von ihm befinden sich in der Münchner Neuen Pinakothek sowie im Schloss Nymphenburg.

Literatur:

Horst Ludwig u. a., Bruckmanns Lexikon. Bd. IV, München 1983, S. 390–392.

142 Früchte- und Blumenstillleben, 1795

Öl auf Holz, 50,5 × 40,3 cm
Ein senkrechtes Brett, allseitig abgefast
Signiert unten rechts: *Juan Amand. Wink pinx. München 1795*

Das Stillleben ist auf einer Marmorplatte arrangiert, dessen vordere Kante bildparallel zur optischen Bildebene verläuft. Zu erkennen sind blaue und weiße Weintrauben, mehrere Pfirsiche, zwei Birnen und zwei Zwetschgen. Ganz vorn liegen noch einige Rispen roter Johannisbeeren. Bei der aufgebrochenen Frucht ganz rechts handelt es sich wohl um eine Feige. Hinter den Früchten rechts ist noch – sehr verschattet – ein Kürbis auszumachen. Ebenfalls sind noch Blätter der Weintraube in die Komposition eingebunden. Vorn links von der Platte herabhängend sind einige Rosen. Hinter ihnen befinden sich Vergissmeinnicht. Weitere Blüten vervollkommnen das Stillleben.

Wie es der Tradition des 17. Jahrhunderts entspricht, beleben einige Kleintiere die Pflanzen und Früchte. Sie sind ein allegorischer Hinweis auf Vergänglichkeit und Tod. Zu identifizieren sind einige Schmetterlinge, Schnecken und eine Biene.

Selbst in der Vergrößerung ließ sich diese Fauna und Flora für Studienzwecke verwenden, mit solcher Akribie werden auch Details mitgeteilt. Es ist eine extreme Feinmalerei, die hier J. A. Wink nach dem Vorbild der holländischen Malerei des 17. Jahrhunderts aufnimmt. Auch für den sehr dunklen Hintergrund gibt es Vorbilder, da durch ihn die Leuchtkraft der Blüten und Früchte gesteigert werden kann.

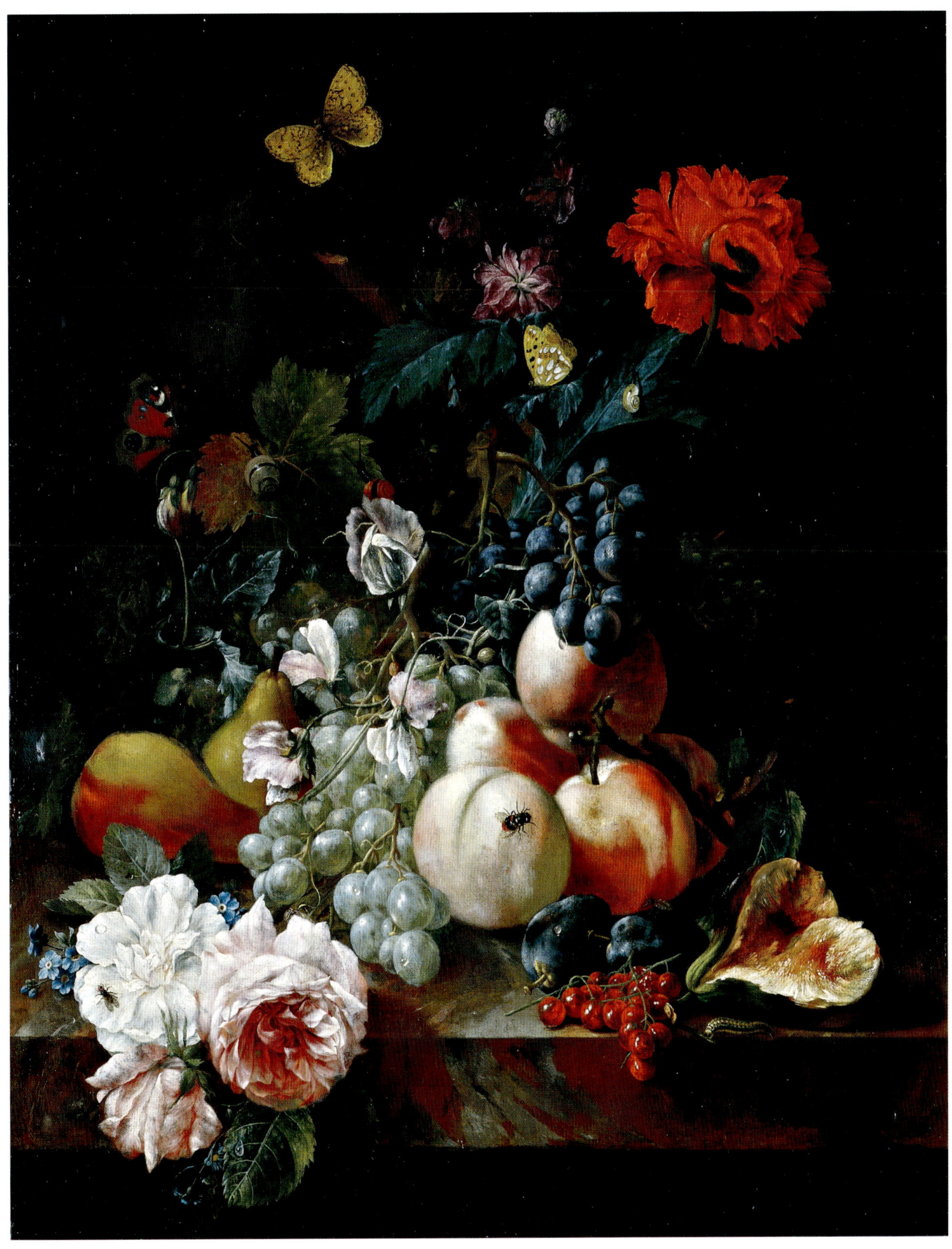

Franz Xaver Winterhalter

1805 Menzenschwand/Schwarzwald – 1873 Frankfurt a. M.

Nach einer Lehre als Kupferstecher in Freiburg/Breisgau, die er 1818 begonnen hatte, begab er sich 1823 nach München und wurde dort Mitarbeiter des Porträtisten Joseph Karl Stieler. 1828 besuchte er Karlsruhe und nahm Kontakt zum badischen Hof auf und übersiedelte 1830 dorthin. Von 1832–1834 hielt er sich in Rom auf, kopierte dort die alten Meister und nahm in vielen Studien und Skizzen das italienische Leben auf. 1834 wurde er in Karlsruhe zum badischen Hofmaler ernannt und übersiedelte zum Jahresende nach Paris. Dort entstand auch sein berühmtes Werk »Il dolce Farniente« 1836, das noch im selben Jahr im Salon ausgestellt wurde und allgemein Aufsehen erregte.

Es folgten viele Porträtaufträge von französischen Adligen, und um 1840 führte er für das französische Herrscherhaus weitere Bildnisse aus. 1841 erfolgte der erste Englandbesuch, und auch das englische Königshaus überhäufte ihn mit Porträtaufträgen, sodass er bereits ein Jahr später dort wieder anzutreffen war. In den folgenden Jahren hielt er sich immer wieder in England und Frankreich auf und wurde so zum Bildnismaler der dortigen Königshäuser. 1854 erfolgte die offizielle Ernennung zum Hofmaler Napoleons III. Auch der König von Preußen und der König von Würtemberg zählten zu seiner Klientel. 1865 entstand wohl sein bekanntestes Porträt, nämlich das der Kaiserin Elisabeth von Österreich (Sisi) in großer Ballrobe mit Brillantensternen im Haar. Auch Kontakte zum russischen Zarenpaar sind 1871 dokumentiert.

F. X. Winterhalter wurde vor allem als Porträtist des europäischen Hochadels bekannt und hat so das Herrscherbildnis des Klassizismus und Empire bis weit ins 19. Jahrhundert tradiert, wusste ihm bisweilen aber auch familiäre Bezüge zu verleihen. Aber auch Bürger und Patrizier gehörten zu seiner Klientel. Gewiss hat er von Stieler in München den Hang zur Idealisierung und zur Repräsentation übernommen.

Literatur:
Ausst.-Kat. Musée du Petit Palais, Paris. Franz Xaver Winterhalter et les cours d'Europe de 1830 à 1870. 1988. – Ingeborg Eismann, Franz Xaver Winterhalter. Der Fürstenmaler Europas. Petersburg 2007.

143 Il dolce Farniente, 1836

(Siesta in Neapel)
Öl auf Leinwand (doubliert), ca. 114 × 159 cm
Signiert Mitte unten: *Winterhalter fecit. Paris 1836.*

Eine neapolitanische Fischerfamilie – idealisiert und nazarenisch konzipiert – hält im Schatten von Bäumen Siesta am Golf von Neapel. Die Personengruppen bilden zwei Kompositionsebenen. Vorn rechts im verschatteten Bereich lagern zwei jüngere Männer, mit offenen Hemden leger gekleidet. Links neben ihnen im besonnten Teil sitzt eine junge Frau, faltenreich gekleidet, neben sich zwei Kinder, ein Kind davon im Mönchsgewand. Vor ihnen befindet sich ein Italiener, der auf einem lautenähnlichen Instrument spielt. In der zweiten, vollständig besonnten Ebene lagern weitere Personen. Zwei Frauen sind mit einem Kleinkind beschäftigt, rechts daneben liegt eine dritte Frau. Ganz rechts lagert ein junger Mann, der spielerisch eine Weintraube hochhält, nach der ein weiteres junges Mädchen greift. Die Mitte dahinter bildet ein Baum- und Buschensemble. Die dadurch entstandene linke Blickachse führt auf ein neapolitanisches Haus mit einer Säulenterrasse. Die rechte Blickachse zeigt den Golf von Neapel mit dem Höhenzug des Vesuv im Hintergrund.

Studien und Vorarbeiten zu diesem Werk entstanden gewiss während seines Romaufenthaltes von 1832–1834. Dort und auch in Neapel hatte er genaue Studien des südlichen Lebens getrieben. Das Gemälde selbst ist in Paris entstanden, wohin er 1834 übergesiedelt war. Als das Gemälde 1836 im Pariser Salon gezeigt wurde, feierte es die Kritik. Im Kunstblatt von 1836, Nr. 49 heißt es: »… stellte eine neapolitanische Fischerfamilie vor, welche sich der Lieblingsbeschäftigung, welche die Bewohner jener bezauberten Gegenden leidenschaftlich lieben, nämlich dem Nichtsthun überläßt.« … »Die ganze Szene ist von der glühendsten Mittagssonne beleuchtet.« (S. 206, 207) Nach enthusiasmierten Worten heißt es in der Revue de Paris vom April 1836, Tome XXVIII: »Chaudement colorés, rêveuse et facile cette page de M. Winterhalter nous a semblé un brillant début.« (S. 250)

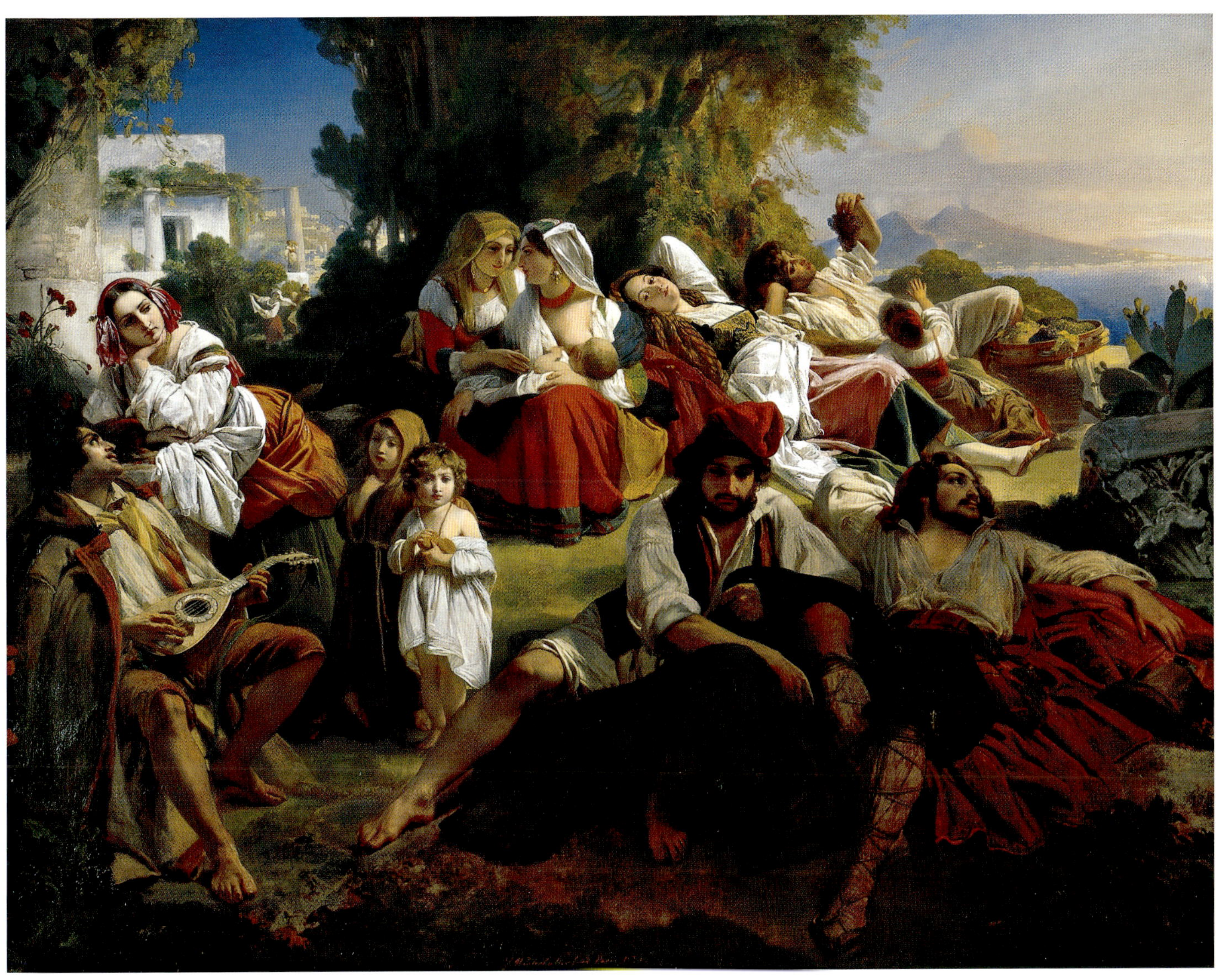

Ein Jahr später entstand eine zweite Version des Gemäldes, die 1838 in den Besitz des russischen Zaren Nikolaus kam und sich heute in der Eremitage in St. Petersburg befindet (Öl auf Leinwand, 130 × 163 cm).

Provenienz:
1843 M. Asse. – 1864–74 Belgischer Sammler in Paris. – 1894 The Artemis Group, London. – Privatbesitz – Um 2000 Münchner Kunsthandel.

Literatur:
Revue de Paris. 1836, Tome XXVIII, April. S. 249, 250. – Schorn'sches Kunstblatt. 1836, S. 206, 207. Der Pariser Salon 1836. – Friedrich von Boetticher, Malerwerke des 19. Jahrhunderts. Bd. II,2. Dresden 1901, S. 1026, Nr. 5. – Ausst.-Kat. Musée de Petit Palais, Paris. Franz Xaver Winterhalter et les cours d'Europe de 1830 à 1870. 1988, Kat.-Nr. 9, S. 178. – Ingeborg Eismann, Franz Xaver Winterhalter, a. a. O., S. 64, 65.

Joseph Wopfner

1843 Schwaz am Inn/Tirol – 1927 München

Der Tiroler J. Wopfner ging 1860 nach München, arbeitete dort zunächst als Lithograph und trat 1864 in die Münchner Akademie ein. Dort war er zeitweise Schüler K. Th. Pilotys, nahm aber auch Impulse der Freilichtmaler wie von Schleich d. Ä. auf und ließ sich von Karl Raupp beeinflussen, dem Begründer der Malerkolonie auf Frauenwörth. Schon in den siebziger Jahren entdeckte er den Chiemsee als Hauptmotiv für seine Malerei und thematisierte neben der Arbeitswelt von Fischern und Bauern die atmosphärischen Vorgänge selbst sowie die Farberscheinungen der Objekte im Wechsel des Tages.

J. Wopfner hat den Chiemsee in allen Variationen so häufig gemalt, dass er zu *dem* Chiemseemaler in der Nachfolge K. Raupps wurde, diesen aber an Popularität weit überflügelte. Daneben hat er auch eine Reihe von Bodenseebildern und anderen Sujets gemalt. Als später Freilichtmaler hat er die Schwelle zum Impressionimus überschritten und liebte einen hellen leuchtenden Kolorismus, temperamentvolle Pinselstriche sowie eine summarische Formgebung. Denn es ging ihm stets um den Zusammenklang von figürlicher Staffage mit der Landschaft.

Gemälde von Wopfner befinden sich in der Hamburger Kunsthalle, im Art Center Milwaukee in USA, im Museum der bildenden Künste in Leipzig, in der Münchner Neuen Pinakothek und im Lenbachhaus, im Museum Georg Schäfer in Schweinfurt sowie im Kunsthaus in Zürich.

Literatur:

Irmgard Holz und Alexander Rauch, Joseph Wopfner. Rosenheim 1989.

144 Fischer am Steg

Öl auf Holz, 30 × 41 cm
Ein waagerechtes Brett, allseitig abgefast, Stärke: ca. 1 cm
Zwei senkrechte Einschubleisten
Signiert unten links: *J. Wopfner*
Verso: Ein Aufkleber mit der Nr. 1029
Ein Aufkleber des Hoflieferanten Schachinger in München

An einem Steg im Chiemsee haben Fischer mit ihren Booten angelegt, um ihren Fischfang auszuladen und wohl auch in die Fischkästen zu legen. Auf dem Steg steht eine Frau und hält ein Kind in den Armen. Rechts neben ihr werden weitere Fischkästen sichtbar. Am fernen Ufer erscheint das Land als schmaler Streifen. Darüber steht ein hell bewölkter Himmel.

Mit mittelbreitem Pinsel und stellenweise auch leicht pastos hat J. Wopfner die Gegenständlichkeit bezeichnet, wobei das Rot und Blau der stehenden Frau einen deutlichen Akzent setzten.

Literatur:

Irmgard Holz und Alexander Rauch, a. a. O., S. 212, Wv.-Nr. 322 (1895–1900).

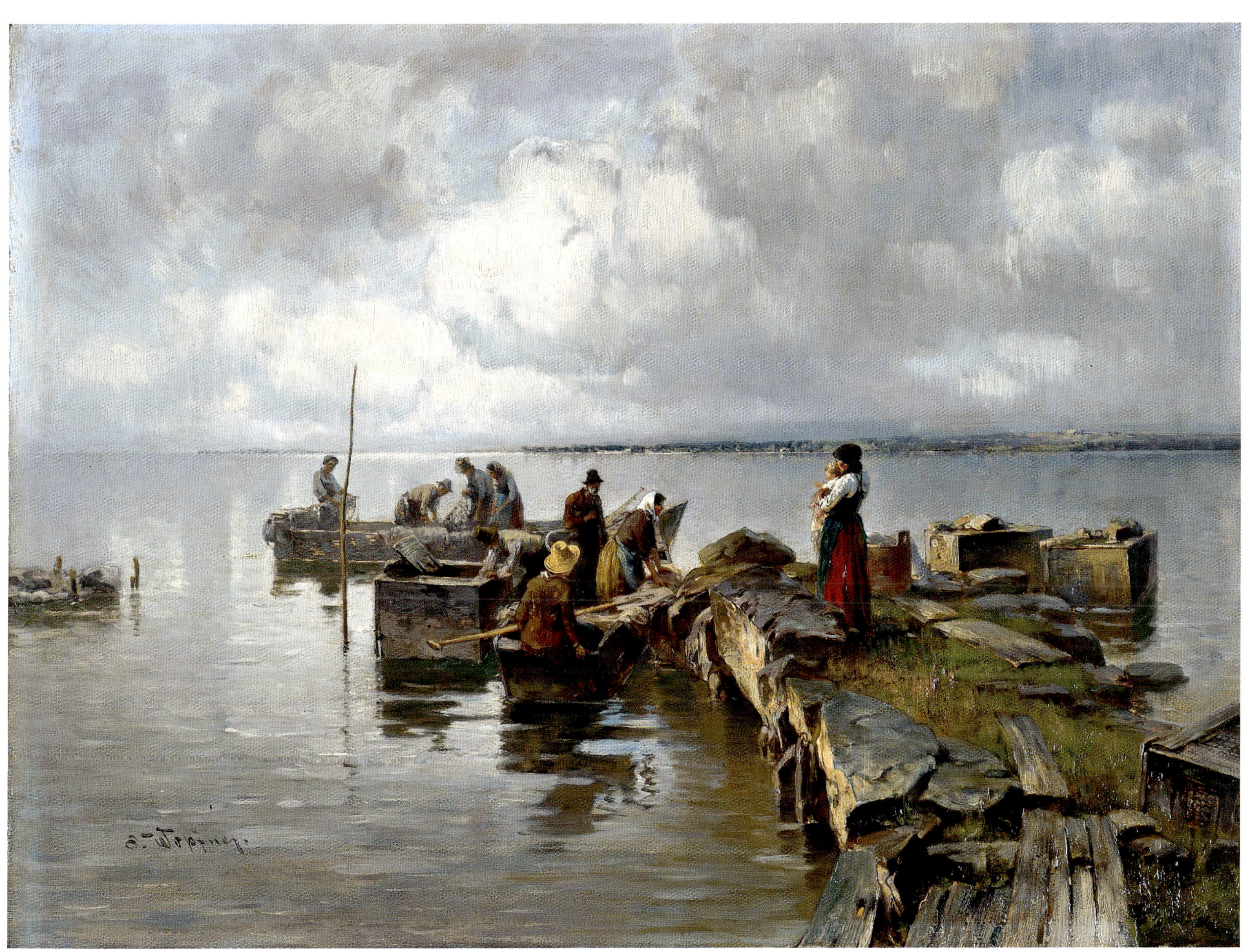

Alexander Zick

1845 Koblenz – 1907 Berlin

Der Künstler, Sohn des Gustav und Urenkel des Januarius Zick, begann als Student der Bildhauerei an der Düsseldorfer Akademie und wandte sich anschließend dort bei Eduard Bendemann der Malerei zu. 1880 ging er auf Veranlassung von Ludwig Knaus nach Berlin, wo dieser ihn beeinflusste. Er war vor allem als Illustrator tätig und bebilderte in Prachtausgaben die deutschen Klassiker (wie z. B. Goethes »Faust«). Weiterhin illustrierte er Familienzeitschriften und Jugendschriften. Daneben pflegte er die Genre- und Historienmalerei der Gründerzeit und Jahrhundertwende.

Literatur:
Thieme-Becker, Künstler-Lexikon. Bd. XXXVI, Leipzig 1947

145 Tanzende Bacchantinnen

Schwarze Tusche, weiß gehöht, ca. 25 × 35 cm
Signiert unten links: *AZick 91.* (A und Z ligiert)

Die Bacchantinnen sind die Teilnehmerinnen der ausschweifenden Feiern des Gottes Dionysos oder Bacchus. Begleitet werden sie vom bocksbeinigen Pan, der hier, rechts auf Felsen sitzend, auf einer Doppelflöte spielt. Die nur wenig bekleideten Damen tanzen zu dritt einen Reigen, von denen eine den typischen Thyrsosstab trägt. Im Vordergrund befinden sich zwei leopardenartige Tiere, begleitet von einer jungen Frau, die eine Flüssigkeit vom Boden zu trinken versucht.

Provenienz:
Mai 1947 Münchner Kunsthandel.

146 Bacchantenzug

Schwarze und graue Tusche, ca. 34 × ca. 24,5 cm
Signiert unten rechts: *AZick* (A und Z ligiert)

Eine Art Bacchantenzug mit ausgelassenen jungen Frauen, einem jungen Mann und einem Eroten fahren auf einem Wagen, der von zwei leopardenartigen Tieren gezogen wird, die von dem Eroten gelenkt werden. Ein Thyrsosstab ist nach unten vom Wagen gefallen, vor dem ein Hase Reißaus nimmt. Hinten rechts werden weitere junge Frauen erkennbar, die Klappern schwingen.

Provenienz:
Juni 1966 Münchner Kunsthandel.

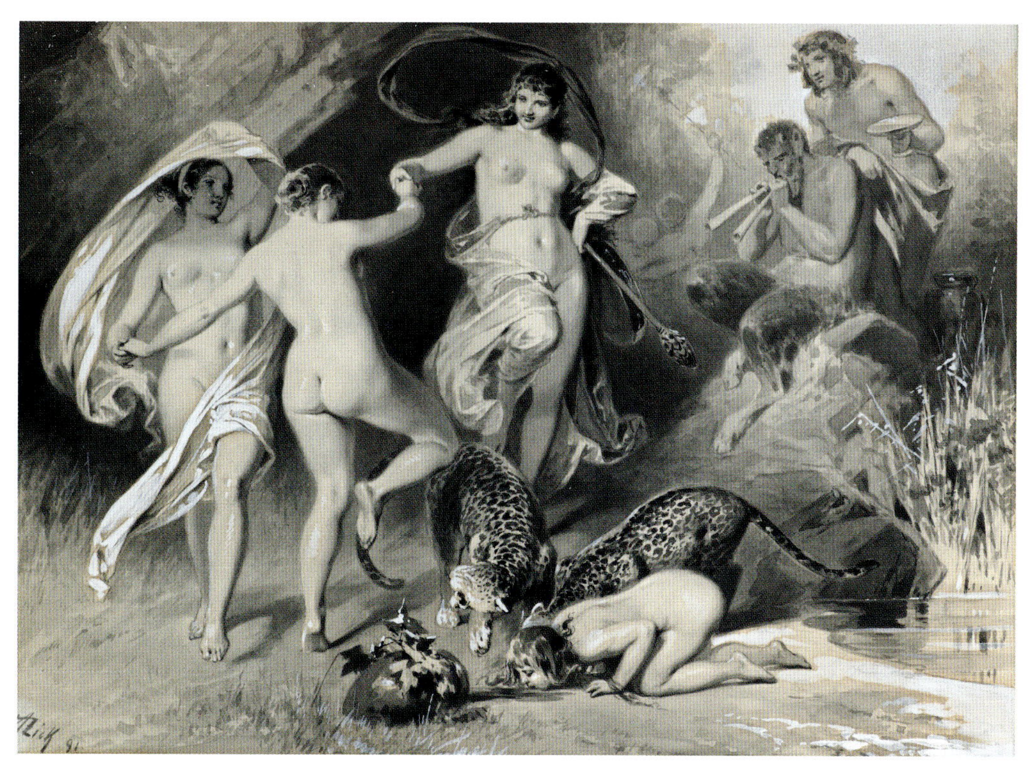

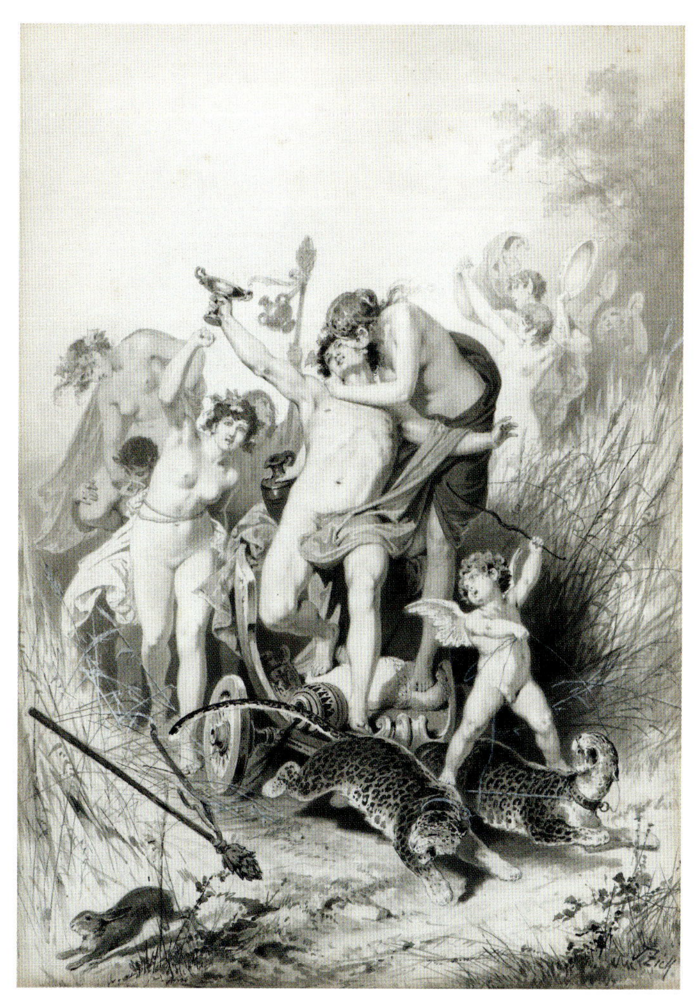

Personenregister

Abbildungsnachweis
Aufnahmen: Achim Bunz, München

Die Aufnahmen auf den Seiten 196 und 197 stammen aus dem Bild-Archiv Dr. Ludwig

Lithographie
Zanotto/Brisotto, Tezze di Piave (TV)

Druck
Printer Trento, Trento

Bibliografische Information der Deutschen Bibliothek:
Die Deutsche Bibliothek verzeichnet diese Publikation in der Deutschen Nationalbibliografie; detaillierte bibliografische Angaben sind im Internet über »http://dnb.ddb.de« abrufbar.

ISBN 978-3-7774-9055-7

Umschlagvorderseite
Carl Spitzweg, »Friede im Lande«
(Kat.-Nr. 119)

Abbildung Seite 2
Albrecht Adam, »Postillion zu Pferd«
(Kat.-Nr. 2)

Abbildung Seite 3
Anselm Feuerbach, »Studienkopf eines älteren Herrn im Profil nach links«
(Kat.-Nr. 23)

Abbildung Seite 4
Franz Xaver Nachtmann, »Schreibkabinett der Königin Therese von Bayern in der Münchner Residenz« (Kat.-Nr. 94)

Abbildung Seite 5
Karl Theodor Piloty, »Die Amme«
(Kat.-Nr. 100)